그림으로 설명하는

사회경제학

자본주의란 어떤 사회시스템인가

오타니 데이노스케 지음 · 정연소 옮김

한울
아카데미

이 도서의 국립중앙도서관 출판시도서목록(CIP)은 e-CIP홈페이지(http://www.nl.go.kr/ecip)
에서 이용하실 수 있습니다. (CIP제어번호 : CIP2010001622)

図解 社会経済学

Political Economy

資本主義とは どのような 社会システムか

大谷禎之介

桜井書店

추천사

김수행(성공회대 석좌교수)

이 책은 일본 최고의 마르크스 경제학자인 오타니 교수가 썼고, 도쿄 대학(東京大學)을 졸업하고 도쿄의 조센 대학(朝鮮大學)에서 정치경제학을 가르친 정연소 교수가 번역한 책입니다. 정연소 교수는 한국사회경제학회에 오랫동안 매년 참석하셔서 일본 정치경제학계의 동향을 우리에게 소개하고 한국 정치경제학계의 동향을 일본의 이론경제학회 등에 소개했기 때문에 일찍부터 저는 잘 알고 있는 편이었습니다. 오타니 교수는 제가 런던에서 박사논문을 쓸 시기에는 잘 알지 못하다가 2008년 12월에 요코하마의 가나가와 대학(神奈川大學) 국제심포지엄('마르크스의 유산')에 참석했을 때 비로소 그 명성을 알게 되었는데, 정통 마르크스주의자이고 현재에도 국제마르크스엥겔스재단 편집위원으로 정력적으로 활동하고 계셨습니다.

정연소 교수께서 몇 년 전 오타니 교수의 이 책을 번역하겠다고 하셔서 한울에 소개해드리고서 한참 동안은 번역이 어떻게 되어가는지 잊어버리고 있었는데, 그 후 정 교수께서 번역이 완성되어가니 한번 교정이라도 보아달라고 하시기에 처음 읽게 되었습니다. 내용이 매우 좋아서 그 뒤 교정도 보고 오타니 교수와 책 내용에 관해 논의도 하면서 이 책이 한국의 독자들에게 마르크스 경제학을 제대로 쉽게 가르칠 수 있겠다고 확신하게 되었습니다. 이 번역서에 어떤 오류가 있으면 저도 책임을 질 준비가 되어 있음을 독자 여러분께 말씀드립니다.

이 책은 실제로는 『자본론』 전체의 해설서라고 말해야 할 것입니다. 그러나 제가 쓴 『『자본론』의 현대적 해석』과는 달리, 이 책을 읽으면 지금의 자본주의 사회를 꿰뚫어볼 수 있는 훨씬 더 깊고 귀중한 안목을 더 쉽게 얻을 수 있습니다. 아마도 이는 다음과 같은 이유 때문일 것입니다.

첫째로 이 책은 자본주의 사회가 인류 역사상 어떤 위치를 차지하는가를 끊임없이 상기시킵니다. '서장'에서는 노동을 기초로 하여 인류 사회를 파악하면서 자본주의는 어떤 특수성을 지니는가를 지적하며, 제1편 '자본의 생산과정'에서는 상품생산사회와 자본주의적 상품생산사회를 구분함으로써 자본주의 사회의 특수성을 밝히고 있습니다. 또한 자본주의 이후의 새로운 사회가 '자유로운 개인들의 어소시에이션(association)'이라는 점을 강조하면서, 가치·화폐·자본에 의한 인간지배나 물신숭배가 사라지고 노동의 소외가 소멸하며 공해나 자연파괴 등 인간과 자연과의 대립이 없어지고 모든 사회적 차별과 억압이 사라지는 것을 증명하고 있기 때문입니다.

둘째로는 현실에서 일상적으로 가지는 상식적 관념이나 표상이 틀린 것이라고 지적할 뿐 아니라, 그런 관념이나 표상이 어떻게 생기는가를 보이기 위해 심층의 본질로부터 차근차근 그 관념과 표상을 재구성하려고 노력합니다. 예컨대 "노동이 임금을 낳고, 자본이 이자를 낳으며, 토지가 지대를 낳는다"는 상식적인 이미지가 "노동이 새로운 가치를 창조한다"는 심층의 원리로부터 어떻게 생길 수 있는가를 보이려고 노력하고 있습니다.

셋째로 오타니 교수의 박학다식과 독창적이고 영리한 재능이 결합된 235개의 그림이 어려운 개념이나 원리를 금방 이해할 수 있게 합니다. 이 모든 그림들을 만들어낸 오타니 교수의 개념과 법칙에 대한 명확한 파악에 감탄하지 않을 수 없습니다. 제가 읽은 『자본론』 해설서 중 가장 뛰어난 책이라고 서슴없이 추천할 수 있습니다.

제가 이 번역서를 교정하는 과정에서 오타니 교수의 책에서 오자와 탈자를 몇 개 찾아냈고 서로 의견이 다른 점도 발견했습니다. 제가 오타니 교수에게 38군데를 지적해서 22군데는 동의를 받았으며, 2010년 3월에 발간된 제11쇄에서는 모두 고쳐서 저에게 새 책을 보내주셨습니다. 그런데 다음과 같은 몇 가지 점에서는 서로 의견이 달랐으므로, 여기에 적어두는 것이 독자 여러분들께 도움이 될 것 같습니다.

첫째는 상품의 가치가 어떻게 '형성'되는가에 관한 것입니다. 제가 알기로는 상품의 가치는 노동자가 생산수단의 가치를 생산물에 '이전'하는 것과 새로운 가치를 '창조'하는 것에 의해 '형성'되는 것인데, 오타니 교수는 가치의 '형성'과 '창조'가 동일한 개념이라고 주장하는 바람에 이 번역서에서는 '창조'라고 쓸 부분에 '형성'이라고 쓴 곳이 있습니다.

둘째로 오타니 교수는 '이윤율 저하 경향의 법칙'을 이윤율이 현실적으로도 장기적으로 저하하는 것을 예측한다고 주장하며, 그 근거로 '자본의 기술적 구성[c/(v+s)]의 상승에 따라 최대이윤율[(v+s)/c]이 점점 저하한다'는 사실을 들고 있습니다. 저는 자본의 기술적 구성을 이렇게 파악하는 것에 반대하며, 또한 최대이윤율이 저하하더라도 현실적인 이윤율이 저하하지 않을 수도 있다고 생각합니다.

셋째로 오타니 교수는 모든 서비스노동은 '대상화될 수 없기' 때문에 '비생산적'이라고 주장하는데, 저는 이에 동의할 수 없습니다. 『자본론』 제16장에서 마르크스가 말했듯이, 사립학교 교사의 교육서비스는 재단 투자자본의 가치 증식에 직접적으로 기여하기 때문에 생산적 노동임에 틀림없기 때문입니다.

이 책은 내용 면에서 우리에게 엄청난 산지식을 제공하며, 일본 마르크스 경제학의 높은 수준을 우리에게 전해주고 있습니다. '정치경제학'이라고 하지 않고 '사회경제학'이라고 부르는 것부터가 이미 새로운 경지를 개척한다는 의미를 내포하고 있다고 말할 수 있습니다. 또한 번역 면에서는 오타니 교수와 가까운 동네에 살면서 서로 교류가 깊은 정연소 교수의 꼼꼼함이 오타니 교수의 의도를 충분히 반영했다고 봅니다.

이 번역서가 한국의 청년들에게 자본주의가 무엇인지를 알려주는 계기가 될 뿐만 아니라 일본과 한국의 마르크스 경제학자들이 서로 교류를 확대하면서 마르크스경제학의 발달에 더욱 기여하는 계기가 되기를 바랍니다.

2010년 4월 산본에서

김 수 행

역자 서문

『그림으로 설명하는 사회경제학 — 자본주의는 어떤 사회시스템인가』는 오타니 데이노스케가 마르크스 경제학에 대한 연구와 오랜 기간에 걸친 교육자로서의 경험을 집대성하여 이룩한 경제학 교과서이다.

오타니 데이노스케 교수의 마르크스 경제학에 대한 연구는 크게 세 가지로 묶을 수 있다. 첫째, 그는 구루마 사메조(久留間鮫造) 편 『마르크스 경제학 렉시콘』(전15권, 오쓰키 서점, 1968~1985)에 편집협력자로 참여했다. 이 책 『렉시콘』은 '마르크스에 의거하여 마르크스를 편집한다'는 자세를 관철한 구루마 사메조 교수의 연구의 집대성으로서 '경쟁'편, '방법'편, '유물사관'편, '공황'편, '화폐'편으로 이루어져 있는데, 오타니 교수는 이 책의 편집·제작 작업에 30~40세의 방대한 시간과 정열을 쏟아 부었다. 그것이 어떠한 작업이었던가는 구루마 사메조가 지은 『화폐론』(오쓰키 서점, 1979년) 중 사실상 저자와의 공동집필이라 할 수 있는 그 전반(前半)에서 볼 수 있다. 또한 『렉시콘』의 의의와 이 책에서 오타니 교수의 역할(이 부분은 겸손하게 씌어 있지만)에 대해서는 2003년에 간행된 오타니 교수의 저서 『마르크스에 의거하여 마르크스를 편집한다』(大谷禎之介, 『マルクスに據ってマルクスを編む — 久留間鮫造と「マルクス經濟學レキシコン」』(大月書店, 2003))에서의 저자 진술에서 알 수 있다.

오타니 교수의 연구의 두 번째 작업영역은 『자본론』 여러 초고의 편찬, 번역 및 분석에 관한 연구이다. 1980년 4월부터 1982년 3월까지 교수는 호세이 대학(法政大學) 재외연구원으로서 암스테르담의 사회사 국제연구소에서 『자본론』 초고를 조사하며 서독, 동독, 소련을 다니며 관계자료를 수집해서 이후『자본론』초고에 대해 30개 이상의 논고를 발표했다.『자본론』제2권 제21장 초고의 소개·번역·분석을 비롯하여『자본론』제3권 제1초고를 중심으로 그 소개·번역·분석을 주로 하여『경제지림(經濟志林)』(法政大學)에서 계속 해온 것을 확인할 수 있다. 특히 제3권 제1초고의 '제5편 이자 낳는 자본' 연구는 마르크스의 이자 낳는 자본론 및 신용제도론을 올바르게 해독하는 데서 종래의 연구사를 새로이 하는 커다란 의의를 가지는 것이었다. 교수는 1992년에 국제 마르크스·엥겔스 재단(암스테르담)의 편집위원으로 취임하고 1998년 이후 이 재단의 일본 MEGA 편집위원회 대표를 맡아서 MEGA의 편집·간행이라는 사업을 직접 담당해왔다. 또한 마르크스 초고의 번역에서는 위에 언급한 제3권 제5편의 번역 외에도『자본론』제2권의 초고를『자본의 유통과정』(오쓰키 서점, 1982)으로 역출·간행하는 데서 이니셔티브를 취했으며,『자본론 초고집』(오쓰키 서점, 1984~1994)의 제1회 배본으로 된 제4권의 번역·통일을 시작하여 제2권 및 제9권의 번역·통일에 관여했다. 교수의 마르크스 초고 연구와 번역은『렉시콘』과 더불어 이후에도 끊임없이 계승·발전해야 할 거대한 재산이라 할 수 있다.

세 번째 작업영역은 마르크스의 미래사회론이다. 소련·동유럽 붕괴 이후 학계와 여론은 혼미한 상황에 있었다. 그런 가운데 편저『소련의 '사회주의'는 무엇이었던가』(오쓰키 서점, 1996)에서 '현존 사회주의'의 사회시스템은 마르크스의 '사회주의'와는 전혀 다른 '국가자본주의'라고 부르는 자본주의 생산의 시스템이라는 것을 밝히고 또한 풍부한 사실재료에 의해 같은 결론을 도출한 차토파디아야(Paresh Chattopadhyay)의『소련 국가자본주의론 ─ 마르크스 이론과 소련의 경험』(오쓰키 서점, 1999)을 공역했다. 그 뒤에도 어소시에이션(association)을 키워드로 하여 마르크스의 사회주의론을 재구성하며 속론(俗論)에 대치하는 연구를 계속하고 있다.

오타니 교수는 1961년에 도요 대학(東洋大學) 경제학부에 취임하여 경제학 원론과 개론을 강의했으며 1974년부터 호세이 대학(法政大學) 경제학부에 가서 주로 경제학 원론과 개론을 강의했다. 이 책의 원형은 경제학 원론과 개론을 강의할 때 작성, 배포해온 프린트 교재였다. 1961년에 비로소 작성한 것은 8쪽의 타이프 인쇄였다. 그간 기술내용의 추가와 정정을 거듭하여 교재로서 알기 쉽게 궁리를 하여 2000년 6월에는 300쪽이 넘는 책자로 되었다. 그러나 미비한 점이 적지 않았다.

그런데도 이 책을 약간 수정하여 다시 출판하게 된 것은 중요한 이론적 문제에 대한 이해에서 몇 차례 커다란 전환적 경험을 토대로 일단은 현대 경제학 이론의 가장 기초적인 부분에 대해 이치에 맞는 이야기를 할 수 있게 되었다는 생각이 들었기 때문이다. 다른 한편으로는 이 기회에 저자가 경제학의 이론적 내용에 대해 이제까지 생각해온 것을 정리하여 학생들과 동학 여러분의 검토와 비판을 받고자 하기 때문이다.

이상과 같이 장기에 걸친 연구와 교육자로서의 경험을 집대성하여 이룩한 것이 2001년에 간행된 『그림으로 설명하는 사회경제학—자본주의는 어떤 사회시스템인가』이다. 이 책에는 몇 가지 특징이 있다. 하나는 본문의 설명을 보충하기 위해 많은 그림을 사용한 것이다. 이러한 그림은 『자본론』 전체의 줄거리를 파악하는 데 제법 도움이 될 것이며, 나중에 차례차례로 뒤져보기만 해도 읽은 전체의 내용을 직감적으로 재생산할 수 있다. 다음으로 독자에게 단편적이고 상식적인 지식을 전해주는 풍조와는 달리 체계적인 이론적 전개가 갖는 매력과 박력을 감지할 수 있도록 서술한 점이다. 그리하여 마르크스 이론의 과학적인 수준을 높이도록 힘쓰고 있으며 속류화를 피했다. 마지막으로 이 책이 『자본론』의 길안내가 되기를 바라는 것이다. 『자본론』은 결코 쉬운 책은 아니다. 그러나 모든 부분이 다 난해하다는 것도 아니다. 처음 읽는 사람으로서는 이해하기 어려운 관문이 여기저기 있다. 그러한 관문에 해당하는 부분을 쉽게 설명함으로써 『자본론』 전체를 통독하기 위한 도움을 주려는 것이다.

이 책의 번역에서는 당연한 일이지만 원서에 충실하면서 특히 한국의 독자들이 마르크스 경제학에 대해 잘 이해할 수 있도록 하는 데 힘썼다. 일본식 표현을 한국말 표현에 맞는 방향으로 바꾸었다. 예를 들어 '의'가 들어가는 말 중에서 빼도 의미에서 지장이 없는 경우 삭제한 곳, '제 조건', '제 형태' 등 복수 개념을 뜻하는 '제'는 우리말에서도 쓰이기는 하지만 '조건들', '형태들' 또는 '여러 조건', '여러 형태'라고 바꾸어 자연스러운 경우에는 그렇게 바꾸었다. 그리고 우리말 표현에서는 복수형 자체를 그리 많이 쓰지 않으므로, '제~'나 '~들'자를 넣지 않아도 문장상 복수임을 알 수 있는 경우에는 상당 부분 삭제했다. 쉼표를 너무 자주 사용한 것은 삭제했다. '~하지 않으면 안 된다'는 문맥에 따라, 또는 너무 빈번하게 나올 경우 '~해야 한다'로 바꾸었다. 일본의 상황을 예로 든 부분이 많은데 이를 한국의 상황에 맞게 바꾸면 어떨까 하는 문제(화폐단위 '엔'을 '원' 단위로 바꾸는 문제 등)는 여러 가지로 검토한 결과 그대로 두었다.

교정단계에서 김수행 교수님께서 보아주셔서 되도록 한자를 사용하지 않고 한글로 의미를 제대로 표현하여 요즘 세대 독자들이 쉽게 읽을 수 있게 되었을 뿐 아니라 번역에서 정확성이 한층 높아졌다는 것을 부언한다. 김수행 교수님의 노고에 마음속으로 깊은 사의를 표하는 바이다.

원서에는 독어 기호를 사용했는데 이 책에서는 이를 영어 기호로 바꾸었으며, 편리한 이용을 위해 기호 일람표를 실었다. 또한 일어판에는 없는 찾아보기를 권말에 부쳐 독자들의 학습에 도움을 주려고 했다. 이 작업이 예상 외로 시간이 걸려 발간이 지연된 점을 죄송하게 생각한다.

2010년 4월 도쿄에서
전 朝鮮大 교수 정연소

한국어판 서문

세계는 지금 선진국이든 발전도상국이든 거대한 격동을 예고하는 여러 가지 징후를 보이고 있습니다. 2008년 미국에서 서브프라임 대출의 파탄에서 발단된 세계적 금융위기가 각국의 실물경제에도 심각한 영향을 미치게 되었으며 세계적인 동시불황이 계속되고 있습니다. 그 규모와 심각성은 1929년의 세계공황을 초월하고 있으며 각국 정재계의 중추에서조차 '100년 만에 한 번 오는 위기'라는 신음이 울려 나오는 형편입니다.

이 '위기' 속에서 노동에 의해 사회를 뒷받침하는 (또는 지탱하는) 사람들 중 식량이나 주거조차 확보할 수 없는 실업자가 증가하고, 이에 비례하여 취업해 있는 사람들의 실질임금은 저하하고 노동시간은 길어지며 노동강도는 높아지고 있습니다. 그런데 식량과 주거를 포함한 소비물자는 공급과잉이며 가격은 하락하고, 생산설비는 과잉되어 유휴하고 있습니다. 화폐형태로 있는 자본은 생산과 유통 부문에서는 충분한 이윤을 올릴 수 없기 때문에 '머니'로서 증식할 기회와 장소를 구하여 이 부문 밖으로 흘러넘치고 있으나, 투기적 머니게임에 부채질당해 버블이 터진 지 얼마 안 되는 지금은 화폐시장에서 우왕좌왕하며 상품선물시장에까지 흘러 들어가고 있습니다. 이와 같이 한편에서는 인구의 과잉이 있고 다른 한편에서는 상품의 과잉과 자본의 과잉이 있어 빈곤과 과잉이 병존하는데, 이는 요컨대 노동에 의해 사회를 뒷받침하는 사람들과 그 노동에 필요한 생산수단이 분리되어 결부되지 못한 채 뿔뿔이 흩어져 있는 것 이외에 아무것도 아닙니다. 이것이 현재 '위기'의 정체입니다.

결국 지금 '위기' 속에서 격렬하게 몸부림치고 있는 것은 현재 세계를 압도적으로 지배하는 자본주의라는 사회시스템입니다. 지금 전 세계 사람들이 새삼스럽게 '자본주의란 어떤 사회시스템인가?'라는 물음의 목소리를 내는 것은 대형서점에서 '자본주의론'이라는 서가에 놓여 있는 서적 수가 계속 늘어난다는 사실에서, 그리고 마르크스의『자본론』판매부수가 급증하는 데서 잘 나타납니다. 사람들은 지금 자본주의라는 사회시스템 그 자체 속에 '위기'의 가장 깊은 진원지가 있지 않을까 하고 의심하기 시작한 것 같습니다.

바로 이러한 시기에 자본주의 사회의 구조를 설명하려고 한 이 책이 한국의 독자 여러분에게 읽히게 되는 것을 아주 기쁘게 생각합니다.

*　　*　　*

저자는 원서인 일어판을 간행하기까지 약 40년간 대학에서 경제학 과목들을 강의해왔습니다. 이 과정에서 경제학의 기초이론을 강의할 때 작성 배포한 프린트 교재가 차차로 축적되어 상당한 분량이 되었기 때문에, 그것을 토대로 이 책의 일어판을 2001년에 간행했습니다. 다행히 매년 새로운 독자를 얻어 2010년 3월까지 11쇄를 쌓아 올렸습니다.

한참 이전에 이 일어판에 주목해서 한국어로 번역하고 싶다는 희망을 출판사에 전해온 분이 있었으나, 한국어를 모르는 저자로서는 번역작업에 즈음하여 필요하게 될 도움을 줄 수 있을지 자신이 없어서 그때에는 번역을 부탁하지 못했습니다. 그런데 2006년에 뜻하지 않게 존경하는 친구 정연소 선생님이 번역을 맡겠다고 했습니다. 연구회 등에서 오랫동안 같이 지내온 정 선생님이라면 번역을 안심하고 맡길 수 있을 뿐 아니라 협의와 간행에 필요한 여러 가지 작업을 순조로이 진행할 수 있으리라 판단해서 정 선생님께 번역을 부탁했습니다. 그 뒤 정 선생님은 번역작업은 물론 출판사와의 교섭과 협의 등 필요한 갖가지 준비를 솜씨 있게 밀어주시고 2009년 봄에는 본문의 교정을 완료했습니다. 그런데 거기서 뜻하지 않은 성가신 일이 생겼습니다.

일어판에서는 이 책의 색인사항은 책 속에 붙이지 않고 출판사인 사쿠라이 서점의 홈페이지를 통해 전자파일로 제공했습니다. 그 때문에 저자는 쪽수의 제한을 걱정하지 않고 작성한 77쪽에 이르는 방대한 색인사항을 그대로 게재할 수 있었습니다. 그런데 이번의 한국어판에는 도서출판 한울 편집부의 요망으로 색인사항을 책의 맨 끝에 붙이게 되었는데, 물론 큰 분량의 일어판 색인을 전부 게재하기는 불가능했습니다. 그래서 저는 우선 일어판 색인을 크게 압축한 간략판(축소판)을 작성해서 그것을 한국어로 번역하게 되었습니다. 그러나 이 간략화 작업에서는 색인항목을 대폭 삭제해야 했기 때문에 본래의 색인시스템을 제법 변경하게 되었으며 당초의 통일성을 상당히 무너뜨리게 되었습니다. 또한 저자가 색인항목의 삭제에 맞추어 → 항목을 함께 삭제해야 하는데 이를 여러 군데 빠뜨렸기 때문에, 정 선생님이 간략판을 그대로 한국어로 고친 데에는 부적합한 곳이 많이 생기게 되었습니다. 편집부 김경아 씨와 역자인 정 선생님 두 분은 일어판의 쪽수를 한국어판의 쪽수로 바꾸는 아주 성가신 작업을 정중하게 추진해주었으며, 이 과정에서 일어판에 있던 쪽수의 오류를 많이 발견하고 그러한 부적합한 곳을 하나하나 수정해주었습니다. 이러한 작업에 많은 시일이 걸려서 이 책의 간행이 약 1년 지연된 것입니다. 이제 드디어 금년 봄에 이 역서를 간행하게 되었습니다.

*　　*　　*

끝까지 정중하게 작업을 추진해주신 정 선생님과 김경아 씨께 마음속으로 인사를 올립니다. 또한 원서와 대조하면서 번역문을 점검해주셨을 뿐 아니라 원서의 오기와 부적합한 기술에 대해 의견을 주시며 또한 추천사까지 써주신 김수행 교수님께 심심한 사의를 표합니다.

이 책이 한국에서도 많은 독자 여러분을 맞이할 수 있을지, 그리고 또한 독자 여러분으로부터 어떤 반향을 얻을 수 있을지, 여러분의 판정을 기다리는 것을 기쁨으로 삼고 있습니다.

2010년 봄 도쿄에서
오타니 데이노스케

서문

현대사회의 근간을 이루는 것이 '자본주의'라는 사회구조인 것은 누구든 지 알고 있다. 그러나 새삼스럽게 '자본주의'란 어떤 것이냐고 질문을 받으 면 이에 답하는 것은 쉽지 않다는 것을 깨닫게 된다. 실은 인류사에 이 사회시스템이 등장했을 때부터 이 물음에 답하려고 힘써온 것이 '사회경제 학'이라고 하는 고전파 경제학에서 마르크스 경제학에 이르는 경제학의 흐름이다. 이 책이 지금부터 독자에게 전하고자 하는 것은 이 물음에 대한 사회경제학의 답이다.

그런데 여기서 '사회경제학'이란 자본주의 사회가 성립하는 과정에서 발생하여 지금까지 발전해온 폴리티컬 이코노미(political economy)를 말한다. 폴리티컬 이코노미는 때론 '정치경제학'이라고 번역되지만, 여기서의 '폴리 티컬(political)'은 '정치에 관계한다'는 의미가 아니라 좀 더 넓게 '사회에 관계한다'는 의미이다. 원래 '경세제민(經世濟民)'에서 왔다는 '경제'라는 말 은 가계를 꾸려나간다는 의미가 아니라 사회의 경제를 의미하는 것이기 때문에 폴리티컬 이코노미가 오랫동안 그저 '경제학'이라고 번역되어온 것은 아주 정당한 것이었다.[1] 그런데 19세기 후반에 마셜(Alfred Marshall,

---

1) 최근 간행된 애덤 스미스(Adam Smith)에 선행한 경제학자 스튜어트(James Stewart) 의 주요 저서 *An Inquiry into the Principles of Political Oeconomy*(1767)는 일역본에서 『경제의 원리』로 번역되어 있다. 역자 다케모도 히로시는 역자 해설에서 왜 폴리티

1842~1924) 등이 '순수과학적'이라고 자부하는 자기들의 '경제학'을 고전파 이래의 폴리티컬 이코노미라는 명칭과 구별하려고 '이코노믹스(economics)' 라고 칭하기 시작했으므로 폴리티컬 이코노미는 '순수과학적'인 경제학과는 다른 '정치적'인 편향을 가진 경제학이라는 기묘한 관념이 퍼지게 되었다. 대부분 선의로 사용되는 '정치경제학'이라는 번역어도 이러한 관념을 넓히는 데 일조했다. 그러한 사정도 있어서 최근 이코노믹스와는 구별되는 폴리티컬 이코노미가 가지는 의미를 적극적으로 표현하고자 '사회경제학' 이라는 말이 사용되기 시작했다. 이는 폴리티컬 이코노미라는 말의 함의를 표현하는 데 적절한 번역어이다. 이 책에서도 폴리티컬 이코노미를 이코노믹스와 구별할 필요가 있을 때에는 '사회경제학'이라는 말을 사용하기로 한다.

유사한 종류의 많은 책들에 비해 이 책이 갖는 독특한 특징이 무엇이냐는 질문에 대해서는 다음 세 가지 사실을 말하고 싶다.

첫째로 이 책은 본문의 설명을 보충하기 위해 그림을 상당히 많이 사용하고 있다. 그런데 그 특색은 그림 수가 많다는 것보다 그림을 작성하는 방법에 일관성을 가지도록 하여 나중에 이러한 그림을 통해서 보기만 해도 전체의 전개순서를 따르게 되어 있다는 점에 있다. 물론 그림 그 자체가 말하는 것은 얼마 되지 않으며 단순화된 그림이 우스꽝스러운 생각을 이끌어낼 수도 있다. 그러나 그러한 한계가 있다는 것을 분간할 수 있다면 이 책의 그림이 경제학의 내용을 이해하는 데 나름대로 유용하다고 확신한다.

둘째로 이 책에서는 독자의 흥미를 끌기 위해 사실을 열거하여 독자에게

컬 이코노미를 스미스의 『국부론(The Wealth of Nations)』을 번역하는 경우와는 다르게 '경제학'이라고 하지 않고 '경제'라고 했는지를 스튜어트의 용어를 예로 들어 설명했다. 동시에, 그는 왜 폴리티컬 이코노미를 '정치경제' 또는 '정치경제 학'이라고 번역해서는 안 되는지에 대해서도 상세히 설명한다. 小林昇 監修, 『經濟 の原理: 第1·第2編』(名古屋大學出版會, 1998), pp. 648~654.

단편적인 상식적 지식을 주면 된다는 일부 풍조와는 달리, 독자가 체계적인 이론적 전개가 갖는 매력과 박력을 감지할 수 있도록 하는 데 서술의 목적을 두었다.[2]

셋째로 이 책의 본론인 제1~3 세 편의 내용은 각각 큰 틀에서 마르크스의 『자본론』 제1~3권 내용에 대응되며, 이 책이 『자본론』의 길안내가 되는 것을 의도하고 있다. 잘 알려져 있는 바와 같이 『자본론』은 결코 쉬운 책은 아니다. 그러나 모든 부분이 난해하다는 것은 아니다. 단지 처음 읽는 사람으로서는 여기저기에 이해하기 어려운 관문이 있는데, 그러한 장소에서 앞으로 가는 것을 멈춰버리는 독자가 적지 않기 때문에 전체가 난해한 것처럼 말하는 것이다. 이 책에서는 특히 그러한 관문에 해당하는 부분을 알기 쉽게 설명함으로써 『자본론』의 전체를 통독하기 위한 도움을 주려고 한다. 이 책을 읽고 『자본론』에 흥미를 갖는 독자, 또는 이 책의 내용을 더욱 깊이 알고자 하는 독자는 꼭 『자본론』 그 자체와 씨름하기를 권한다.[3]

---

2) 마르크스는 『자본론』 프랑스어판 서문(출판자 라샤트르에게 보낸 편지)에서 다음과 같이 썼다. "내가 사용하는 분석방법은 지금까지 경제문제에 적용된 적이 없기 때문에 첫 몇 장(章)은 읽기가 대단히 힘듭니다. 따라서 염려되는 것은 [항상 결론을 얻으려고 성급히 서두르며 일반적인 원리가 자기들이 직접 관심을 가지고 있는 문제들과 어떤 관련을 갖는가를 알려고 갈망하는] 프랑스 독자들이 당장 더 이상 앞으로 나갈 수 없을 때 이 책에 대한 흥미를 잃어버리지 않을까 하는 점입니다.
이것은 불리한 점입니다만 나로서는 어찌할 수가 없습니다. 다만 진리를 갈망하는 독자들에게 처음부터 이 사실을 알려주고 그들에게 미리 경고할 수 있을 뿐입니다. 학문에는 지름길이 없습니다. 오직 피로를 두려워하지 않고 학문의 가파른 오솔길을 기어 올라가는 사람만이 학문의 빛나는 정상에 도달할 수 있습니다" (*MEW*, Bd. 23, S. 31; 『자본론』 I(상), 제2개역판, 김수행 역, 비봉출판사, 21쪽).
3) 신뢰할 수 있는 『자본론』 일어판으로서 구하기 쉬운 것은 다음 두 가지다. 岡崎次郎 譯, 國民文庫版, 全9冊(大月書店, 1967); 資本論飜譯委員會 譯, 上製版, 全5冊(新日本出版社, 1998).

또한 이 책에서는 강조를 위해 고딕체와 강조점을 병용하고 있는데, 고딕체로 표시한 부분은 기억해두었으면 하는 어구, 강조점을 붙인 부분은 주의 깊게 읽었으면 하는 부분 또는 저자가 중요하다고 생각하는 부분이다. 이 책의 사항 색인은, 인쇄하여 책의 맨 뒤에 첨가하지 않고 사쿠라이 서점(櫻井書店) 홈페이지(http://www.sakurai-shoten.com)를 통해 전자파일로 제공하기로 했다. 인터넷을 이용하지 않는 분들에게는 불편을 끼치게 되지만 이에 따라 지면의 제한 없이 마음대로 작성할 수 있을 뿐 아니라 독자가 항상 개선 중에 있는 최신판을 다운로드할 수 있는 등 이점이 많다고 판단했다.

자본주의가 어떠한 사회시스템이냐는 물음은 이미 300년의 연륜을 갖는 이 사회가 향후 어떠한 방향으로 가며 어떻게 변하며 어떻게 하여 새로운 사회를 만드느냐는 물음이기도 하다. 이제 새로운 천 년의 입구에서 독자와 함께 인류사의 장래에 관해 생각해보고 싶다.

일러두기

　이 책에서는 이따금 마르크스의 문헌을 인용하는데, 그 출전으로『마르크스·엥겔스 전집』(大月書店, 1959~1991)의 원본인 독어판『마르크스·엥겔스 저작집』으로 페이지를 표시한다. 이 페이지가 일어역『전집』의 난외에 붙어 있기 때문에 해당하는 장소를 일어역『전집』에서 쉽게 찾을 수 있고,『전집』과는 따로 간행된『자본론』의 일어역(大月書店판, 新日本出版社판)에서도 같은『저작집』의 페이지가 난외에 붙어 있어서 해당 장소를 쉽게 찾을 수 있기 때문이다. 독어판『저작집』은 MEW로 표시하고 그 뒤에 권수를 Bd.로 표시하며 페이지를 S.로 나타내기로 한다. 예컨대 MEW, Bd. 4, S. 100은 독어판『저작집』제4권 100페이지를 나타낸다.『자본론』은 그 제1권이 제23권(MEW, Bd. 23), 제2권이 제24권(Bd. 24), 제3권이 제25권(Bd. 25)에 대응하는데, 각각 MEW, Bd. 23, S. ……, MEW, Bd. 24, S. ……, MEW, Bd. 25, S. ……와 같이 쓰고 있다. 독어판『저작집』에 포함되어 있지 않은『직접적 생산과정의 제 결과』에서 인용한 것은 국민문고판(大月書店, 1970)의 페이지를 참조했고, 일어역『전집』에 담겨 있지 않은『경제학 비판 요강』에서 인용할 때에는『資本論 草稿集』②(大月書店, 1993)으로 페이지를 넣었다.

　또한『자본론』제1권의 인용에는『자본론』초판에서 마르크스가 넣은 강조 부분을 표시하도록 했다. 이 강조는 제2판 이후 인쇄비용을 절감하기 위해 삭제되었기 때문에『저작집』판에도 그리고 그것을 원본으로 하는 어떤 일역판에도 붙이지 않았으나, 마르크스가 어떤 부분을 중요하다고 생각하고 있었는지를 아는 데 유용하다.

기호 설명

가. 반복되어 나오는 중요한 기호

ap	평균이윤	average profit
ap'	평균이윤율	average profit rate
C	상품	commodity
c	불변자본	constant capital
C'	상품자본(C+c)	commodity capital(C+c)
cf	고정자본	fixed capital
Cp	비용가격	cost price
cw	고정자본 마손(이전)가치	transferred value from fixed capital
cz	유동불변자본	circulating constant capital
I	제Ⅰ부문(생산수단 생산부문)	production department I
II	제Ⅱ부문(소비수단 생산부문)	production department II
K	자본; 투하 총자본	capital; advanced total capital
Kt	자본가	capitalist
Lp	노동력	labor power
Lr	노동자	laborer
Lt	노동시간	labor time
M	화폐	money
M'	화폐자본	money capital

M'	화폐자본(M+m)	money-capital(M+m)
Mc	소비수단	means of consumption
ML	노동수단	means of labor
Mo	노동대상	objects of labor
Mp	생산수단	means of production
P	생산자본	productive capital
p	이윤	profit
p'	이윤율	rate of profit
Pp	생산가격	price of production
Pr	생산물	product
Rp	필수생산물	requisite product(necessary product)
Rt	필수노동(필수노동시간)	requisite labor time(necessary labor time)
s	잉여가치	surplus value
s'	잉여가치율	rate of surplus value
sa	축적되는 잉여가치	accumulated surplus value
sc	추가불변자본으로 되는 잉여가치	surplus value that is applied to added constant capital
sm	잉여가치 중에서 금의 형태로 유통하는 화폐의 마손을 보전하는 데 충당되는 부분	portion of surplus-value that is applied to cover the wear & tear of circulating money in the form of gold
sk	자본가의 개인적 소비에 충당되는 잉여가치	surplus value that is spent on individual consumption of capitalist
Sp	잉여생산물	surplus product
St	잉여노동(잉여노동시간)	surplus labor time
sv	추가가변자본으로 되는 잉여가치	surplus value that is applied to added variable capital
v	가변자본	variable capital
W	임금	wages
z	유동자본	circulating capital

나. 특정한 장소에 나오는 기호

페이지	기호	의미
145	E	일반적 등가물
167~169	[M]	화폐지불약속
170	S	어음
176~178	q	양
180	C_M	상품으로서의 금
231, 438	M	중위의 생산조건을 갖는 자본의 상품
231, 438	H	우위의 생산조건을 갖는 자본의 상품
231, 438	L	열위의 생산조건을 갖는 자본의 상품
231	+s	특별잉여가치
231	−s	결손가치
351, 353~355	c	상품형태에 있는 잉여가치
351, 353~355	m	화폐형태에 있는 잉여가치
351, 353~355	c	상품형태에 있는 잉여가치
351, 353~355	m	화폐형태에 있는 잉여가치
367~371, 428	n	자본의 회전수
367	u	자본의 회전시간
371	S	연간 잉여가치
371	S'	연간 잉여가치율
394	sg	잉여가치 중에서 금의 형태로 화폐보전에 충당되는 부분
428	P'	연간 이윤율
438	+p	초과이윤
438	−p	결손이윤
454	k'	자본의 유기적 구성
457~459	N	신가치
457~459	n'	신가치율

473	a	상업비용 중의 물건비
	b	상업비용 중의 인건비
	h	총상업이윤
	m	상업자본이 상품을 구매하는 데 투하한 화폐자본
	p	총산업이윤
	Pc	상업자본의 총생산가격
	Pi	산업자본의 총생산가격
	Vt	총가치
529	+s	특별잉여가치
	−s	결손가치
532	ar	절대지대
	+p	초과이윤
	−p	결손이윤

차례

표 · 그림 차례

노동을 기초로 하는 사회 파악과 경제학의 과제

이 장의 과제와 연구의 진행방식

본론에 들어가기 위한 준비를 하자 | 경제학의 가장 중요한 과제는 현대사회의 경제구조를 해명하는 것이며, 따라서 그 연구의 대상은 현대사회의 경제이다.

그러나 '현대사회'라 할 때, 그 현대란 언제인가. 또한 사회가 복잡하게 뒤얽혀 있는 여러 가지 측면 속에서 '경제'란 어떤 측면인가? '경제의 구조'가 부단히 변화·발전한다는 것은 누구나 알고 있지만, 그와 같이 변화·발전하는 대상을 경제학은 어떻게 파악하려고 하는가? 또한 현대의 경제는 여러 가지 상이한 사회를 경험해온 인류 역사에서 어떠한 위치를 차지하는가? 그리고 그러한 현대경제를 연구하려 할 때 어떠한 절차를 밟을 필요가 있는가? 과연 경제학이란 어떠한 독자적 성격을 가진 과학인가?

이러한 문제에 대해 어느 정도 예비지식이 있으면, 이후 경제학의 본론에 들어갔을 때 가끔 자기가 어디에 있는지를 확실히 살피는 데 도움이 될 것이다. 어떻게 해서든 알아두어야 할 가장 기초적인 부분에 있을 때, 자기가 지금 어디쯤에 있는지를 모르면 아주 현실과는 관계없는 논리만의 세계에서 여기저기 끌려 다닌다는 느낌이 들 것이기 때문이다.

그러므로 서장에서는 이 책 제1편에서 시작하는 본론에 들어가는 준비를 하기로 하자.

현대사회와 사회경제학 ｜ 우선 제1절에서, 경제학이 연구하는 현대경제란 어느 시기의 경제를 말하는 것인가, 그를 다루기 위해 경제학은 이제까지 어떤 자취를 걸어왔는가, 그리고 지금 경제학에 대해 어떤 것이 요구되는가 하는 것을 간략하게 설명한다.

노동과 생산 ｜ 제2절에서는, 이제까지 인류의 역사 속에서 항상 사회를 유지하며, 사회의 모든 측면을 부단히 형성해온 노동과 그에 의한 생산에 대해 반드시 파악해두어야 하는 기초적 사항을 말하고자 한다.

생산양식과 그 교체 ｜ 제3절에서는, 우선 §1에서 자연에서 생산물을 획득하는 힘인 생산력을 생각할 때 빼놓을 수 없는 생산비용인 노동이란 어떠한 것인가를 생각해본다. 여기에서는 '노동의 이중성'과 '노동력'이라는 두 가지 개념이 키워드이다. 그 후 §2에서 사회를 존속시키는 사회적 재생산이 어떻게 진행되어왔는지, 그 속에서 생산력이 발전하면 어떠한 결과를 가져오는지를 살펴본다. §3에서는 생산 속에서 사람들이 서로 맺게 되는 사회적 관계인 생산관계의 측면으로 넘어가, 인류가 이제까지 경험해 왔고 지금부터 경험하게 될 역사적인 여러 생산관계 속에서 사회적 재생산의 법칙이 어떻게 관통되는지를 살펴본다. 마지막 §4에서는, 예전부터 내려온 사회가 새로운 사회로 교체되면서 발전해온 인류사의 이제까지의 경험이 경제에서의 변화를 출발점으로 하여 진행되는 법칙적 과정을 표시하고 있음을 말하려 한다. 우리 경제학의 대상인 자본주의 사회도 이 '사회발전의 일반법칙'에서 벗어날 수 없는 것이다.

경제학의 기본 성격 | 이 장의 마지막 절인 제4절에서는, 우선 §1에서 경제학의 대상은 무엇인지, 그 독자성은 어디에 있는지, 그 과제를 정리하면 어떻게 되는지를 요약적으로 알아보고자 한다. §2에서는 과학으로서 경제학의 의미, 그로부터 나오는 연구와 논증의 진행 방법에 대해 최소한의 설명을 하고자 한다.

제1절 현대사회와 사회경제학

현대사회의 특질은 자본주의라는 사회형태에 있다 | 사람들이 경제학에 기대하는 것은 현대의 여러 가지 문제에 대해 해결방도를 제시하는 것이다. 그러면 여기서 '현대'란 언제부터 시작한 시기인가? 19세기 말에 제국주의가 출현하고 1945년에 전후 세계가 시작되며 1989년 이후 이른바 '현존 사회주의' 나라들의 사회적 시스템이 붕괴하여 냉전체제가 해체되었다. 도대체 어디에서부터 '현대(modern times)'가 시작하는 것일까?

역사학에서 '현대사(modern history)'의 기점은 시간이 흐름에 따라 새로운 시점으로 부단히 바뀐 것은 아니다. 왜일까? 그것은 지금 우리가 생활하고 있는 사회의 형태가 탄생한 그 시기를 '현대'라고 부르기 때문이며, 여러 가지 새로운 '획기적인' 사건이 발생했다 하더라도 그것들이 이 사회의 기본적인 형태를 바꾸는 것이 아닌 한 그러한 것은 '현대'의 사회 내부 사건에 지나지 않기 때문이다.

그러면 '현대'사회란 어떤 형태·특질을 갖는 사회일까? 한마디로 말해서 그것은 **'자본주의'**라고 부르는 역사적으로 독자적인 사회형태이다. '현대' 사회의 본질은 그것이 **자본주의 사회**라는 데 있다. 현대사회가 자본주의 사회인 한, 나날이 새로 생기는 무수한 사건은 이 사회의 본질에 의해 규정되며 그 틀 속에서 생겨나는 것이다.

시대의 추이와 더불어 해명되어야 할 새로운 문제가 계속 나타나는데도, '현대'의 문제 중 가장 근본적인 문제가 자본주의는 무엇인가, 그것은 어떠한 사회형태이며 어떻게 운동하는가 하는 문제라는 사실은 여전히 조금도 달라지지 않는다. 이 문제는 이른바 '현존 사회주의'의 붕괴에 의해 사라지기는커녕, 그 이전보다 훨씬 심각한 형태로 제기되고 있다. 1990년대에 들어와서 서점의 책장에 '자본주의'란 말이 제목에 포함된 서적이 현저히 늘어났다. 이것은 지금 인류사회가 당면한 셀 수 없을 만큼의 문제와 곤란을 그 근원을 거슬러 올라가 생각해보려 할 때, 자본주의라는 사회시스템의 문제에까지 가지 않을 수 없다는 것을 보여준다. 왜냐하면 지금 인류가 생활하는 사회의 가장 발전한 형태가 자본주의이기 때문이며, 우리 눈앞에 있는 것이 세계적인 자본주의 시스템이기 때문이다.

경제학은 자본주의 경제의 특질을 밝혀야 한다 │ 자본주의란 무엇이며 어떻게 운동하고 있는가 하는 문제에 답하기 위해서는 이 사회의 생산력·산업구조·산업배치·경제조직·정치구조·법제도·사회적 의식 등, 여러 가지 측면을 총체적으로 파악할 필요가 있다. 그러나 사람들은 이 문제를 논할 때 무엇보다 우선 이 사회의 경제구조에 주목한다. 그것은 당연한 일이다. 자본주의라고 하는 질적인 규정 그 자체가 다름 아닌 이 사회의 경제구조의 독자적인 존재방식에 있기 때문이다. 따라서 경제학이야말로 자본주의란 무엇이고 어떻게 운동하고 있는가 하는 문제에 답해야 하며, **경제학**은 이 문제에 답변한 후 그러한 자본주의 사회가 현재 어떠한 새로운 현상과 형태를 나타내는지 분석하여 우리가 직면한 최신 문제들에 해답을 내지 않으면 안 되는 것이다. 그런 의미에서 '현대' 경제학이란 자본주의라는 독자적인 사회의 경제에 대한 경제학이 되어야 한다.

경제학의 두 가지 흐름: 사회경제학과 이코노믹스 │ 경제학의 흐름에 크게 마르크스 경제학과 근대 경제학이라는 두 가지가 있다는 것은 잘 알려져 있다. 그러나 이 두 가지 흐름은 사실 사회경제학과 이코노믹스라는 가장 포괄적인 두 가지 흐름의 하류(下流)이다.

사회경제학(political economy)에 포함되는 것은 고전파 경제학의 본류와 그에 잇따르는 흐름, 특히 그중에서도 마르크스 경제학이다. 사회경제학은 노동가치설에 바탕을 두고 현대사회를 역사적으로 형성된 경제·정치·법·윤리·사회적 의식 등 복잡하게 뒤엉킨 하나의 총체로 파악하여, 이 총체의 토대를 이루는 경제구조를 다른 사회적 측면들과 밀접하게 관련시키면서 해명하려 한다.

이코노믹스(economics)에 포함되는 것은 1870년대 초 고전파 경제학의 일면을 계승하여 비롯된 '한계효용학파' 이후의 이른바 '근대경제학'의 갖가지 흐름이며, '신고전파', '케인스 이론', '신고전파종합', '신보수주의(신자유주의)경제학', 기타 지류를 포괄한다. 이코노믹스는 노동가치설을 부정하고 기타 사회적 측면들과 역사적 특수성을 사상한 채 현대사회의 경제적 측면만을 순수하게 분석하여, 거기서의 수량적인 법칙, 인과관계를 되도록 정확히 파악하는 것을 '과학성'이라 주장한다.

고전파 경제학의 성립과 종언, 경제학 비판으로서의 『자본론』 | 사회경제학은 본래 '경국제민(經國濟民)'을 위해 정부가 취하는 '방법[術]', 즉 정책을 밝히는 학문이었다. 그런데 자본주의 사회가 확립되어가는 과정에서 경제학 본연의 자세에 커다란 전환이 생겼다. 케네(François Quesnay, 1694~1774)와 애덤 스미스(Adam Smith, 1723~1790)는 자본주의 경제에 대해 '자본주의는 자연적으로 발전하여 국부(國富)를 증대시키는 경제구조를 갖추고 있으므로 정부는 경제과정에 간섭하지 말아야 한다'고 하여 '자유방임'을 외쳤다. 이것에 대응하여 경제학은 그러한 자연적인 구조를 해명해야 하는 '과학'이 된 것이다. 이렇게 성립한 경제학이 **고전파 경제학**이다.

스미스 학설의 가장 중요한 특질은 그것이 **노동가치설**에 의거한다는 것이다. 고전파 경제학을 완성시킨 리카도(David Ricardo, 1772~1823)는 자본주의 사회에서 계급적 이익이 대립하는 것을 사회의 자연적인 현상이라고 생각하여, 자본주의 사회의 적극적인 면을 강조했다.

1830년대에 들어와 사람들의 눈에 자본주의 사회의 모순들이 뚜렷이 보이게 됨으로써, 이 사회의 모순을 강조하는 시스몽디(Jean Charles Léonard Simonde de Sismondi, 1773~1842)가 출현하여, 자본주의를 사회적인 생산의 최종적으로 완성된 모습이라고 생각해온 고전파 경제학은 종말을 고하게 되었다. 고전파의 이론을 노동자계급의 요구와 조화시키려는 존 스튜어트 밀(John Stuart Mill, 1806~1873)의 노력은 자본가계급의 입장에 선 경제학의 자기 파산을 선언한 것이었다.

이에 대응하여 경제학자의 일부는 상식적인 의식을 그럴듯하게 체계화한 경제학을 가지고 자본주의를 변호하고 노골적으로 자본가계급의 이익을 대변했다. 이러한 경제학에는 **속류경제학**이란 명칭이 주어졌다.

호지스킨(Thomas Hodgskin, 1787~1869)과 같이 리카도류의 노동가치설에 의해 노동자의 이익을 옹호하는 '사회주의' 주장이 나왔지만, 과학적인 분석으로서는 아주 불충분한 것이었다.

고전파 경제학의 과학적인 성과를 구출하여 자본주의 사회의 총체적인 분석의 길을 연 것은 마르크스의 **경제학 비판**이었다. 마르크스(Karl Marx, 1818~1883)는 주요저서 『자본론』에서 철저하게 과학적인 방법에 의해 자본주의적인 생산형태의 독자성을 해명했다. 마르크스는 노동을 기초로 하는 사회관을 철저히 추구하여 경제적 구조의 분석이 사회 전체의 총체적 파악의 기초라는 점을 밝혔다.

근대경제학의 성립·발전과 그 위기 | 1870년대에 제본스(William Stanley Jevons, 1835~1882), 멩거(Carl Menger, 1840~1921), 왈라스(Marie Esprit Léon

Walras, 1834~1910)에 의해 **한계효용가치설**을 근간으로 하는 경제학설이 주장되어, 이른바 **근대경제학**(modern economics)의 계보가 시작된다. 그 근본특징은 노동가치설을 근저로부터 부정하며, 경제현상은 추상적인 사적 개인들의 주관적인 선택 행위의 합성 결과이고, 그들의 자유경쟁이 경제 전체의 균형을 가져온다고 생각하여 경제적 양(量)들 사이의 양적 분석에 힘을 쏟는 데 있다('신고전파'). 이 연장선에서 마셜(Alfred Marshall, 1842~1924)이 자신의 경제학을 폴리티컬 이코노미와 구별하려고 이코노믹스라고 칭한 이후, 근대경제학의 세계에서는 점점 이 호칭이 사용되게 되었다.

20세기에 들어오면서부터 현실은 그러한 균형이론의 비현실성을 밝혔다. 여기에 등장한 것이 케인스(John Maynard Keynes, 1883~1946)였다. 그는 유효수요가 부족한 경우에는 불완전고용하에서도(즉 실업자가 존재하는 상태에서도) 균형이 성립할 수 있기 때문에 국가가 유효수요를 창출하는 정책을 취함으로써 비로소 불황을 타개하고 완전고용을 실현할 수 있다고 했다. 그 후 국가가 케인스 정책을 채택한 것이 공황현상을 완화한 것처럼 생각되어 **케인스 학파**의 이론은 근대경제학의 주류가 되는 듯했다.

그러나 제2차 세계대전 이후 자본주의 나라들의 부흥과 경제의 상대적 안정성장 속에서 다시 신고전파의 균형이론이 성행했고, 그중에서도 정부가 케인스 정책에 의해 유효수요의 총량을 조정하면 자유방임에 의해 균형이 이루어진다고 하는 사무엘슨(Paul Anthony Samuelson, 1915~)의 **신고전파종합**이 유행하게 되었다.

1960년대 후반부터 선진 자본주의 나라들의 경제에 심한 스태그플레이션이 닥쳐왔는데, 재정정책은 유효한 힘을 발휘하지 못하고 케인스 학파나 신고전파종합은 심각한 타격을 받았다. 이 시기에 한편으로는 자본주의 그 자체를 비판하여 사회주의로의 이행까지도 주장하는 래디컬 이코노미스트가 출현했다. 다른 한편에서는 케인스나 신고전파종합을 심하게 비판하는 '통화주의', '합리적 기대가설', '공급경제학', '공공선택이론' 등의 '신보수주의(신자유주의)' 경제학이 나타났다. 이들은 케인스적인 정책을 채택하는 '복지국가'나 '커다란 정부'를 격렬히 비판했다. 각국의 보수정권은 이 이론에 의해 엄청난 디플레이션 정책, 복지 축소, 대폭적인 감세를 강행했다. 그러나 머지않아 신보수주의 정책은 완전히 파탄하고 정치적으로도 그 영향력은 결정적으로 후퇴했다. 그렇다 하여 케인스 정책으로 경제적 곤란을 해결할 전망이 보이게 된 것은 아니다. 이러한 상황에서 신보수주의 경제학의 파산도 명백해졌다. 이코노믹스는 지금 다시 새로운 틀을 힘껏 탐구하고 있는 것같이 보인다.

사회경제학만이 현대를 밝힐 수 있는 경제학이다 ㅣ 국제적으로 남북문제, 지구 차원에서 환경파괴, 민족대립, 누적채무, 무역마찰 등의 문제가 산적하며, 많은 자본주의 나라가 불황과 실업에 시달리고 있다. 일본경제도 버블 붕괴 이후 1990년대 전체를 휩쓴 심각한 불황과 금융 시스템 위기에 직면했다. 이러한 문제를 근본적으로 검토하려면 자본주의라는 사회시스템 검토에 착수해야 한다. 지금 다시 자본주의라는 '현대'가 문제되는 것이다.

자본주의 사회의 역사적인 성격을 구명하고 노동가치설을 기초로 경제주체들의 행동을 결정하는 사회적 구조를 탐구하는 사회경제학이야말로 자본주의를 밝히는 경제학, 요컨대 '현대'를 밝히는 **현대경제학**이다.

이제부터 사회경제학이 밝히고 있는 자본주의의 구조를 기초적인 사항에서 출발하여 우리의 눈에 보이는 여러 가지 현상에 도달할 때까지 체계적으로 설명하려 한다.

제2절 노동과 생산

§ 1. 경제학의 토대=노동을 기초로 하는 사회 파악

사회경제학은 노동을 기초로 하는 사회 파악을 토대에 두고 있다 │ 사회
경제학은 노동을 기초로 하는 사회 파악을 토대에 두고 있다. 노동을 기초로
하는 사회 파악이란 요약해서 말하면, 인간사회의 존재는 유구한 자연사
속에서 일어나는 과정이며 인간사회의 가장 깊은 기초는 인간이 자연과의
사이에서 행하는 물질대사의 인간 특유의 형태, 즉 노동에 의해 생산물을
취득하는 것에 있다는 사회관이다. 다음 절에서는 노동을 기초로 하여 사회
의 구조를 파악한다는 것이 어떤 것인지에 대해 그 요점을 설명하는데,
그에 앞서 이 절에서 노동과 생산이란 본래 어떤 것인가, 노동은 개인 및
사회에서 어떤 의미를 가지는가 하는 것을 보아두자.

§ 2. 노동에 의한 생산물의 생산

인간 개개인은 노동에 의해 물질적 부를 생산하고 있다 │ 고찰의 출발점
은 사회를 구성하여 생활하는 인간 개인들(individuals)이다. 그들은 노동하여
생산한 물질적 부를 소비함으로써 생활하고 있다(그림 1).

그림 1 노동·생산은 인간 생존과 사회 존속을 위한 기본 조건이다

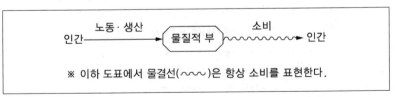

물질적 부를 소비수단으로 소비(본래의 소비) │ 인간 각 개인이 자기를 유지하기 위해 소비하는 물질적 부를 소비수단(소비재)이라 한다. 소비수단으로서 물질적 부를 소비하는 것에는 사회 각 개인에 의해 진행되는 경우(개인적 소비)와, 어떤 의미로 많은 개인에 의해 사회적으로 진행되는 경우(사회적 소비)가 있다.

물질적 부를 생산수단으로 소비 │ 소비에는 이러한 본래의 소비 외에 물질적 부를 생산하기 위한 소비가 있다. 여기서는 물질적 부가 생산의 수단으로 소비된다(생산적 소비). 이와 같이 생산과정에서 소비되는 물질적 부를 **생산수단**(생산재)이라 한다(그림 2).

그림 2 생산수단과 소비수단, 본래의 소비와 넓은 의미의 소비

물질적 부 { 생산수단(생산재) ⇒ 생산 = 생산적 소비
소비수단(소비재) ⇒ 소비 = 본래의 소비 } 넓은 의미의 소비

사용가치 │ 인간의 욕구를 충족시키는 물질적 부의 성질을 사용가치라고 한다. **사용가치**란 물질적 부가 가지는 자연속성 ── 즉 물질적·화학적·생물적 등의 속성 ── 에 의해 인간의 어떠한 욕구를 충족시킬 수 있다는 성질이다. 물질적 부가 사용가치를 가지고 있을 때 이 물질적 부 그 자체를 사용가치라 부를 수 있다(그림 3).

그림 3 사용가치에 의한 욕구의 충족

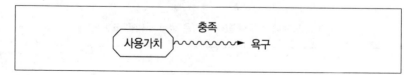

자연과정의 의식적 제어로서 노동 │ 인간은 자연에 능동적으로 작용하여 자연에서 자기의 욕구를 충족시키는 사용가치를 취득하고, 소비 후의 폐기물을 자연에 되돌린다. 이것이 인간 특유의 **물질대사**의 전체 과정이다. 그중 사용가치를 **생산**하기 위한 인간의 활동이 **노동**이다(그림 4). 불필요한 물건의 폐기는 종종 의도하지 않은 자연의 형태변화(환경의 오염과 파괴 등)를 야기하며 생산활동에 필연적으로 따르는 인간활동으로서 경제학의 대상에서 중요한 일부를 이룬다.

그림 4 사용가치 취득을 위해 자연에 능동적으로 작용하는 노동

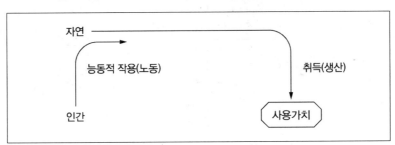

노동대상 │ 이 노동과정에서 생기는 것은 **자연소재의 형태변화**이다. 노동은 우선, 이러한 **형태변화**(이하 '형태변화'를 종종 간단히 '변형'이라고 한다)를 발생시키는 것이다. 형태변화의 대상이 되는 자연소재를 **노동대상**이라 부른다.

노동력 │ 인간의 능동적인 작용에는, 인간의 힘의 발휘가 그 자체로 직접 물리적인 힘으로 작용하여 자연소재를 변형시키는 경우와, 자연력이 작용하여 그 자연소재를 변형시키도록 만드는 경우가 있다. 어쨌든 이러한 노동과정에서 발휘되는 인간의 힘을 총괄적으로 **노동력**이라 부른다.

노동수단 │ 또한 인간은 자연력으로서의 인간의 힘과 기타 자연력의 작용을 증폭시키거나 변형시키는 동력 전달체를 이용한다. 이러한 자연소재를 **노동수단**이라 부른다. 노동수단을 창조하여 사용하는 것은 인간 특유의 노동과정을 특징짓는 것이다(그림 5).

그림 5 인간에 의해 제어된 자연 과정인 노동과정

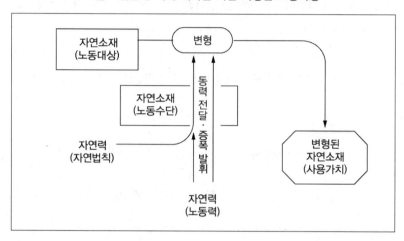

'이성의 간지' │ 헤겔(Georg Willem Friedrich Hegel, 1770~1831)은 인간이 행하는 활동의 특질에 대해 '이성(理性)의 간지(奸智; 교활하다)'라고 말했다. 그에 의하면 '이성의 간지(List der Vernunft)는 여러 가지 객체를 그들의 본성에 따라 상호 작용시켜 일에 지치게 해놓으면서, 자기는 직접 이 과정에 들어가지 않고 자기의 목적을 실현한다는 매개적 활동에 있다'는 것이다. 이러한 '이성의 간지'로서의 노동, 즉 자연과정의 의식적인 제어로서의 노동은 인간과 자연과의 물질대사를 특징짓는, 인간에게 고유한 것이다.

노동과정과 생산과정 │ 노동을 일정한 시간을 거쳐서 진행하는 과정으로 보면 그것은 **노동과정**이다. 노동과정을 그 결과로서 생산물을 가져오는

그림 6 노동과정과 생산과정

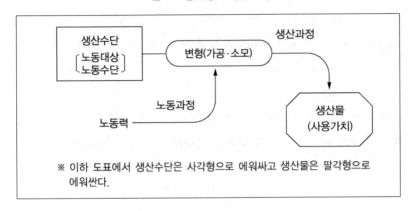

※ 이하 도표에서 생산수단은 사각형으로 에워싸고 생산물은 팔각형으로
에워싼다.

과정으로 보면 그것은 동시에 **생산과정**이다(그림 6).

노동과정의 요소와 생산과정의 요소 | 노동과정의 필수적인 요소는 위에
서 본 바와 같이 노동 그 자체, 노동대상, 노동수단 세 가지다. 생산수단
가운데 노동대상은 가공되기 때문에, 노동수단은 소모되기 때문에, 양쪽
다 생산물의 생산을 위해 형태가 변화한다. 노동대상은 아직 인간의 손이
가해지지 않은 천연의 자연소재, 즉 천연자원과 이미 인간의 손에 의해
가공된 자연소재, 즉 원료로 나누어진다. 노동수단에는 기계나 도구와 같은

그림 7 노동과정의 요소와 생산과정의 요소

노동과정의 요소	생산과정의 요소
노동력 ⇒ 노동 그 자체 ═══════	═ 생산적 노동
천연자원 원료 } 노동대상 노동용구 · 용기류 토지 · 도로 · 운하 · 건물 } 노동수단	} ═ 생산수단

노동용구 외에 용기나 수송관류, 나아가 토지·도로·운하·건물 등이 포함된다. 노동과정의 요소를 생산과정의 필수요소로 보면, 노동은 생산물을 가져오는 생산적 노동이며, 노동대상과 노동수단은 생산물의 생산을 위한 수단, 즉 생산수단이다(그림 7).

간략도 ┃ 앞으로 이 책에서는 계속 생산과정과 그 요소를 다음 그림으로 표시하는데, 도형의 기호의 의미를 이해해두기 바란다(그림 8).

그림 8 생산과정(간략도)

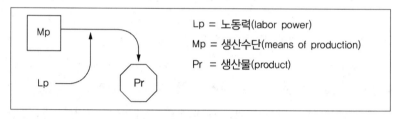

Lp = 노동력(labor power)
Mp = 생산수단(means of production)
Pr = 생산물(product)

§3. 개인과 사회에 대한 노동의 의의

노동은 부의 원천이며 인간 생활의 근본 조건이다 ┃ 노동은 자연과 더불어 물질적 부의 원천이며, 따라서 인간 생활의 근본적 조건이다. 노동은 모든 사회를 통해 인간의 생존과 사회의 존속에서 제1의 조건이었으며 앞으로도 그러할 것이다.

노동은 개인이 인간으로 발달하는 데 필수조건이다 ┃ 노동에 의해 인간은 자기 밖에 있는 자연을 변화시키지만, 동시에 자기 자신의 육체에 구비된 자연력, 가슴이나 다리, 머리나 손을 움직임으로써 자기 자신의 인간적 자연을 변화시킨다. 즉 자기 자신 속에 잠재한 힘을 드러나게 하여 자기 자신의 통제에 따르게 한다. 이렇게 자기의 능력을 발전시켜 인간으로서 자신을 발전시키는 것이다. 노동 없이 개인이 인간으로 발달하는 것은 있을 수 없다.

노동이 인간 그 자체를 만들어냈다 ｜ 역사적으로는 어느 종의 유인원(類人猿)이 호모 사피엔스로 전화(轉化)하는 과정에서 노동이 결정적인 역할을 했다. 자연사 속에서 인류의 출현은 노동 없이는 있을 수 없었다. 참으로 노동이 인간 그 자체를 만들어낸 것이다.

노동이 인간 실천의 본원적 형태, 인간의 본원적 존재형태이다 ｜ 인간 생활의 본질은 주체로서의 인간이 객체로서의 현실을 목적의식적·합목적 적으로 변혁하는 활동, 즉 실천이다. 인간은 이 활동에 의해 자기의 욕구를 만족시킨다. 인간이 이룩하는 모든 실천적 활동 속에서 노동이야말로 가장 근원적이고 기본적인 실천이다. 노동은 인간의 근원적인 존재형태 그 자체 이기도 하다. 따라서 인간 각 개인은 근원적·본질적으로는 **노동하는** 개인들 인 것이다.

현대사회에서 노동은 그러한 것으로 나타나지 않는다 ｜ 목적을 달성함 으로써 욕구를 충족시키는 노동은 본래 인간에게 당연히 기쁨의 원천이 되어야 하며, 매력 있는 것이고 그 자체가 인간 욕구의 대상이 되어야 할 것이다. 그러나 현대사회에서 노동은 일반적으로 그러한 것으로 나타나지 않고 인간에 기쁨을 주기는커녕 종종 고통의 원천이며 '안 해도 된다면 안 하고 싶은 것'이 되고 있다. 왜 이렇게 되는 것일까? 경제학은 이 물음에 답하지 않으면 안 된다.

제3절 생산양식과 그 교체

§1. 사회의 생산력

(1) 생산력과 생산관계; 생산양식

생산력과 생산관계 │ 인간이 생산 중에서 자연을 제어할 수 있는 능력을 생산력이라고 부른다. 각 시대의 기초에는 언제나 발전 정도가 각각 다른 생산력이 있었다. 이에 대해 생산에서 인간이 맺는 사회적 관계를 **생산관계**라고 부른다. 사회형태의 상이(相異)는 생산관계의 상이에 의해 규정된다(그림 9).

그림 9 생산력과 생산관계

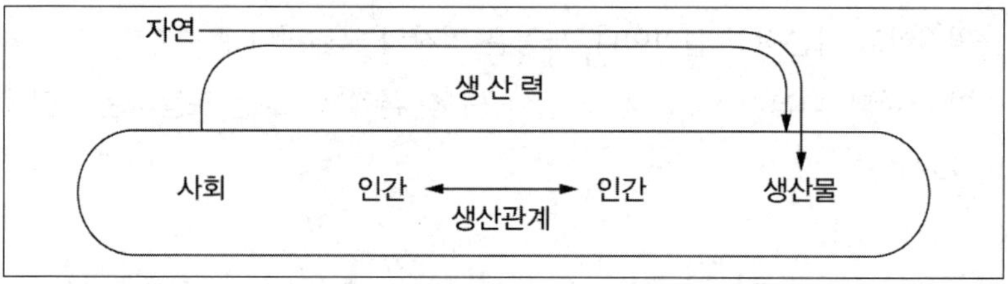

생산양식 │ 현실의 생산은 항상 특정한 발전단계의 생산력을 가지고 특정한 형태의 생산관계에서 진행되는 생산이다. 특정한 발전단계의 생산력과 그에 대응하는 특정한 형태의 역사적 생산관계에서 행해지는 특정 생산의 존재방식을 **생산양식**이라 부른다. 나중에 보는 바와 같이 생산력의 발전단계와 생산관계의 형태는 서로 밀접하게 관련되어 있다(그림 10).

그래서 우선, 이 §1에서 사회의 생산력과 그 발전에 대해 고찰해보자.

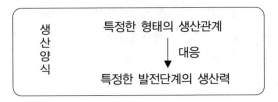
그림 10 생산의 특정한 사회형태로서의 역사적 생산양식

생산양식
특정한 형태의 생산관계
↓ 대응
특정한 발전단계의 생산력

(2) 사회의 생산력과 그 원동력으로서의 노동

노동의 생산력과 사회의 생산력 | 사회의 생산력을 규정하는 것은 노동의 생산력이다. 노동이 생산물을 생산하는 역량을 **노동의 생산력**이라고 하며(노동생산력 또는 노동생산성이라고도 한다) 총체로서의 사회가 생산에서 자연을 제어하는 역량을 **사회의 생산력**이라 한다. 사회의 생산력은 그 사회의 노동의 생산력의 전반적 수준에 의해 기본적으로 규정된다.

생산력의 원동력은 노동이다 | 사회의 생산력을 실제로 구성하는 것은 생산의 두 가지 요인인 생산수단과 생산적 노동이며, 이 양자가 생산력의 발전수준을 결정한다. 그러나 생산수단은 노동의 능동적인 작용이 없으면 어떤 기능도 수행하지 못하며, 사용가치를 잃어갈 뿐이다. 이에 반해 노동은 생산력을 유지할 뿐 아니라 발전시킨다. 따라서 노동만이 생산력의 원동력이며, 그 발전수준이야말로 생산력의 높이를 결정하는 것이다.

(3) 생산비용으로서의 노동

생산력 발전도를 파악하려면 생산비용 개념이 필요하다 | 생산력 발전 정도를 문제로 하는 경우에는 생산물을 생산하는 데 필요한 비용(코스트), 즉 **생산비용**(생산비)의 개념이 꼭 필요하다.

생산의 본원적 비용은 노동이다 | 인간 각 개인은 노동하지 않고서는 생산물을 생산할 수 없다. 따라서 노동이야말로 인간에게 생산의 본원적 비용이다. 생산비용, 즉 인간이 생산물을 생산하기 위해 필요한 비용이란 다시 말해 생산물을 생산하는 데 지출되는 노동의 양이다.

생산수단이 비용이라는 것은 그 생산에 노동이 필요한 경우이다 | 생산물을 생산하는 데는 생산수단이 필요한데, 생산수단이 인간에게 비용이 되는 것은 그 생산수단 그 자체가 노동을 필요로 하는 한에서이다. 노동이 가해지지 않은 천연의 자연소재나 자연환경은 인간에게는 전혀 비용이 들지 않는 것이다. 생산수단이 인간에게 비용으로 되는 것은 그 생산에 노동이 필요한 정도에 따른다. 따라서 어떤 생산물의 비용이라는 것은 그 생산물을 생산하는 데 필요한 노동의 양이며, 그것은 그 생산물의 생산 그 자체에 필요한 현재의 노동과 이 생산에 사용되는 생산수단을 생산하는 데 필요했던 과거의 노동과의 합계이다.

노동을 생산비용으로 볼 때 노동은 새로운 의미를 갖게 된다 | 이와 같이 생산물을 생산하는 비용이라는 관점에서 노동을 보았을 때, 앞에서 본 어떠한 생산물을 취득하기 위한 자연소재의 변형·가공이라는 의미에서의 노동이 새로이 또 하나의 의미를, 다시 말해 각각의 생산물을 생산하기 위해 필요한 비용이라는 의미를 갖게 되는 것이다. 어떠한 사회의 노동이라도 노동을 생산물의 비용으로 고려해야 할 경우에 노동은 항상 자연소재의 변형·가공인 동시에 인간에게는 생산의 비용이다. 이리하여 노동은 두 가지 측면에서 고찰되어야 한다는 것이다.

노동에는 두 측면이 있다고 보아야 한다 | 사회의 생산을 볼 때 생산물의 생산비용으로서 노동을 전제하지 않을 수 없다. 따라서 경제학에서 노동을

문제로 삼을 때에는 어떤 역사적 사회에서도 노동에는 항상 이 두 가지 측면이 있다고 취급해야 한다.[1]

질적으로 다른 변형 작용의 측면과 양적으로 다른 노동 지출의 측면 | 그 래서 노동이 갖는 이 두 가지 측면을 파고들어 살펴보자. 이 두 가지 측면을 우선 간단하게 표현하면 질적으로 다양하게 다른 변형작용이라는 측면과 양적으로만 다른 노동력 지출이라는 측면이다(그림 11).

구체적 노동 = 유용한 노동 | 변형작용으로서의 노동이란 특정한 생산 수단을 특정한 방식으로 형태를 변화시켜서 특정한 사용가치를 생산하는 합목적적 활동을 말하는 것이다. '네가 하는 노동과 내가 하는 노동은 다르 다', '나의 어제 노동과 오늘의 노동은 다르다', '이것을 생산하는 노동과 그것을 생산하는 노동은 다르다'고 할 때, 사람들은 '노동'이란 말을 이런 의미로 쓰고 있다. 이런 의미에서의 노동이기 때문에 **구체적 노동**이라고 부르며, 또한 어떤 유용물을 생산하는 노동이기 때문에 **유용한 노동**이라 부른다(그림 12).

---

1) 이와 같이 노동에 의해 부를 생산하지 않으면 안 되는 모든 사회에서는 노동이 변형작용과 인간 노동력 지출이라는 두 측면에서 고찰되지 않으면 안 되므로, '노동의 이중성'이 상품생산에 고유한 개념은 아니라는 생각이 확산되고 있다. 이렇게 주장하는 사람들은, 노동의 생산력 발전에 따라 생산물을 생산하는 노동량 의 감소나, 나중에 §2에서 말하는 필수노동[필요노동]과 잉여노동의 구별을 문제 로 삼을 때에는 노동을 구체적인 변형작용의 차이를 사상한 인간적 노동력의 지출, 즉 추상적 노동으로 본다는 것을 깨닫지 못하는 것이다. 이것을 추상적 노동이라고 부를 수 없다면 그 대신 무엇이라 부를 것인가?

그림 11 노동의 두 가지 측면: 변형작용+노동력 지출

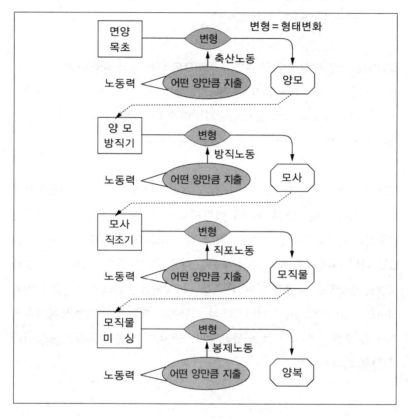

그림 12 구체적 노동=유용한 노동

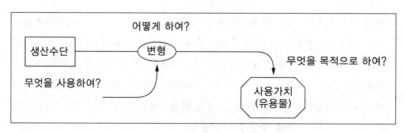

그림 13 추상적 노동 = 인간적 노동

인간의 노동력 < (어떤 양만큼 지출)   얼마만큼?

추상적 노동 = 인간적 노동 | 노동력 지출로서의 노동이란, 인간의 힘의 지출·발휘에서 본 활동이다. '너는 노동을 많이 하는데 나는 그다지 노동을 하지 않는다', '나는 어제 노동을 많이 했으나 오늘은 그다지 노동을 하지 않았다', '이것을 생산하는 데는 노동이 많이 드는데 저것을 생산하는 데는 조금밖에 노동이 들지 않는다' 등에서처럼, 사람들은 '노동'이란 말을 이런 의미에서 쓰고 있다. 이런 의미에서의 노동은 갖가지 구체적 형태를 가진 현실의 노동으로부터 노동력 지출이라는 공통의 질만을 추상[2]해서 본 노동이기 때문에 **추상적 노동**이라 하며, 또한 그 공통의 질이 인간의 노동력 지출이기 때문에 **인간적 노동**이라고도 한다. 추상적 노동의 양은 계속 시간으로 측정된다. 그 계측 단위는 시간(time)의 계측 단위인 시간(hour), 분 등이다(그림 13). 더구나 '인간의 노동' 또는 '인간노동'이라 할 때에는 일반적으로 구체적 노동과 추상적 노동이라는 두 가지 측면을 갖는 인간의 노동을 가리키며, '인간적 노동'이라 할 때, 즉 '적(的)'을 넣어서 말할 때에는 인간의 노동의 한 측면인 인간노동력의 지출로서의 노동(즉 추상적 노동)을 가리킨다.[3]

---

2) **추상**(抽象)이란 사상(事象)이 가지는 많은 측면 중 사고 속에서 특정한 측면(들)만을 추출하는 것으로서, 인간의 인식, 특히 과학적 인식에서는 결정적으로 중요한 사고의 수단이다. 특정 측면을 추출한다는 것은 그 이외의 측면을 사상(捨象)하는 것이기도 하다.

3) '인간의 노동' 또는 '인간노동'은 독어 die menschliche Arbeit(정관사 붙임)을 번역한 말이고, '인간적 노동'은 menschliche Arbeit(관사 없음)을 번역한 말이며, 독어에서

경제학의 요점으로서의 노동의 이중성 | 이와 같이 노동에 두 가지 측면이 있는 것을 노동의 이중성이라 한다. 노동의 이중성의 이해는 경제학의 요점이다. 이후 이 책에서는 노동의 이중성을 다음과 같이 그림으로 나타낸다(그림 14). 이 그림은 지금부터 자주 나올 것이므로 도형의 의미와 기호를 잘 기억해두기 바란다.

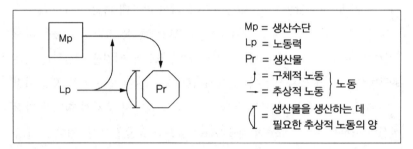

노동과 노동력 | 위 그림에서도 노동과 노동력은 구별되어 있다. 이 양자는 어떻게 다르며, 어떻게 관련되어 있는 것일까.

다음 표 1은 일본 총무청 통계국이 매년 작성하는 『노동력 조사』에서 딴 것이다. 여기서는 노동력인구가 취업자, 즉 노동하는 인구와 실업자, 즉 노동하고 싶어도 할 수 없는 인구로 나누어져 있다.

이 통계에서 알 수 있는 것은 노동력인구, 즉 노동력을 가진 인구 속에는 실업자, 즉 노동하지 않고 있는 인구가 있다는 것이다. 다시 말해 노동력을 가지고 있는 것과 노동하는 것과는 다르다. **노동력**이란 감각 기관·뇌수·운동 기관 등으로 이루어진 인체 속에서 사용가치를 생산할 때에 운동시키는 육체적 능력 및 정신적 능력의 총체를 말하는 것이다. 이 노동력과 관련해서 말하면 **노동**이란 노동력을 발휘하는 인간의 활동이며, 노동력을 유동화시키

는 이 두 개념이 명백히 구별된다. '적'이 있느냐 없느냐에 주의하기 바란다.

표 1 노동력인구와 비노동력인구

```
총 인 구        10,836만 명
┌ 비노동력 인구  4,057만 명 ········· 노동력을 못 가지고 있다
└ 노동력 인구    6,766만 명 ········· 노동력을 가지고 있다
  ┌ 취업자        6,446만 명 ········· 노동을 하고 있다
  └ 완전실업자    320만 명 ········· 노동을 안 하고 있다
```

자료: 일본 총무청 통계국, 『2000년 노동력조사』에 의해 작성. 15세 이상 인구, 2000년 평균

그림 15 노동력과 그 발휘·유동화로서의 노동

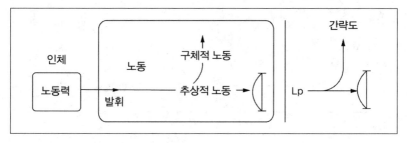

는 것, 노동력을 지출하는 것이다. 노동력과 노동의 차이는 엔진의 마력과 그 실제 회전, 핵폭탄의 폭발력(몇 메가톤에 해당하는)과 그 폭발, 어학력과 그 구사 등과 같은, 갖가지 힘과 그것을 발휘하는 것의 차이와 같다(그림 15).

생산물의 생산비용으로서의 추상적 노동 | 생산비용으로서의 노동이란 생산물을 생산하는 데 필요한 추상적 노동이다. 모든 생산물의 생산비용으로서의 노동은 동질의 노동의 양으로서 비교하고 또한 더하기를 할 수 있는데, 이 경우 노동이란 추상적 노동임에 틀림없다(그림 16).

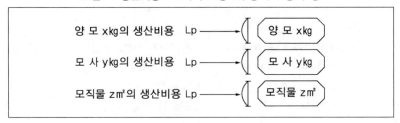

그림 16 생산비용으로서의 노동＝추상적 노동의 양

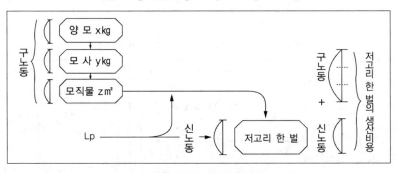

그림 17 생산물의 생산비용: 신노동＋구노동

생산비용으로서의 구노동과 신노동 │ 어떤 생산물의 생산에서 소비되는 생산수단이 그 생산물의 생산비용으로서 의미를 가지는 것은, 이 생산수단이 이 생산 이전에 이루어진 생산과정의 생산물이며 그것을 생산하는 데 어떤 양의 노동이 필요한 한에서이다(그림 17).

그러므로 생산물의 생산비용으로서의 노동이란, 그 생산물을 생산하는 데 필요한 신(新)노동과 이 생산에서 소비되는 생산수단을 생산하는 데 필요한 구(舊)노동과의 합계이다. 신노동은 현재의 노동, 살아 있는 노동이라고 하며, 구노동은 과거의 노동, 죽은 노동이라고 한다.

이제까지의 간략도에 따라 신노동과 구노동으로 이루어진 생산비용으로서의 노동을 나타내는 간략도를 그리면 다음과 같이 된다(그림 18).

그림 18 생산비용으로서의 노동(간략도)

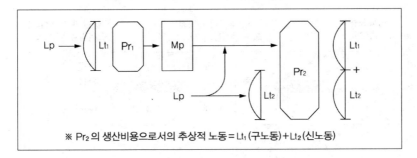

※ Pr₂의 생산비용으로서의 추상적 노동 = Lt₁ (구노동) + Lt₂ (신노동)

(4) 노동의 생산력

노동의 생산력은 구체적 노동의 생산력이다 | 같은 양의 노동(추상적 노동)이라도 생산물의 양은 달라질 수 있다. 생산물의 양이 이렇게 상이한 것은 노동의 유효성, 작용도의 차이 때문이다. 이 차이는 노동력을 지출할 때의 구체적 형태의 차이, 유용물을 만드는 정도의 차이이며, 즉 구체적 노동의 차이이다. 노동이 생산물을 생산하는 역량인 **노동의 생산력**이란 사실 구체적 노동의 생산력이다(그림 19).

노동(구체적 노동)의 생산력 증대는 동일한 노동(추상적 노동)량으로 생산되는 생산물의 양을 증대시키는데, 이것은 생산물 1단위를 기준으로 보면 생산물을 생산하는 데 필요한 추상적 노동이 감소하는 것, 즉 생산물의

그림 19 같은 양의 추상적 노동이라도 생산물의 양은 다를 수 있다

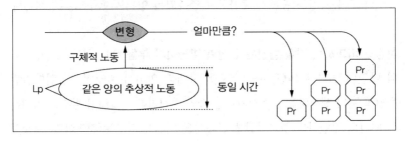

그림 20 구체적 노동의 생산력 증대는 생산비용=추상적 노동의 양을 감소시킨다

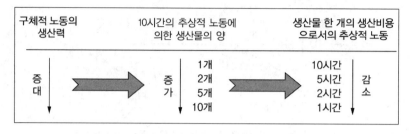

생산비용으로서의 노동량이 감소하는 것일 뿐이다(그림 20).

노동의 생산력을 결정하는 사정들 │ 노동의 생산력은 노동자의 숙련 정도, 협업이나 분업과 같은 생산과정에서 노동자의 사회적 결합의 발전도, 과학·기술의 발전단계, 기계나 자동화 공장 등과 같은 생산수단의 규모와 작용 능력, 토지의 비옥도나 기후와 같은 자연의 사정 등에 의해 결정된다.

(5) 생산력 발전이라고 부르는 것과 부르지 못하는 것

생산물의 다양화도 사회의 생산력 발전의 한 형태이다 │ 노동의 생산력 발전에 의한 사회의 생산력 발전에 따라, 사회가 처리할 수 있는 추상적 노동의 동일 양이 더 많은 종류의 생산물 생산에 이용된다면, 이것도 또한 인간이 자연을 제어하는 능력이 확대된 것이며 사회의 생산력이 발전하는 것이다. 사용가치의 종류가 증가하고 충족되는 인간의 욕구도 다양화된다.

환경을 파괴하는 기술 발달은 생산력 발전이라 부를 수는 없다 │ 생산력의 발전이 인간에 의한 자연의 제어 확대를 의미하는 것인 한, 얼마만한 물질적 부의 생산량을 증대시키는 기술의 발전이라도 그것이 환경을 파괴하고 인간의 자연과의 정상적인 물질대사를 어렵게 만드는 것이라면, 그것을

생산력의 발전이라고 부를 수는 없다. 그런 의미에서 '생산력이 지나치게 발전하여 환경파괴에 이르렀다'고 말하는 것은 '생산력'이란 말의 오용일 뿐이다. 자연과의 생태적인 조화를 실현할 수 없는 사회는 아직 자연을 제어하는 힘을 충분히 가지고 있지 못하며, 아직 거기까지 생산력이 발전하지 못한 것이다.

§ 2. 사회적 재생산의 일반적 법칙과 생산력의 발전

사회는 재생산에 의해 존속할 수 있다 ∣ 생산은 그 사회형태가 어떠한가에 관계없이 끊임없이 반복하여 진행하지 않으면 안 된다. 사회는 소비를 중지할 수 없는 만큼 생산을 중지할 수 없다. 반복하여 진행되는 생산을 재생산이라 한다. 사회는 재생산에 의해 존속할 수 있다.

　단순재생산(생산규모가 변하지 않는 재생산)을 전제하여, 모든 사회에 관통하는 **사회적 재생산의 일반적 법칙**을 살펴보자. 여기서는 하나의 생산과정이 1년간의 생산을 총괄적으로 표시하는 것으로 하여, 우선 노동의 생산력은 변화하지 않는다고 생각한다.

생산수단과 노동력이 재생산되어야 한다 ∣ 우선 매년의 생산물에 의해 다음 해의 생산을 위한 생산수단과 노동력이 준비되어야 한다(그림 21).

그림 21 매년 생산물에 의한 생산수단과 노동력의 재생산

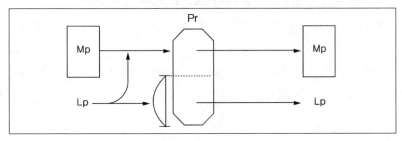

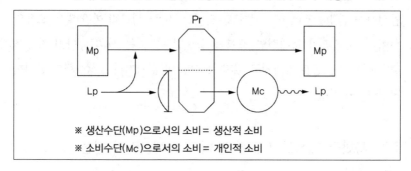

그림 22 생산수단과 노동력 재생산을 위한 소비수단의 재생산

※ 생산수단(Mp)으로서의 소비 = 생산적 소비
※ 소비수단(Mc)으로서의 소비 = 개인적 소비

생산물은 생산수단과 소비수단을 포함해야 한다 │ 다음 해의 생산을 하기 위해 노동력이 준비된다는 것은, 매년 생산물이 노동력을 재생산하기 위한 소비수단을 포함해야 한다는 것이다(그림 22).

총생산물 − 재현생산수단 = 새로운 생산물 │ 사회의 총생산물은 갖가지 생산물(사용가치)로 이루어지는데, 같은 규모로 같은 내용의 생산이 반복되기 위해서는 금년도의 **총생산물** 속에 금년도에 소비되어버린 생산수단이 포함되어 있어야 한다. 즉 그것이 재현(再現)되어야 한다. 이 **재현생산수단**은 구노동에 의해 생산된 것이 금년도 생산물 중에 재현된 것이다.

총생산물의 생산비용은 이미 본 바와 같이 금년도의 신노동과 소비된 생산수단의 생산에 필요한 구노동과의 합계이다. 금년도 총생산물 중에서 재현된 생산수단을 생산하는 데 필요한 노동의 양이란 소비한 생산수단의 생산에 필요한 구노동의 양일 뿐이므로, 총생산물에서 재현생산수단을 제거한 나머지 생산물의 생산비용은 금년도의 신노동이다. 다시 말하면 금년도의 신노동이 이 생산물을 생산했다는 것이며 이것을 금년도의 **새로운 생산물**이라 부를 수 있다. 총생산물에서 재현생산수단을 제거한 것이 새로운 생산물이다(그림 23).[4]

그림 23 총생산물은 재현생산수단과 새로운 생산물로 이루어진다

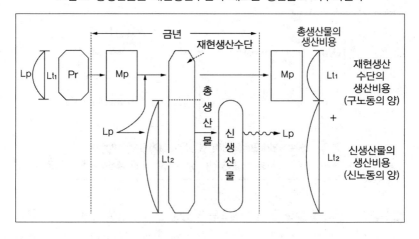

4) 여기서는 간략화를 위해 노동의 생산력에는 변화가 없는 것으로 가정한다. 금년도
의 생산력이 전년도보다 높아질 때는 어떻게 될 것일까. 금년도의 연간 총노동량
(Lt_2)이 전년도와 같다면 이 같은 양의 노동에 의해 생산되는 새로운 생산물의
양이 당연히 증대한다. 그러나 물적으로는 작년보다 증대하는 금년도 총생산물의
생산비용인 신노동(Lt_2)은 전년도와 같은(즉 연간 총노동량은 전년도와 같음) 것이
다. 만일 금년도의 새로운 생산물이 전부 금년도 중에 소비되면, 소비되는 생산물
의 양은 전년도보다 증대한다. 소비되는 생산물의 양이 전년도와 같다면 소비되지
않는 잉여의 생산물이 생기게 된다. 이것은 곧 뒤에 언급하는 잉여노동의 발생
또는 증대를 의미한다. 더욱이 생산력이 발전함에 따라 같은 물적 형태로 재현되는
각 생산수단의 생산에 필요한 노동의 양은 전년도보다 감소하지만, 금년도에
소비된 생산수단은 전년도의 생산력으로 생산된 것이기 때문에, 재현생산수단의
생산비용은 그것을 생산하는 데 전년도에 필요했던 노동량이다. 다만 재현생산수
단이 다음 연도의 생산에 들어갈 때, 다음 연도의 재현생산수단의 생산비용으로
계산되는 것은 이 생산수단의 생산에 금년도의 생산력하에서 필요한 노동량이기
때문에, 그것은 금년도에 그 생산비용으로서 계산된 것보다는 감소한다.

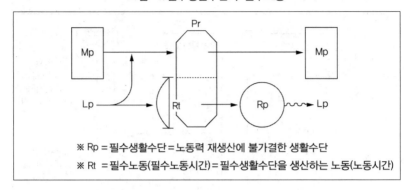

그림 24 필수생활수단과 필수노동

※ Rp = 필수생활수단 = 노동력 재생산에 불가결한 생활수단
※ Rt = 필수노동(필수노동시간) = 필수생활수단을 생산하는 노동(노동시간)

필수생활수단과 필수노동 │ 새로운 생산물은 노동력을 재생산하기 위한 생산물을 포함해야 한다. 노동력(노동력을 갖는 사람이 부양하는 가족도 포함한다)의 재생산에 필수적인 생산물을 **필수생활수단**[5])이라고 하며(필수생산물 또는 **노동펀드**[6]라고 한다), 필수생활수단을 생산하는 데 필요한 노동(추상적 노동)을 **필수노동**(필수노동시간)이라고 한다(그림 24)(또한 이후의 그림에서 당분간 재현생산수단의 생산비용인 구노동을 그리는 것은 생략한다).

잉여노동과 잉여생산물 │ 노동하는 개인들은 필수노동시간 이외에 자유

---

5) '필수생활수단(생산물)' 및 '필수노동(필수노동시간)'은 통상 '필요생활수단(생산물) 및 '필요노동(필요노동시간)'으로 번역되나, 나중에 본론에서 나오는 '필요노동시간'이라는 말이 다른 의미('상품생산에 필요한 노동시간이라는 의미)로 쓰이기 때문에 이 책에서는 통상적인 번역어를 쓴다면 발생할 수밖에 없는 독자의 혼란을 피하기 위해 이와 같이 별도의 단어를 쓴다.
6) 이후에도 반복하여 등장하는 **펀드**(fund)라는 말은 어떠한 용도에 충당되도록 또는 준비되는 어떤 일정한 크기의 재화와 화폐를 말한다. 또한 어떠한 목적에 사용하기 위해 확보해놓은 재화나 화폐도 펀드라 한다. '기금', '재원', '원본'으로 번역되는 경우도 있다.

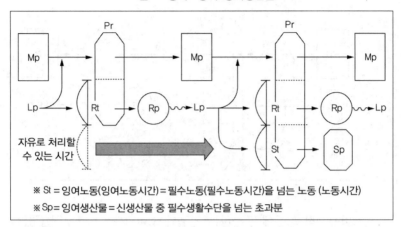

그림 25 잉여노동과 잉여생산물

※ St = 잉여노동(잉여노동시간) = 필수노동(필수노동시간)을 넘는 노동 (노동시간)
※ Sp = 잉여생산물 = 신생산물 중 필수생활수단을 넘는 초과분

로 처리되는 시간을 가지고 있어서, 그 시간에도 노동할 경우 필수생활수단을 넘는 생산물을 생산하게 된다. 노동시간 속에 필수노동시간을 넘는 부분을 **잉여노동**(剩餘勞動, 잉여노동시간)이라고 하며, 이 잉여노동시간에 생산되는 생산물, 즉 새로운 생산물 속에 필수생활수단을 넘는 초과분을 **잉여생산물**이라 한다(그림 25).

어떤 사회에서도 잉여생산물이 생산되어야 한다 | 잉여생산물의 '잉여'란 필수생활수단을 넘는 잉여라는 의미이며, 결코 '여분의, 없어도 좋은' 것을 의미하지는 않는다. 사회가 존속하기 위해서는 많든 적든 잉여생산물이 생산되어야 한다.

(A) 우선 어떤 사회에서도 다음과 같은 용도에 충당될 생산물을 가져야 하는데, 이것은 필수생활수단을 넘는 잉여생산물에 의거할 수밖에 없다.

① 생산의 확대(축적펀드)

② 비상시를 대비한 비축(예비펀드)

③ 직접생산자 이외 인구의 소비펀드

그림 26 재생산의 일반적 법칙(간략도)

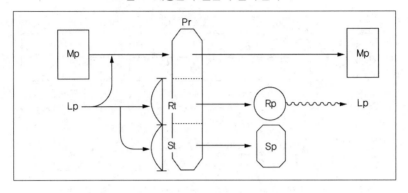

ⓐ 비생산적 노동에 종사하는 인구의 소비펀드

ⓑ 직접생산자에 의해 부양될 수 없는 비노동인구의 소비펀드

④ 사회적으로 진행되는 비생산적인 소비(공공의 시설 등)의 펀드

(B) 또한 노동하지 않는 계급이 존재하는 사회에서는 노동에 종사하는 계급에 의해 생산된 생산물 중 잉여생산물을 이 노동하지 않는 계급이 착취하여 소비한다. 잉여생산물 없이는 계급사회가 있을 수 없다.[7]

이상이 사회형태에 상관없이 관철하는 사회적 재생산의 일반적 법칙이다. 간략하게 그리면 그림 26과 같이 된다.

---

7) 말할 필요도 없이, 사회형태가 다르면 새로운 생산물이 필수생활수단과 잉여생산물로 분할되는 방식도 양적·질적으로 현저하게 다르다. 특히 계급사회에서는 필수생활수단은 잉여생산물에 비해 양·질 모두 빈약하지 않을 수 없다. 그러나 여기서도 계급 간 역관계(力關係)가 변하면 필수생활수단의 내용도 변할 수 있으며, 고정적인 것은 결코 아니다. 요점은 어떤 사회에서도 사회의 총생산물은 노동하는 개인들의 재생산에 들어가는 부분과 그것을 초과하는 부분으로 나누어진다는 데 있다. 필수노동과 잉여노동의 구별은 계급사회만의 것이라고 하는 일부 논자는 이 사실의 의의와 중요성을 깨닫지 못하고 있는 것이다.

그림 27 노동의 생산력 발전에 의한 잉여노동의 증대

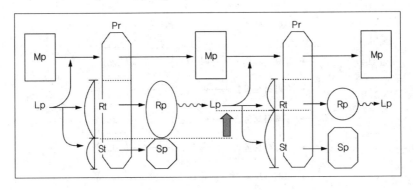

생산력 발전에 의한 잉여노동의 증대 | 잉여생산물 없이는 생산이 확대
될 수도 없고 인구도 증가할 수 없다. 사회가 발전하기 위해서는 잉여생산물
의 양적 증대가 필수적이다. 잉여생산물의 양적 증대는 생산의 확대와 노동
인구의 증가에 의해서도 이루어지지만, 결정적으로 중요한 것은 노동의
생산력 발전에 의한 잉여노동의 증대이다. 노동의 생산력 발전은 필수생활
수단의 양과 범위가 변하지 않는다면 필수생활수단을 생산하는 데 필요한
노동시간, 즉 필수노동시간을 감소시킨다. 총노동시간이 변하지 않을 경우
필수노동이 감소하면 잉여노동은 증대하게 된다(그림 27).

생산력 발전에 의한 노동일의 단축은 자유 확대를 위한 조건이다 | 증대
하고 다양화하는 욕구를 충족시키기 위해서는 반드시 자유로 처리할 수
있는 시간이 증가해야 한다. 개인들의 개성과 능력의 전면적인 발전과 개화
를 위해서는 고도한 생산력 발전과 그에 따른 노동일(1일의 노동시간)의 대폭
적 단축이 필요하다.

사회적 분업과 총생산물의 분배가 진행되어야 한다 | 어떤 사회에서라
도 노동하는 개인들은 자신의 총노동에 의해 생산된 사회적 총생산물 속에

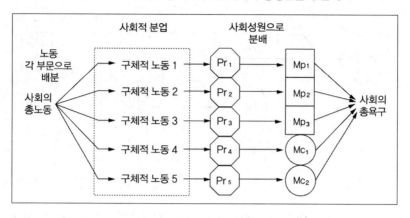

그림 28 사회적 총노동의 배분과 사회적 총생산물의 분배

서 자신의 욕구를 충족시키는 생산물을 입수하여 생활한다. 그것을 위해서 사회의 총노동은 사회에서 필요한 갖가지 생산물을 생산하는 갖가지 구체적 노동 형태를 취해야 하기 때문에 다른 사용가치를 생산하는 갖가지 노동부문에 배분되어야 한다. 이것이 분업(division of labor, 즉 문자 그대로 '노동의 분할')이다. 이 분업은 사회 전체의 노동 분할이기 때문에——공장 내부의 분업(노동의 분할)인 공장 안 분업과 구별하여——**사회적 분업**이라 한다.

또한 생산된 갖가지 종류의 생산물이 노동하는 개인들 및 기타 사회성원에게 어떤 방식으로든 **분배**되어야 한다(그림 28).

§ 3. 생산관계

(1) 인간 생활의 사회형태를 결정하는 생산관계

생산관계: 생활의 사회적 생산에서 인간 상호 간의 관계 | 인간은 그들 생활의 사회적 생산 속에서 사회생산력의 발전단계에 대응하는 일정한 관계들을 맺는다. 이것을 **생산관계**라고 한다. 이 생산관계야말로 인간 각 개인의

상호 간의 모든 사회관계의 기초를 이루는 것이다.

생산관계의 요점은 노동하는 개인들이 어떤 방식으로 그 노동에 필요한 조건들, 즉 생산수단에 관계하는가, 그들은 어떠한 방식으로 생산수단과 결부되어 노동하는가 하는 것에 있다. 이처럼 생산수단에 대해 노동하는 개인들이 관계 맺는 방식이 사회를 구성하는 개인들에 의한 생산물, 특히 잉여생산물의 취득방식을 결정한다.

생산관계의 역사적 형태들과 그 아래서의 사회적 재생산 | 이제까지의 인류사 중에서 노동하는 개인들은 우선 공동체——즉 인간사회의 출발점에 존재하던 시초적(始初的)인 공동체 및 그 해체에서 생긴 갖가지 형태의 공동체—— 를 기초로 한 **공동체적 생산관계**를 경험했다. 그다음에 공동체를 대신하여 화폐가 사람들을 맺어주는 줄이 되는 생산관계인 **상품생산관계**가 나타났다. 현재의 자본주의 사회는 이 상품생산관계의 가장 발전한 형태이다. 이 자본주의 사회는 그 발전 중에 새로운 생산관계를 자기의 태내에 품게 된다. 그것은 자유로운 개인들이 자발적·자각적으로 사회관계를 형성하는 **어소시에이션(association)적 생산관계**이다. 공동체적 생산관계, 상품생산관계, 어소시에이션적 생산관계가 인류사의 세 가지 커다란 발전단계를 이루는 것이다.

사회적 재생산의 일반적 법칙이 어떠한 형태로 관철되는가 하는 점에 주목하면서 이러한 생산관계를 개관해놓자.

(2) 역사상 주요한 생산관계와 그 사회적 재생산

(A) 공동체를 기초로 하는 인격적 의존관계

인류가 최초로 경험한 생산관계는 원시공동체(原始共同體)와 그 해체과정에서 생긴 갖가지 형태의 공동체를 기초로 하는 생산관계이다. 여기서는 노동하는 개인들이 어떤 한 공동체에 귀속하여 공동체의 성원으로 상호

그림 29 공동체하에서 사회적 재생산

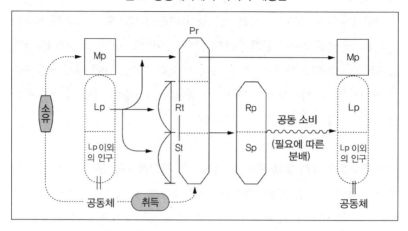

인격적 의존관계를 맺고, 노동조건 즉 생산수단에 대해 공동체에 속한 물건에 대하는 방식으로 관계한다. 사회적 생산 속에서 그들의 관계의 특징은 그 관계가 그들 상호 간의 인격적 의존관계인가, 아니면 노동하지 않는 개인이 노동하는 개인을 인격적으로 지배하는 지배·예속 관계인가 하는 점에 있다.

(A)-① 공동체적 생산관계

여기서의 기본적인 생산관계는 노동하는 개인들이 자연발생적으로 성원이 되는 원생적(原生的)인 공동체와 이 공동체에 의한 생산수단의 소유이다. 그들은 서로 생산수단을 소유하는 공동체의 성원으로서 관계한다. 노동하는 개인들을 서로 결부시키는 것은 원생적인 종속관계(種屬關係, 개인들이 속하는 종과 속 사이의 관계)에 의거한 공동체이며, 그들을 지배하는 것은 자연발생적인 인격적 의존관계이다. 그들은 공동체 속에 매몰되어 있으며 개인으로 자립할 수 없다. 공동체 성원에 의한 공동 노동은 직접 공동체의 필요를 충족시키는 것을 목적으로 진행되는 노동, 즉 직접적으로 사회적인 노동이다. 따라서 생산물은 모두 공동체 성원 사이의 필요에 따라 분배된다

(그림 29).

생산력 발전에 따라 공동체 그 자체 속에서 개인들에 의한 사적 소유(사유)가 발생·발전하고, 그와 더불어 공동체는 점점 해체되어간다. 이 해체과정에서 나타나는 공동체의 형태에는 사유(私有)의 발전과정에 따라서, 사유가 아직 거의 발생하지 않은 **아시아적 형태**, 공유와 사유가 말하자면 병존상태에 있는 **그리스·로마적 형태**, 공유가 사유의 보완물에 지나지 않는 **게르만적 형태** 세 가지가 있다.

(A)-② 인격적인 지배·예속관계(노예제, 농노제)

공동체의 해체과정에서 개인들 사이에 인격적인 적대관계가 생기면 위계질서를 가진 직접적인 **지배·예속관계**가 성립한다. 그러나 여기서 노동하는 개인들이 타인을 위해 노동하는 것도 여전히 직접적으로 사회적인 노동이다.

인류가 이제까지 경험한 주요한 지배·예속관계는, ⓐ 아시아적 공동체를 토대로 하여 성립된 아시아적 노예제, ⓑ 그리스·로마적 공동체를 토대로 하여 성립된 고대적 노예제, ⓒ 게르만적 공동체를 토대로 하여 성립된 봉건제의 세 가지가 있다.

(A)-②-ⓐ 아시아적 노예제

이 노예제는 아시아적 공동체를 기초로 하여 발생했다. 공동체를 인격적으로 대표하는 **전제군주**가 공동체를 그 성원과 더불어 포괄적으로 지배한다. 개인들은 생산수단에 대해 공동체 성원으로서 관계하지만, 공동체를 통째로 지배하는 전제군주에 인격적으로 예속한 **노예**였으며, 직접적으로 사회적인 노동에 의해 생산된 생산물 중에서 잉여생산물이 전제군주에 의해 공동체를 통해 착취된다.

(A)-②-ⓑ 고대적 노예제

이 노예제는 그리스·로마의 도시 공동체의 해체과정에서 발생했다. **노예소유자의 관리인에 의한 지휘·감독하에서 노동하는 노예**는 생산수단에 대해 타인=노예소유자의 소유물에 대한 방식으로 관계하므로, 가축과 같은

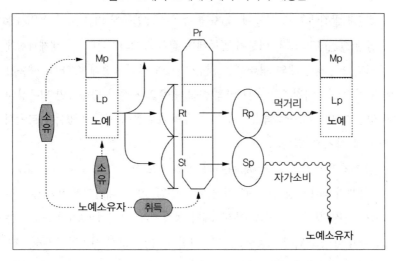

그림 30 고대적 노예제하에서 사회적 재생산

비인격적 존재에 지나지 않는다. 노예소유자가 모든 생산물을 취득하고, 그중에서 필수생활수단의 부분을 노예에게 ── 말하자면 먹거리로 ── 대준다(그림 30).

(A)-②-ⓒ 봉건제

봉건제는 고대적 노예제의 폐허 위에 게르만적 공동체를 기초로 하여 구축된 인격적 지배·예속관계이다. 봉건제에서는 ⓘ 농노제와 ⓘⓘ 예농제(隷農制)라는 두 가지 단계가 구별된다.

(A)-②-ⓒ-ⓘ 농노제

농노제에서는 노동하는 개인들인 **농노**가 봉건적 **토지소유자**인 **영주**(領主)에 인격적으로 종속되어 있으며, 주요한 생산수단인 토지에 대해서는 두 가지 양상으로 관계를 가진다. 농노는 **농민보유지**에서는 사실상 토지에 대해 자기에 속하는 생산수단에 대한 방식으로 관계하며 그 생산물을 취득한다. 그는 **영주직영지**에서는 토지에 대해 타인에 속하는 것에 대한 방식으로 관계하며, 그 생산물은 모두 영주가 취득한다. 노동은 농민보유지에서는

그림 31 농노제하에서 사회적 재생산

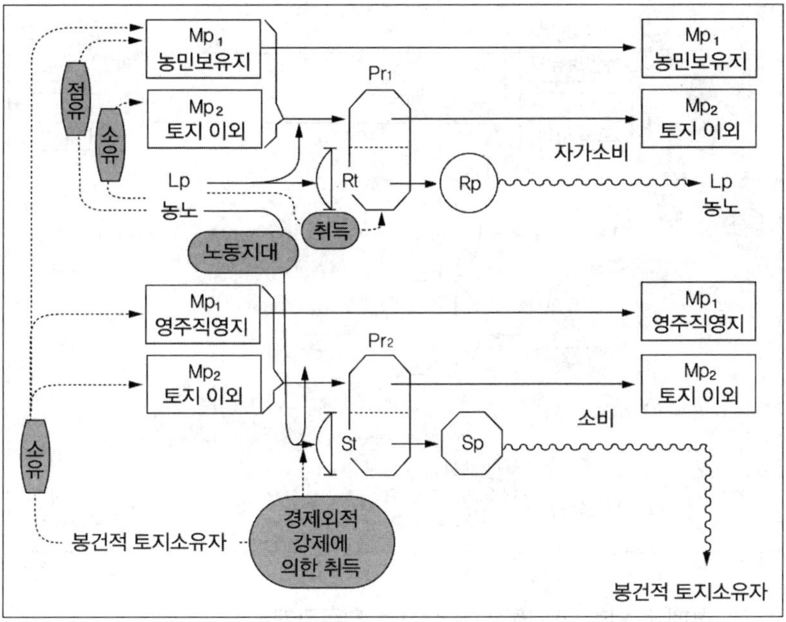

필수생활수단을 위해 이루어지는 농노 자신의 주체적 활동이며, 영주직영지
에서는 영주의 의지를 체현하는 관리자하에서 **경제외적 강제에 의한** 강제노
동이다. 잉여노동은 **노동지대**(부역)의 형태로서 착취된다(그림 31).

(A)−②−ⓒ−ⓘⓘ 예농제

생산력 발전에 따라 농노제는 예농제로 재편성되어갔다. 예농제에서 **예
농**은 토지에 대해 사실상 자립한 소유자로서 관계하며 생산물을 일단 모두
취득한다. 노동은 그 자신의 주체적 활동이다. 그러나 그를 인격적으로
지배하는 영주는 그의 잉여생산물을 경제외적 강제의 의해 **생산물지대**(물납
지대)로서, 후에는 **화폐지대**(금납지대)로서 취득한다(그림 32).

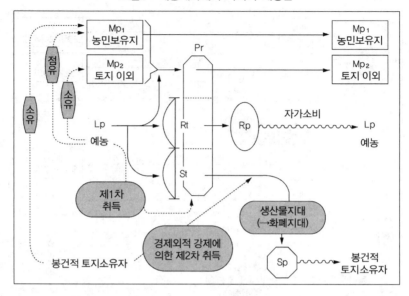

그림 32 예농제하에서 사회적 재생산

(B) 화폐에 의한 개인들의 물상적인 의존관계

(B)-① 상품생산관계

자연발생적인 공동체적 생산관계나 인격적인 지배·예속 관계까지도 근저에서 뒤집어엎고 개인들의 물상적(物象的)인 ── 다시 말해 물상을 통한 ── 의존관계로 바꿔놓은 것은 자본주의적 생산양식이다. 자본주의적 생산관계의 요점은 자본·임노동 관계라는 독특한 생산관계인데, 이 생산관계는 개인들의 물상적 의존관계인 **상품생산관계**를 기초로 성립하여 상품생산관계에 의해 완전히 뒤덮여 있다.

상품생산관계에서는, 노동하는 개인들은 생산수단에 대해 **상호 자립한 사적 개인**으로서 관계한다. 여기서 노동은 직접으로는 사적 노동이다. 그러나 이러한 사적 노동들이 사회의 총노동을 형성하며, 그것들은 사회적 분업의 자연발생적인 갈래로서 상호 의존하고 있다. 직접적으로 사적 노동이 사회적 노동으로 되기 위해서는 노동생산물의 교환에 의거해야 한다. 따라서 노동하는 개인들의 상호 의존은 상품과 화폐의 교환관계라는 물상적 형태를 취하며, 노동에서의 인간과 인간과의 사회적 관계는 물상과 물상과의 사회적 관계라는 모습을 취하지 않을 수 없다. 그리고 개인들의 이러한 물상적 의존성 위에 개인들의 인격적 독립성이 구축된다. 사적 개인들은 서로 상품·화폐라는 물상의 인격적 대표자로서 관계하고 있으며, 그들은 사적 소유자로서 서로 승인하지 않으면 안 된다. 그리하여 여기서는 노동에서 사람들의 사회적 관계가 사적 소유라는 법적 관계를 성립시키는 것이다(상품생산관계에 대해서는 제1편 제1장에서 상술하지만, 우선 뒤에 나오는 그림 73·74를 보기 바란다).[8]

(B)－② 자본주의적 생산관계

자본주의적 생산 이전의 사회에서는 상품생산관계가 부분적으로 존재할 수 있었을 뿐이며, 이 관계가 사회에 전면적으로 보급된 것은 자본주의적 생산양식에 들어서이다. 발전한 상품생산인 자본주의적 생산에서는 노동하는 개인들로부터 생산수단이 완전히 분리되어 자본의 형태를 취하며, 노동하는 개인들은 자본의 인격적 대표자인 **자본가**에게 자기의 노동력을 판매하여 생활하는 **임노동자**가 되고 있다. 이러한 생산관계를 **자본·임노동 관계**, 줄여서 **자본관계**라 한다(자본주의적 생산관계에 대해서는 제1편에서 상술하지만, 우선 뒤에 나오는 그림 144를 보기 바란다).

(C) 개인들의 의식적인 인격적 연합관계(어소시에이션)

자본주의적 생산양식은 이 생산양식하에서 생산력이 발전한 결과 자기의

---

8) 어떠한 공동체를 기초로 하는 사회나 자기에 속하는 생산수단으로 생산하는 소경영적 생산양식에서는 공동체를 통한 소유이건 분산된 개인들의 소유이건 소유가 노동의 전제이며 소유자가 동시에 노동자였다. 상품생산관계에서는 소유와 노동과의 관계는 완전히 역전된다. 노동에서 사람들의 사회적 관계를 기초로 사적 소유라는 법적 관계가 성립하는 것이다.

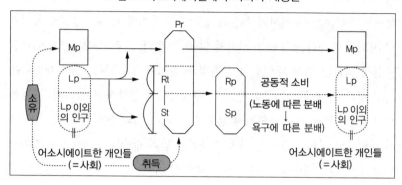
그림 33 어소시에이션에서 사회적 재생산

태내에 자기 자신을 부정하고 지양하는 계기들을 만들어내지 않을 수 없다. 이러한 계기가 가리키는 새로운 생산형태는 자유로운 개인들에 의한 어소시에이션이다(그림 33).

여기서는, 노동하는 개인들은 생산수단에 대해 **사회적으로 어소시에이트한**(associated=자발적으로 결합한)[9] **자유로운 개인**으로서 관계한다. 노동은 공동의 생산수단을 가지고 자기들의 노동력을 의식적으로 사회적 노동력으로 지출하는 과정이며, 이는 직접적으로 사회적인 노동이다. 한편으로 생산과정이 자유롭게 사회화된 인간이 만든 것으로서 인간의 의식적·계획적인 제어하에 놓여 있으므로 생산력이 고도로 발전된다. 다른 한편으로는 고도

---

9) '어소시에이트한'은 독어의 assoziiert, 영어의 associated를 번역한 것인데, 수동적인 데도 어느 쪽도 능동적인 의미를 갖는 말이다. '어소시에이트하다'라는 말은, 동일한 목적을 위해 능동적·자각적·자발적으로 상호 관계하고 결합하며 제휴하는 것인데, '**어소시에이션**(association)'이란 개인들의 이러한 관계에 의해 생기는 그들의 결합체, 연합체, 공동조직이다. 학생의 서클도 노동자의 조직도 어소시에이션이 될 수 있다. 예컨대 '국제노동자협회'의 '협회'도 어소시에이션이다. 마르크스는 미래사회를 부를 때에 19세기에 많은 사람이 자주 쓰던 이 말을 미래사회에 바람직한 것으로 느끼고 있었을 것이다.

한 생산력에 의한 필수노동시간 감소는 노동일을 단축시키게 되며 개인들이 개성과 능력을 전면적으로 발전시키기 위한 자유로운 시간이 확대되어간다 (어소시에이션에 대해서는 제1편 제10장 제2절 § 2에서 이야기한다).

(3) 사회구성체와 사회시스템

사회는 토대＝경제적 구조와 법적·정치적 상부구조로 이루어진다 ｜ 현실의 역사적 사회에서는 어디까지나 갖가지 생산관계가, 다시 말해 낡은 것과 새로운 것이, 또한 미발전된 것과 발전된 것이 복잡하게 뒤얽혀 존재한다. 이러한 전체가 **사회의 경제적 구조**를 이루고 있다(이것이 이른바 '**경제**'이다). 이 경제적 구조 위에 **법적·정치적 구조**가 솟아 있다. 다시 말해 경제적 구조가 **토대**이며, 법적·정치적 구조는 이 토대에 의해 제약되는 **상부구조**이다. 이 토대와 상부구조는 하나의 유기적인 전체를 이루고 있다. 이 유기체를 **사회구성체**라 한다.

일정한 생산력과 그에 대응되는 생산관계를 토대로 하는 특정한 사회구성체의 총체야말로 노동하는 개인들이 그들의 상호 관계 속에서 자연과의 물질대사를 행함으로써 형성하고 끊임없이 재생산하는 일정한 역사적인 유기적 시스템이며 **사회시스템**(사회적 생산유기체)이다. 일상용어인 '사회'는 때로는 사회구성체를 의미하며 때로는 사회시스템을 의미한다.

사회적 의식 형태들도 경제적 구조에 대응한다 ｜ 사회에서 사회에 관한 사람들의 의식에는 갖가지 형태가 있다. 사회적 심리, 철학·과학·예술·윤리·법적 관념·정치상의 주의·종교, 사상 등이 그것이다. 이러한 **사회적 의식 형태**는 사회의 토대인 경제적 구조에 대응하지 않을 수 없다(그림 34).

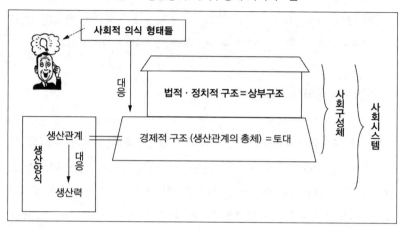

그림 34 생산양식·사회구성체·사회시스템

§ 4. 사회발전의 일반적 법칙

인간의 역사는 의식·의지를 가진 인간 행동의 종합적 결과이다 ｜ 역사를
창조하는 것은 의식·의욕·의지를 가진 인간 개인들의 행동이다. 그러나 만약
인간의 의식이나 의지가 일반적으로 그 무엇에도 제약되지 않는다면 역사는
자의적으로 온갖 방향으로 나아가는 개인들의 여러 가지 행동을 단순히 합성
한 결과일 뿐이고, 역사는 우연의 집적에 불과하게 될 것이다. 과연 그럴까?

인간 행동을 제약하는 생산력과 생산관계는 물질적인 성격이 있다 ｜ 이
미 본 바와 같이 인간 생활의 핵심은 본질적으로 합목적적인 실천에 있다.
목적을 달성하기 위해 인간은 객관적인 법칙성에 따라야 한다. 사회에도
사회를 관통하는 법칙이 여러 가지 있다는 것은 이제까지 본 바와 같다.
따라서 개인들의 의식과 의지는, 그들이 자연에 능동적으로 작용하는 경우
와 마찬가지로 그들이 사회 속에서 행동하는 경우에도 사회적 법칙에 의해
제약될 수밖에 없다.

사회의 생산(생산양식)은 생산력과 생산관계의 통일이지만, 생산력이 발전함으로써 생산관계의 교체는 피할 수 없게 된다. 따라서 사회의 경제적 구조는 사회의 물질적 생산력들의 발전단계에 대응하는 객관적인 —— 다시 말해 인간의 의식이나 의지와 같은 주관적인 것으로부터 독립한 —— 존재이다. 개인들은 어떠한 사회에 태어날지를 자기 의사로 선택할 수 없는 것이다. 그리고 사회적 의식도, 또한 일정한 사회적 의식에 의해 만들어진 법적·정치적인 상부구조도, 이 객관적으로 존재하는 생산관계에 대응해야 한다. 이와 같이 인간의 물질적 생활의 존재방식이, 다시 말해 그때그때의 생산양식이 인간의 그때그때의 사회적·정치적·정신적 생활을 제약하고 있다. 사람들의 의식이 사람들의 존재를 규정하는 것이 아니라, 반대로 사람들의 사회적 존재가 사람들의 의식을 규정하는 것이다.

그러나 이와 같이 사회가 경제적 구조라는 토대와 그 위에 우뚝 솟는 법적·정치적 상부구조로 이루어진다는 것도, 사람들의 사회적 존재가 사람들의 의식을 규정한다는 것도, 실은 어떻게 하여 새로운 사회구성체가 낡은 사회구성체와 교체하는가 하는 사회의 교체과정을 알았을 때 비로소 충분히 이해할 수 있다. 그래서 그 개략을 살펴보기로 하자.

사회구성체의 교체는 사회혁명을 통해 이루어진다 | 사회구성체의 교체 과정이 **사회혁명**이다. 현실의 역사적 사회의 경제적 구조는 많은 생산관계의 총체인데, 사회혁명기 이외에는 경제적 구조는 **지배적인 생산관계**와 기타 **종속적인 생산관계**로 이루어지며, 지배적인 생산관계가 상부구조의 성격을 규정하고 그에 따라 그 사회의 성격도 규정하고 있다(그림 35).[10]

---

10) 그림 35에는 '**소경영적 생산양식**'이라는 생산양식이 보이는데, 이것은 사실상 자기의 토지 및 기타 생산수단을 가지고 경영하는 개인적 생산자의 생산이다. 이 생산양식은 어느 사회의 내부에도 많든 적든 존재하고, 특히 봉건사회로부터

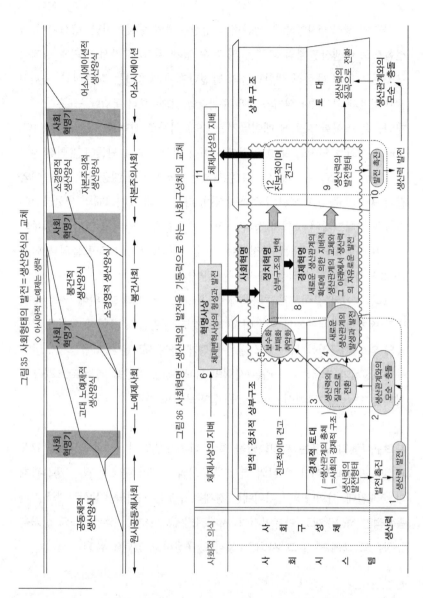

그림 35 사회형태의 발전=생산양식의 교체

그림 36 사회혁명=생산력의 발전을 기동력으로 하는 사회구성체의 교체

자본주의 사회로의 이행기에는 광범위하게 존재했으나, 역사적으로 지배적인 생산관계가 된 적은 없었다. 자본주의적 생산은 소유자였던 노동하는 개인들로부터 생산수단을 분리시켜, 이 소경영적 생산양식을 소멸시키면서 성립했다.

82

따라서 사회혁명은, 우선 구사회 내부에 새로운 생산관계가 발생하기 시작하고, 다음에 이전의 지배적인 생산관계에 대응하고 있던 기존 상부구조가 교체하여 새로운 생산관계에 대응하는 새로운 상부구조가 수립되며(정치혁명), 최후에 이 상부구조하에서 새로운 생산관계가 급속히 확대되어서 지배적 생산관계가 된다(경제혁명)는 일련의 과정으로 진행된다. 이 과정을 좀 더 깊이 생각해보자(그림 36).

생산력은 어떤 사회에서도 점점 증대·발전해간다(1). 이 발전이 진행되면 지배적 생산관계와 모순되어 충돌하게 된다(2). 그 결과 지배적 생산관계는 생산력에 질곡이 되며(3), 갖가지 알력이 생긴다. 다른 한편으로는 발전한 생산력에 어울리는 새로운 생산관계가 발생하여 발전하기 시작한다(4). 새로운 생산관계의 담당자들은 낡은 상부구조를 자신의 경제활동에서 장애로 느끼고 정치권력을 타도하려 한다. 지배층은 체제를 유지하려고 하지만 생산력 발전에서 오는 토대의 변화를 저지할 수 없으며 상부구조는 보수적이 되어 취약해져 간다(5).

경제구조에서의 알력과 변화는 사람들의 사회적 의식에 반영된다. 사람들 사이에 변혁으로의 기대와 지향이 생기고, 선진적인 개인이나 집단의 사상 형태에서 **혁명사상**이 생긴다(6). 시대의 요구에 합치되고 변화의 방향을 선취한 사상이 민중의 마음을 파악하여, 혁명운동의 흐름을 조성한다. 구사회의 피지배자가 지배자에 반항하는 투쟁에, 새로운 생산관계를 대표하는 계급의 구지배계급에 대한 투쟁이 가세하여, 구지배계급에 대한 **계급투쟁**은 극점으로까지 고양된다. 그리고 그 정점에서 **정치혁명**이, 다시 말해 정치권력 교체와 그에 이어서 법적·정치적 구조의 변혁이 이루어진다(7).

권력의 자리에 오르는 것은 새로운 생산관계의 발전에 의해 이익을 얻는 계급이며, 이 새로운 지배계급은 새로운 생산관계의 발전을 방해해온 법적·정치적인 제약을 걷어치우고 새로운 생산관계를 급속히 확대해간다. 이것이 **경제혁명**이다(8). 새로운 경제구조는 생산력을 발전시키는 형태로서(9),

생산력을 무럭무럭 발전시키게 된다(10).

새로운 사회를 만들어낸 혁명사상은 새로운 사회를 떠받치는 사상으로부터 점점 지배적인 체제사상으로 전화해간다(11). 이 새로운 체제사상과 이것이 떠받치는 상부구조는 생산력 발전과 그에 대응하는 생산관계 변화에 적합하고, 따라서 진보적이며, 그 지배는 견고하다(12).

이와 같이 역사를 형성하는 것은 다름 아닌 의식·의욕·의지를 가진 개인들의 행동이지만, 이러한 개인들의 의지적 행동의 총체인 역사적 과정의 밑바탕에는 사람들의 의지·의욕에 선행하여 그것들을 규정하는 물질적인 생산력의 발전과 경제적 토대의 변화가 있는 것이다.

사회발전의 일반 법칙 | 사회의 이러한 운동, 다시 말해 '생산력 발전 → 생산관계와의 모순·충돌 → 새로운 생산관계의 발생·발전 → 혁명사상의 형성·발전 → 정치혁명 → 경제혁명 → 생산력 발전'이라는 운동은 모든 사회를 관통하는 '사회발전의 일반적 법칙'이다. 그러나 이 법칙은 각각의 역사적 사회에서 각각 다른 형태를 취해 관철하므로 각각의 사회에는 각각 독특한 발생·발전·소멸의 법칙이 있다. 그리고 자본주의 사회의 발생·발전·소멸의 법칙을 밝히는 것이 이 사회의 경제적 구조를 해명하는 경제학의 이론이다.

제4절 경제학의 기본성격

§ 1. 경제학의 대상과 과제

경제학의 대상 | 경제학의 연구대상은 자본주의적 생산양식이다.

경제학이 독립의 과학으로서 성립한 것은 페티(William Petty, 1623~1687)

부터이며, A. 스미스 및 리카도가 이를 발전시켰다. 이 고전파 경제학자들은 눈앞의 자본주의 사회의 경제적 구조를 연구했다. 경제학은 자본주의 사회의 경제적 구조를 대상으로 하는 과학으로서 성립한 것이다.

마르크스는 고전파 경제학의 과학적인 측면을 계승하고 더 발전시켰다. 그는 자본주의 사회가 다른 사회들과는 구별해야 할 역사상 하나의 사회인 것을 명백히 하고 이 사회의 운동법칙, 다시 말해 그 발생·발전·소멸의 법칙을 밝혔다.

협의의 경제학과 광의의 경제학 │ 자본주의 생산양식을 연구하는 경제학을 **협의의 경제학**이라 부르며, 이 생산양식 이외의 생산양식을 연구하는 경제학까지도 포함하는 경제학 전체를 **광의의 경제학**이라 한다. 그러나 체계적인 이론적 전개를 필요로 하는 것은 물상적 관계에 의해 뒤덮인 자본주의 생산양식뿐이며, 그 이전 사회들의 경제적 구조를 해명하는 것은 실질적으로는 경제사의 연구에 포함된다.

경제학의 독자성 │ 경제학 이외의 사회과학들은, 그 대상이 기본적으로는 사회적 의식 형태들, 의식적으로 형성되는 법적·정치적 상부구조, 또는 사회적 의식을 가진 인간이나 인간집단의 사회적 행동이다. 이것들에 대한 과학적 인식은 토대에 대한 인식 없이는 성립할 수 없다. 그래서 다른 사회과학들은 자본주의 사회의 경제적 구조에 대한 이론, 다시 말해 경제학의 이론을 전제로 해야 하며, 경제학은 다른 사회과학들의 기초과학이 되지 않을 수 없다.

경제학은 사회의 개인·계급들의 경제적 이해(利害)를 직접 다룬다. 따라서 경제학에서는 사적 이해에 따른 공격을 두려워하지 말고 가차 없는 비판적 정신을 가지고 냉철하게 분석하는 것이 요구된다.

경제학의 과제 │ 경제학은 자본주의 생산양식이란 어떤 것이고 어떤 구조를 가지며 어떻게 재생산되는지를 해명한다. 그리고 나아가 자본주의 생산양식이 어떻게 태어났는지, 생산력 발전과 더불어 어떻게 변화하는지, 어떻게 생산력에 대한 질곡으로 전화하는지, 어떠한 새로운 생산관계를 어떻게 준비하는지를 밝히게 된다. 다시 말해 경제학은 **자본주의 사회의 경제적 운동법칙**, 즉 그 발생·발전·소멸의 법칙까지도 해명해야 한다.

§ 2. 경제학의 방법

경제학의 방법 │ 경제학의 대상에 관한 **연구방법**과 연구결과의 **서술방법**이 경제학의 방법의 문제이다. 다만 경제학의 내용 전체에 대한 이미지를 가지지 못하고 있다면 방법에 대한 추상적인 설명을 들어도 이해할 수 없기 때문에, 여기서는 경제학의 이론의 출발점인 장소에서 일상적인 경제현상이 한꺼번에 나오지 않는 것은 무엇 때문인가 하는 점에 관계되는 한에서 방법의 문제를 언급하는 데 그치자.[11]

현상에서 본질로, 본질에서 현상으로 │ 경제학은 과학이다. 과학이란 무엇보다 인간에 의한 객관적 법칙들의 체계적인 인식이며, 과학의 **이론**이란 그와 같이 인식된 법칙들의 체계이다.

---

11) 경제학의 방법으로서 결정적으로 중요한데도 여기서 언급하지 않는 것은 '**변증법적 방법**'이라 부르는 방법의 측면이다. 경제학의 이론적 전개 속에서 대상 그자체의 **변증법적인 운동**이 파악되어야 한다. 그러나 변증법이 나타나는 구체적인 장면에 대한 표상(表象)이 전혀 없는 독자에게 변증법적 방법에 관해 추상적으로 설명하는 것은 오히려 변증법이 가지는 의미를 오해할 가능성이 크다고 생각하기 때문에, 여기서는 변증법적 방법에 관해서는 언급하지 않는다. 변증법에 흥미를 가지는 독자는 우선 제1장 140쪽 주 11을 참조하기 바란다.

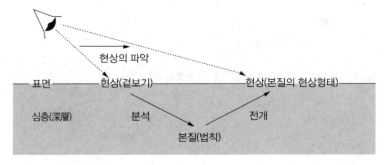

그림 37 분석(현상→본질)과 전개(본질→현상)

현상의 파악

표면 ——— 현상(겉보기)   현상(본질의 현상형태)

심층(深層)   분석   전개

본질(법칙)

인간이 생활 속에서 자연이나 사회를 의식적으로 변형할 수 있는 것은 인간의 의식이나 의지와 관계없이 관철되는 법칙이 세계에 있기 때문이다. **법칙**이란 사상(事象)들 사이의 내적인 일반적·필연적 관련이다. 우리의 감각에 주어지는 것은 법칙의 표현, 즉 **현상**이다. 이와 같이 과학은 무엇보다 먼저 현상 속에 숨어 있는 **본질** 또는 법칙을 찾아낸다.

그러나 현상의 배후에 있는 본질 또는 법칙은 종종 전혀 거꾸로 된 모습으로 나타난다. 인식된 법칙은 종종 출발점의 현상들과는 전혀 다른 모습을 취하고 있다. 그러므로 과학이란 현상으로부터 법칙을 체계적으로 찾아내고 그에 더해 그 법칙에서 현상을 전개=설명한다는 인식이다. 이 전개=설명이 없는 한, 법칙=본질로서 파악된 것과 여전히 현상으로서 주어져 있는 것은 아직 따로따로 있는 것이며 현상은 아직 이해되지 못하고 있다. '현상에서 본질로', 그리고 거기로부터 '본질에서 현상으로'라는 두 가지 걸음은 과학이 객관적 현실을 파악하기 위해 반드시 걸어야 하는 경로이다(그림 37).

연구 방식 | 경제학에서 분석해야 하는 것으로 주어지는 것은 현실 사회의 경제적 구조의 복잡하게 뒤얽힌 혼돈스러운 자태(姿態)이다. 경제학 연구란 주어진 이 현상들에서 숨어 있는 갖가지 본질적인 관련·법칙을 찾아내고, 더 나아가 그러한 관련·법칙으로부터 우리의 표상에 주어지는 현상들을

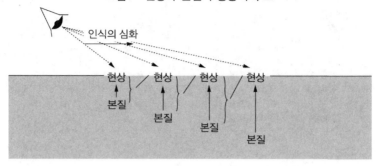

그림 38 현상과 본질의 중층적 구조

전개하고 설명하는 것이다.

현상과 본질의 관련은 겹겹이 쌓여 있다 │ 현실의 경제는 겹겹이 서로 겹친 '본질→ 현상'이라는 관련의 총체이다(그림 38).

연구는 이러한 관련을 하나하나 정확히 파악하며 또한 그들의 상호 관련된 연계를 밝혀나간다. 이 작업이 완수되면, 출발점에서 대상에 대해 가졌던 혼돈스러웠던 표상이 이제는 많은 법칙이나 관련으로 이루어진 하나의 전체의 정연한 상(像)으로 전화되는 것이다.

올라가는 길과 내려가는 길 │ 연구와 그 결과의 서술은 기본적으로 내려가는 길과 올라가는 길이라는 두 개의 길을 지나가야 한다. 첫째는 최표층에 나타나는 혼돈스러운 현상에서 본질을 추궁해가서 가장 깊숙한 곳에 있는 본질에까지 다다른다는 길이다(내려가는 길). 이것은 기본적으로 '현상→ 본질→ 현상'이라는 작업의 전반(前半)의 '현상→ 본질'에 해당한다. 둘째로 찾아낸 심층의 본질에서 점점 현상형태를 밝혀나가 다시 최상층의 총체에까지 도달해야 한다(올라가는 길). 이것은 기본적으로는 '현상→ 본질→ 현상'의 후반인 '본질→ 현상'에 해당한다(그림 39).

연구에서 결정적으로 중요하고 그 성공 여부를 결정하는 것은 내려가는

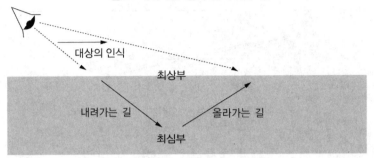

그림 39 내려가는 길과 올라가는 길

길이며, 연구과정은 전체로서 말하면 내려가는 길이다. 그러나 이 내려가는 길은 일방적으로 쏜살같이 내려가는 과정이 아니라, 그 속에서 부단히 부분적인 올라가는 길을 포함하면서 그러나 전체로서는 내려간다 하는 왕복을 포함하는 과정이다. 예컨대 시계를 분해한 아이가 그것을 원래대로 조립할 수 없는 것은 그 분해가 차례차례로 부품을 분리하는 일방적인 내리막길이기 때문이다. 다시 조립할 수 있는 방식으로 분해하는 성인이라면, 그 분해 과정에서 때때로 각각의 부품이 다른 부품과 어떤 관련에 있는지 확인하여 기억해두기 위해 분리한 부품을 일단 본래의 자리에 끼워보는 것을 반복하면서 분해해갈 것이다. 이처럼 때때로 부분적인 재합성을 했기 때문에, 다시 말해 부분적으로 올라가는 길을 포함하면서 내려가는 길을 따랐기 때문에, 비로소 모든 것을 분해해버렸을 때 시계의 전체구조를 정연한 모양으로 뇌리에 재생산할 수 있었다. 이렇게 해야 비로소 완전히 따로따로 분리된 부품으로부터 시계를 원래대로 조립할 수 있는 것이다.

서술 방식 | 연구 결과의 서술은 인식의 정당성을 논증하는 것이다. 연구 결과의 서술은 가장 깊숙한 곳의 가장 추상적인 본질에서 출발하여 차례차례로 더 구체적인 현상형태를 전개하여 최후에 최상부의 총체에 도달하는 올라가는 길 과정을 거쳐서, 대상의 전체를 읽는 사람의 두뇌 속에 재생산하

그림 40 서술의 방식

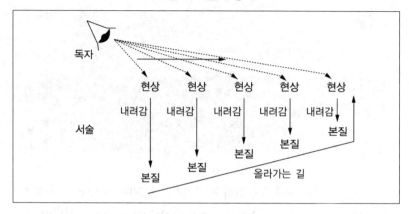

는 데 성공했을 때 그 논증이 완료된다. 따라서 서술=논증은 기본적으로 올라가는 길을 가는 것이다.

그런데 올라가는 길의 각 단계에서 새로 다루는 사항이 경제적 구조 속에 실제로 존재한다는 것을 표시하기 위해서는, 그 사상(事象)을 경제적 구조에서 찾아내어 보여야 한다. 그러므로 서술은 '현상에서 본질로'라는 분석을 포함하지 않으면 안 되며, 끊임없이 부분적으로 내려가는 길을 포함하면서 진행되는 것이다(그림 40).

올라가는 길인 경제학의 서술의 출발점에서는, 가장 간단하고 일반적인 사상이 다루어지고 분석된다. 이러한 의미에서 서술의 기점(起点)에서는 일상적인 경제현상이 전체적으로 한꺼번에 등장하지는 않는다. 그러나 전개의 올라가는 길을 가는 속에서 순차적으로 구체적인 사상이 등장하여 그들 사이의 관련과 연계가 차례차례 설명되며 점점 표면에서 볼 수 있는 일상의 현상세계에 접근해간다.

제1편 자본의 생산과정

이 편의 과제와 연구의 진행방식

자본에 앞서 상품과 화폐를 연구한다 ┃ 이제부터 자본주의 생산양식을
연구하는 경제학의 본론에 들어간다. 자본주의 경제의 키워드를 하나만
든다면 그것이 '자본'이라는 점에 대해서는 반대의견이 없을 것이다. 그러나
이 책에서는 자본 그 자체의 분석에 들어가기 전에 우선 제1장에서 상품과
화폐에 대해 연구한다. 이에 대한 정확한 이해를 갖지 않고서는 자본을
분석하는 것이 불가능하기 때문이다.

상품과 화폐 및 그들을 낳는 상품생산관계 ┃ 제1장에서는 시장에 나와
있는 상품을 분석하고 그것에 포함되어 있는 사용가치와 가치라는 두 가지
요인을 꺼내어 상세히 연구한다. 게다가 가치라는 사회적인 요인이 다른
상품의 사용가치라는 자연물의 양으로 표현된다는 가치가 취하는 독특한
형태를 분석한다. 그렇게 하면 가치가 취하는 이 형태의 발전의 최후의
산물로서 화폐가 생긴다는 것을 알 수 있다. 물론 거기서는 화폐란 무엇인가
하는 것도 동시에 밝혀진다. 더욱이 노동에 의해 생산된 생산물이 상품이라
는 형태를 취하며 그 속에서 화폐가 생겨나는 것은 무엇 때문인가 하는
것을 연구하고, 그것이 상품생산관계라는 생산관계가 있기 때문이라는 것
을 명백히 한다. 그리고 인간과 인간 사이의 이 생산관계는 반드시 물상과
물상의 관계로서 나타난다는 것, 또한 이 물상과 물상의 관계는 서로 인격으
로서 관계하는 인간들에 의해 대표되는 것을 알게 된다. 최후에 상품생산관
계하에서 화폐가 어떤 기능을 수행하는가 하는 것을 명백히 한다.

자본의 가치증식의 비밀 ┃ 이리하여 상품과 화폐에 대해 얻은 지식을
가지고 제2장에서 자본의 분석에 들어간다. 우선, 자본이란 자기증식하는
가치라는 것을 확인한 위에 어떻게 가치가 증식되는가를 추구해서 그것

은 인간의 능력인 노동력을 사서 사용할 수 있기 때문이라는 것을 파악한다. 그리고 노동력을 사용하면 어떻게 가치가 증식되는가를 추구한다. 이리하여 이 장에서 자본의 가치증식의 비밀, 다시 말해 그 증가분인 잉여가치의 본질을 밝히게 된다. 이 책의 이후 모든 연구는 여기서 얻은 인식을 기초로 하여 전개되므로, 이 장의 연구는 이 책 전체의 요점에 해당되는 것이다.

잉여가치를 증대시키기 위한 두 가지 방법 | 이어, 이 잉여가치를 증대시키기 위해 자본이 취하는 두 가지 방법을 제3장과 제4장에서 각각 연구한다. 제3장에서는 노동자의 하루 노동시간을 연장함으로써 잉여가치를 증대시키는 방법을 본다. 제4장에서는 노동의 생산력을 높여 노동자의 임금을 규정하는 갖가지 상품을 저렴하게 함으로써 그에 의해 잉여가치를 증대시키는 방법을 연구한다. 이것은 동시에 자본주의하에서 생산방법의 발전을 보는 것이기도 하다. 구체적으로는 매뉴팩처하에서 단순협업이 분업에 의거한 협업으로 발전하고, 기계 이용의 일반화에 의해 대공업이 확립되는 것이다. 여기서는 한편으로 자본주의적 생산에서 노동자들이 자본에 종속되고 거기에서 생기는 갖가지 고난이 명백해지지만, 다른 한편으로는 인류사에서 자본주의적 생산이 수행하는 적극적인 역할도 보게 된다.

자본의 증식운동의 근거로서 자본주의적 생산관계 | 그래서 다음 제5장에서 이제까지 본 자본의 가치증식과정의 근거인 자본주의적 생산관계를 다시 총괄하고, 이 생산관계하에서 노동자가 자본에 완전히 포섭되어, 자본에 종속되는 것, 그것은 정확히 '노동의 소외'라고 부를 수 있는 노동하는 개인들의 갖가지 상태를 야기한다는 것을 명백히 한다.

임금의 독특한 전도된 형태인 노동임금 | 노동자가 자신의 상품에 대한 대가로 받는 임금의 본질이 노동력의 가치인 것은 자본의 가치증식과정을

분석하는 중에서 이미 밝혀졌지만, 그것은 반드시 '노동의 가치 또는 가격'이라는 전혀 전도된 형태를 취하기 때문에, 제6장에서는 노동임금——다시 말해 노동에 대한 임금——이라는 이 형태에 대해 말한다.

자본의 재생산과 자본축적 │ 이상의 논의에서는 자본과 노동력이 존재하는 것으로 전제하고 가치증식이 행해지는 구조를 살폈는데, 자본주의적 생산 그 자체가 부단히 새로운 자본을 만들어내며 노동시장에 나오는 노동력을 끊이지 않게 하고 있다. 이것은 자본이 생산을 반복하는 과정, 재생산과정을 보면 잘 알 수 있다. 제7장에서는 자본의 재생산을 분석하여 재생산의 진행 중에 자본이 잉여가치의 덩어리로 변해가는 것을 명백히 한다. 제8장에서는 자본이, 취득한 잉여가치를 자본으로 전환하여 자본 그 자체를 증가시켜가는 과정인 자본의 축적을 연구하여, 자본에 의한 잉여가치의 취득이란 잉여가치 덩어리에 의한 잉여가치 취득이라는 것을 이해한다.

자본축적이 노동자계급에 미치는 영향 │ 제9장에서는, 이러한 자본축적이 노동자계급에 미치는 영향, 구체적으로 임금과 고용상황에 미치는 영향을 다룬다. 이 속에서, 자본주의적 생산은 자기 자신의 생활조건인 과잉인구(실업인구)를 스스로 부단히 생산해내야 한다는 것이 밝혀지게 된다.

자본의 출발점의 역사적 형성과정 │ 이상의 연구에서 자본주의적 생산의 구조를 기본적으로 알게 되었는데, 여기까지는 노동하기 위한 물적 조건을 가지지 못한 노동하는 개인들과 자본의 형태로 있는 물적 조건이 분리되어 있는 상태를 전제하고 있었다. 그러나 전자본주의 사회들에서는 노동하는 개인들과 노동조건들이 결합되어 있었기 때문에, 어떠한 방식으로든 그것들이 분리되는 과정이 있었을 것이다. 이 역사적 과정은 '자본의 본원적 축적[시초축적]'이라고 불린다. 제10장에서는 이 역사적 과정을 되돌아보아

자본주의적 생산의 최초의 생성(生成)을 알고, 그리하여 자본주의적 생산의 생성·발전·소멸의 법칙적 경향을 파악할 수 있게 된다.

자본의 유통과정에 대한 연구로 │ 자본주의적 생산의 가장 본질적인 내용은 자본의 생산과정 속에 있기 때문에, 이상 제1편의 연구에 의해 그 내용 파악은 끝난다. 그래서 이제까지의 지식을 가지고 다음 제2편에서 자본의 유통과정을 연구하여 자본의 생산과 유통을 파악한 다음, 자본과 잉여가치가 우리 눈앞에 나타나는 구체적인 모양을 제3편에서 보게 된다.

제1장
상품과 화폐

제1절 상 품

§1. 상품생산으로서의 자본주의적 생산

경제의 '순환적 흐름'에 대한 상식적 이미지 | 자본주의 경제는 경제학의 지식을 가지지 않고 그것을 조감하면 어떻게 보이는 것일까? 자본주의 경제에 대해 사람들이 생각하는 대체적인 이미지를 일반적으로 표시해보자(그림 41).

이 그림과 같은 파악은 이코노믹스에서는 그 연구의 최종적인 결론과 완전히 일치하고 있다.

그러나 사회경제학에서는 자본주의 경제에 대한 이러한 관념은 연구의 출발점이다. 그것은 사람들이 자본주의 경제의 표면을 보았을 때 특별한 경제학적 분석 없이도 쉽게 가질 수 있는 상식적 관념, 표상(表象)에 지나지 않는다. 그러한 표층 밑에 있는 심층(深層)을 알아내는 것이야말로 과학으로서의 경제학의 과제이다.

경제학은 이러한 표상을 주는 현상 속에 숨은 본질적인 관계를 명백히 한다. 그러나 이 작업은 한꺼번에 이루어지는 것이 아니라 가장 간단하고

그림 41 경제의 '순환적 흐름'에 대한 상식적 이미지

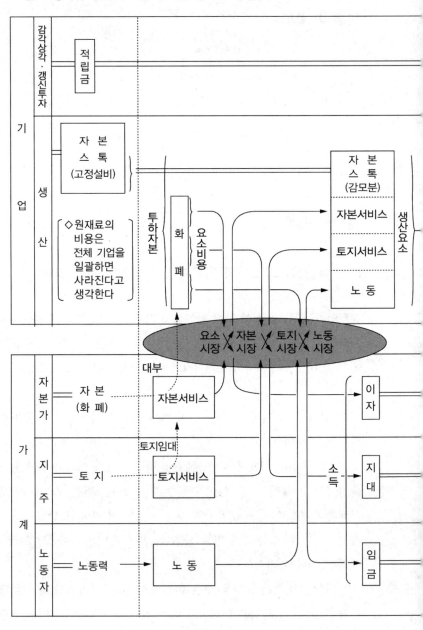

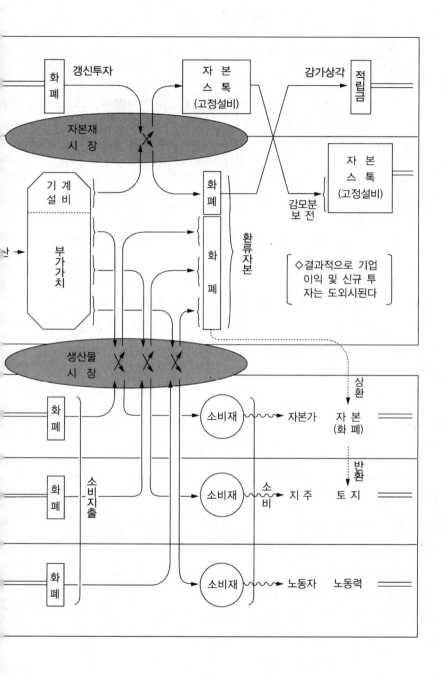

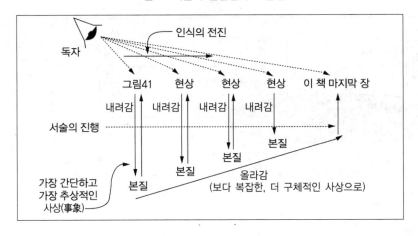

그림 42 서술의 출발점과 도달점

추상적인 것에서 점점 복잡하고 구체적인 것으로까지 올라가서, 최후에 이러한 관념 전체를 그 심층의 구조와 법칙에 의해 완전히 설명된 상(像)으로 변화시키는 방식으로 이루어진다. 우리는 뒤에서, 이렇게 하여 도달한 상과 여기서 출발점으로 가지고 있는 상식적 이미지를 차분히 비교하는 기회를 가지게 될 것이다(그림 42).

시장경제와 상품생산 │ 자본주의 경제에서 가장 일반적인 사상(事象)은 상품의 매매관계이며, 또한 그것을 매개하는 화폐를 도외시하면 상품끼리의 교환관계이다. 그렇기 때문에 자본주의 경제는 일반적으로 우선 '시장경제'라고 파악되는 것이다.

그러므로 자본주의 경제에서는 노동에 의해 생산되어 인간의 생존과 사회의 존속을 떠받치는 사회의 부1)는 방대한 상품의 모임으로서 나타나는

1) 여기서 다루는 '**부**'가, 인간의 생존과 사회의 존속을 떠받치고 있는 노동에 의해 생산된 생산물이라는 것은 자명하다. 노동 없이는 인간의 생존도 사회의 존속도 있을 수 없다는 것, 인간은 물질적 부를 노동에 의해서만 자연에서 획득할 수

그림 43 자본주의 사회의 부는 상품이라는 형태를 취한다

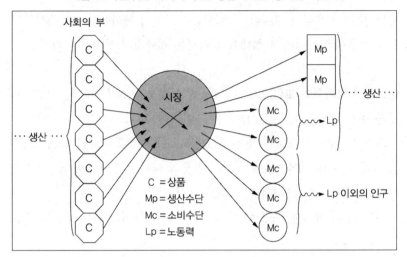

것이며, 다시 말하면 상품이라는 형태를 취하고 있다. 자본주의 경제에서 가장 일반적이고 가장 간단하며 가장 추상적인 사상(事象)은 노동생산물이 **상품**이라는 형태를 취하는 것이다(그림 43).

따라서 우리는 무엇보다 우선 상품[2]을 분석하고, 그것은 어떤 것인가,

있다는 것, 어떠한 사회에서도 인간은 부를 획득하는 데 필요한 노동에 대해 관심을 기울여야 했다는 것 ——이러한 것은 중학생이라도 아는 자명한 사실이며, 경제학에 의해 비로소 밝혀진 '은폐된 사실'은 아니다. 그러므로 경제학은 이러한 사실을 자명한 것으로 전제하고 있으며, 아무런 전제 없이 출발하는 것은 아니다.

더구나 '**전제**'란, 인간의 사고에서는 이 명제가 '결론'으로 성립하는 데 필수적인 다른 명제를 가리키며, 객관적 세계에서는 이 사상(사건)이 '결과'로서 생기는 데 필수적인 다른 사상(사건)을 가리킨다. '전제 없이 출발하는' 것은 이미 알고 있는 사실이 전혀 없는 상태에서 출발하는 것을 말한다.

2) 화폐가 사용되는 곳에서는 무엇이든 화폐와 교환되며, 그런 한에서 모든 것이 '상품'이 된다. 선거에서 한 표, 공공사업 낙찰, 회원 명부, 경마의 예상 등, 요컨대 온갖 것이 매매된다. '경제재'로서 예를 들면 '우주 탐험, 교육, 국방, 레크리에이션,

그것은 어떤 독특한 사회적 성격을 가지고 있는 것인가 하는 점을 파악해야한다. 따라서 우리의 경제학의 본론도, 자본주의 사회에서 노동생산물이 갖는 상품이라는 독특한 형태를 분석하는 것에서 시작하기로 하자.

상품의 사용가치와 교환가치 | 상품은 무엇보다 먼저 인간의 어떠한 욕구를 충족시키는, 어떠한 **사용가치**를 가져야 한다(그림 44).

그러나 상품에서 중요한 것은 그 **교환가치**이다. 상품의 교환가치란, 그것을 교환을 위해 내어놓았을 때 얼마만큼의 다른 상품과(이미 화폐가 생긴 사회라면 얼마만한 양의 화폐와) 교환되는가 하는 것이다(그림 45).

어느 상품, 예컨대 무명 5m의 교환가치는 교환되는 다른 상품의 종류

시간, 오락, 청정한 공기, 좋은 환경, 좋은 노동조건, 생산성이 높은 자원, 여가'
등을 드는 '경제학'이 있으나, 이것은 요컨대 현실로 매매되고 있는 것을 함부로
열거한 것일 뿐이다. 이러한 것을 나열하여 그 전부에 공통된 것을 찾아내려
하면 '사람이 탐내는 것이기 때문에 매매되고 있는 것'이라는, 전혀 내용 없는
성질밖에 얻을 수 없다. 그리고 이는 완전히 동어반복이다. 현실로 매매되고 있는
것——탐내는 사람이 없이 매매되는 것이 있을 것인가?——을 열거했을 뿐이므로.
　여기서 취급하지 않으면 안 되는 상품은, '시장경제' 속에서 사람들이 생존을
위해 매일 시장에 가지고 가서 파는 상품이며, 인간 생존과 사회 존속을 뒷받침하
는 사회의 부가 취하고 있는 독특한 형태로서의 상품이다. 바꾸어 말하면 사회의
총노동의 일부에 의해 매일 생산되고 시장에서 교환된 후에 생산과 개인적인
소비 속에서 사회의 총욕구의 일부를 나날이 충족시키는 상품이며, 시장의 수급관
계에 의해 가격이 변동하고 생산자들이 이 가격변동을 척도로 삼아 생산량을
증감시키는 상품이다. 따라서 상점에서 판매되는 것이라도 헌책이나 고물과 같은
것은 여기서는 고찰 대상으로 삼지 않는다. 원래의 상품이나 화폐가 어떠한 것인가
가 명백히 된 후에야 비로소 노동에 의해 생산된 것이 아닌 '상품'이라든지 세계에
오직 하나밖에 없는 '상품'이라든지, 또한 구매자의 욕구와 지불능력 이외에 가격
수준을 결정하는 것이 없을 것 같은 갖가지 '상품'에 대해 그 가격이나 가치의
사실을 이해할 수 있게 될 것이다.

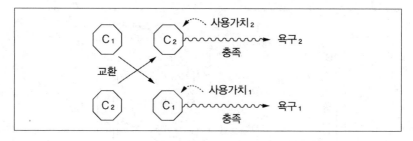

그림 44 상품은 사용가치를 가져야 한다

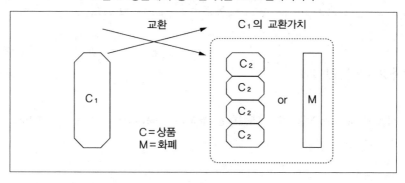

그림 45 상품에서 중요한 것은 그 교환가치이다

에 따라 갖가지 다른 표현을 갖는다. 그러나 무명 5m의 교환가치는 무명 1단위에 고유한 무엇의 어떤 양과 저고리 1단위, 차 1단위, 쌀 1단위, 금 1단위, 철 1단위의 각각 고유한 무엇의 어떤 양과의 상대적 관계에 의해 결정되는 것이라고 생각할 수밖에 없다.

이 '무엇'이야말로 상품에서 중요한 교환가치를 결정하는 것이기 때문에, 그것은 상품의 '값어치', 다시 말해 **가치**[3]라고 부른다(그림 46).

---

3) **가치**는 경제학이 고심하여 비로소 찾아낸 개념은 아니다. 옛날부터 시장에 모여드는 판매자와 구매자는 자기 상품에 대해서건 타인의 상품에 대해서건 각 상품이 사회적으로 인정되는 어떤 크기의 '값어치'를 가진 것으로 생각해서, 어떤 상품의 가격(파는 값)이 그 '값어치'보다 높아지면 그 상품은 유리하다고 생각하며 그보다

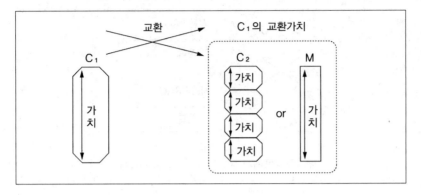

그림 46 교환가치의 크기를 규정하는 것은 가치이다

§2. 상품의 가치

상품의 가치는 상품 안에 대상화된 추상적 노동이다 | 상품의 교환비율
을 결정하는 공통된 가치란 무엇인가?

낮아지면 불리하다고 생각했다. 그래서 이러한 판단에 의거하여 자기가 무엇을
얼마만큼 생산할지, 시장에 출하할지를 결정하고 있었다. 이러한 '값어치'를 판매
자와 구매자들도, 또한 뒤에 고전파 경제학자들도 '가치(value)'라고 부른 것이다.
경제학이 발견해야 했던 것은 이 '가치'란 도대체 무엇에 의해 결정되는 것일까,
도대체 그것은 상품이 가지고 있는 어떤 성질을 가리키는 것일까 하는 점이었다.
이에 대해 A. 스미스 등 고전파 경제학자는 가치는 노동의 양이라는 '노동가치설'
을 외쳤으며, 마르크스는 이 노동가치설을 더욱 엄밀히 하여 발전시켰다. 이에
대해 가치는 '효용'에 의해 결정된다는 '효용가치설'이 생겨 속류 경제학자들에
의해 확산되었는데, 그 원래의 형태에서는 효용의 주관성·자의성에 대한 의문에
답하는 것은 매우 곤란했기 때문에, 1871년 제본스, 왈라스, 멩거 세 사람에 의해
각각 독립적으로 한계 원리를 도입한 '한계효용가치설'이라는 새로운 모습을 갖추
어야 했다. 그러나 현대의 이코노믹스에서는 이 효용가치설조차도 '형이상학적인
논의'라고 해서 '가치' 등의 개념은 쓸 필요가 없다는 '이론'이 지배적이다.

그림 47 상품의 가치는 상품에 대상화된 추상적 노동이다

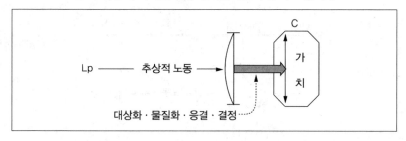

상품들은 사용가치가 다르기 때문에 교환되는 것이므로 그들에 공통된 것은 사용가치가 아니다. 오히려 사용가치를 모두 도외시해야만 한다.

상품들의 사용가치를 도외시하면 남는 것은 그것들이 모두 노동의 생산물이라는 속성뿐이다. 그리고 여기서 '노동'이란 추상적 노동 이외에 있을 수 없다. 다시 말해 추상적 노동이 가치의 실체이다.

그러나 추상적 노동은 모든 사회에서 모든 현실의 노동이 갖는 공통된 성격이며, 더구나 그 자체로서는 인간의 활동상태이다. 그것이 여기서는 상품인 물건들의 속성, 사회적 속성이 되고 있다. 다시 말해 여기서는 인간의 활동인 추상적 노동이, 물건들 속에 대상화·물질화·응결·결정하여 물건들의 속성이 되고 있다. 따라서 가치란 상품에 대상화된 추상적 노동일 뿐이다 (그림 47).

노동의 이중성이 상품의 두 가지 요인이라는 형태로 나타난다 | 노동의 이중성은 모든 사회의 노동에 공통된 것이다(그림 48)(☞ 그림 11~14).

이와 같은 노동 그 자체의 이중성은, 상품생산하에서는 **상품의 두 가지 요인**이라는 독특한 형태를 취한다. 다시 말해 구체적 노동은 타인을 위한 사용가치라는 형태를, 추상적 노동은 가치라는 형태를 취한다. 노동 그 자체의 이중성은 여기서는 노동의 결과의 이면성으로 나타난다(그림 49).

이미 본 바와 같이 어떤 사회에서도 생산물의 생산비용은 그것을 생산하

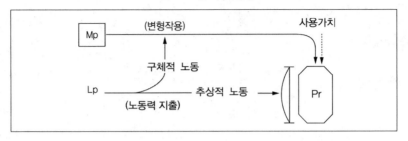

그림 48 노동의 이중성

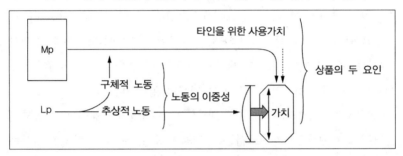

그림 49 노동의 이중성이 상품의 두 요인이란 독특한 형태로 나타난다

는 데 필요한 추상적 노동의 양이었다(☞ 그림 16~18). 여기서는 우선 생산수단의 생산비용(이에 대해서는 이 § 2의 끝부분에서 설명한다)을 도외시하고 생산물의 생산비용으로서의 추상적 노동을 그림으로 보자(그림 50).

상품의 가치가 그것에 대상화된 추상적 노동이라는 것은, 사실은 상품의 가치는 모든 사회에 공통된 생산물의 생산비용을 생산물의 속성이라는 독특한 형태로 표현하는 것에 지나지 않는다.[4] 상품생산사회의 독자성은 이

---

4) 상품의 가치는 상품의 '효용', 다시 말해 상품이 인간의 욕구를 충족시키는 정도에 의해 결정된다는 학설을 '효용가치설'이라 한다. 이 설에 의하면 상품의 가치는 효용에 의해, 결국 상품이 인간의 욕구를 충족시키는 정도에 의해 결정되기 때문에, 요컨대 가치란 그것을 생산하는 데 얼마만큼의 노동이 필요한지는 전혀 관계가 없다고 하는 것이다. 따라서 그러한 가치밖에 못 가지는 상품을 서로 교환하는

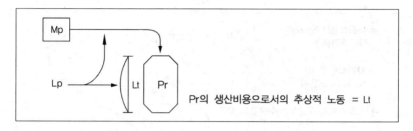
그림 50 생산비용으로서의 추상적 노동

Pr의 생산비용으로서의 추상적 노동 = Lt

생산비용, 즉 추상적 노동이 생산물에 대상화된 가치라는 물상적 형태를
취한다는 데 있다.

가치규정: 사회적 필요노동시간에 의한 상품가치의 규정 | 상품의 가치
가 상품에 대상화된 추상적 노동이라면, 상품의 가치량은 개개 상품을 생산
할 때 실제로 소비되는 노동시간에 의해 결정되는 것일까?

여기서 중요한 것은, 가치란 유동상태에 있는 추상적 노동 그 자체가
아니라 그것이 상품이라는 물적 형태로 응고되어 그 속성이 되었다는 것을
말한다는 점이다. 가치는 '물건'에 속하는 속성이며, 같은 종류의 상품은
모두 가치의 양이 같다. 가치를 갖는 것은 상품이고, 노동은 아니며 노동하는
인간도 아닌 것이다.

그러면 어떤 상품 종류의 1단위가 갖는 가치량을 결정하는 추상적 노동

상품소유자의 세계는, 타인이 갖는 상품이 자기의 욕구를 얼마만큼 충족시켜주느
냐 하는 것에만 마음이 쏠려 시장으로 가져가는 자기 상품이 얼마만큼 비용이
드는지에는 무관심하다는, 정말 얼빠진 판매자밖에 없는 세계이며, 또는 벌써
쓸데없게 된 노리개를 가져와서 서로 '탐내는' 정도에 응하여 교환의 비율을
정하고 교환하는 장난꾸러기의 세계이다. 이 세계는 자기의 상품의 생산비용과
시장가격을 끊임없이 주시하면서 무엇을 얼마만큼 생산할지를 나날이 결정하고
있는 현실 상품생산자들의 세계와는 전혀 다른 세계이다.

그림 51 가치량을 규정하는 노동시간은 사회적 필요노동시간이다(가치규정)

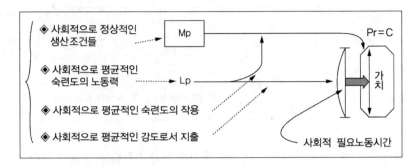

의 양이란 어떤 양인가?

상품세계에서는, 같은 상품이라면 그 상품의 어느 것이라도 상품의 **평균 견본**으로 통용된다. 따라서 그 가치는 그러한 평균 견본을 생산하는 데 필요한 노동량에 의해 결정된다. 다시 말해, 생산하는 데 사회적·평균적으로 필요한 노동량에 의해 결정되는 것이다. 이것을 사회적 필요노동시간이라 한다. **사회적 필요노동시간**[5]이란, 현존의 사회적으로 정상적인 생산조건과 노동의 숙련 및 강도의 사회적 평균도를 가지고, 어떠한 사용가치를 생산하기 위해 필요한 노동시간이다. 사회적 필요노동시간에 의한 상품의 가치량의 규정을 줄여서 **가치규정**이라고 한다(그림 51).

사용가치의 생산에 필요한 노동시간은 노동의 생산력 변화와 더불어 변동한다. 따라서 어떤 상품의 사회적 필요노동시간도 사회적으로 정상적인 생산조건하에서 그 상품을 생산하는 노동의 생산력 변화에 따라 증감한다.

각 상품을 생산하는 사회적으로 정상적인 생산조건은, 그 상품을 생산하

---

5) 여기에서 말하는 '필요노동시간'과, 서장에서 본 필수노동시간——이것은 통상 '필요노동시간'으로 번역된다——은 서로 전혀 다르다. '필요노동시간'이란 상품 생산에 필요한 노동시간이며, 필수노동시간이란 필수생활수단을 생산하는 데 필요한 노동시간이다. 아무쪼록 혼동하지 않도록 주의할 것.

는 생산자들에 의한 생산조건의 개량, 많은 생산자들의 우수하고 열등한 갖가지 생산조건의 조합의 변화 등에 따라 끊임없이 변동하기 때문에, 사회적 필요노동시간은 결코 고정적인 것이 아니며 기술적으로 결정되는 것도 아니다. 상품의 가치는 자연소재로서의 그것이 갖는 자연과학적인 속성들의 양과는 전혀 다른 순수한 사회적인 양이며, 상품의 속성이기는 하지만, 자연적인 속성이 아니라 완전히 사회적인 속성인 것이다.

노동강도의 차이는 유동하는 추상적 노동의 양의 차이이다 | 사회적 필요노동시간에 영향을 미치는 조건들 중에서 노동강도와 그 밖의 조건들과는 뚜렷이 구별되어야 한다.

노동강도의 차이는 동일한 물리적인 시간 중에서 추상적 노동을 지출하는 밀도의 차이이다. 일반적으로 노동강도의 차이 정도는, 그 생산물의 양을 정상적인 노동강도에 의한 생산물의 양과 비교함으로써 파악할 수 있다. 따라서 다른 조건이 동일한 경우, 어떤 사용가치를 사회적 필요노동시간보다 얼마만큼 적은 또는 많은 노동시간으로 생산하는가 하는 것을 통해, 강도가 높은 노동은 정상적인 강도의 노동의 몇 배의 밀도로서 노동력을 지출한 것으로 간단히 환산된다.

노동의 생산력의 차이는 구체적 노동의 작용도의 차이이다 | 사회적 필요노동시간에 영향을 미치는 조건 중, 노동강도 이외의 조건은 모두 **노동의 생산력**(노동생산성)에 관한 것이다.

서장 제3절 § 1에서 본 바와 같이(☞그림 19) 노동의 생산력은 구체적 노동의 생산력이며, 그것은 노동자의 숙련도, 과학과 그 기술적인 응용 가능성의 발전단계(요컨대 과학·기술), 생산과정의 사회적 결합(협업과 분업), 생산수단의 규모와 작용 능력(기계, 자동화 공장 등), 자연의 사정(기후, 토지의 비옥도 등) 등에 의해 결정된다. 노동자의 숙련도는 노동하는 개인들의 주체적인

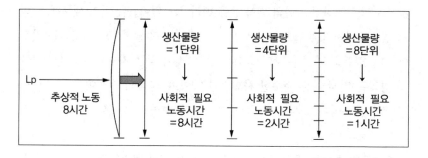

그림 52 노동의 생산력이 변하면 상품에 대상화된 노동의 양은 변한다

조건이며, 그 이외의 것은 생산의 객관적인 조건들에 속하는 것이다. 이러한 것은 모두 구체적 노동의 작용도에 영향을 미침으로써, 사용가치를 생산하기 위해 필요한 노동시간을 증감시킨다(그림 52).

또한 서장 제3절 §1에서, 어느 사회에서도 구체적 노동의 생산력이 증대하면 생산물의 생산비용으로서의 추상적 노동이 감소하는 것도 보았다(☞그림 20). 이것이 상품을 생산하는 사회에서는 노동의 생산력의 변화가 상품의 가치를 증감시키는 형태로 나타나는 것이다.

숙련도가 다른 노동은 생산물의 양에 의해 평균도의 노동으로 환원된다

│ 그러면 어떤 상품을 사회적 필요노동시간으로 생산할 수 있는 구체적 노동의 생산력보다 높거나 낮은 개별적인 노동은, 상품생산에서 어떻게 평가되는가?

여기서는 구체적 노동의 생산력을 결정하는 요인 중에서 동일 상품을 생산하는 노동이 갖는 **숙련도**의 차이를 생각해보자. 상품의 가치는 사회적으로 평균적인 숙련도를 갖고 상품을 생산하는 데 필요한 노동시간에 의해 결정된다. 그러면 그보다 높거나 낮은 숙련도를 가지고 상품을 생산하는 노동은 어떻게 평가될 것인가? 그것은 실로 아주 간단한 방법으로 이루어진다. 평균 숙련도의 노동이나 그보다 숙련도가 높거나 낮은 노동도 같은

그림 53 숙련도가 높은 개별적 노동은 능력이 높은 노동으로서 의의를 갖는다

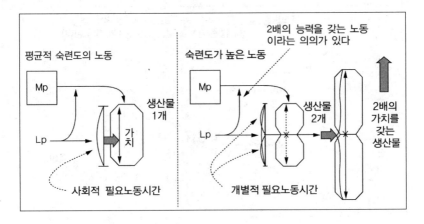

상품을 생산하기 때문에, 동일 시간 안에 생산되는 상품 양의 차이 정도를 재는 것을 통해 더 높거나 낮은 숙련도의 노동은 정상적인 생산력의 노동의 몇 배 또는 몇 분의 1의 능력을 갖는 구체적 노동으로 간주되는 것이다. 다시 말해 그 노동의 숙련도가 평균 숙련도보다 어느 정도 높은가 하는 것은 같은 시간에 얼마만큼의 사용가치를 생산하는가에 의해 일의적으로 측정된다(그림 53).

복잡노동은 단순노동으로 환원된다 ｜ 구체적 노동 중에는, 보통 인간이 특별한 발달 없이 자기의 육체 속에 가지고 있는 노동력, 즉 **단순노동력**이 수행할 수 있는 구체적 노동(단순노동) 외에, 특별한 교육을 받아 특별한 수업비(修業費)를 필요로 하는 노동력, 즉 **복잡노동력**만이 수행할 수 있는 갖가지 구체적 노동(복잡노동)이 있다.
　노동숙련도가 다른 것은 구체적 노동의 작용도가 다른 것이며 생산물 양이 많고 적음에 의해 일의적으로 평가되는 데 반해, 단순노동과 복잡노동의 구별은 그것을 수행하는 노동력에 특별한 수업비가 필요한가 어떤가

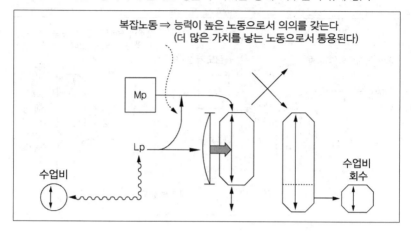

그림 54 복잡노동력의 수업비는 상품의 가치를 통해 회수될 수밖에 없다

복잡노동 ⇒ 능력이 높은 노동으로서 의의를 갖는다
(더 많은 가치를 낳는 노동으로서 통용된다)

Mp

Lp

수업비

수업비
회수

하는 것이며 그것을 수행하는 노동의 작용도와는 관계가 없다. 그리고 복잡
노동은 일반적으로 단순노동을 얼마나 쌓아 올려도 할 수 없는 것 같은
구체적 노동이며, 따라서 그 생산물도 단순노동의 생산물과는 종류가 다르
기 때문에 생산물의 양으로 복잡한 정도를 잴 수 없다.

이러한 구별은 상품생산사회에서는 어떻게 고려되는가?

상품생산사회에서는 어느 상품소지자가 특별한 수업비(修業費)를 필요로
하는 노동력을 가지고 있는 경우 그 수업비는 그가 사적으로 지출한 것이다.
그리고 그는 이 수업비를 자기가 제공하는 상품의 교환에 의하지 않으면
회수할 수 없다. 따라서 이 사회에서 복잡노동이 필요로 하는 한에서 복잡노
동력을 소지한 자가 그의 상품을 교환하면서 수업비까지를 회수할 수 있어
야 한다(그림 54).

그래서 복잡노동 1시간의 생산물은 단순노동 1시간의 생산물의 가치
보다 가치가 많은 것으로 통용된다. 복잡노동 1시간은 단순노동으로 환원되
면 단순노동의 몇 배의 시간에 상당하는 것으로 된다. 다시 말해 복잡노동은
단순노동보다 높은 능력을 갖는 노동으로서 통용되는 것이며 따라서 몇

그림 55 어떤 종류의 복잡노동도 단순노동으로 환원된다

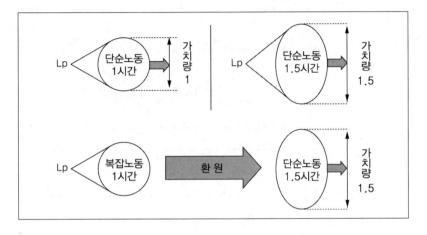

배의 단순노동으로 환원되는 것이다(그림 55).

이리하여 복잡노동의 능력의 정도는 궁극적으로는 그것을 행하는 데 필요한 복잡노동력의 수업비의 양에 의해 규정된다.

복잡노동의 단순노동으로의 이러한 환산이 끊임없이 행해지는 것은 일상적인 경험에서 곧 알 수 있다. 그러나 자본주의 사회에서는 이 환산은 끊임없는 시행착오를 동반하는 장기적인 과정 속에서 결과로서 실현되어갈 뿐 아니라 나중에 보는 노동력의 매매를 통한 복잡한 과정을 거쳐서 이루어지며, 따라서 각각의 복잡노동이 단순노동으로 환산되는 비율은 생산자들에게는 그들의 배후에서 확정되는 것, 관습에 의해 주어지는 것처럼 보일 뿐이다.

이하에서는 모든 복잡노동이 단순노동으로 환원된 것으로 간주하여 모든 노동력을 단순한 노동력으로 처리한다.

생산수단 가치의 이전, 신가치와 구가치 │ 어떤 상품의 가치는 그 상품을 생산하는 데 사회적으로 필요한 노동시간에 의해 결정된다. 그것은 무엇

그림 56 상품의 가치는 사회적 필요노동시간에 의해 결정된다

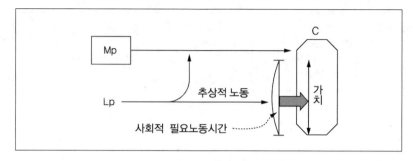

보다 먼저, 생산물로 변형·가공되는 생산수단(노동수단 및 노동대상)에 부가되는 새로운 추상적 노동이다(그림 56).

그러나 만일 이 생산 중에 소비되어버린 생산수단이 생산 이전부터 이미 가치를 가지고 있었다면, 다시 말해 이 생산보다 앞선 생산 속에서 대상화된 추상적 노동을 포함하고 있었다면, 이 가치도 이 생산에서 생산되는 상품 안에 들어가며 그 가치의 일부분이 되어야 한다. 이 경우 상품의 가치는 생산수단에 포함되어 있던 **구가치**와, 이 생산에서 창조되어 부가된 **신가치**의 합계이다. 이와 같이 생산수단의 가치가 생산물 속에 **이전**되어 **보존**되는 것은 생산수단이 생산 중에서 합목적적으로 소비되기 때문인데, 생산수단을 합목적적으로 소비하는 것은 노동의 이중성 중에서 구체적 노동이라는 측면이다. 다시 말해 구체적 노동이 생산수단의 가치를 생산물 속에 이전=보존하는 것이다(그림 57).

물론 생산에서 형성되는 가치가 사회적 필요노동시간에 의해 결정되는 것처럼 여기서 이전되는 가치량도 사회적으로 평균적인 것뿐이다.[6] 상품을

6) 엄밀히 말하면 생산 중에서 이전되는 생산수단의 가치는 이 생산이 개시되는 시점에서 그것이 가지고 있는 가치, 다시 말해 그 시점에서 그것을 생산하는 데 사회적으로 필요한 노동시간에 의해 결정되는 가치량이다. 따라서 그것의

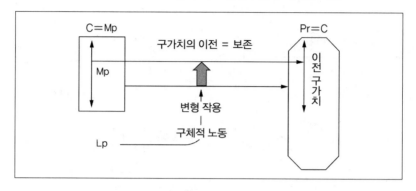

그림 57 구체적 노동에 의한 생산수단의 가치의 이전

생산하는 노동은 한편으로는 구체적 노동의 측면에서 생산수단의 가치를 생산물에 이전＝보존함과 더불어, 다른 한편으로는 추상적 노동의 측면에서 생산물 속에 가치를 형성하는 이중의 작용을 한다. 따라서 노동의 이중성이 여기서는 또한 한편에서는 구가치, 다른 한편에서는 신가치라는 노동의 결과의 이면성으로 나타나는 것이다(그림 58).

서장 제3절 §1에서 본 바와 같이(☞그림 18) 어떤 사회에서도 생산물의 생산비용은 그 생산에서 소비되는 생산수단의 생산비용인 구노동(추상적 노동)과, 이 생산수단을 생산물로 변형하기 위한 생산비용인 신노동(추상적 노동)과의 합계였다.

따라서 상품의 가치가 생산수단에서 이전된 구가치와 그에 부가된 신가치로 이루어진다는 것은, 여기서도 상품의 가치는 모든 사회에 공통된 생산물의 생산비용을 생산물의 속성이라는 독특한 형태로 표현하는 것일 뿐이

노동시간은 한편에서는 이 생산에서 소비된 생산수단이 생산되었을 때 실제로 든 개별적 노동시간도 아니며[사회적으로 필요한 노동시간이며], 다른 한편에서는 이제부터 진행되는 생산에서 사회적 평균으로 되는 생산조건에서 필요한 노동시간도 아니다. 소비된 생산수단의 가치량은 이 생산이 시작되기 전에 이미 확정되어 있는 것이며, 이 생산의 생산력 여하에 의해 영향을 받는 것은 아니다.

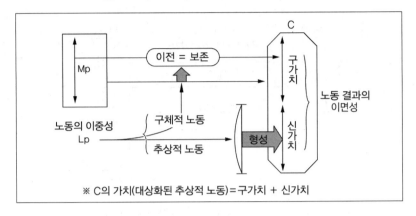

그림 58 노동의 이중성과 상품의 신가치·구가치

※ C의 가치(대상화된 추상적 노동)=구가치 + 신가치

다. 상품생산사회의 독자성은 생산비용으로서의 신·구노동(추상적 노동)이 생산물에 대상화되어 가치라 형태를 취한다는 데 있는 것이다.

이제부터는 상품의 가치라 할 때 따로 언급하지 않는 한 구가치와 신가치의 합계를 의미한다.

제2절 가치형태와 화폐

§1. 단순한 가치형태와 개별적 등가물

가치의 현상형태로서의 가치형태 | 우리는 상품의 교환가치를 분석하여 가치를 석출하여, 가치가 추상적 노동의 대상화라는 것, 가치의 크기는 사회적 필요노동시간에 의해 결정된다는 것을 밝혔다. 그 과정에서 상품의 가치는 인간의 외부에 있는 '물건에 속하는' 것이면서 게다가 완전히 사회적인 속성이라는 것을 알았다. 그렇다면 우리가 최초에 다룬 교환가치(☞그림 45)란 사실은 가치의 현상형태에 지나지 않는다. 상품의 가치가 현상하는

그림 59 가장 단순한 교환관계

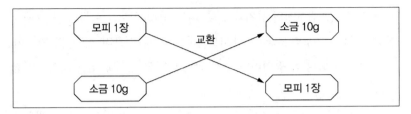

형태 또는 상품이 자기의 가치를 표현하는 형태를 **상품의 가치형태**라 한다. 따라서 우리가 최초에 교환가치로서 파악한 것은 상품의 가치형태였던 것이다.

이리하여 우리는 분석에 의해 교환가치라는 현상에서 가치라는 그 본질을 잡아냈기 때문에, 다시 교환가치를 이제는 가치에 대해 이미 얻은 지식을 전제하여 이 본질이 취하는 형태, 즉 가치의 현상형태로서 관찰해보자.

한 상품의 단순한 가치형태와 개별적 등가물 | 생산이 자가수요(自家需要)를 위한 것인 한, 교환은 교환자들이 마침 잉여분을 가지고 있는 이러저러한 대상에 대해서만 극히 드물게 생길 뿐이다. 예컨대 모피가 소금과, 더구나 최초에는 완전히 우연적이고 대충 정해진 비율로 교환된다. 그러나 이러한 거래가 반복되는 중에서 점점 어떤 결정된 교환비율로 낙착되어, 한 장의 모피는 특정한 양의 소금과 교환될 뿐이다(그림 59).

그림 60 교환관계는 가치표현을 전제한다

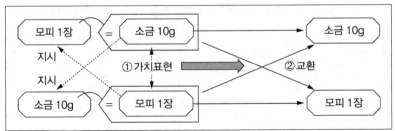

그러나 이 교환이 실제로 행해지기 위해서는, 미리 한 장의 모피 측은 '자기 가치는 소금 10g의 가치와 같다. 따라서 10g의 소금이라면 곧 교환한다'고 말하며, 10g의 소금 측에서도 '자기 가치는 모피 한 장의 가치와 같다. 따라서 모피 한 장이라면 즉각 교환한다'고 말하고 있을 것이다(그림 60).

다시 말해 여기서는 모피나 소금 두 쪽 다 자기의 가치를 다른 상품으로 표현하고 있다. 이와 같은 방식으로서 상품이 자기의 가치를 다른 상품으로 표현하는 것을 **가치표현**이라 한다. 모피의 가치표현이나 소금의 가치표현도 오직 하나의 상품이 자기의 가치를 오직 하나의 다른 상품으로 표현하는 가치표현으로서, 다시 말해 가치표현의 가장 단순한 형태로서 완전히 같은 형태를 갖고 있다(그림 61).

그래서 모피나 소금에 대해서도 동일한 이 가치표현을 다시 꺼내어, 왼쪽 상품을 A, 오른쪽 상품을 B라 하여 관찰해보자(그림 62).

우선 잊어서는 안 되는 것은 이 가치표현은 상품 A(왼쪽에 있는 상품: x 양의 상품 A)의 가치표현이며, 상품 A 쪽이 자기의 가치를 표현하기 위해 자기에게 매긴 표현이었고, 상품 B(오른쪽 상품: y양의 상품 B) 쪽은 상품 A의 이 가치표현의 재료가 되고 있다는 것이다. 그림을 보면 알 수 있듯이 상품 A는 실제로 현물의 상품이고 이것이 가치표현을 갖는 것이다. 이에 대해 상품 B 쪽은 그림과 같이 '정가표'(이것은 화폐로서의 '정가표'의 맹아형태이다)에 씌어 있어도 좋고, 입으로 전할 뿐이라도 괜찮다. 오히려 거기에

그림 61 단순한 교환관계에 포함되어 있는 가치표현=가치형태

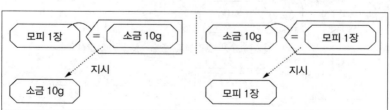

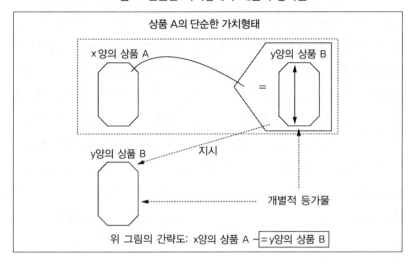

그림 62 단순한 가치형태와 개별적 등가물

상품 A의 단순한 가치형태

x양의 상품 A   y양의 상품 B

=

y양의 상품 B   지시

개별적 등가물

위 그림의 간략도: x양의 상품 A ─=y양의 상품 B

씌어 있거나 입으로 말하거나 하는 'y양의 상품 B'라는 것은 현물의 상품 B가 아니라 머릿속에 그려진 관념적인(표상된) 상품 B이며, 이것이 상대가 가지고 있는 현물의 상품 B를 가리키고[지시하고] 있다. 상품은 자기의 가치를 '몇 노동시간'이라는 방식으로 직접 표현할 수 없기 때문에 상품 A는 '자기는 y양의 상품 B와 동등한 가치를 가지고 있다'는 방식으로 자기의 가치를 표현하는 것이다.

다른 한편 상품 A가 이 가치표현을 가짐으로써, 상품 B 쪽은 그렇지 않으면 가질 수 없었던 특별한 형태를 가지게 되는 것이다. 상품 A 쪽이 'y양의 상품 B는 자기와 가치가 동등하다, 따라서 y양의 상품 B라고 하면 곧 교환한다'고 말하는 한, 상품 B는 상품 A에 대해서는(그리고 상품 A에 대해서만) '동등한 가치를 가지는 것'(이것을 등가물이라 한다)으로 통용되며, 상품 A와 곧 교환될 수 있는 힘을 갖게 된다. 이리하여 상품 B는 상품 A에 의해 상품 A의 등가물이라는 형태(이것을 등가형태라 한다)를 얻게 된다. 따라서 만일 상품 B 쪽이 상품 A와 교환하려고 하면 곧 교환이 이루어지게 된다. 그러나 이것은 상품 A 쪽이 상품 B와는 관계없이 제멋대로 하고 있는 가치표현이기 때문에 상품 B는 등가형태라는 특별한 형태를 가지고 있다 하더라도 이 형태가 갖는 특별한 힘, 다시 말해 상품 A와 교환한다는 힘을 행사하는가 안 하는가는 상품 B 쪽의 마음먹기에 달려 있다. 이것은 A 군이 B 씨에 대해 '당신은 나의 배우자로 어울리는 사람이다'라고 말하자마자 B 씨는 A 군에 대해 배우자로서 행동할 수 있게 되지만 실제로 B 씨가 그렇게 행동하느냐 어떠냐 하는 것은 B 씨에 달려 있는 것과 같다.

그래서 상품 A의 이러한 가치표현에 의해 상품 B는 상품 A의 등가물이 된다. 상품 B는 첫째로 상품 A의 가치를 볼 수 있게 하는 역할을 하게 되며, 말하자면 가치를 반영하는 거울[이것을 가치경(價値鏡)이라 한다]이 된다. 상품 B는 둘째로 상품 A에 대해서는 곧 가치를 가진 것으로 통용하며, 그 신체가 직접 가치를 체현하고 있는 것(이것을 가치체라 한다)으로 된다. 상품 A의 등가물은 상품 A에 대해 가치경이며 가치체인 것이다.

이와 같이 어떤 한 상품이 다른 한 상품으로 자기의 가치를 표현하는 형태를 그 상품의 **단순한 가치형태**라 부르며, 여기서 등가물로서 역할하는 것은 오직 하나의 단독 상품이기에 이 등가물을 **개별적 등가물**이라고 부른다.

§ 2. 전체적인 가치형태와 특수한 등가물

한 상품의 전체적인 가치형태와 다수의 특수한 등가물 ┃ 교환관계는 발전되어 더 높은 단계로 들어간다.

예컨대 시베리아의 어떤 수렵 종족을 생각해보자. 그들이 제공하는 교환용 재화는 단 하나, 모피이다. 그들은 여러 지방에 가서 다른 종족들과 더불어 그들의 모피를 나이프, 활, 보드카, 소금 등과 교환한다.

여기서 주목해야 할 것은 수렵 종족은 자기의 모피를 다른 많은 생산물과 교환하는데, 다른 종족들은 자기의 상품을 이 수렵 종족의 모피하고만

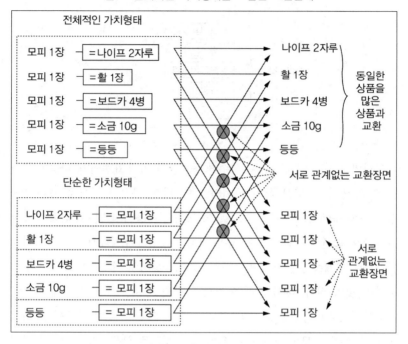
그림 63 전체적인 가치형태를 포함한 교환관계

교환한다는 것이다. 다시 말해 다른 종족 측에서 보면, 이 교환관계는 앞에서 말한 단순한 교환관계에 지나지 않는다. 이 교환관계를 그것이 전제하는 가치표현을 포함하여 나타내면 그림 63과 같이 될 것이다.

여기서 볼 수 있는 가치형태는, 다른 종족들의 상품에서는 모두 앞의 단순한 가치형태밖에 없으며, 또한 그들의 상품에서 등가물인 모피는 변함 없이 개별적 등가물일 뿐이다. 그런데 수렵 종족의 모피의 경우 그들이 여러 지역에서 교환하는 다른 종족의 모든 상품이 그들의 모피의 등가물로서 역할한다. 이리하여 모피 측에서 보면 여기에는 새로운 가치형태가 있다. 이 가치형태를 **전체적인 가치형태**라 한다. 여기서 등가물로서 도움이 되는 상품은 어느 것이나 많은 등가물 중 하나이기 때문에 여기서의 등가물은 **특수한 등가물**이라 부른다(그림 64).

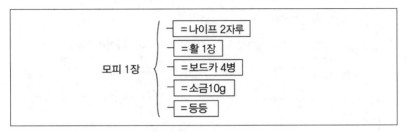

그림 64 전체적인 가치형태와 다수의 특수한 등가물

모피 1장
= 나이프 2자루
= 활 1장
= 보드카 4병
= 소금 10g
= 등등

모피의 가치는 이제는 많은 특수한 등가물에 의해 표현되며, 다양한 표현을 얻고 있다. 그리고 가치가 이와 같이 다른 많은 상품으로 표현되면, 수렵 종족 측에서는 모피의 가치를 이 모피의 사용가치와는 분리해서 표상하는 것이 습관이 됨과 동시에, 같은 가치를 끊임없이 증대하는 수의 갖가지 등가물로서 계량하는 것이 필요하게 되므로, 모피의 가치크기 규정이 점점 고정된 것이 된다. 다시 말해 여기서 모피의 가치는 이미 이전에 뿔뿔이 이루어질 뿐인 생산물 교환의 경우에 비해 훨씬 뚜렷한 모습을 가지게 되며, 또 이제는 모피 그 자체도 훨씬 높은 정도로 상품이라는 성격을 갖게 된다.

§ 3. 일반적 가치형태와 일반적 등가물

모든 상품에 공통된 일반적 가치형태와 일반적 등가물 | 그런데 그 수렵 종족만이 다른 종족들과 접촉하여 갖가지 다른 상품과 교환하는 관계로부터 종족들 사이의 교환관계가 발전하여 다른 종족 쪽에서도 서로 교환관계를 가지게 되면, 이러한 종족들도 각자가 갖는 상품을 수렵 종족의 모피와 끊임없이 교환하고 있는 것을 서로 잘 알게 된다. 그와 더불어 교환관계는 더 높은 단계에 들어간다. 어느 종족도 모피라고 하면 자기 상품을 곧 교환하려고 하고 그 교환비율을 서로 알고 있으며 자기 상품의 가치 크기를 다른

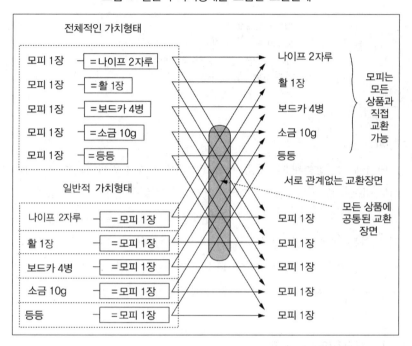

그림 65 일반적 가치형태를 포함한 교환관계

종족의 상품의 가치 크기와 비교하게 되는 것이다.

이와 같은 교환관계를 다른 종족 측에서 보면 그들의 상품의 어느 것이나 시베리아 사냥꾼들에 대해 자기의 상품가치를 모피로 표현하는 것이며, 그리고 이것을 모두가 잘 알고 있는 것이다. 이리하여 새로운 가치형태, **일반적 가치형태**가 성립된다(그림 65).

일반적 가치형태는 동일한 상품 세계에 속하는 모든 상품이 이 세계로부터 배제된 오직 하나의 상품으로 자기의 가치를 표현하는 형태이다. 이 일반적 가치형태 속에서 등가물의 위치를 차지하는 상품은 타인의 모든 상품에 대해 직접으로 교환할 수 있을 뿐 아니라, 타인의 모든 상품에 대해 공통의 가치표현으로 역할하고 그러므로 또한 가치를 척도하고 비교하는 수단으로 역할을 하기 때문에, 이러한 등가물을 **일반적 등가물**이라

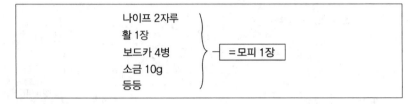

그림 66 일반적 가치형태와 일반적 등가물

나이프 2자루
활 1장
보드카 4병
소금 10g
등등

= 모피 1장

한다(그림 66).

　여기에서는 상품세계의 모든 상품이 자기의 가치를 일반적으로 표현하고 서로 비교할 수 있기 때문에 그러한 생산물은 비로소 완전히 서로 상품으로 관계하게 된다. 이와 같이 모든 상품이 오직 하나의 상품을 일반적 등가물로 되게 하는 것은 개개 상품의 힘에 의해 되는 것이 아니라, 상품 세계의 모든 상품의 공동사업에 의해 비로소 성취되는 것이다. 무엇이 이와 같은 공동사업이 이루어지게 하는가에 대해서는 나중에 제4절 §1에서 보자.

§4. 화폐형태와 화폐

상품의 화폐형태와 화폐 | 교환관계가 발전하여 상품세계가 확대되는 가운데 어떤 때에는 저 상품이 어떤 때에는 이 상품이 넓고 좁은 갖가지 범위에서 일반적 등가물의 역할을 수행했다. 그러나 상품 교환이 일반화함에 따라서 이 역할은 어디에서든 금·은으로, 다시 말해 태어나서부터 이 역할에 가장 적합한 상품종류로 넘어간다. 금이나 은, 최종적으로는 금이 이러한 화폐가 되며, 금·은은 다른 모든 상품과 직접 교환할 수 있고 또한 다른 모든 상품이 금·은으로 자기들의 가치를 표현하고, 재며, 비교하게 된다.

　화폐란 그 현물형태에 일반적 등가물의 기능이 합쳐져서 유착된 상품이며, 그러므로 또한 일반적 등가물의 기능을 사회적으로 독점하는 상품이다. 상품이 자기의 가치를 화폐로 표현하고 있는 가치형태를 그 상품의 **화폐형태**

그림 67 화폐형태와 화폐

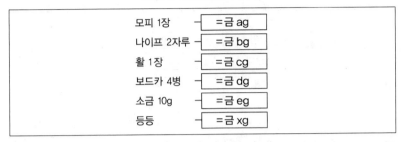

라 한다.

화폐가 태어나면, 상품세계의 일체의 상품이 자기의 가치를 화폐로 표현하며 화폐와 항상 직접적으로 교환하려고 준비하여 기다리게 된다. 그리고 화폐는 항상 모든 상품과 곧 교환될 수 있는 힘을 가지며, 모든 상품에 가치표현의 재료를 제공한다(그림 67).

화폐로 표현된 상품의 가치가 **가격**이다. 예를 들어 무명 5m의 가치는 ─│=금 7.5g │이라는 가격으로 표현된다. 이 경우 무명 5m는 ─│=금 7.5g │이라는 가격을 갖는 것이다(그림 68).

그림 68 상품의 가격형태

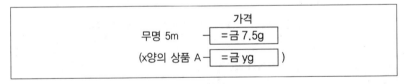

만일 750mg(z mg)를 화폐량을 도량하는 단위로 결정하여, 일본에서와 같이 여기에 '엔(円)'이라는 **화폐명**을 붙이면, 상품의 가격은 다음과 같이 표현한다(그림 69).

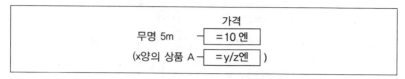

그림 69 가격을 화폐명으로 표시

무명 5m ─┤ =10 엔

(x양의 상품 A ─┤ =y/z엔)

제3절 상품생산관계와 그의 독특한 성격

§1. 상품생산관계

상품형태는 노동생산물의 독특한 사회적 형태이다 ｜ 상품은 노동생산물이 취하는 독특한 사회적 형태이다. 상품의 사용가치는 타인을 위한 사용가치, 다시 말해 **사회적 사용가치**여야 하며 가치는 사회적으로 규정된 완전히 사회적인 속성이다. 상품은 완전히 사회적인 것이다(그림 70).

노동하는 개인들이 생산 중에서 서로 관련을 맺는 특정의 생산관계하에서만 노동생산물은 필연적으로 상품형태를 취하며, 상품 속에서 화폐가 태어난다. 이러한 생산관계를 **상품생산관계**라고 한다. 다시 말해 **상품**이란

그림 70 상품형태는 노동생산물의 독특한 사회적 형태이다

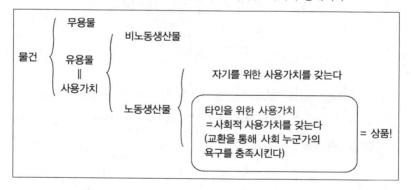

그림 71 상품생산관계에서 노동생산물은 상품이 되고 화폐가 태어난다

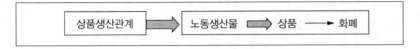

상품생산관계하에서 노동생산물이 취하는 사회적 형태이며, **상품생산**이란 상품생산관계가 지배하는 사회적 생산형태이다.

상품생산관계에서는 노동생산물이 상품형태를 취하며 그 속에서 화폐가 생기는 것은, 사람들의 의지와 의욕으로부터 독립하여 관철되는 객관적 법칙이며, 이 법칙이 사람들의 의지와 의욕을 규정한다(그림 71).

사적 노동의 사회적 총노동에 대한 연관은 독특한 형태를 취한다 | 이미 서장 제3절 § 2에서 말한 바와 같이, 어떤 사회에서도 총노동의 사회적 분할(다시 말해 **사회적 분업**)과 총생산물의 분배가 행해져야 한다(☞그림 28). 상품생산 이외의 생산관계에서는 사회적 분업의 체제 및 사회적 분배의 방법은 인간의 의지에 의해 사전에 의식적으로 결정되어 있으며, 그것들의 본연의 상태는 한눈에 명백하다. 특히 어소시에이션(association)에서는 그것은 단적으로 다음과 같은 모양을 취한다(그림 72).

그림 72 어소시에이션에서 사회적 노동·사회적 취득·사회적 소유

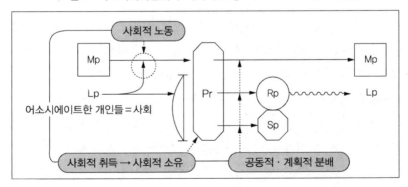

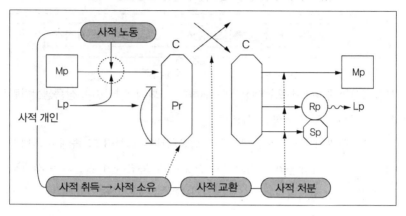

그림 73 상품생산에서 사적 노동·사적 취득·사적 소유

상품생산의 경우에도 사회의 총욕구에 대응하는 사회적 분업의 시스템이 형성되어야 하며, 총생산물이 욕구에 대응할 수 있도록 분배되어야 한다. 그런데 상품생산의 경우 노동하는 개인들은 전적으로 자기의 자유의사로서 자기 자신의 판단에 의해 자기 자신의 책임·계산에 따라 생산한다. 그들의 노동력의 지출인 노동은 각자의 개인적인 일로 행해지는 **사적 노동**이며, 직접으로는――노동 그 자체로서는―― 사회적 성격을 전혀 가지고 있지 않다. 그러므로 그 생산물도 또한 그들이 각자 **사적으로 취득**하는 것이며, 그들은 각각 갖는 생산물이 각자에 속한다는 것을 서로 사적 소유로서 법적으로 승인하는 것이다(그림 73).

그러면 어떻게 해서 상품생산은 사회적 생산의 시스템으로 성립되는가? 상품생산자들은 그들 사이의 생산관계를 직접 그들 자신 사이의――인간과 인간 사이의―― 관계로서 맺는 것이 아니라 일종의 우회로를 통해, 즉 그들의 생산물을 상품으로서 교환하는 관계를 통해 맺는다. 여기서 특징적인 것은 사적 노동에 의해 생산된 생산물이 상품으로서 시장에 등장해도 만일 다른 상품과 교환될 수 없다면, 이 사적 노동은 사회의 욕구를 충족시킬 수 없는 것이며 이 노동은 사회적 노동이 되지 못한다는 것이다(그림 74).

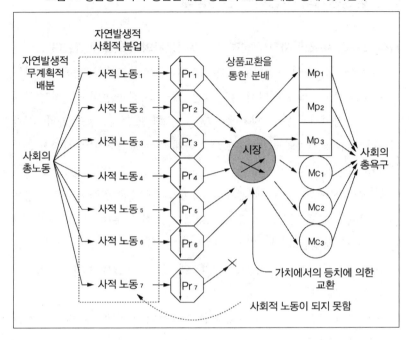

그림 74 상품생산자의 생산관계는 상품의 교환관계를 통해 맺어진다

상품생산관계란 사적 생산자들이 그들의 노동생산물의 상품형태를 통해 비로소 서로 맺는 사회적 관계이며, 그들의 사적 노동이 생산물의 가치를 통해서 비로소 사회적 노동이 되는 독특한 생산관계일 뿐이다.

상품형태가 노동생산물의 일반적인 형태이며 또한 인간이 상품소지자로서 서로 관련 맺는 관계가 지배적인 사회적 관계가 되는 사회를 상품생산사회라 하는데, 이러한 사회는 실은 자본주의 사회뿐이다. 왜 그러한가에 대해서는 뒤에서 자본을 연구할 때 보게 된다(제5장 제1절).

§ 2. 생산관계의 물상화와 물신숭배

사적 노동의 독특한 사회적 성격이 상품생산자의 두뇌에 반영된다 | 지금 본 바와 같이 사적 노동의 독특한 사회적 성격이 사람들의 눈에 나타나는 것은 교환 장소에서이다. 다시 말해 생산자들의 사적 노동의 사회적인 관계는 그들이 자신의 노동 그 자체에서 맺는 직접적으로 사회적인 관계로서가 아니라, 사람들 사이의 물상적(物象的)인 관계 또는 물상 사이의 사회적 관계로 나타나는 것이다.[7]

상품생산하에서는 노동생산물이 상품이라는 형태를 취함으로써, 사람들의 두뇌에는 그들 자신의 노동의 사회적 성격이 노동생산물의 대상적인 성격으로서, 물상들의 사회적인 자연속성으로서 반영되고, 따라서 총노동에 대한 그들의 사회적 관계는 그들 외부에 있는 물상들의 사회적 관계로서 반영되는 것이다.

이와 같이 사람과 사람의 관계가 물상과 물상의 관계로 나타나는 것을 **생산관계의 물상화**라 한다(그림 75).

물신숭배 | 사람과 사람의 관계(생산관계)가 물상과 물상의 관계(물상관계)로 나타남으로써, 사람과 사람의 관계가 전혀 보이지 않게 된다. 사람들의 눈에는 마치 인간의 손의 생산물 그 자체가 서로 관계를 갖고, 인간과도

---

7) '**물상(物象)**'이란 독어 Sache를 번역한 말이며, '물건'으로 번역되는 경우도 있다. 길가의 돌이나 해변의 조가비는 사람들의 외부에 있는 단순한 '**물건(Ding)**'인 데 비해, 정가표를 붙여서 점포에 두는 갖가지 상품은 어느 것이나 다 인간에 의해 사회적인 의미가 주어진 것이며 단순한 '물건'은 아니다. 이와 같이 사람들의 사회적인 관계에 의해 그 어떤 형태가 주어지고, 그 결과 그들에게 그 어떤 사회적인 의미를 가지고, 그러므로 그들에게 사회적인 행위의 대상이 되는 물건을 '물상'이라 한다. 상품·화폐·자본은 모두 자본주의적 생산에서 가장 기본적인 물상이다.

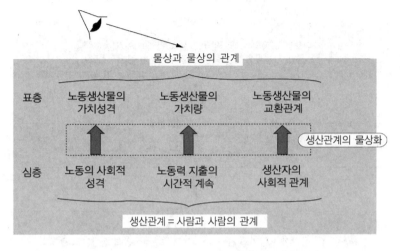

그림 75 생산관계의 물상화: 사람들의 관계가 물상들의 관계로 나타난다

물상과 물상의 관계

| 표층 | 노동생산물의 가치성격 | 노동생산물의 가치량 | 노동생산물의 교환관계 |

생산관계의 물상화

| 심층 | 노동의 사회적 성격 | 노동력 지출의 시간적 계속 | 생산자의 사회적 관계 |

생산관계 = 사람과 사람의 관계

관계를 갖는 것처럼 보인다. 이와 같이 사람들이 노동의 사회적 성격의 대상적·물상적인 외관에 사로잡히는 것은, 인간이 예컨대 토템 폴(totem pole)과 같이 자기의 손으로 만든 생산물을 신비한 힘을 갖는 물신(fetish)으로 숭배하며 그에 끌려 다니는 것과 꼭 닮았다. 그래서 이와 같은 사람들의 전도된 의식과 그에 따른 행동을 **물신숭배**(fetishism)라 한다(그림 76).

물신숭배는 노동생산물이 상품이란 형태를 취하자마자 생기는 것이다. 즉 상품이 다른 상품과 교환될 수 있는 힘인 가치를 태어나면서부터 가지고 있는 것 같은 외관이 생겨서, 사람들은 상품이 이와 같이 알기 힘든 특별한 힘을 가진 것이라고 착각하게 된다. 이리하여 상품은 **상품물신**(商品物神)으로서 인간을 지배하는 것이다(상품에 의한 인간지배).

상품세계 속에서 금이라는 특정한 상품이 화폐가 되고 어떤 상품의 가치도 화폐로 표현되기에 이르면, 금이라는 특정 자연물이 그대로 가치의 덩어리로서 통용되며 물신숭배는 완성된 모양으로 나타난다. 금이 모든 상품과 직접 교환할 수 있는 것은 다른 모든 상품이 금을 상품세계에서 배제하여 그것을 일반등가물로 만들기 때문인데, 사람들의 눈에는 금은 그 직접적

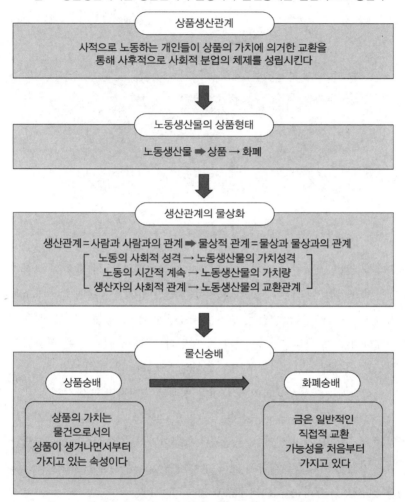

그림 76 상품생산에서는 생산관계의 물상화와 물신숭배는 필연적으로 생긴다

상품생산관계

사적으로 노동하는 개인들이 상품의 가치에 의거한 교환을
통해 사후적으로 사회적 분업의 체제를 성립시킨다

노동생산물의 상품형태

노동생산물 ➡ 상품 → 화폐

생산관계의 물상화

생산관계＝사람과 사람과의 관계 ➡ 물상적 관계＝물상과 물상과의 관계

　노동의 사회적 성격 → 노동생산물의 가치성격
　노동의 시간적 계속 → 노동생산물의 가치량
　생산자의 사회적 관계 → 노동생산물의 교환관계

물신숭배

상품숭배 ➡ 화폐숭배

상품의 가치는
물건으로서의
상품이 생겨나면서부터
가지고 있는 속성이다

금은 일반적인
직접적 교환
가능성을 처음부터
가지고 있다

교환 가능성이라는 속성을, 무게가 있다거나 반짝반짝 빛난다는 속성 등과
마찬가지로 태어날 때부터 가지고 있으며, 그것은 태어나면서부터 화폐이
기 때문에 다른 상품들이 일반적으로 자기 가치를 그것으로 표현하는 것처럼
보인다. 금은 땅에서 나오면서 곧 일체의 인간적 노동의 직접적 화신이 된다.

이것이 황금숭배이며 배금사상(拜金思想)의 근원이다. 화폐는 화폐물신으로서 사람들을 지배하는 압도적인 힘을 갖게 된다. 이리하여 사람들은 화폐에 의해 끌려 다니며 물건에 의해, 화폐에 의해 지배된다(화폐에 의한 인간지배).

§3. 물상의 인격화와 상품생산의 소유법칙

교환자는 서로를 상품소유자로 인정해야 한다 │ 상품생산관계에서는 생산관계의 물상화가 관철되고 상품이나 화폐라는 물상이 사람들을 끌어당기지만, 상품들은 스스로 시장에 나아갈 수도, 자기들을 서로 교환할 수도 없다. 또한 그들이 충족시키는 욕구는 상품 그 자체에 속하는 것이 아니라 인간에 속하는 것이다.

그래서 노동생산물이 서로 상품으로 연관을 맺기 위해서는 살아 있는 인간에게 자기의 대표자로서의 직무를 수행하도록 해야 한다. 그러한 직무를 담당하여 등장하는 인간이 **인격**(人格)[8]이며, 구체적으로는 이제까지의 경우 상품소지자와 화폐소지자이며, 판매자와 구매자이다. 그들은 상품이나 화폐의 대표자로서 서로 관계한다. 한편의 상품소지자들은 다른 편의

---

8) '**인격**(person)'이라는 말은 인품이라든지 개성이라는 의미나 그러한 것을 가진 개인이나 인물, 나아가 동물이나 물건과 구별되는 인간이라는 의미로도 사용되지만, 경제학에서는 특히 사회적으로 승인된 또는 사회적으로 통용하는 사람들의 사회적 직무·역할·자격을 의미한다. person의 어원은 라틴어 persona이며, persona라는 연극에서 연기자가 쓰는 가면이라는 뜻이었다. 예컨대 판매자라는 인격은, 이 직무를 다하는 인간 그 자체가 누구인지에 관계없이 시장에서 상품을 대표하는 사람을 의미한다. 사회 깊숙한 곳에서 노동하는 개인으로서 생산관계를 맺고 있는 같은 사람들이 동시에 다른 한편에서 물상을 대표하는 인격으로 서로 관계하는 것이다. 상품생산에서의 이 인격이 법률에서는 권리와 의무의 주체인 person(자연인과 법인)으로서 나타나게 된다.

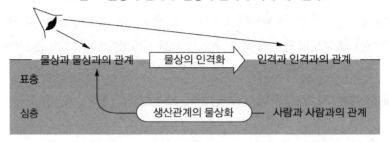

그림 77 물상의 인격화: 물상이 인격에 의해 대표된다

물상과 물상과의 관계	물상의 인격화 →	인격과 인격과의 관계
표층		
심층	생산관계의 물상화	사람과 사람과의 관계

상품소지자가 동의할 때만, 즉 어느 쪽도 양자에 공통한 **의지행위**에 의해서만 자기의 상품을 양도하고 타인의 상품을 자기의 것으로 할 수 있다. 그러므로 그들은 서로를 상품의 **사적 소유자**로 승인해야 한다. 다시 말해 **사적 소유가** 사회적으로 승인되지 않으면 안 된다. **계약**이라는 형태를 취하는 이 법적 관계는 그들의 **의지관계**이며, 그리고 이 의지관계의 내용은 경제적 관계 그 자체에 의해 주어지는 것이다. 상품교환에서는 갖가지 인격은 그저 상품의 대표자, 상품소지자로서 존재할 뿐이다. 이와 같이 경제적 관계를 지닌 물상들이 갖가지 인격에 의해 대표되는 것을 **물상의 인격화**라 한다.

상품생산에서는 생산관계의 물상화에 의해 사람들의 사회적 관계가 물상과 물상의 관계로 나타날 뿐 아니라, 그러한 물상들이 갖가지 인격에 의해 대표된다(그림 77).

상품생산의 소유법칙 | 상품교환의 영역에서는 상품소지가가 서로 사적 소유자로서 인정하고 있는데, 그때 상대가 어떠한 경제적 관계하에서 상품소유자가 되었는가를 보지 않고, 그들은 서로 상대는 상품을 자기의 노동으로 정당하게 입수한 것이며 부당하게 훔친다든가 한 것은 아니라고 상정할 수밖에 없다. 다시 말해 이 세계에서는 사적 소유자의 **소유의 근원**은 그들의 **자기 노동**이라고 상정되며, 이 상정이 사회적으로 법칙으로서 통용하게 된다. 이것을 **상품생산의 소유법칙**이라 한다.[9]

§ 4. 호모 이코노미쿠스 환상

상품세계: 자기 노동에 의거한 사적 소유, 자유, 평등, 자기이익의 세계

┃ 상품생산에서 사람들 눈에 보이는 것은 경제적 물상(物象) 사이의 관계와 그를 대표하는 인격과 인격과의 관계뿐이다. 전자의 관계에만 눈이 사로잡히면 상품세계는 물신숭배의 세계로 보이지만, 다른 한편 후자의 관계에 눈이 사로잡히면 이 세계는 서로 평등한 사적 소유자들이 호모 이코노미쿠스[10]로

---

9) 사적 노동과 사회적 분업이 노동생산물을 상품으로 하고 그 속에서 화폐를 낳는 것인데, 상품·화폐의 교환의 장(場)(시장)에서는 상품소지자나 화폐소지자가 어떻게 해서 그 상품과 화폐를 자기 것으로 했는지를 전혀 모르며 그것을 일일이 묻지 않는다. 여기에서 말할 수 있는 것은 어느 것이든 각각의 사적 노동에 의해 생산된 것이라는 것뿐이다.

  그렇기 때문에 여기서는 서로 자기 노동에 의거한 상품의 소유를 상정할 수밖에 없다. 그런데 뒤에 보지만, 자본주의적 생산하에서는 노동하는 개인들은 생산수단으로부터 분리되어 완전히 무소유가 되며, 소유와 노동은 완전히 분리되어 있다. 그래도 시장에서의 매매는 사적 소유자 상호 간의 계약에 의거하여 이루어지며, 그러므로 상품교환이라는 표면에서는 여전히 상품생산의 소유법칙이 관통되고 있다.

  그러나 여기서는 상품과 화폐를 자기 것으로 하는 것은 자기의 노동이 아니라, 노동하는 개인들로부터 자립화한 타인노동의 결정(結晶)[자본]이다. 그러므로 상품생산의 소유법칙은 단순한 외관이 되며, 그 속에 은폐되어 있는 자본주의적인 취득을 가리는 역할을 한다. 그러나 자본주의적 생산을 재생산으로 고찰할 때 이 은폐된 것이 드러나게 된다. 이 점에 대해서는 제7장 및 제8장에서 말하지만, 여기서는 우선 뒤에 이러한 전회(轉回)가 생기게 된다는 것만을 미리 주의하고자 한다.

10) 이코노믹스(신고전파)는 종종 인간을 본질적·최종적으로는 자기의 경제적 이해만을 기준으로 해서 행동하며 최소의 비용으로서 최대의 경제적 효과를 실현하려고 하지 않을 수 없다고 생각하고, 이러한 인간밖에 없는 사회를 전제하여 완전히 현실에서 이탈한 이론을 전개한다. 인간을 이와 같은 것으로 간주할 때, 호모

서, 자기의 이익만을 원리로 하여 원자적 행동을 하는 세계로 보인다. 사람들은 상품세계를 물신숭배(物神崇拜)의 눈으로 보고는 물상의 힘에 놀라고 감탄하며, 호모 이코노미쿠스의 눈으로 보고는 자유의 몸을 기뻐한다.

이 세계에서는 그 누구도 자기 일에만 관계하며, 그들을 하나의 관계 속에 묶는 힘은 그들 스스로의 이익, 그들의 개별적인 이익인 그들의 사적인 이해의 힘뿐이다. 그래서 "각 사람은 오직 자기의 일만을 생각하고 누구도 타인의 일은 생각하지 않기 때문에 호모 이코노미쿠스로서의 그들은 자신의 행동의 예정조화의 결과로, 또는 신의 보이지 않는 손에 의한 완전한 섭리 덕택으로 그들의 상호 이익과 전체 이익, 다시 말해 '공익'의 사업을 성취하는 것이다"라는 관념이 확립한다.

호모 이코노미쿠스 환상 | 이와 같이 물상의 인격화인 인간의 행동을 인간이 태어나면서부터 가지는 본성에서 생기는 행동이라고 착각하는 것을 호모 이코노미쿠스 환상이라 한다. 호모 이코노미쿠스 환상은 물신숭배와 마찬가지로 상품생산관계로부터 필연적으로 생기는 것이다.

물신숭배와 호모 이코노미쿠스 환상을 떼어내면 인간이 보인다 | 이와 같이 노동하는 개인들의 사회적 관계, 즉 생산관계가 물상들의 상호 관계로서 사람들의 눈에 비칠 뿐 아니라, 또한 후자가 물상들의 대표자로서 인격들 간의 관계로 나타남으로써, 노동하는 개인들 사이의 생산관계는 이중으로 가려지게 된다. 사람들은 인간 상호의 관계라 하면 오직 **표층**에 나타나는 인격과 인격과의 관계밖에 생각하지 못하고, 일상성(日常性)의 세계에서는 **심층**에 있는 생산자들의 사회적 생산관계를 간파할 수 없다. 자본주의 사회

사피엔스라는 말을 흉내 내어 '**호모 이코노미쿠스**(homo oeconomicus)'(라틴어로서 '경제인'을 의미한다)라는 말이 사용된다.

의 경제적 사상(事象)에 대한 상식이란 이러한 물상과 물상과의 관계 및 인격과 인격과의 관계에서 보이는 외관에 대한 지식인 것이다. 그 심층에 있는 것을 알고 그 지식에 의거하여 이 외관을 설명하려면 과학으로서의 경제학이 필요하다.

상품생산에 고유한 생산관계의 물상화와 거기서 생기는 물신숭배를 알고 또한 물상의 인격화와 거기서 생기는 호모 이코노미쿠스 환상을 알게 됨으로써, 우리는 상품생산의 표층에 보이는 물상과 물상의 관계 속에 있는 인간과 인간의 관계, 다시 말해 생산관계를 간파할 수 있다. 또한 상품생산이란 인간이 생산과정을 지배하는 것이 아니라, 그 역으로 생산과정이 인간을 지배하는 사회상태라는 것을 알게 된다.

그러나 그와 동시에 이 인식을 통해 자본주의 사회 속의 인간의 의식과 그에 의거한 무수한 행동 중, 상품생산관계에 의해 규정되고 그에 의해 제약되는 인간의 의식과 행동을 이에 의해 제약되지 않는 인간의 의식과 행동에서 분리하여 인식하는 것이 가능하게 된다.

예컨대 돈을 위해서라면 어떤 일이라도 하는 인간의 행동양식이 상품생산관계에 의해 완전히 규정된 것임은 말할 필요도 없다. 그러나 또한 자본주의 사회에서도 자기의 사적 이익을 모두 무시하고 타인과 사회를 위해 일하는 인간의 행동양식을 볼 수 있는 기회도 많다. 이러한 행동양식은 상품생산관계에 의해 본질적으로 규정되는 것은 아니다. 그것은 많은 경우 개인들이 갖고 있는 인간으로서의 유적(類的) 본질의 발로이다. 상품생산하에서 인간은 일반적으로 화폐에 의해 지배된다고 하는 인식이 이러한 행동양식을 예외적인 성인(聖人)의 행동으로 마음속에 새기는 것이 아니라, 이러한 개인들의 행동 속에 보편적인 인간적 본성을 간파하는 힘을 부여하는 것이다.

생산 당사자의 의식적 행동과 경제법칙 | 상품생산관계에서는 사람과 사람의 관계가 물상과 물상의 관계로 나타나지만, 그러나 경제적 물상은

법적인 인격에 의해 대표되는 것이며, 모든 경제현상이 생산 당사자의 의지 행위에 매개되어 생긴다. 상품의 수요공급의 변화도, 그에 의한 가격변동도 모두 생산당사자의 의지행위를 통해 생기는 것이다. 그러나 이코노미쿠스에 서도 그러한 것처럼, 경제학이 경제현상을 다룰 때 그러한 의지행위에 대해 일일이 언급하지는 않는다. 왜냐하면 그들의 의지행위는 그 배경에 있는 경제적 관계에 의해 규정되기 때문이다. 예컨대 '가격이 오르면 공급이 증가 하고 수요가 감소한다'고 간단하게 말할 수 있는 것은 가격이 오르면 생산당 사자들은 공급을 증가시키고 수요를 감소시킨다고 판단할 수 있기 때문이다.

경제학이 인간 개개인의 개성적인 행동을 다루지 않는 것은, 그것이 인간 을 무시하기 때문이 아니라 오히려 역으로 생산과정이 인간을 지배하는, 사회적 생산에서의 인간의 존재방식을 직시하기 때문이다. 인간이 직접 등장하지 않은 것을 보고, 이 경제학은 인간 부재의 학문이라는 등으로 착각해서는 안 된다. 오히려 호모 이코노미쿠스와 같은 완전히 추상적인 인간상을 상정하여, 가장 순수한 경제과정이란 호모 이코노미쿠스가 무제 약적으로 행동하는 결과라고 보는 사고방식이야말로 엄연하게 존재하는 현실의 인간을 제약하는 사회적인 틀을 무시하는 것이며, 그러한 틀에 의해 제약된 현실의 인간이 부재하는 것이다.

제4절 화폐 발생의 필연성

이 절의 과제 | 제3절에서 본 바와 같이, 교환관계의 발전과 더불어 가치 형태도 발전해간다. 단순한 가치형태로부터 전체적 가치형태로의 발전은 한 상품이 다른 상품에 능동적으로 관계하는 교환관계의 확대에 대응되며, 다른 상품의 힘을 빌리지 않고서도 생길 수 있는 발전이었다. 이 발전에는 개별적 등가물로부터 특수한 등가물로의 발전이 대응된다. 다음으로 전체

적 가치형태는 모든 상품이 다른 오직 하나의 상품을 자기에 등치(等置)하고 있는 일반적 가치형태로 발전하여, 특수한 등가물은 일반적 등가물로 발전한다. 이 발전은 이미 개개 상품이 자기의 힘으로서 할 수 있는 것이 아니라, 상품세계 상품 전체의 공동사업에 의해 비로소 이룩되는 것이었다. 그리고 일반적 등가물이 어떤 특정한 상품의 현물형태에 고착(固着)하면, 이 상품은 일반적 등가물의 기능을 독점하는 특별한 상품, 즉 화폐가 된다. 역사적으로 화폐로 된 상품은 금과 은, 최종적으로는 금이었다.

그래서 화폐의 발생에 대해 다음 세 가지 의문이 생긴다. 첫째, 왜 상품세계의 모든 상품이 어떤 상품을 배제해서 일반적 등가물로 한다는 공동의 사업을 하지 않으면 안 되는가? 둘째, 왜 어떤 특정한 상품이 일반적 등가물의 기능을 독점하고, 이에 따라 그 현물형태와 이 기능이 결합하게 되는가? 셋째, 왜 그 특정한 상품이 금은(金銀), 최종적으로는 금이었는가?

§ 1. 무엇이 일반적 등가물을 낳는 공동행동을 야기하는가?

제1의 의문 | 화폐의 성립과정에서 결정적으로 획기적인 사건은 일반적 등가물의 성립인데, 일반적 등가물과 그에 따른 일반적 가치형태는 상품세계의 모든 상품이 공동으로 어떤 하나의 상품을 그 세계로부터 배제하여 그에 일반적 등가물의 역할을 억지로 떠맡김으로써 비로소 성립된다. 도대체 이러한 상품세계의 공동사업은 무엇에 의해 필연적으로 생기는 것일까?

상품을 생산하는 노동에 내재하는 모순 | 이미 본 바와 같이 상품생산자의 노동은 직접 사적 노동으로 행해지며, 그것은 노동 그 자체로는 사회적 통일성을 전혀 가지고 있지 않다. 그러나 사회적 생산이 성립되기 위해서는 그들의 노동도 사회적 분업 시스템을 형성하며 사회의 총노동의 구성 부분이라는 내실(內實)을 어떤 방식으로든 표시해야 한다.

그러나 직접으로 사적인 것에 지나지 않는 노동이 사회적 노동으로서의 내실을 가져야 한다는 것은 명백히 하나의 모순이었으며, 상품생산관계하에서 행해지는 노동에는 이러한 모순이 내재해 있는 것이다.[11]

노동의 모순은 상품의 모순이라는 물상적 형태를 취한다 | 이 모순의 매개[12]는 노동 그 자체로는 해결될 수 없으며, 노동이 낳은 생산물을 교환함

---

11) 현실의 객관적 세계에서는 모든 사물이 그 자신 속에 상반되는 대립적인 측면을 가질 뿐 아니라, 오히려 그러한 내재적인 대립이야말로 사물을 존립시키고 그것의 운동의 원동력이 되며 그것의 형태들을 만들어내고 있다. 객관적 세계의 이러한 존재방식을 '**변증법**'이라 한다. 세계에 관한 변증법적인 견해는 이미 그리스 시대부터 있었으나, 그것을 심화시켜 체계화한 것이 헤겔이었다. 헤겔은 사물과 개념의 운동·발전을 야기하는 내재적인 대립을 '모순(矛盾)'이라 했다. 여기서 말하는 모순이란 '어떤 방패라도 관통하는 창'과 '어떤 창이라도 막는 방패'라는 대립과 같이 양립할 수 없는 명제 사이의 대립이 아니라 객관적으로 존재하는 대립이다. 마르크스는 헤겔 변증법의 옳은 내용을 계승하여 자기의 것으로 했다. 사물의 운동·발전의 원동력, 그리고 사물이 여러 형태를 낳는 것은 사물 그 자체에 내재하는 모순이라는 것이 그 핵심이다.

사물이 그 자체로서는 어떤 대립도 포함하지 않는 완전히 조화로운 존재라면, 그것의 운동은 외부의 힘에 의해 생길 수밖에 없다. 그리고 모든 것이 그러한 존재라면 세계는 완전한 정지상태에 있지 않으면 안 된다. 그렇지만 끊임없는 변화·발전 중에 있는 세계의 모든 사물은 그 자신 속에 운동의 원동력을 가지고 있다. 그것이 객관적으로 존재하는 모순인 것이다.

상품생산관계에서 노동에 내재하는, 직접으로는 사적인 것에 지나지 않는 노동이 사회적 노동으로서의 내실을 갖지 않으면 안 된다는 모순도, 이러한 현실 세계에 존재하는 객관적인 모순이다.

이 책에서는 이 후에도 반복하여 '모순'이라는 말이 나오지만 그것은 모두 이러한 객관적인 모순이다.

12) 모순의 '매개'란 대립하는 양쪽 항을 중개한다는 것인데, 이 중개는 양쪽 항을

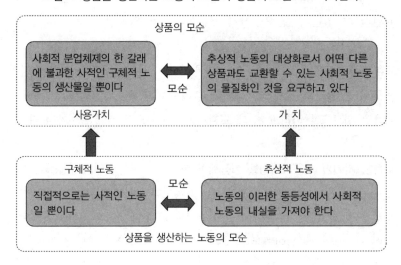

그림78 상품을 생산하는 노동의 모순이 상품의 모순으로 나타난다

으로써 이루어질 수밖에 없다. 그러므로 상품생산관계에서는, 노동에서의
사람과 사람의 사회적 관계가 노동생산물 사이의 관계라는 물상적인 형태를
취하는 것과 같이, 상품생산에서 **노동에 내재하는 모순**도 또한 직접으로
노동 그 자체의 모순이라는 형태로서가 아니라 사용가치와 가치의 통일인
상품의 모순이라는 형태로, 즉 상품의 모순이라는 물상적인 형태로 나타나
게 된다.

상품의 모순: 사용가치와 가치의 모순 ┃ 사용가치와 가치가 통일을 이루
는 것이 '모순'이라는 것은 어떤 의미인가? 그것은 어떤 상품의 사용가치
쪽은 이 상품이 자연발생적인 사회적 분업의 오직 하나의 갈래일 뿐인
유용한 사적 노동의 생산물임을 표시하는 데 반해, 그 가치 쪽은 이 상품이

사이좋게 함으로써 행해지는 것이 아니라 양쪽 항이 더불어 존립할 수 있는 새로운
형태를 낳음으로써 행해지는 것이다.

가치체로서 인정되어 추상적 인간적 노동의 대상화로서 어떤 상품과도 교환할 수 있는 것을 요구하기 때문이다(그림 78).

교환과정의 모순 │ 상품의 이 모순은 우리가 분석에 의해 파악한 것인데, 누구의 눈에도 보이는 모양으로 나타나는 것은 아니다. 그런데 이 모순은 상품을 서로 교환하려고 할 때 **교환과정의 모순**으로 눈에 보이게 된다.

상품은 자기가 사용가치임을 실증해야 한다 │ 교환과정은 상품들이 현실로 운동하고, 그 소지자를 교체하는 과정이다. 이 과정은 무엇보다 먼저 상품들이 그것들이 비사용가치인 어떤 사람의 손에서 그것들이 사용가치인 어떤 사람의 손에 넘어가는 과정이다. 그러므로 상품은 무엇보다 우선 그 상품의 사용가치에 대한 욕구를 갖는 다른 상품소지자를 찾아서 그 손에 넘어가야 한다. 이와 같이 상품이 그에 대한 욕구를 갖는 다른 상품소지자를 찾아서 그 손에 넘어가는 것을 '**상품의 사용가치로서의 실현**'이라 한다. 왜냐하면 이에 의해 비로소 상품은 타인을 위한 사용가치임을 실증하게 되기 때문이다.

상품은 자기가 가치임을 실증해야 한다 │ 그러나 어떤 상품이 그것을 바라는 다른 상품소지자를 찾았다 해도 이 상품의 소지자는 이 상품을 그대로 남에게 넘겨주는 것은 아니다. 그가 이 상품을 교환에 내놓는 것은 그것과 교환으로 자기가 바라는 상품을 손에 넣기 위함이다. 그가 자기의 상품과 교환하여 임의의 상품을 입수할 수 있는 것은 그의 상품이 임의의 상품에 대해 가치체로서 통용하고 어떤 상품도 그의 상품을 가치로서 인정하는 경우 뿐이다. 이것을 상품에 따라서 표현하면, 이 상품은 자기가 가치임을 실증하지 않으면 안 된다는 것이다. 이것을 '**상품의 가치로서의 실현**'이라 한다.
  그래서 상품이 그것을 바라는 다른 상품소지자의 손에 넘어가기 위해서는,

다시 말해 상품이 사용가치로서 실현되기 위해서는, 그전에 그 상품소지자가
그것과 교환으로 자기가 바라는 임의의 상품을 입수해야 한다. 다시 말해
상품이 가치로서 실현되지 않으면 안 된다. 그런데 그 소지자가 그것과 교환
으로 임의의 상품을 입수할 수 있기 위해서는, 다시 말해 상품이 가치로서
실현되기 위해서는, 그전에 그것이 누군가의 욕구를 충족시키는 물건이라는
것을 실증해야 한다. 요컨대 사용가치로서 실현되지 않으면 안 되는 것이다.

사용가치로서의 실현과 가치로서의 실현은 모순 관계에 있다 | 이와 같
이 교환과정은 상품의 사용가치로서의 실현 과정인 동시에 상품의 가치로서
의 실현 과정이기도 해야 한다. 그런데 이 두 개의 실현은 서로를 전제하며
게다가 동시에 서로를 배제한다(그림 79). 한편 소지자 A가 자기의 상품을
소지자 B에 양도하기 위해서는 그는 그의 상품을 가치로 통용시켜서 소지자

그림 79 교환과정의 모순: 상품의 두 가지 실현 사이의 모순

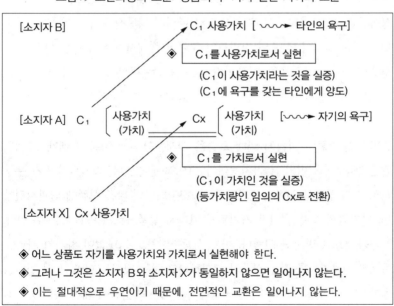

◆ 어느 상품도 자기를 사용가치와 가치로서 실현해야 한다.
◆ 그러나 그것은 소지자 B와 소지자 X가 동일하지 않으면 일어나지 않는다.
◆ 이는 절대적으로 우연이기 때문에, 전면적인 교환은 일어나지 않는다.

X로부터 그가 바라는 상품을 입수하고 있어야 한다. 다른 한편 그가 자기의 상품이 가치를 갖는 것을 실증하기 위해서는, 소지자 B에 자기의 상품을 양도하여 그것이 타인을 위한 사용가치를 갖는다는 것을 실증해야 한다. 이것이 교환과정에 현실로 존재하는 모순, 즉 **교환과정의 모순**이며, 상품의 모순이 눈에 보이는 형태로 나타난 것이다.

상품생산의 일반화를 위해서는 모순은 매개되어야 한다 | 이것은 그림으로 말하면, 가끔 소지자 B와 소지자 X가 일치하는 경우——다시 말해 상품소지자가 많이 등장하여 그들의 상품을 전면적으로 교환하려고 할 때에는 거의 있을 수 없는 경우——를 제외하고는, 그들은 상품을 교환할 수 없다는 것이다. 상품은 그 현물형태에서는 사용가치일 따름이다. 그런데 그러한 상품들이 모두 자기를 가치로서 통용시키려고 다른 상품에 대해 가치로서 인정하라고 요구한다. 그런데 어느 상품소지자도 자기 상품을 가치로서 인정시키려 하지만 다른 상품이 가치로서 통용하는 것을 인정할 수는 없다. 그러므로 상품들은 서로 가치로서 관계 맺거나 따라서 상품으로서 관계 맺을 수도 없게 되는 것이다. 상품의 전면적인 교환이 행해지기 위해서는, 다시 말해 상품생산이 일반적으로 이루어지기 위해서는 이 모순은 어떻게 해서든 매개되어야 한다. 이 막다른 길은 타개되어야 한다. 어떻게 하면 될까?

일반적 등가물의 성립에 의해 모순은 매개된다 | 사실 그 매개, 타개의 길은 제2절에서 이미 본 가치형태의 발전 속에 있었다. 즉 상품소지자 누구라도 자기 상품을 **일반적 등가물**인 그 어떤 하나의 다른 상품에 연관시킨다면, 자기들의 상품을 서로 가치로서 따라서 상품으로서 연관시킬 수 있다.
　구체적으로 말하면 이렇다. 어느 상품소지자도 느닷없이 자기가 바라는 특정한 사용가치를 갖는 상품과 교환하려고 하는 것이 아니라, 우선 일반적 등가물과 교환하려고 한다. 이 과정에서는 자기의 상품에 대한 욕구를 가진

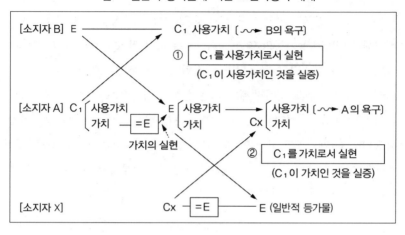

그림 80 일반적 등가물에 의한 교환과정의 매개

일반적 등가물 소지자를 찾아내기만 하면 좋다. 이러한 소지자에게 자기의 상품을 양도하고 그것과 교환으로 일반적 등가물을 수취함으로써 자기의 상품이 타인을 위한 사용가치를 가지고 있었다는 것을 실증할 수 있다. 다음에는 일반적인 직접적 교환 가능성을 가진 이 일반적 등가물과 교환으로 자기가 바라는 임의의 상품을 수취할 수 있는 것이다. 이와 같이 상품세계 가운데서 일반적 등가물이 성립하면, 어느 상품도 우선 자기를 사용가치로 실현함으로써 사용가치의 형태인 그의 현물형태를 벗어버리고 모든 상품에 대해 가치의 덩어리로 통용하는 일반적 등가물이 되며, 그 뒤 자기의 가치를 실현함으로써 소지자가 바라는 임의의 상품으로 전화하게 된다. 이렇게 해서 교환과정의 모순은 매개되어 상품이 전면적으로 교환될 수 있게 되는 것이다. 지금 일반적 등가물을 E로 하여 일반적 등가물에 의한 교환과정의 매개를 가리키면 그림 80과 같이 된다.

교환과정의 모순이 상품세계의 공동행동을 낳는다 │ 상품의 전면적인 교환이 행해지기 위해서는 이와 같이 상품이 공동으로 어떤 상품을 일반적 등가물로 해야 한다. 이것을 상품의 인격화인 상품소지자가 상품을 대신해서 하지 않으면 안 된다. 그들은 공동으로 특정한 상품을 자기들로부터 배제해서 일반적 등가물의 역할을 떠맡도록 했던 것이다. 이에 따라 교환과정의 모순은 매개되고 상품교환은 전면적으로 행해지게 되었다.

이와 같은 이유로 상품세계의 모든 상품이 공동으로 어떤 상품을 배제하여 일반적 등가물로 하는 것은 무엇 때문인가라는 물음에 대해서는 '교환과정의 모순 때문'이라고 답할 수 있다. 상품에 내재하는 모순은 교환과정 속에서 상품의 사용가치로서의 실현과 상품의 가치로서의 실현의 모순으로 나타나고 이 모순이 일반적 등가물을 낳을 수밖에 없다.

§ 2. 왜 특정 상품이 일반적 등가물의 기능을 독점하는가?

제2의 의문 │ 그렇다면 그 일반적 등가물이 어떤 특정한 상품에 고착되는 것은 무엇 때문인가? 왜 특정한 상품이 일반적 등가물의 기능을 독점하게 되었는가?

상품세계의 확대는 일반적 등가물의 고정성과 안정성을 요구한다 │ 일반적 등가물은 모든 상품이 공동으로 어떤 상품을 배제함으로써 성립된다. 여기서 '모든 상품'이란 두 말할 필요도 없이 같은 교환장면에 있고 서로 교환하려 하는 상품 모두이다. 이러한 상품이 같은 '상품세계'를 형성한다. 그러므로 넓이를 달리하는 여러 가지 상품세계가 각각의 특수성에 응하여 여러 가지 넓이에서 통용하는 일반적 등가물을 낳게 된다. 일시적으로 성립하는 어떠한 상품세계도 일반적 등가물을 낳지 않고서는 있을 수 없다. 그러나 이러한 넓고 좁은 여러 가지 상품세계는 역사적으로 도처에서 여러 가지 방식으로 여러 가지 기간에 걸쳐 발생·소멸하고 변화를 겪지 않으면 안 되었다. 그와 더불어 일반적 등가물도 발생·소멸하고, 또한 일시적으로

저 상품에 또는 이 상품에 부착된다. 그러나 상품교환이 발전함에 따라 일반적 등가물은 배타적으로 특별한 상품에 고착된다. 바꿔 말해 화폐형태로 굳어지는 것이다.

요컨대 상품교환의 발전에 의한 상품세계의 확대와 심화가 일반적 등가물의 고정성과 사회적으로 안정적인 통용성을 요구하는 것이고, 이에 의해 상품세계로부터의 배제가 최종적으로 하나의 특별한 상품 종류로 한정되며, 이 상품 종류가 일반적 등가물의 기능을 독점하고, 이리하여 화폐가 성립하게 된다.13)

§ 3. 왜 일반적 등가물의 기능을 독점한 상품이 금이었던가?

제3의 의문 | 일반적 등가물의 기능을 독점하여 화폐가 된 것은 역사적으로 금(金)·은(銀), 최종적으로는 금이었다. 왜 다른 것이 아니고 금·은, 그리고 최종적으로는 금이 화폐로 되었던 것일까?

---

13) 이상에서 말한 화폐형태 성립의 필연성, 다시 말해 첫째로 교환과정의 모순이 일반적 등가물을 낳아야 한다는 것, 둘째로 상품의 전면적 교환이 역사적으로 발전함에 따라 일반적 등가물은 최종적으로 어떤 특정 상품 종류에 고착해야 한다는 것, 이 두 가지에 대해 마르크스는 간결하게 다음과 같이 말했다.
  "화폐는 종류가 다른 노동생산물이 실제로 서로 동등시되고, 따라서 상품으로 전환되는 교환과정의 필연적인 산물이다. 교환현상의 역사적 확대와 심화는 상품의 성질 속에 잠자고 있는 사용가치와 가치 사이의 대립을 발달시킨다. 원활한 상거래를 위해 이 대립을 외부로 표현하려는 욕구는 독립적인 가치형태를 만들려는 충동을 낳게 되는데, 이 충동은 상품이 상품과 화폐로 분화됨으로써 하나의 독립적 가치형태를 얻을 때까지 중지하는 일이 없다. 따라서 노동생산물이 상품으로 전환되는 것에 발맞추어 특정상품이 화폐로 전환된다"(*MEW*, Bd. 23, S. 102. 강조는 마르크스, 『자본론』I(상), 제2개역판, 김수행 역, 비봉출판사, 112쪽).

마르크스의 설명 | 이 점에 대해서는 마르크스가 다음과 같이 알기 쉽게 설명하고 있다.

상품교환의 발달에 따라 그것[일반적 등가형태]은 배타적으로 특수한 상품 종류에만 고착된다. 즉 화폐형태로 응고한다. 화폐형태가 어떤 종류의 상품에 부착되는가 하는 것은 처음에는 우연이다. 그러나 대체로 두 가지 사정이 결정적인 역할을 한다. 화폐형태는 교환을 통해 외부로부터 들어오는 가장 중요한 물품[사실 이 물품은 토착 생산물들의 교환가치를 최초로 자연발생적으로 표현한 바 있다]에 부착되거나, 양도 가능한 토착생산의 주요한 요소를 이루는 유용한 물건[예: 가축]에 부착된다. 유목민족은 화폐형태를 최초로 발전시켰다. 왜냐하면 그들의 재산 전체가 이동할 수 있는, 따라서 직접 양도할 수 있는 형태로 존재했기 때문이며, 또 그들의 생활방식이 그들을 끊임없이 다른 공동체와 접촉하도록 함으로써 생산물의 교환을 자극했기 때문이다. …… 상품교환이 좁은 국지적 한계를 타파하고, 따라서 상품가치가 인간노동 일반의 체현물[응고물]로 발전해감에 따라 화폐형태는 일반적 등가(물)이라는 사회적 기능을 수행하는 데 자연적으로 적합한 상품인 귀금속으로 옮아간다. "금(金)과 은(銀)은 처음부터 화폐는 아니지만, 화폐는 성질상 금과 은이다"라는 말은, 금과 은의 자연적 속성이 화폐의 여러 기능에 적합하다는 것을 보여주고 있다. …… 가치의 적당한 현상형태[즉 추상적인, 따라서 동등한 인간노동의 체현물]로 될 수 있는 것은, 어느 한 부분을 떼어내 보아도 동일하고 균등한 질을 가지고 있는 물질뿐이다. 다른 한편 가치량의 차이는 순전히 양적인 것이므로, 화폐상품은 순전히 양적인 구별이 가능한 것, 즉 그것을 마음대로 분할할 수 있고 또 그 부분들을 다시 합할 수 있는 것이어야 한다. 그런데 금과 은은 성질상 이와 같은 속성을 가지고 있다(*MEW*, Bd. 23, S. 104. 강조는 마르크스, 『자본론』 I(상), 제2개역판, 김수행 역, 비봉출판사, 114~115쪽).

일반적 등가물 = 화폐는 기능에 적합한 속성을 가지는 상품으로 결정된다
┃ 요컨대 일반적 등가물의 기능, 그리고 또한 화폐의 기능들——왜냐하면
다음 절에서 보는 바와 같이, 화폐는 일반적 등가물의 기능뿐 아니라 그 외에도
여러 가지 기능을 수행하기 때문이다——을 수행하는 데 가장 적합한 자연속성
을 가진 것은 금·은, 특히 금이었다. 즉 금은 날 때부터 화폐에 적합한 자연속
성을 가지고 있기 때문에 일반적 등가물의 기능을 독점하게 되는 것이다.

'금은 처음부터 화폐'라는 화폐물신이 완성된다 ┃ 그런데 앞 절에서 본
바와 같이 금이 일반적 등가물의 지위를 독점하게 되면, 일반적인 직접
적 교환 가능성을 가지며 모든 상품에 대해 가치로서 통용된다는 일반적
등가물의 사회적 성격이 휘황찬란하게 빛나는 금의 자연형태에 굳게 붙어버
리기 때문에, 사람들의 눈에는 금은 다른 모든 상품이 가지지 못한, 사람들을
끌어당기고 놓지 않는 무언가 특별히 신비한 힘을 가지고 있으므로, 어디에
서나 금을 화폐로 만든 것처럼 보이게 되며, 이리하여 '화폐의 수수께끼
같은 성격'이 생기게 된 것이다.

제5절 화폐의 기능

§1. 화폐의 기능

(1) 가치척도 및 가격의 도량표준으로서의 화폐의 기능

상품의 가치표현과 가치척도로서의 화폐의 기능 ┃ 시장에 등장하는 상
품은 우선 무엇보다 자기의 가치를 화폐로 표현해야 한다. 화폐로 표현된
상품의 가치가 상품의 가격이다. 예를 들어 소맥 1kg의 가치는 소맥 1kg

그림 81 상품의 가치표현과 상품의 가격

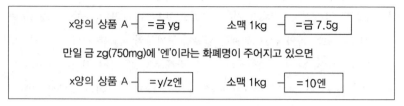

그림 82 화폐의 가치척도기능

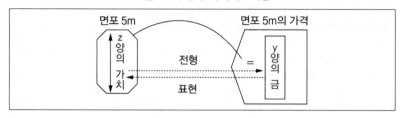

┤ =금7.5g │이라는 가격으로서, 또는 화폐인 금 750mg에 '엔(円)'이라는 **화폐명**이 주어질 때는 소맥 1kg ┤ =10엔 │이라는 가격으로 표현된다(그림 81).

여기에서는 화폐인 금이 상품의 **가치척도**의 기능을 하고 있다. 가치척도로서의 기능은 화폐의 제1기능이다(그림 82).

가치척도의 질 │ 가격에는 가치라는 감각으로 잡을 수 없고 따라서 표상할(마음속에서 그릴) 수 없는 상품의 순전한 사회적 속성이, 금이라는 감각으로 잡을 수 있고 따라서 표상할 수 있는 자연물의 어떤 양으로 전형되고 있다. 이와 같이 가치라는 상품의 오로지 사회적 속성을 자연물의 어떤

그림 83 가치척도의 질

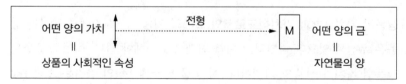

양으로 전형함으로써 상품의 가치표현의 재료로 도움이 된다는 것, 이것이 화폐가 상품의 가치를 척도(측정)한다는 것의 가장 중요한 질적 내용, 즉 가치척도의 질이다(그림 83).

가격으로 표상되어 있는 것은 실재하는 금이다 | 가격은 어떤 양의 금이라는 자연물인데, 가격에서는 이 자연물은 표상되어 있을 뿐이고 거기에 그 현물이 있는 것은 아니다. 즉 상품의 정가표, 정찰(正札) 위에 있는 금은 표상된 금일 뿐 현물의 금은 아니다. 그러나 거기에 표상되는 것은 실재적인 금, 다시 말해 현물의 금이다. 상품세계에서 배제되어 화폐가 된 금이 실재하고 상품들과 상대하고 있기 때문에 그것을 표상할 수 있는 것이다. 요컨대 가치척도로서의 화폐는 표상된 관념적인 화폐지만 그것이 표상·지시하는 것은 실재하는 화폐이다(그림 84).

그림 84 상품의 가격과 그에 의해 표상되는 실재하는 화폐

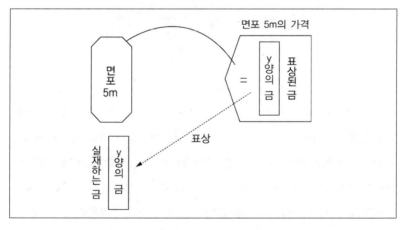

가격표를 역으로 읽으면 화폐상품의 가치가 파악된다 | 그렇다면 화폐인 금은 자기의 가치를 어떻게 표현하는 것일까? 금 생산에 사회적으로 필요한

그림 85 화폐상품의 독특한 가치표현

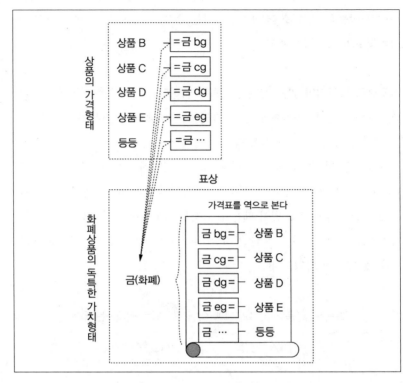

노동시간에 의해 규정되는 그 가치는, 다른 어느 상품도 그러한 것처럼, 자기 자신으로는 절대로 표현할 수 없으며 자기에 등치된 다른 상품의 양으로 표현할 수밖에 없다. 그런데 일반적인 상품은 자기의 가치를 표상된 금량인 가격으로 표현하지만, 금은 자기에게 금을 등치할 수 없다. 일반적인 상품이 가진 가격은 모두 자기들의 가치와 같은 양의 가치를 갖는 금량을 등치한 것이기 때문에, 거기에는 금의 가치의 크기가 반영되어 있을 것이다. 실제는 상품가격의 일람표, 즉 **가격표**를 상품 측에서가 아니라 역으로 금 측에서 읽으면, 화폐가치의 크기가 온갖 상품으로 표현되는 것을 알 수 있다(그림 85).

가격의 도량표준 ┃ 상품들은 자기 가치를 가격에 표상된 금량으로 표현하여 서로 비교한다. 그래서 그들의 갖가지 금량을 계량하여 동일한 명칭으로 표현하기 위해, 기술적으로 어떤 금량을 **가격의 도량단위**(度量單位)로 고정할 필요가 생긴다.

금은 화폐가 되기 이전부터 파운드·그램·관(貫) 등과 같이 중량에 의한 도량단위를 가지고 있다. 이러한 도량단위는 또한 하위의 보조 단위로 분할되어, 온스·밀리그램·돈·푼 등이 되며, 이러한 단위 전체가 하나의 도량표준(度量標準), 즉 도량 시스템을 형성한다.

가격에 표상된 금량을 계량하기 위한 도량표준, 즉 **가격의 도량표준**으로 도움을 준 것은 당초에는 이러한 중량 시스템이었다. 그러나 갖가지 원인에 의해 화폐상품의 중량을 표현하는 화폐명은 중량의 도량 시스템에서 떨어져 나와 중량명과는 별개가 된 것이 일반적이게 되었다. 본래의 중량명이 그대로 화폐명이 되는 경우에도, 화폐명이 표현하는 금의 중량은 중량명이 표현하는 중량과는 달라진다.

가격의 도량표준은 가격인 관념적인 금량을 재기 위해서뿐 아니라 화폐인 실재의 금 그 자체를 계량하는 데에도 사용되기 때문에 **화폐의 도량표준**이기도 하다. 그것은 말하자면 금량을 재는 자다. 상품의 가격으로 표상되는 금이건 화폐인 현실의 금이건, 금량을 표현하기 위한 도량 시스템이 있을 때 금은 **계산화폐**(計算貨幣)의 기능을 하고 있다고 한다.

처음은 갖가지 화폐명이 관습적으로 사용되지만, 화폐명은 상품세계에서 널리 인정되고 통용될 필요가 있기 때문에 가격의 도량표준 내지 화폐의 도량표준은 국가의 법률에 의해 확정되기에 이른다. 예컨대 일본에서는 '화폐법(貨幣法)'(1897년 제정, 1990년 폐지)이 그 제2조에서 '순금의 양목(量目) 2푼(分)(750mg)을 가지고 가격의 단위로 하고, 이것을 엔(円)이라 칭한다'고 하며, 제4조에서는 '화폐의 계산은 10진(進) 1위(位)의 법을 쓰며, 1엔 이하는 1엔의 1/100을 센(錢)이라 칭하며, 센의 1/10을 린(厘)이라 칭한다'고 하고

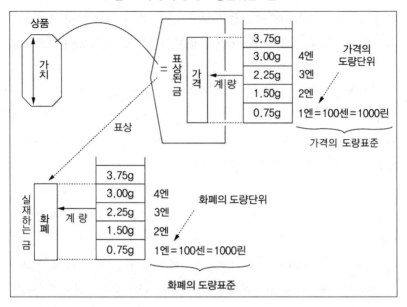

그림 86 가격(화폐)의 도량단위인 '엔'

있었다. 그래서 소맥 1kg $\boxed{=금 7.5g}$ 이라는 가격은, 소맥 1kg $\boxed{=10엔}$ 과 같이 화폐명의 '엔(円)'으로 표현하게 되었다(그림 86).

가격의 질과 양 | 이와 같이 상품의 가격이란 질적으로는 추상적 인간노동의 대상화인 상품가치를 가치척도로서의 화폐인 금의 양으로 표현한 것이며, 양적으로는 이 금의 양을 가격의 도량표준인 금량으로 잰 것이다.

가격은 가치를 정확히 표현하는 것은 아니다 | 가격은 가치를 표현하는 것이며, 어느 상품에 대해서도 물론 가치대로의 가격, 다시 말해 그 상품의 가치와 같은 가치량을 갖는 금량을 표상하고 있는 가격이었다. 그런데 상품의 가치를 가격으로 표현하지만, 어느 누구도 상품의 가치나 금의 가치를 절대적인 크기로 파악할 수가 없다. 그렇기 때문에 같은 상품이라도 갖가지

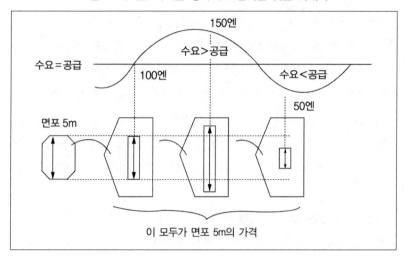

그림 87 가격은 가치를 정확히 표현하는 것은 아니다

150엔

수요＞공급

수요＝공급

100엔

수요＜공급

50엔

면포 5m

이 모두가 면포 5m의 가격

가격을 가질 수 있다. 상품판매자가 팔겠다고 하는 **'부르는 값'**, 구매자가 사겠다고 하는 **'매기는 값'**, 판매자와 구매자 사이에서 합의한 **'결정된 값'** 내지 **'파는 값'**도, 양적으로는 다른 가격이라 해도 질적으로는 모두 상품의 가치를 화폐인 금의 양으로 표현한 가격이다. 또한 상품의 가치량이 변하지 않는데 끊임없이 변동하는 가격은 양적으로 아무리 변화해도 질적으로는 항상 그 상품의 가격이다. 이와 같이 상품의 가격은 그 본성상 상품의 가치를 항상 정확히 표현하는 것은 아니다(그림 87).

가격이 가치와 괴리되는 것은 상품생산에서 필수적인 계기이다 ｜ 이와 같이 가치와 가격이 양적으로 일치하지 않을 가능성, 다시 말해 가격이 가치와 괴리될 가능성은 가격형태 그 자체에 있다. 그러나 이러한 괴리의 가능성은 가격형태의 결함이 아니라, 오히려 무정부적인 생산을 할 수밖에 없는 상품생산이 사회적 생산으로 성립하기 위한 하나의 중요한 계기이다.

가격이 가치에서 떠나 상승 또는 하락하면 그것은 조만간 상품의 공급과 상품에 대한 수요에 변동을 야기하며, 그 결과 이번에는 가격을 역방향으로 변동시키게 된다. 수요공급의 변화에 의해 끊임없이 변동하는 가격은, 사실은 그것이 가치와 괴리됨으로써 역으로 상품의 수요공급을 조정하는 것이며, 그러한 가격의 변동 그 자체가 가치에 의해 제약된 변동으로 될 수밖에 없다. 그리고 가치를 둘러싼 가격의 변동이 결과적으로 사회적 수요에 알맞은 상품의 공급을 가져오는 작용을 수행하는 것이다. 이에 의해 비로소, 노동이 모두 사적 노동이어서 무정부적으로 이루어지는 상품들의 생산규모가, 변화·발전하는 사회적 욕구에 어떻게든 적합하게 되는 것이다.

가치를 갖지 않는 것도 가격을 가진다 │ 가치와 괴리될 수 있는 가격의 본성으로 인해 매우 작은 가치만 가지는 것이 아주 높은 가격으로 매매되는 일이 있을 수 있으며, 전혀 가치를 가지지 않는 것, 다시 말해 노동의 생산물이 아닌 것이 가격을 가지고 상품으로 매매될 수도 있다. 예컨대 양심, 명예, 관직, 정조(貞操), 돈을 벌 수 있는 기회(이른바 '금융상품') 등과 같은 것이다. 그러한 가격 중에는 현실의 가치관계와 뭔가 좀 관련을 가지고 있는 것도 있다. 예컨대 제3편 제5장 제2절에서 말하는 것과 같이 기업의 이윤의 크기를 반영하는 배당(配當)의 크기와 이자율에 의해 주식가격이 변동한다거나, 제3편 제6장 제5절에서 말하는 바와 같이 미개발의 토지는 가치를 가지고 있지 않으나 그것이 가져올 것이 예견되는 지대의 크기와 현행 이자율에 의해 그 토지의 가격이 변동하는 경우이다.

(2) 상품유통과 유통수단으로서의 화폐의 기능

상품의 변태 C−M−C와 그 뒤얽힘 │ 가격을 가지고 시장에 나타난 상품은 그 가격을 실현하여 화폐로 전환해야 한다. 다시 말해 C−M이라는 **변태**(metamorphosis)를 거쳐야 한다(C는 상품, M은 화폐를 표현한다). 상품소지자에 대해 말하면, 그는 판매자로서 자기의 상품을 팔아야 한다. 그러나 이 C—M 또는 판매는 상품의 변태의 전반(前半)이며, 그것은 M—C 또는 구매에 의해 보충되어야 한다. 상품의 변태는 C—M—C이며, 상품소지자의 행위에서는 구매를 위한 판매, 또는 팔아서 사는 과정이다.

상품의 판매는 그것에 대한 욕구를 갖는 화폐소지자에게 그것의 가격에 표상되고 있는 화폐와 교환으로 그것을 양도하는 것이다. 이것은 상품에게는 '결사적인 도약'(실패하면 상품이 될 수 없는 가능성이 있어 어떻게 해서라도 성취하지 않으면 안 될 아슬아슬한 일)이기는 하지만, 그 성패는 각 상품의 생산과는 독립해서 자연발생적·무정부적으로 편성되어 있는 사회적 분업 시스템의 상태에 달려 있다. 그러나 C—M 또는 판매가 행해지면, 상품은 그 상품형태를 벗어던지고 그 가치의 모습인 화폐형태로 변태하게 된다. 화폐는 일반적 등가물이기 때문에 모든 상품과 직접 교환할 수 있는 능력을 가지는 것이며, 이 능력을 발휘하여 임의의 상품으로 전화하는 과정이 M—C 또는 구매이다. 그러므로 제2의 변태인 M—C 또는 구매는, C—M 또는 판매와 같은 어려움을 동반하는 과정은 아니다. 사려고 하는 대상이 상품으로서 시장에 나와 있기만 하면 되는 것이다.

C—M 또는 판매에는 항상 M—C 또는 구매가 대응된다. 이 M—C의 M은 항상 이미 C—M을 거쳐서 탈피한(사용가치라는 껍질을 벗어던진) 어떤 상품의 가치자태(價値姿態)이며, 따라서 이 M—C는 이 상품의 제2의 변태이다. 이와

그림 88 상품의 변태와 그 뒤얽힘

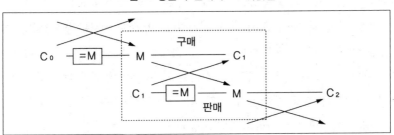

같이 하나의 상품의 변태는 반드시 다른 상품의 변태와 분리할 수 없게 뒤얽혀 있다. 하나의 과정이 이면적(二面的)인 과정이며, 상품소지자의 극으로부터는 판매이고, 화폐소지자의 극으로부터는 구매이다(그림 88).

네 개의 극과 세 사람의 등장인물 ┃ 한 상품의 변태 C-M-C에는 극이 네 개 있으며 인물이 세 명 등장한다. 즉 우선 상품과 그 가치자태로서의 타인의 주머니 속에 있는 화폐가 서로 마주보는 두 개의 극을 이루며, 상품소지자와 화폐소지자가 상대한다. 다음으로 상품이 화폐로 전환되면 이 화폐와 그의 사용자태로서 타인의 손에 있는 상품이 서로 마주보는 두 개의 극을 이루며, 화폐소지자와 상품소지자가 상대한다. 제1막의 판매자는 제2막의 구매자가 되며, 제2막에서는 그에 대해 제3의 상품소지자가 판매자로서 상대하게 된다(그림 89).

그림 89 한 상품의 변태에서 네 개의 극과 세 사람의 등장인물

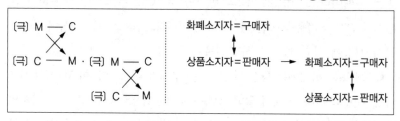

상품유통 ┃ 상품의 변태의 이와 같은 뒤얽힘 전체가 **상품유통**이다. 물물교환에서는 자기의 노동생산물을 넘겨주는 것과 그것과 교환으로 타인의 노동생산물을 수취하는 것이 직접 일치하나, 상품유통에서는 물물교환 속에 있는 이 두 계기가 시간적으로도 장소적으로도 별도의 판매와 구매라는 두 개의 행위로 분열되어 있다. 여기서는 이 두 개의 행위가 다른 장소에서 그리고 시간을 두고 행해질 수 있다. 이리하여 상품유통은 물물교환의 시간적·장소적 제한을 타파하고 인간노동의 물질대사를 발전시킨다.

그림 90 상품유통과 유통수단인 화폐의 유통

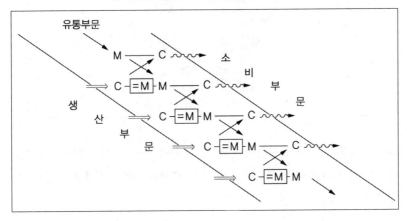

유통수단으로서의 화폐의 기능 │ 상품유통의 매개자로서 화폐는 **유통수단**이라는 기능을 얻는다. 유통수단으로서의 화폐는, 상품유통 속에서 끊임없이 유통으로부터 탈락하는 상품의 뒤를 메우면서 상품소지자 사이를 옮겨 다님으로써 상품생산사회의 **사회적인 물질대사**를 매개한다(그림 90).

화폐유통 │ 상품의 변태 C−M−C는 화폐를 구매자의 손에서 판매자의 손으로 끊임없이 흘러가게 한다. 누구의 눈에도 보이는 화폐의 이 운동이 상품유통과 구별되는 **화폐유통**이다.

구매수단으로서의 화폐의 기능 │ 화폐의 유통은 동일한 과정의 부단한 반복으로 나타난다. 즉 구매자의 손에 있는 어떤 화폐가 언제나 판매자의 손에 있는 어떤 상품에 대해 이 상품을 구매하는 수단으로 등장해서 상품의 가격을 실현하는 것이다. 여기서는 화폐가 상품의 가격을 실현함으로써 상품을 구매하는 수단, 즉 **구매수단**의 기능을 하는 것이다(그림 91).

　화폐는 구매수단의 기능을 수행하면서 상품소지자의 손을 차례차례 옮겨가는 것을 끊임없이 반복한다. 화폐유통은 상품들의 변태의 뒤얽힘을 표현

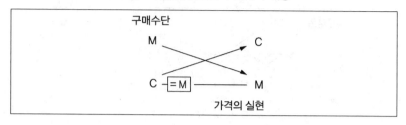

그림 91 구매수단으로서 화폐의 기능

하며 상품의 운동의 결과인데, 이와 같은 유통수단으로서의 화폐의 운동형 태에 눈이 쏠리면 마치 오로지 구매수단으로서의 화폐가 상품을 운동시키는 것같이 보인다.

주화와 그 유통 | 유통수단으로서의 금은 본래는 매매 때마다 그 순도가 확인되고 그 중량이 계량되는 **칭량화폐(秤量貨幣)**였다. 그러나 거래 때마다 시금(試金)과 계량을 하는 것은 성가시기 때문에 상품유통이 발전함과 더불 어 점점 일정한 낙인과 형상을 갖는 주화가 생기게 된다. **주화는 그것이** 갖는 일정한 낙인과 형상에 의해 엔, 파운드 등 화폐명으로 표현된 일정한 금량을 포함한다는 것을 표시하는 금조각이다. 그리고 **금지금(金地金, 금덩이)**

그림 92 주화의 유통

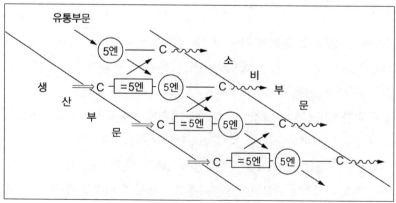

을 주화로 만드는 기술적인 작업, 즉 **주조**는 가격의 도량표준의 확정과 마찬가지로 국가의 손에 의해 행해지며, 국가는 주화가 포함하는 금의 **품위**와 **중량**을 보증하게 된다(그림 92).

주화 마손에 의한 실질금량 감소 │ 그러나 금화는 유통하는 가운데 점점 마손되어 주화의 **실질금량**(그것이 실제로 포함하는 금량)이 그 **명목금량**(그 액면이 표현하는 금량)보다 적어진다(그림 93).

그림 93 주화 마손에 의해 실질금량이 명목금량과 괴리가 생김

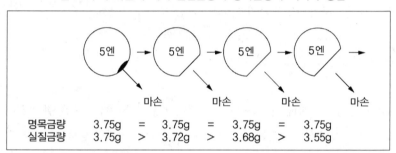

마손된 주화도 유통수단의 기능을 수행할 수 있다 │ 마손된 주화라도 마손의 정도가 적은 한 유통수단의 기능을 수행할 수 있다. 왜냐하면 상품판매자의 수중에 있는 화폐는 확실히 상품의 가치모습과 가치의 자립적인 표시이기는 하지만, 그것은 일시적이며, 이어서 이루어지는 구매 속에서 사라져버리므로, 이 구매에서 마손된 그 주화가 액면대로의 주화로 통용하면 그에게는 이 마손은 전혀 그 어떤 의미도 갖지 않기 때문이다. 그러므로 유통수단으로서 기능할 뿐이라면 주화는 단지 화폐의 상징적인 존재라 해도 충분히 수행할 수 있다.

보조주화 │ 유통수단으로서의 기능뿐이라면 상징적인 존재라도 수행할 수 있기 때문에, 금화 마손이 급속한 소규모 매매가 끊임없이 반복되는

유통영역에서는 금화가 금보다 가치가 낮은 금속으로 된 주화로 치환된다. 예컨대 최소 금주화의 제일 작은 분할부분이 동(銅) 등으로 만들어진 장표(章標)에 의해 대리된다. 이와 같은 주화는 가치척도인 금으로 된 **본위화폐**(本位貨幣)와 구별하여 **보조주화**(補助鑄貨)라 한다.

국가지폐 | 드디어 거의 가치가 없는 물건에까지 화폐의 각인이 찍히게 되어, 예컨대 금의 일정량을 상징적으로 표시하는 **지폐**가 등장한다. 그 전형은 국가가 발행하는 **강제통용력**(그것으로 지불되면 수취해야 하는 법적 강제력)을 가지는 지폐, 즉 **국가지폐**이다.

(3) 화폐퇴장과 본래의 화폐

화폐퇴장과 퇴장화폐 | C−M 또는 판매가 행해진 뒤에 상품은 길건 짧건 단기간 화폐형태로 정지한 후 재차 유통에 들어가 임의의 상품으로 전환되는데, C−M 또는 판매의 뒤에 실현된 가격인 M을 유통 밖으로 꺼내어 모아놓으면 그 화폐는 **퇴장화폐**(退藏貨幣)가 된다. 퇴장화폐를 형성하는 것을 **화폐퇴장**이라 한다(그림 94).

그림 94 **퇴장화폐의 형성**(화폐퇴장)

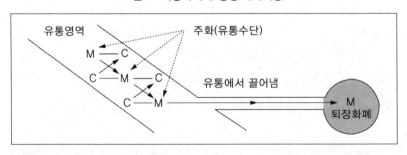

본래의 화폐 | 퇴장화폐란 상품의 가치가 자립화하여 물건의 형태를 취

한 것이다. 그것은 엄밀한 의미에서 '화폐'이며 본래의 화폐이다.

우리는 이제까지 상품이 유통에 나타났을 때 화폐가 수행하는 기능을 우선 가치척도의 기능으로, 다음으로 유통수단의 기능으로 따로따로 고찰했다. 그러나 상품세계에서 선발되어 화폐가 된 같은 상품인 금이 이 두 개의 기능을 수행하는 것인데, 우리는 사실 화폐인 이 금이 수행하는 기능을 상품의 운동에 따라 두 개로 분해해서 고찰한 것이다. 이 두 가지 기능 중 어느 쪽도 화폐인 금이 현실로 등장하지 않더라도 수행할 수 있었다. 가치척도의 경우에는 화폐는 항상 그저 관념적인, 표상된 금이었으며, 유통수단의 경우에는 거의 가치 없는 지폐에 의해 상징적으로 대리될 수 있었다. 그런데 퇴장화폐라는 형태의 화폐는 관념적인 금으로는 안 되며 상징적으로 다른 물건에 의해 대리될 수 없다. 그것은 금덩이 모양이건 주화 모양이건 결국 진정한 현물의 금이어야 한다. 다시 말해 여기서는 가치척도로서의 기능과 유통수단으로서의 기능 어느 기능도 수행할 수 있는 화폐상품이 현실로 등장하는 것이다. 그런 의미에서 '가치척도와 유통수단의 통일'이라 할 수 있으며 또한 이것이야말로 진실한 화폐라고 부를 수 있다는 의미에서 '본래의 화폐'라 할 수 있을 것이다.

일반적 형태의 부로서의 화폐 | 일반의 흔한 상품은 모두 한정된 특정한 사용가치밖에 가지고 있지 못하기 때문에, 그 상품형태를 벗어던지고 화폐라는 그 가치모습으로 전환해야 한다. 상품들은 가격에서 화폐를 표상하고 있지만, 이와는 전혀 대조적으로 진정한 현물 화폐상품은 상품세계에 있는 일체의 상품으로, 그 양이 허용하는 한, 전환할 수 있을 뿐만 아니라, 본래는 상품이 아닌 것도 상품형태를 취하게 한 뒤 그것으로 전환할 수도 있다. 화폐상품의 독특한 사용가치는 추상적 인간적 노동의 물질화인 가치의 덩어리, 물건의 형태를 취한 가치로서 모든 사용가치로 전환할 수 있다는 것이다. 그러므로 그것은 모든 상품의 사용가치를 대표하고, 그것들을 낳는

모든 구체적 노동의 총체이며, **추상적 인간노동의 화신이고, '사회의 부의 물질적 대표자'**이며, **'일반적 형태에서의 부'**이다. 본래의 화폐란 그러한 것이다.

본래의 화폐퇴장 | 그러므로 C—M이 끝난 데서 변태를 중단하고 유통으로부터 끌어내어 본래의 화폐형태로 되어 있는 퇴장화폐를 형성하는 것, 즉 화폐퇴장은 일반적 형태의 부를 형성하는 것이다. 그러므로 화폐를 운동시키는 것에 의해 증식하는 자본을 우리가 아직 모르는 동안에는, 자기 수중에 부를 증대시키는 유일한 방법은 화폐퇴장을 반복하여 퇴장화폐를 쌓아 올리는 것이다. 실제 자본주의적 생산이 일반화하기 이전에는 상품과 화폐가 있는 데서는 항상 화폐퇴장이 행해졌다. 되도록 많은 것을 팔고 되도록 사지 않는 것, 근면과 절약·검소, 인색이 화폐퇴장자의 모토이다. 그리고 이것이 **본래의 화폐퇴장**이다.

자본주의적 생산에서의 화폐퇴장 | 뒤에 보는 바와 같이, 자본주의적 생산하에서 화폐소지자는 화폐를 퇴장화폐로 모으는 것에 의해서가 아니라, 자본으로 운동시키는 것에 의해, 그리고 이를 위해 화폐를 자기 손에서 내놓음으로써 화폐를 증대시키게 된다. 그러므로 본래의 화폐퇴장은 예외적으로만 볼 수 있을 뿐인데, 그러나 자본의 가치증식운동 그 자체의 필요로부터 새로운 형태의 화폐퇴장이 이루어지게 된다. 그 전형적인 것은 고정자본의 감가상각기금 적립과 축적펀드 적립이다. 이러한 것에 대해서는 자본을 다루는 곳에서 상세히 본다.

유통화폐의 저수지로서의 퇴장화폐의 기능 | 개별 상품소지자들의 수중에서 형성되는 퇴장화폐를 사회적으로 보면, 그것들의 총체가 상품유통을 위해 아주 중요한 역할을 수행하는 것을 알 수 있다. 그것은 유통하고 있는

화폐의 양이 증감할 수 있게 하는 유통화폐의 저수지로서의 역할이다. 이 역할에 대해서는 곧 뒤의 §2에서 유통화폐의 양의 문제를 다루는 데서 언급한다.

(4) 신용매매와 지불수단으로서의 화폐의 기능

외상매매 ｜ 이제까지 보아온 두 가지 상품의 변태의 뒤얽힘인 매매는, 상품의 인도와 화폐의 지불이 동시에 이루어지는 현금매매였다. 그런데 상품유통의 발전과 더불어 상품의 양도를 상품가격의 실현, 즉 화폐의 지불로부터 시간적으로 분리시키는 갖가지 사정이 발전한다. 예컨대 어떤 상품을 사려고 하는 구매자가 자기 상품의 생산과 판매의 사정 때문에 지불하기 위한 화폐를 아직 입수하지 못하고 있으나 얼마 뒤에는 확실히 입수할 수 있다고 할 때, 그 상품의 판매자는 화폐의 지불을 그 기간 동안 유예하게 된다. 이리하여 상품 양도 후 시간을 두고 화폐를 지불하는 매매 형태가 생긴다. 이른바 **외상매매**이다. 판매는 외상판매가 되고, 구매는 외상구매가 된다(그림 95).

이 매매에서는 상품이 양도되는 제1의 시점에서 판매자는 채권자가 되고 구매자는 채무자가 된다. 그리고 제2의 시점에서 화폐가 지불됨으로써 이 채권채무관계는 소멸된다.

그림 95 현금매매와 외상매매

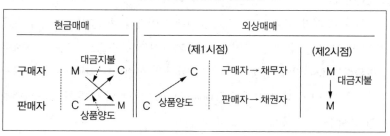

외상매매에서 화폐의 기능 | 외상매매 때 화폐가 수행하는 기능은 좀 복잡하다. ① 우선 현금매매의 경우와 마찬가지로, 화폐는 상품의 가치를 가격으로 표현하기 때문에 가치척도로 기능을 한다. 이 가격이 판매자와 구매자 사이에서 합의해 결정된 값이라고 하면, 구매자는 이만큼의 화폐를 이 시점(제1시점)보다 뒤의 어떤 확정된 시점(제2시점)에서 판매자에게 지불할 것을 약속한다. 이 '화폐지불약속'은 관념적인 화폐량이며, 가격의 도량표준에 의해 계산된다. ② 판매자는 이 시점에서 구매자에게 상품을 양도한다. 구매자는 지금은 화폐를 가지고 있지 않지만, 그가 제2시점에서 판매자에게 지불하는 화폐, 즉 '장래의 화폐'가 지금 제1시점에서 상품을 사는 데 도움이 되었으며, 이 장래의 화폐가 지금 **구매수단**으로서——여기서는 다만 관념적으로만——기능한 것이다. 이리하여 화폐가 가져야 할 화폐로서의 형식적인 사용가치가 실현되어, 구매자의 욕구를 충족시키는 사용가치를 구매자에게 가져왔다. 판매자는 상품을 양도했으나 현실의 화폐는 받지 못하고 있다. 그러나 그는 지금 구매자의 화폐지불약속을 가지고 있다. 이것은, 실현될 수 있는지 없는지는 모르지만, 이미 그의 상품의 단순한 가격이 아니라 제2시점에서——계약이 준수되는 한——지불되는 화폐를 표시하는 것이다. 그러므로 그의 상품의 가격은 이 시점에서 관념적이기는 하지만 실현되었다. 가격은 실현되어 화폐지불약속이 되었다. 이 화폐지불약속은 구매자에게는 채무이고 판매자에게는 채권이며, 이 시점에서 판매자는 채권자, 구매자는 채무자가 되었다. ③ 이리하여 나중에 남은 것은, 제2시점에서 채무자로 된 구매자가 채권자인 판매자에게 화폐를 지불하여 채무를 결제하는 것뿐이다. 화폐가 **지불수단**으로서 유통에 들어간다. 채권자인 판매자 쪽에서 보면 이 지불에 의해 그의 상품의 가격이 최종적으로 현실의 화폐로 전화된다. 다시 말해 상품의 가격이 현실로 실현된다. 채무자인 구매자 쪽에서 보면 이미 제1시점에서 구매수단으로 기능하여, 사용가치를 실현해 버린 화폐를 채권자에게 인도하게 된다.

그림 96 외상매매에서 상품 변태의 뒤얽힘과 화폐의 기능

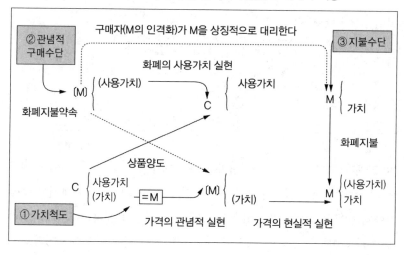

지불수단으로서의 화폐의 유통 │ 이상이 외상매매에서 화폐의 기능이지만, 여기서 비로소 나타나는 화폐의 기능은 제2시점에서 채무자가 채권자에게 지불하는 화폐가 수행하는 기능이다. 이와 같이 화폐지불약속에 의거해서 지불되는 화폐, 채무를 결제하여 채무채권 관계를 끝마치는 화폐를 **지불수단으로서의 화폐**라 한다. 제2시점에서 화폐는 지불수단으로서 유통에 들어간다(그림 96).

여기서는 명백히 채무자에서 채권자에게로 화폐가 유통하는 것이지만, 그것은 유통수단, 즉 주화로서는 아니다. 여기서의 화폐는 상품의 일시적인 가치모습인 유통수단과는 달리 채무자가 채권자에게 가치 그 자체를 인도하기 위한 형태이기 때문에 처음부터 본래의 화폐만이 수행할 수 있는 기능이다. 그러나 본래의 화폐를 대리할 수 있는 은행권 등의 화폐형태가 발전하면 본래 화폐의 이러한 대리물이 지불수단으로 통용할 수 있게 된다.

신용의 형성 │ 그런데 그림 96에서 [M]으로 표기한 것은 화폐지불약속이

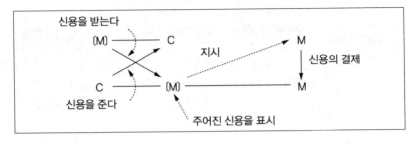

그림 97 외상매매에서는 신용이 수수된다

며, 판매자에게는 채권, 구매자에게는 채무이지만, 이것은 판매자가 구매자의 지불약속을 신용했다는 표시이다. 다시 말해 이 거래에서 판매자는 구매자에게 **신용**을 주었으며, [M]은 그 신용의 크기를 표시하는 것이다. 이와 같이 외상매매에서는 판매자와 구매자 사이에서 신용이 수수(授受)되므로, 외상매매는 **신용매매**라고도 한다. 뒤에 제3편 제5장 제2절에서 보는 바와 같이, 발달한 자본주의적 생산에는 정교한 신용 시스템이 발전하고 있어 여러 가지 신용거래가 이루어진다. 신용은 신용거래 그리고 신용 시스템 그 자체를 성립시키는 사람들 사이의 가장 기초적인 사회관계인데, 이 신용은 확실히 이 외상매매 속에서 자연발생적으로 생겨나는 것이다(그림 97).

신용의 연쇄 형성과 지불의 연쇄 | 신용매매가 발전하면 신용을 준 상품소지자들은 지불기일에 받을 화폐를 기대하여, 자기들도 신용으로 상품을 사게 된다. 이리하여 상품소지자들 사이에서 거래의 연쇄가 형성되어간다. 그림 98에서는, B가 A에 신용으로 자기 상품을 팔고 지불기일에 A로부터 지불될 것을 예상하여 신용으로 C에서 상품을 사며 그리고 또한 C도 ……등 이라는 상품의 변태의 뒤얽힘이, 그리고 또한 신용의 연쇄가 자연발생적으로 형성되는 것을 표시하고 있다. 약속한 기일이 오면 A로부터 B에, B로부터 C에, C로부터 등에 지불수단으로서의 화폐가 유통한다. 그러므로 이 지불수단의 흐름의 연쇄는 그 이전에 형성되어 있던 매매의 연쇄를, 그리고 또

그림 98 신용의 연쇄와 지불수단 흐름의 연쇄

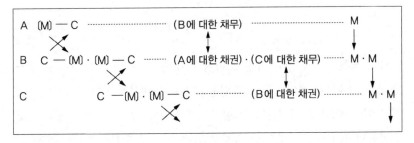

신용의 연쇄를 표현하는 것이다(그림 98).

채권과 채무의 상쇄 │ 위 그림과 같은 상품변태의 뒤얽힘과 신용의 연쇄
에서, C가 지불기일에 B로부터 채무를 지불받을 것을 예상하여, A로부터
신용으로 상품을 사며, 그리고 이러한 거래가 이루어졌다는 것을 이 3인의
당사자가 서로 알고 있었다고 하면, C가 A에게서 상품을 사는 시점에서
A의 B에 대한, B의 C에 대한, C의 A에 대한 각자의 채무는, A의 C에 대한,
B의 A에 대한, C의 B에 대한 각자의 채권과 **상쇄되어**(+와 −로 장부의 기록이
상쇄되어) 모두 소멸한다. 이 경우에는 최초의 두 가지 거래의 지불기일에
이루어져야 할 예정이었던 지불은, 이에 따라 지불수단의 유통은 생기지
않은 채 그치게 된다. 신용매매는 지불기일에 화폐가 지불된다는 신용에
의거해서 성립되는 거래이며, 따라서 지불수단으로서의 화폐의 기능을 전
제해서 성립되는 거래인데, 그 지불기일에 화폐지불 그리고 지불수단으로

그림 99 채무와 채권의 상쇄

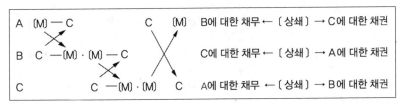

서의 화폐의 유통이 없는 채 매매가 성립하고 채무채권의 결제가 이루어지는 것이다(그림 99).

어음의 유통 | 신용은 가장 소박한 형태에서는 구두 약속이라도 좋으나, 상거래에서는 적어도 종이로 만든 증서로 표현하게 된다. 또한 제3자에게서 이미 받은 채무증서를 제시함으로써 자기가 채권을 가지고 있는 것을 증명함과 동시에, 그 채권의 결제로 받을 화폐를 지불할 것을 약속하기 위해, 그 증서 그 자체를 넘겨주고 상품을 외상으로 사는 것이 행해진다. 나아가, 일반적으로 신용은 일정한 서식을 갖는 양도 가능한 일정기일의 지불약속 증서로 나타내게 된다. 이러한 양도 가능한 채무증서, 서면으로 하는 일정기일의 지불약속을 어음이라 한다. 지금 A가 어음으로 B에게서 상품을 사고, B가 그 어음으로 C에게서 상품을 사고, C가 그 어음으로 A에게서 상품을 사는 경우를 생각해보자(그림 100).

여기서는 B가 C와 거래했다는 것을 A가 몰랐다 하더라도 최후의 거래와 동시에 모두의 채권·채무가 상쇄된다. 이 경우에는 지불수단으로서의 화폐는 유통하지 않고 모두의 거래가 어음의 '유통'에 의해서만 완료된다는 것이다. 이는 어음 그 자체가 상품의 구매수단으로, 따라서 유통수단으로 기능한 까닭이다. 이러한 방식으로 화폐로서의 기능을 수행하는 어음이 **상업화폐**이다. 어음에는 채무자가 발행하는 **약속어음**과 채권자가 발행하여

그림 100 어음 유통에 의한 채권·채무의 상쇄

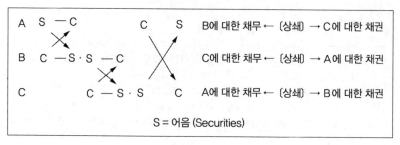

S = 어음 (Securities)

채무자가 인수하는 **환어음**의 두 가지 형태가 있는데, 서면에서의 지불약속이라는 그 기본적인 성질은 같다.

지불의 상쇄를 위한 시설의 발전 ｜ 신용거래가 발전하여 어음 유통이 널리 이루어지면, 어음으로 나타내는 갖가지 채권·채무를 한 장소에 모아서 그들을 대조하여 되도록 상쇄하기 위한 인위적인 방법과 이를 위한 시설이 발달한다. 이러한 시설은 예컨대 고대 로마와 같은 시대부터 이미 존재했다. 이러한 시설이 발전할수록 실제로 결제되는 지불차액은, 다시 말해 지불수단으로서 유통되는 화폐량은 채권·채무의 총액에 비해 상대적으로 적어진다. 현대의 이러한 시설은 **어음교환소**라고 부른다.

은행권과 수표 ｜ 자본주의적 생산하에서 형성되는 신용 시스템의 중심을 이루는 것은 은행제도인데, 상업화폐인 상업어음의 유통을 기초로 삼아 은행을 채무자로 하는 특별한 어음이 생겨 화폐로 광범하게 유통된다. 즉 채무자인 은행이 발행하는 지불약속인 **은행권**[태환은행권(兌換銀行券)]과, 채권자인 예금자가 발행하는 은행의 지불약속인 **수표**이다. 이러한 것은 **은행어음**이지만, 그중 은행권은 특히 **본래의 신용화폐**라고 한다. 또한 광의의 신용화폐에는 상업어음과 은행어음의 전체가 포함된다. 이에 대해서는 은행제도를 논의하는 곳(제3편 제5장 제2절)에서 다시 지적할 것이다.

(5) 세계시장과 세계화폐

세계시장 ｜ 이제까지 살펴본 상품유통은 하나의 국가권력이 미치는 국경에 의해 구분된 국내유통이며, 화폐의 기능도 거기서의 기능이었다. 그러나 실제로는 상품유통은 국경을 넘어서 확대되고 있을 뿐 아니라 [본래 상품의 교환은 다른 공동체들 사이에서 시작되었고 상품유통은 본질적으로 국경을 넘는 것이다], 가치가 본래 의미인 구별 없는 인간적 노동의 대상화로 되는 것은 상품유통이 매개하는 사회적인 물질대사가 세계적으로 넓어졌을 때라고 말할 수 있다. 그리고 자본주의적 생산은, 뒤에 보는 바와 같이 그 이전의 생산형태를 갖는 나라와 지역에도 상품유통을 확대하면서 **세계시장**을 발전시키게 된다.

세계화폐 | 세계시장에서는 화폐는, 국가가 그 권력에 의해 화폐에 입힐 수 있는 일체의 국민적인 제복(制服)을 벗어던지고 세계시민에게 통용되는 모양을 취해야 한다. 즉 각국의 고유한 화폐명을 가진 가격의 도량표준과 그들의 화폐명을 짊어진 각국 고유의 갖가지 주화는 세계시장에서는 통용되지 못한다. 세계시장에서는 중량에 의한 도량 시스템이 그대로 가격의 도량표준으로 사용되며, 화폐상품은 그 지금(地金, 덩이) 모양으로 나타나야 한다. 이와 같이 세계시장에서는 화폐도 이 영역에 상응하는 모양을 가지지 않으면 안 되는데, 그러한 모양을 가지고 세계시장에서 기능하는 화폐가 **세계화폐**이다.

금의 두 가지 흐름 | 세계시장에서 금의 흐름에는 두 가지가 있다. 그 하나는 금광산을 가진 나라, 즉 금 생산국에서 금이 세계시장 구석구석에까지 널리 퍼지고 각국에서 유통하는 화폐가 되며 퇴장화폐로서 응고하곤 한다. 이 운동은 금 생산국에서 보면 금 생산국들의 상품인 금과 금 비생산국들의 상품의 직접적인 생산물 교환이며, 금 비생산국에서 보면 자기 상품들의 가격을 금 생산국의 금으로 실현하는 과정, 다시 말해 판매이다. 세계시장에서 금의 두 번째 흐름은, 금이 각국 유통영역 사이를 끊임없이 왕복하는 운동이다. 이 두 번째 흐름을 통해 금 생산국에 상품을 팔지 않는 금 비생산국에서도 자국의 상품판매대금으로 금을 입수할 수 있는 것이다.

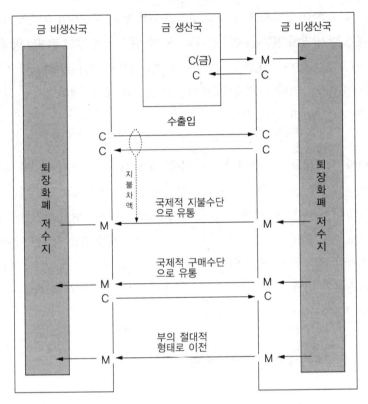

그림 101 세계시장에서 금의 운동과 세계화폐의 기능

세계화폐로서의 화폐의 기능 | 금 비생산국들 사이에서 화폐가 수행하는 기능은, 첫째로는 상호 간에 이루어지는 상품의 매매, 즉 수출입에 의해 생기는 채권·채무 차액의 결제를 위해 지불되는 화폐이다. 이것은 **국제적 지불수단**으로서의 기능이며, 세계화폐가 수행하는 기능 중 가장 기본적이고 압도적인 부분을 차지하는 것이다. 둘째로 어떠한 이유로 나라들 사이에서 상품의 수출입을 곧 현금으로 결제해야 하는 경우에 화폐는 상품과 교환으로 구매수단으로서 지불된다. 즉 **국제적 구매수단**으로서의 기능이며, 예컨대 적대적 관계에 있는 나라 사이에서 상품의 매매가 이루어질 때에는

이러한 거래가 생길 수 있다. 셋째로는 어떠한 이유로 어떤 나라에서 다른 나라로 부(富)를 인도해야 할 때 그것은 사회적 부의 대표자인 본래의 화폐 형태를, 다시 말해 진정한 금의 형태를 취하게 된다. 금은 **부의 절대적 형태로**서 이전하는 것이다. 예컨대 패전국에서 전승국으로 배상금(賠償金)이 지불되는 경우가 그러하다. 세계시장에서 금의 운동과 세계화폐의 기능을 나타내면 그림 101과 같이 된다.

현대의 '국제통화' | 또한 현대의 세계시장에서는 금이 아니라 어떤 특정한 나라의 국민적 제복을 입은 화폐, 예컨대 달러가 통용되고 있다. 이른바 **국제통화**이다. 이러한 사태는 세계적인 규모로 신용 시스템이 발전한 것을 전제로 하며, 이것의 이해(理解)는 신용 시스템 그 자체에 대한 지식뿐 아니라 국제적인 교역의 구체적인 역사적 발전에 대한 지식을 필요로 하는데, 이는 경제원론의 범위를 벗어나는 것이다. 이는 국제경제론이나 외환론 등의 전문적 교과에서 연구하게 된다.

(6) 불환제하에서 화폐의 여러 형태

현재의 돈을 이해하려면 금속화폐의 기능을 꼭 이해해야 한다 | 이제까지는 금이 화폐라고 해서 화폐의 기능을 보았다. 그러나 예전부터 금이 금덩이나 주화(鑄貨)로 유통하고 있었다는 것은 잘 알려져 있지만, 우리가 현재 일상적으로 '화폐'로서 의식하고 있는 갖가지 종류의 '돈' 중에는 금덩이는 물론 금화(금주화)도 존재하지 않는다. 그런데 지금 우리가 보고 있는 '돈'도 아니고 오래전에 화폐가 아니게 된 것 같은 금화폐를 가지고 화폐의 기능을 생각해온 것은 무엇 때문인가?

그것은 현재의 각종 '돈' 모두가 금이 주화로도 유통하던 **'금속유통'**하에서의 화폐의 여러 기능에서 생겨난 것이므로, 그것들이 생겨서 지금도 아직 존재하는 근거를 밝히기 위해서는 무엇보다 먼저 금속유통하에서의 금의 기능을 정확히 이해해야 하기 때문이다. 어떻게 해서 왜 무엇에 의해 화폐가 생겨났고 금이 화폐로 되었는가 하는 것은 이미 제2~4절에서 살펴보았다. 이 절에서는 그렇게 해서 태어난 화폐가 어떤 기능을 수행하는가를 보려고 했기 때문에, 당연히 화폐로 된 금에 대해 그 기능을 밝히는 것이 필요했던 것이다.

또한 이제까지의 고찰에서도 이미 보조주화와 국가지폐에 대해서는 그 발생과정이 밝혀졌으며, 태환은행권에 대해서는 은행제도를 알고 나서 비로소 논할 수 있다는 것도 지적되었다. 수표나 신용카드로 지불이나 수취를 할 수 있는 당좌성(當座性) 예금, 수표나 신용카드 그 자체 등은 은행권과 마찬가지로 은행제도에서 생겨난 신용화폐 또는 그것의 지불을 지시하는 것인데, 이러한 것은 은행제도의 설명 없이는 다루지 못하는 것이다.

불환은행권의 이해에는 은행제도에 대한 지식이 필요하다 │ '돈'이라 할 때 우리가 곧 떠올리는, 표면에 '일본은행권'이라고 씌어 있는 천 엔권이나 일만 엔권은 태환할 수 없는 은행권, 즉 **불환은행권**(不換銀行券)인데, 이를 이해하기 위해서는 국가지폐와 태환은행권에 대한 지식이 필요하다. 그다음 국가지폐의 유통과 그 밑에서의 인플레이션을 논의할 때 불환은행권에 대해서도 이야기하지만, 오직 불환은행권만이 유통하는 '**불환제**(不換制)'에 대해서는 역시 은행제도를 논한 뒤에 비로소 본격적으로 고찰할 수 있을 것이다.

서장 제4절 §2에서 이야기한 바와 같이, 사회의 경제적 구조를 그 근본에서 파악하려 할 때에는 지금 눈에 보이는 구체적인 사상(事象)들 모두를 한꺼번에 다룰 수는 없으며, 가장 본질적이고 간단한 사상의 분석에서부터 한 걸음 한 걸음 올라가야 한다(☞그림 40). 화폐에 대해서도 마찬가지다. 화폐에 대해 우리가 이제까지 해온 연구는 이미 우리에게 화폐에 관해 가장 근본적인 지식을 주고 있다. 이를 기초로 하여 자본주의적 생산의 기본적인 구조와 은행제도에 대한 연구를 진행하는 속에서, 화폐에 대해서도 더욱 구체적으로 알게 되는 것이다.

§ 2. 유통화폐량과 화폐저수지

유통화폐의 양 | 이제까지 알게 된 것은, 상품세계에서 금이 배제되어 화폐가 되고 모든 상품이 이 화폐로서 자기의 가치를 표현하고, 모든 상품이 화폐에 매개되어 전반적으로 양도되어 상품유통을 형성하며, 또한 신용매매가 이루어지게 되면 금이 지불수단으로 유통하게 된다는 것이다. 그러므로 한 나라의 국내유통에는 많은 현금매매를 매개하는 유통수단과 신용매매의 차액을 결제하는 지불수단이 끊임없이 유통하고 있으며, 또한 이러한 것에 필요한 화폐가 존재한다. 여기서 이제까지는 전혀 언급하지 않았던 국내 유통영역에서 유통하는 화폐의 양(量) 문제에 대해 살펴보기로 하자.

지금 국내유통에서 C_1에서 C_n까지 n개의 상품이 있고, 그것들의 양은 각각 q_1에서 q_n까지이며, $\boxed{=M_1}$ 에서 $\boxed{=M_n}$ 까지의 가격으로 판매된다고 하자. 여기서 '가격'이란 실제로 매매될 때의 가격, 즉 '결정된 값'이며, 상점에서 판매자가 '부르는 값'은 아니다. 이러한 매매가 모두 동일한 시점서 일제히 따라서 병행적으로 이루어지며, 그 때문에 각각의 매매에서 모두 다른 화폐 조각(주화)이 지불된다고 하자. 각각의 매매에서는 $\boxed{=M_1}$ 에서 $\boxed{=M_n}$ 까지 각각의 가격이 표시하는 만큼의 화폐가 필요하다. 그래서 이 **유통에 필요한 화폐의 양**은, 실현되어야 할 상품가격의 총액인 $\sum(\boxed{=M}\times q)$ 와 동등한 것이 된다. 이 간단한 예가 단적으로 표시하는 것은, 유통화폐량을 가장 근본적으로 규정하는 것은 상품의 가격총액(개개 상품의 가격과 각자의 판매 수량의 곱의 총계)이라는 점이다. 유통하는 화폐의 양의 증감이 상품의 가격을 올린다든가 내린다든가 하는 것이 아니라, 유통하는 상품의 가격과

그림 102 병행하여 이루어지는 상품변태를 매개하는 유통수단의 양

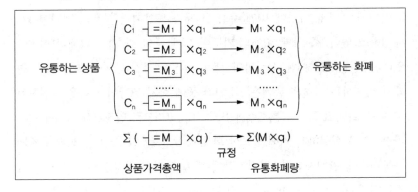

그림 103 계기적으로 뒤얽힌 상품변태를 매개하는 유통수단의 양

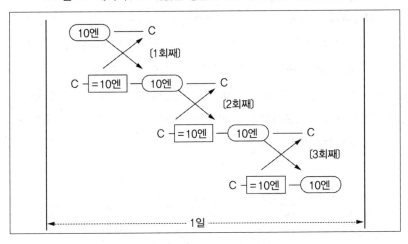

수량이 그 가격을 실현하는 데 필요한 화폐의 양을 규정하는 것이다. 이것이
유통하는 화폐의 양에 대한 가장 기본적이며 가장 중요한 법칙이다(그림 102).
　동시에 이루어지는 병행적 매매에서는 각각의 매매에서 화폐 조각(주화)
이 따로따로 필요하지만, 시간적으로 차례차례 이루어지는 매매에서는 같
은 화폐 조각이 차례차례 다른 매매를 매개하면서 이 사람 손에서 저 사람
손으로 넘어갈 수 있게 된다. 지금 10엔이라는 화폐 조각이 1일간 3회의

거래를 매개하는 것으로 하자(그림 103).

여기서는 하루 사이에 10엔 주화 한 개가 10엔짜리 상품의 매매를 3회 매개하고 있다. 즉 합계 30엔의 가격이 10엔 주화 한 개에 의해 실현되고 있다. 직관적으로 이해되는 바와 같이, 일정한 기간 사이에 화폐 조각 한 개가 실현하는 가격의 총액은, 이 기간 중에 화폐 조각이 가격을 실현하는 횟수, 즉 **화폐 조각의 유통횟수**에 비례한다. 그러므로 일정기간 사이에 같은 가격총액을 실현하기 위해 필요한 화폐 조각 수는, 그 기간 중 화폐 조각의 유통횟수에 반비례한다. 일정기간에 화폐 조각의 유통횟수 증가는 **화폐 조각의 유통속도**가 높아지는 것일 뿐이다. 그러므로 화폐 조각의 유통속도가 높아지면, 같은 가격총액을 실현하기 위해 필요한 화폐의 양은 감소한다. 그래서 유통화폐의 양은 상품의 가격총액에 비례하며, 동일한 화폐 조각의 유통속도 내지 유통횟수에 반비례하게 된다. 일정기간에 동일한 명칭의 화폐 조각의 평균 유통횟수를 n이라 표시하면 다음과 같은 규정관계가 있는 것은 명백하다. 여기서도 중요한 것은, 상품의 가격총액이 유통통화량을 규정하는 가장 기본적인 요인이며 유통통화량이 상품의 가격을 규정하는 것은 아니라는 것이다.

$$\frac{\text{유통하는 상품의 가격총액}}{\text{화폐 조각의 평균유통횟수}} = \frac{\Sigma(\boxed{=M} \times q)}{n} \xrightarrow{\text{규정}} \text{유통화폐량(M)}$$

그런데 유통화폐의 양을 생각할 때 이제까지는 매매는 모두 현금매매이며, 화폐는 모두 유통수단으로서 유통하는 것으로 가정했다. 그러나 이미 본 바와 같이, 신용매매가 이루어지게 되면 채권채무의 차액을 결제하기 위해 지불수단으로서의 화폐가 유통함으로써, 이 지불수단으로 유통하는 화폐도 유통하는 화폐의 양의 일부를 이루게 된다. 신용매매의 총액(신용매매에서 개개 상품의 가격과 각각의 판매수량의 곱의 총계)이 동시에 청산되어야 할 채무의 총액이 되는데, 이 중에서 상쇄되는 채무는 실제로 지불될 필요가 없다. 또한 지불수단의 경우에도 동일한 화폐 조각이 일정한 기간 반복하여 지불수단으로 이 사람의 손에서 저 사람의 손으로 넘어갈 수 있게 된다. 그래서 신용매매의 결제를 위해 유통하는 지불수단으로서의 화폐의 양은 다음과 같이 결정된다.

$$\frac{\text{지불되어야 할 채무 총액} - \text{상쇄되는 지불 총액}}{\text{지불수단의 유통속도}} \xrightarrow{\text{규정}} \text{지불수단의 유통량}$$

국내유통에서 일정기간에 유통하는 화폐의 양은 유통수단으로 유통하는 화폐의 양과 지불수단으로 유통하는 화폐의 양의 합계인데, 일부 화폐 조각은 유통수단으로서 상품의 가격을 실현한 뒤에 이번에는 채무의 결제를 위해 지불수단으로서 유통하는 식으로 이 양쪽의 기능으로 유통하기 때문에, 그 부분이 이중으로 계산되지 않도록 양자의 합계에서 공제되어야 한다. 그래서 **유통수단 및 지불수단으로 유통하는 화폐의 총량**은 최종적으로 다음 식에 의해 규정된다.

$$\frac{\text{실현되어야 할 상품가격 총액}}{\text{유통수단의 유통속도}} + \frac{\text{지불되어야 할 채무총액} - \text{상쇄되는 지불총액}}{\text{지불수단의 유통속도}}$$

$$- \text{유통수단 및 지불수단의 양쪽의 기능으로 유통하는 화폐 조각의 합계액}$$

$$\xrightarrow{\text{규정}} \text{유통화폐량(유통수단 및 지불수단으로서 유통하는 화폐의 양)}$$

이 규정관계를 **유통화폐량의 법칙**이라 한다. 또한 유통수단으로서 유통하는 화폐와 지불수단으로서 유통하는 화폐까지를 포함한 유통하는 화폐 모두를 '유통수단'이라 할 때가 있다. 이 경우 유통수단이라는 말은 넓은 의미로 쓰이는 것인데, '광의의 유통수단＝본래의 유통수단＋유통하는 지불수단'이 된다.

유통화폐의 시초적 형성 | 국내유통 영역에서 상품유통에 필요한 양의
화폐가 유통하고 있을 때, 그만한 양의 화폐는 도대체 어떻게 거기에 존재하
게 되었는가? 화폐상품인 금은 본래 금의 생산지에서 노동생산물로 생산된
것이며 그것이 유통영역에 들어오는 것이다. 이미 세계화폐를 논의할 때
말한 바와 같이, 만일 금광을 전혀 가지지 않은 금 비생산국이라면 그 나라에
서 유통하는 금은 모두 금 생산국 생산자가 생산한 금이 ── 직접적으로 금
생산국과 교역에 의해서든, 간접적으로 이미 금 생산국에서 금을 입수하는 금 비생산
국과의 교역에 의해서든 ── 국경을 넘어서 들어온 것일 뿐이다. 자국 안에
금광이 있으면 거기서 금생산자가 생산한 금이 유통화폐가 된다. 어떻게
그렇게 될까? 세계화폐를 논의할 때 간단하게 시사한 바와 같이, 금 생산자는
자기의 노동생산물을 다른 상품들과 교환한다. 이 교환은 그의 관점에서
보면 자기의 상품인 금과 다른 상품들의 직접적인 생산물 교환인데, 그에게
상품을 넘겨주는 상품소지자의 관점에서 보면 자기 상품의 판매이다. 여기

그림 104 금의 생산지로부터 유통영역으로 금의 유입

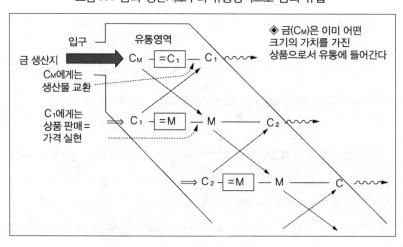

서는 **구매가 없는** 판매라는 독특한 거래가 이루어지고, 그 결과 상품으로서 등장한 금이 실현된 가격이 되며, 그 이후는 화폐로서 유통하게 되는 것이다. 이처럼 유통영역에는 말하자면 하나의 구멍 내지 입구가 열려 있고, 거기서 상품으로서 금이 들어오며, 그리고 들어온 순간에 화폐가 된다(그림 104).

유통화폐와 주화준비 | 상품의 변태는 C−M−C인데, 상품이 제1의 변태인 C−M 또는 판매에 의해 화폐로 전환해서, 다음으로 화폐형태로 제2의 변태인 M−C 또는 구매에 들어가기까지, 길건 짧건 얼마 동안 쉰다. 판매자가 자기의 상품을 화폐로 전환한 뒤 이 화폐로 자기의 욕구를 충족시키는 갖가지 상품을 구매할 때, 이러한 구매가 동시에 이루어질 수 없다는 것을 생각해보아도, 이 휴지기간은 다음에 이루어지는 구매를 위한 준비기간임을 알 수 있다. 이러한 휴지상태에 있는 화폐를 **주화준비**(鑄貨準備)라 한다. 주화준비의 형태에 있는 화폐는, 일시적인 휴식 뒤 이윽고 다시 다른 상품으로 전환하려는 상품이 취하는 일시적인 화폐형태이다. 이것은 C−M 또는 판매의 결과인 M이 유통을 중단하고 유통영역 밖에서 운동을 멈추어 퇴장화폐가 되는 본래의 화폐와는 명확히 구별해야 한다(그림 105).

그런데 유통하고 있는 화폐는 도대체 어디에 있을까? 구매수단으로서의

그림 105 주화준비와 퇴장화폐

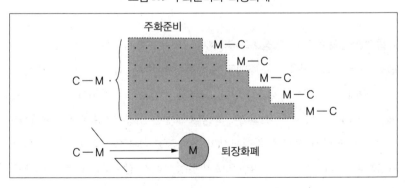

그림 106 유통화폐와 주화준비는 같은 것을 다른 관점에서 본 것이다

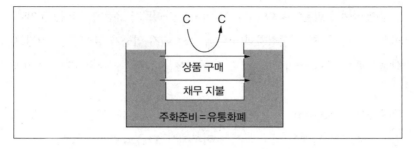

M이 구매자의 손에서 판매자의 손으로 이행하는 사이의 시간은 거의 무시할 만한 아주 짧은 시간이다. 가령 이 이행이 순간적으로 이루어지기 때문에 이 시간을 제로라고 생각해보자. 그러면 유통하는 화폐는 결국 항상 누군가의 수중에서 주화준비의 형태로 있으며, 그것이 어떤 순간에 구매자의 손에서 판매자의 손으로 이행하게 된다. 다시 말해 주화준비는 **유통화폐**를 누군가의 수중에 머무르고 있다는 관점에서 본 것인데, 그 실체는 유통화폐와 같다(그림 106).

요컨대 유통화폐는, 구매를 위해 돈지갑이나 금전출납기, 금고 등에 일시적으로 들어 있는 화폐의 총체이다. 거기에다 주화준비에는 채무자가 지불수단으로서 지불하기를 예정하여 그때까지 일시적으로 휴지시키고 있는 화폐도 마찬가지로 포함되어 있다.

유통화폐량의 증감과 퇴장화폐 저수지 | 유통화폐량은 상품 가격수준의 변동, 현금 또는 신용으로 매매되는 상품량의 변화, 화폐 유통속도의 변화 등에 의해 시시각각 변화하고 있다. 그러면 끊임없이 변화해야 하는 유통화폐량은 어떻게 증감하는 것일까? 그 양의 조절은 어떻게 이루어지는 것일까?

무엇보다 먼저 그것은 화폐퇴장이 형성하는 저수지에 의해 이루어진다. 유통화폐가 퇴장화폐로 전환함으로써 유통화폐가 감소하고 퇴장화폐 저수

그림 107 유통계에서 퇴장화폐 저수지로 유출되거나 거기로부터 유입됨

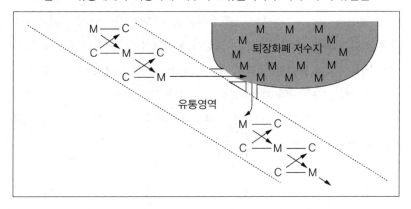

그림 108 퇴장화폐 저수지 기타에 의한 유통화폐량의 조절

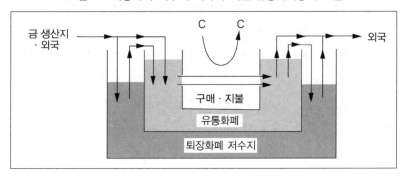

지의 수위를 올린다. 퇴장화폐가 다시 유통화폐로 전환함으로써 유통화폐
가 증가하고 **퇴장화폐 저수지**의 수위를 내린다. 이러한 저수지의 유출입
운동에 의해 유통화폐의 양은 끊임없이 조절된다(그림 107).

또한 자국 또는 외국의 금 생산지로부터(또는 일반적으로 외국으로부터)
금이 유통에 들어옴으로써, 유통화폐 또는 퇴장화폐가 증대할 수 있다.
다른 한편 금이 외국에 유출됨으로써 유통화폐 또는 퇴장화폐가 감소할
수도 있다.

이리하여 유통화폐량은 항상 유통의 필요에 적합할 수 있다(그림 108).

또한 보조주화는 퇴장화폐가 될 수 없기 때문에, 항상 유통화폐의 상태로 존재하게 된다. 그러므로 보조주화는 말하자면 유통화폐의 밑바닥에 쌓여 있다. 그런데 보조주화에는 그것이 본래의 화폐가 될 수 없도록 하기 위해 법화로서의 통용한도, 다시 말해 **통용최고한도**가 설정되어 있다. 따라서 보조주화는 유통영역에서 부분적으로 유통하고 있을 뿐이며 모든 유통화폐를 보조주화가 차지할 수는 없다. 유통화폐량의 조절은 본래의 화폐, 본위화폐의 출입에 의해 조절되는 것이다.

국가지폐의 유통 ㅣ 이미 본 바와 같이, 유통과정은 거의 가치가 없는 지폐까지도 금의 일정량을 상징적으로 대표하는 것으로서 유통시키는 것을 허용한다. 이리하여 국가는 강제통용력을 갖는 **국가지폐**를 발행하게 된다.

국가지폐가 유통될 수 있는 것은, 그것이 가치의 일시적인 자립형태인 C−M 와 M−C 사이의 M를 대표하는 한에서이다. 그것은 결코 퇴장화폐로 되는 일은 없다. 그리고 그것은 국가가 강제로 흡수해 파기하는 예외적인 방법(거의 있을 수 없다) 이외에는 유통계로부터 나갈 출구를 가지고 있지 않다. 그러므로 국가지폐는 발행되어 일단 유통계에 들어가면 거기에 머무르지 않으면 안 된다(그림 109).

그림 109 국가지폐에는 유통계로부터의 출구가 거의 없다

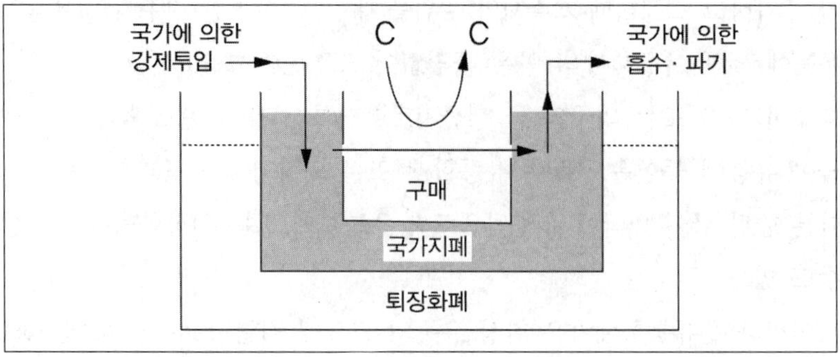

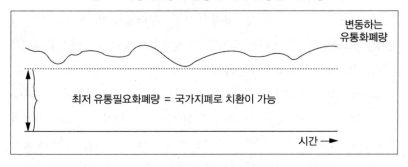

그림 110 유통화폐량의 변동과 최저 유통필요화폐량

변동하는
유통화폐량

최저 유통필요화폐량 = 국가지폐로 치환이 가능

시간 →

그러나 국가지폐의 발행고가 '유통필요금량(流通必要金量)'의 범위——즉 만일 금이 유통하고 있었더라면 금이 유통화폐로서 유통 중에 있어야 할 양의 범위 —— 안에 있는 한, 국가지폐의 모두가 유통계에 계속 머물러 있어도 그것들은 금의 상징, 금의 장표로서 문제없이 계속 유통할 수 있다. 지폐의 발행고가 유통필요금량의 범위 안에 있어야 하는 것은, 지폐가 금 상징으로서의 기능을 수행할 수 있기 위한 유통지폐량의 한도인 것이다.

그런데 어느 나라의 유통에서도 끊임없이 증감하는 유통화폐량이 그 이하로는 절대로 내려가지 않는다는 경험적으로 파악할 수 있는 수준이 있다. 이것을 최저 유통필요화폐량이라 한다. 국가가 지폐의 발행고를 이 최저 유통필요화폐량의 범위 안에 머무르게 하는 한, 유통지폐량은 유통필요금량을 넘지 않기 때문에, 끊임없이 유통계에 머무르는 지폐는 금 장표로서 유통할 수 있으며, 유통화폐량의 조절은 국가지폐와 병행하여·유통하고 있는 금주화의 출입에 의해 이루어진다(그림 110).

인플레이션 │ 그런데 국가는 윤전기로 간단히 인쇄한 가치 없는 지폐를 유통계에 투입하여, 그것과 교환으로 추상적 인간노동의 대상화인 가치를 갖는 상품들을 유통계에서 끌어낼 수 있기 때문에, 이 지폐유통의 한도를 무시하여 지폐를 계속 발행하는 일이 있을 수 있다. 그 결과 발행된 국가지폐가 대표하는 화폐총액이 최저 유통필요화폐량을 넘어버리는 사태가 생길수 있다. 다시 말해 국가가 상품유통의 외부로부터 유통지폐량으로 하여금자기의 한도를 돌파하게 하는 것이다. 그 결과로서 생기는 것이 **인플레이션**이라는 독특한 종류의 물가등귀이다.

국가에 의한 지폐의 발행은, 국가가 상품소지자로부터 상품들을 지폐로사는 형태로 이루어지는데, 이 거래의 실태는 국가 관점으로 보면 자기의가치 없는 종잇조각과 그 종잇조각에 쓰인 금량의 가격을 갖는 상품의'교환', 정확하게는 그 상품이 갖는 가치액을 공짜로 거두어들이는 것이다.그러나 상품판매자의 관점에서 보면 국가로부터 받는 지폐는 유통계에 이미유통하고 있는 금 상징으로서의 지폐와 꼭 같은 것이기 때문에, 이 거래는그 상품의 가격의 실현이며 상품의 판매이다. 그러므로 국가로부터 상품판매자의 손에 넘어간 순간에, 지폐는 그때까지 이미 유통하고 있는 어느 지폐와도 꼭 같은 것으로서 유통지폐량의 일부가 되어버린다. 이리하여 증대된유통지폐량이 그의 한도를 돌파하여 유통지폐가 대표하는 금량의 총액이유통필요금량을 초과해버리면 유통지폐량의 한도가 반작용을 하지 않을수 없다. 즉 팽창한 유통지폐의 총량을 유통필요금량에 억지로 등치시키려는 과정이 생기는 것이다. 그것은 요컨대 각각의 지폐가 짊어지고 있는액면의 화폐명이 이제까지 그것이 대표하던 금량보다 적은 금량밖에 대표하지 않게 됨으로써, 유통지폐의 총량이 대표하는 금량을 유통필요금량과같은 수준까지 압축하는 과정이다. 각각의 지폐가 대표하는 금량은 통속적으로 '지폐의 가치'라고 부르는데, 이 대표금량의 감소는 **'지폐의 감가'**라고한다. 그리고 지폐의 감가가 생기면 상품의 가격이 일반적으로 상승하게된다.

예컨대 엔(円)이 금750mg의 화폐명일 때, 유통필요금량이 75t이라고 하자.이 금량은 화폐명으로 말하면 1억 엔이다. 그리고 이제까지 1엔의 지폐가1억 매 유통하고 있으며 전혀 금화는 유통하지 않는 것으로 하자. 그래도 유통지폐량은 빠듯한 한도 안에 있기 때문에 각각의 지폐가 금 750mg를 대리해서 유통하는 것이 가능하다.

그런데 여기서 국가가 1엔 지폐(1엔이라고 인쇄된 가치 없는 종잇조각)를 1억 매 더욱 투입하여 1억 엔의 가격을 갖는 상품을 유통계에서 거두어들인다고 하자. 유통하는 지폐는 2억 매로 증가해서, 그것이 짊어진 화폐명은 총액 2억 엔이 된다. 이제까지의 화폐명으로 말해서 1억 엔의 유통필요금량과 비교하면, 이는 1억 엔의 한도초과이며 이 초과분은 국가에 의한 가치의 일방적 수탈을 표현하고 있다. 그러나 유통지폐 2억 매 사이에는 아무런 차이도 없다. 그래서 이 2억 엔의 유통지폐 전체가 75t의 유통필요금량에 억지로 등치되려는 과정이 생기게 된다. 그것은 다시 말해 1엔 지폐가 대표하는 금량이 이제까지의 750mg로부터 그 절반인 375mg로 감소하는 과정이다. 이 과정이 완료되면, 1엔 지폐 2억 매가 짊어지는 화폐명의 총액 2억 엔이 대표하는 금량은 75t으로 압축된다. 그러나 이것에 의해 엔이 대표하는 금량도 이전의 750mg에서 375mg로 반감해버렸다. 그 결과 예컨대 이전에는 ⎯⎯ 1엔 ⎯⎯ 이라는 가격으로 금 750mg을 표상하던 상품은, 같은 양의 금을 표시하기 위해서는 ⎯⎯ 2엔 ⎯⎯ 이라는 가격을 붙여야 한다. 모든 상품이 같은 사정에 있기 때문에, 늦건 빠르건 물가가 두 배로 등귀하지 않으면 안 된다. 이것은 엔(円)=금 750mg이라는 도량표준의 법적 규정을 엔=금 375mg으로 변경한 것과 같은 효과가 있다. 따라서 '사실상 가격의 도량표준의 인하'에 의한 물가등귀라는 파악 방식도 생기는 것이다.

그러나 주의해야 하는 것은, 이러한 물가등귀는, 첫째로 국가가 1억 엔을 새로 투입하는 것을 알게 되고부터 최종적으로 물가가 두 배가 될 때까지는 상품들에 대한 수요 증대를 수반하는 아주 복잡한 파급과정을 거치므로 모든 상품가격이 일제히 오르는 것이 아니며, 둘째로 가격의 상승률도 상품에 따라 아주 구구하다. 이런 의미에서 법정의 가격의 도량표준이 변경된 경우와 동일시할 수 없는 것이다.

이리하여 생기는 물가등귀, 즉 한마디로 말해 지폐감가에 의한 물가등귀가 인플레이션이라고 불리는 것이다.

　그런데 우리가 오늘 보는 물가등귀의 전형적인 모습은 인플레이션이다. 이런 한에서는, 국가지폐의 유통이라는 전제하에서 설명한 '지폐감가에 의한 물가등귀'라는 인플레이션의 본질은 변한 것이 아니다. 그러나 현대의 지폐는 단순한 국가지폐가 아니라, 많건 적건 국가적인 성격을 가진 중앙은행이 발행하는 불환은행권이다. 지폐감가에 의한 물가등귀라는 성격은 공통이지만, 불환은행권은 태환되지 않는다 하더라도 은행권이며, 그 발행은 대출이라는 방식을 취하며 언젠가는 상환되는 것이므로, 이 점 하나를 보더라도 단순한 국가지폐하의 인플레이션과는 많은 점에서 다른 특징을 가지게 된다. 그러나 이러한 것은 자본주의적 생산의 구조와 은행제도의 개요에 대한 지식 없이는 이해할 수 없다.

제2장

자본과 잉여가치

제1절 가치증식과정

§ 1. 자본의 수수께끼

자본에 대한 상식적 이미지를 이제까지의 지식으로 정리한다 | 이제까지는 상품과 화폐에 대해 기초적인 지식을 얻었으므로, 지금부터 드디어 자본의 분석에 들어간다. 여기에서 우선 하지 않으면 안 되는 것은, '자본'이라는 사상(事象)에 대한 상식적 이미지를, 상품과 화폐에 대해 우리가 이제까지 얻은 인식에 의거하여 정리하고, 이제까지 우리의 지식만으로는 이해할 수 없던 수수께끼를 찾아 풀어내는 것이다.

자본으로서의 화폐의 운동형태: 가치의 증식 | 자본이란 상품의 유통과는 전혀 대조적인 운동을 하는 화폐이다.

단순한 상품유통은 C—M—C이며, 이 과정의 목적은 특정한 사용가치를 입수하는 것이다(그림 111).

이에 대해, 자본이란 다음과 같은 운동을 하는 화폐이다(그림 112).

그림 111 단순한 상품유통: C-M-C

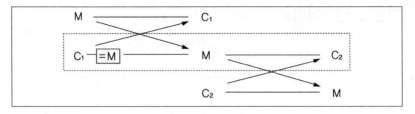

그림 112 자본으로서 화폐의 유통형태: M-C-M

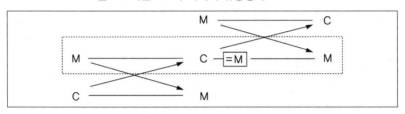

여기서는 출발점과 종결점이 다 같이 화폐이다. 이 과정이 의미를 가질 수 있으려면 최후의 M이 최초의 M보다 큰 경우뿐이다. 그리고 실제로 사람들은 출발했을 때보다 큰 양이 되어 돌아오는 운동을 하는 화폐를 '자본'이라고 부르는 것이다. 여기서 M의 증대는 가치가 증대하는 것일 뿐이다. 다시 말해 이 과정의 목적은 가치의 증식인 것이다. 자본이란 이러한 운동을 하는 중에 자기증식하는 가치이다.

증대한 화폐를 M'로 나타내면, 자본의 운동형태는 M-C-M'이다. M-C-M'는 자본의 일반적인 운동형태이며, 자본의 일반적 정식(定式)이라고 부른다(그림 113).

그림 113 자본의 일반적 정식: M-C-M'

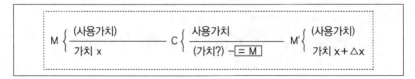

그림 114 자본의 수수께끼: 가치의 증가분은 어디에서 나오는가?

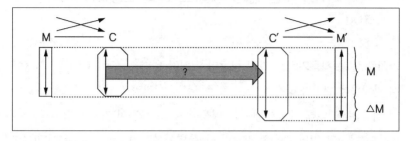

자본의 수수께끼: 가치의 증가분은 어디에서 생기는가 │ 가치대로의 매매를 전제하면, 구입 M－C에서나 판매 C－M에서도 가치의 증감은 있을 수 없다. 그러면 어떻게 하여 M의 증가분(ΔM)이 생기는 것일까?(그림 114) 이것이 이제 풀지 않으면 안 되는 수수께끼, 즉 **자본의 수수께끼이다.**

　실제 매매에서는 가격이 가치와 일치하지 않는 경우가 대부분이다. 그러나 가치와 괴리된 가격으로 매매가 행해질 때, 판매자나 구매자의 한편으로부터 다른 편으로 그 차액만큼 가치가 이전할 뿐이며, 판매자가 상품형태로 가지고 있던 가치액과 구매자가 화폐형태로 가지고 있던 가치액의 합계는 매매 전후에 전혀 변하지 않는다. 다시 말해 한편에서의 이득은 다른 편에서의 손실일 뿐이다. 사회 전체로 보면 상품의 매매가 아무리 가치와 괴리된 가격으로 행해졌다 하더라도, 그 때문에 사회에 있는 가치의 총액이 증가할 수는 없다. 그런데 누구라도 알고 있는 바와 같이 자본주의 사회에서 자본은 끊임없이 증식하며, 자본의 형태를 취하는 사회의 부(富)는 끊임없이 증대하고 있다. 자본의 이러한 증식은 상품의 가격이 가치와 괴리되는지 여부와는 관계가 없을 것이다. 그러므로 모든 매매가 가치대로 이루어진다 하더라도, 여전히 어디선가 어떠한 과정을 거쳐서 가치가 증대되고 있어야 한다. 그러므로 자본은 어떻게 증대하는지를 밝히려 할 때에는, 요컨대 자본의 수수께끼를 풀려고 할 때에는, 상품은 모두 가치대로 매매되는 것으로 전제하여 생각하는 것이 좋으며, 그렇게 하지 않으면 안 된다.

§ 2. 수수께끼를 푸는 열쇠: 상품으로서의 노동력의 사용가치와 가치

가치를 낳는 사용가치를 가진 상품이 있어야 한다 | M−C−M의 과정에서 가치량에 변화가 생길 수 있는 것은, M−C의 결과로서의 상품 C를 소비하면 이 소비에 의해 가치가 생기고 더욱이 새로 생긴 이 가치의 양이 소비된 상품이 가지고 있던 가치의 양보다 큰 특별한 상품이 있을 경우뿐이다(그림 115).

그림 115 가치량의 변화가 생기는 유일한 가능성

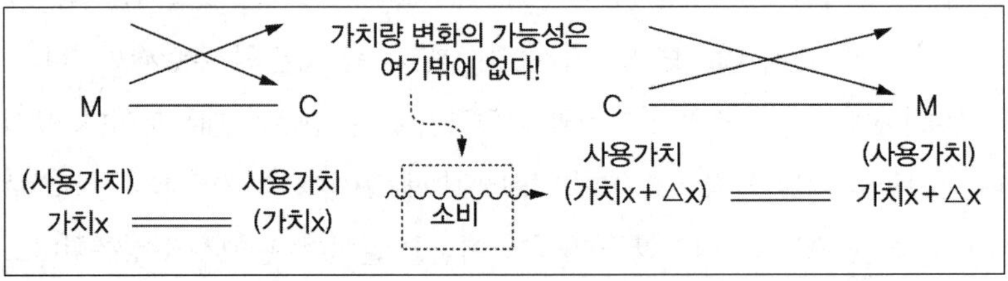

이러한 것이 가능하기 위해서는, 소비하면 가치가 생긴다는 독특한 사용가치를 가지는 것이 있고, 게다가 그것이 상품으로서 시장에서 팔리고 있어야 한다.

상품생산하에서 노동력은 그 소비에 의해 가치를 낳는다 | 우리는 그러한 것이 있음을 알고 있다. 그것은 노동력이다.

노동력의 소비란 노동력을 발휘시키는 것, 다시 말해 노동이다. 그리고 그 노동은 구체적 노동과 추상적 노동이라는 두 가지 측면을 가지고 있다(☞ 그림 14).

구체적 노동은 생산수단의 가치를 생산물 속에 이전시키는데, 여기서는 가치변화는 전혀 생기지 않는다. 이에 반해 추상적 노동은 생산물 속에

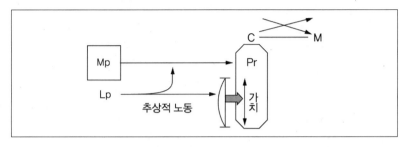

그림 116 노동력은 그 소비=노동에 의해 가치를 낳는다

대상화되어 신(新)가치가 된다. 다시 말해 생산물이 상품이 될 때에는, 추상적 노동은 새로 가치를 낳는다(☞ 그림 58).

그러므로 상품생산하에서 노동력은 그의 소비인 노동이 추상적 노동의 측면에서 새로운 가치를 낳는다는 성질을 가지고 있으며, 따라서 소비하면 가치가 생기는 독특한 사용가치를 정말로 가지고 있는 것이다(그림 116).

자본주의 사회에서는 노동력이 상품으로 매매된다 | 사실 '노동시장'이라 부르는 시장에서는 노동력이 상품으로 매매되고 있다(그림 117).

노동력의 판매는, 노예처럼 노동력이 타인[노예판매자]에 의해 신체와 함께 판매되는 것이 아니라, 판매자인 임노동자가 구매자인 자본가에게 자기의 노동력을 시간당으로 파는 거래이다.

노동력이 매매되기 위한 두 가지 조건 | 노동력이 매매되기 위해서는 두 가지 조건이 충족되어 있어야 한다.

첫째로 노동력의 소유자가 인격적으로 자유로워야(free) 한다. 둘째로 노동력의 소유자가 노동조건들을, 이리하여 또 생활수단을, 혹은 이것들을 살 수 있는 화폐를, 가지고 있지 않아야 한다. 다시 말해 생산수단으로부터 유리되어 있어야(free)[1] 한다. 요컨대 노동력이 상품으로서 매매되기 위해서는 이중의 의미에서 자유로운 노동자가 존재해야 한다.

그림 117 자본주의 사회에서는 노동시장에서 노동력이 상품으로서 매매되고 있다

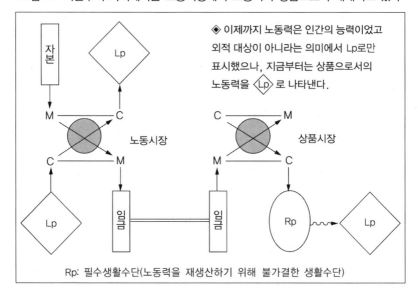

◈ 이제까지 노동력은 인간의 능력이었고 외적 대상이 아니라는 의미에서 Lp로만 표시했으나, 지금부터는 상품으로서의 노동력을 〈Lp〉로 나타낸다.

Rp: 필수생활수단(노동력을 재생산하기 위해 불가결한 생활수단)

§3. 노동력의 매매

노동력은 시간당으로 판매된다 │ 노동력의 판매자와 구매자의 관계는 대등한 인격인 노동력 소유자와 화폐 소유자의 관계이다. 노동력 소유자가 노동력을 자기의 소유물로서 판매할 수 있기 위해서는, 그는 노동력을 시간당으로 판매하지 않으면 안 된다.

시간당 판매라는 형태는 흔하다 │ 시간당으로 매매하는 것은 흔하다. 이것은 '임대차(賃貸借)'라고 불린다.2) 이 거래의 특징은 특수한 형태에서의

---

1) free라는 말이 '없다'는 의미로 사용되는 것은, 예컨대 '배리어프리(barrier free)'라는 말의 의미를 생각해보면 잘 알 수 있다.

2) '임대차'라는 말만 생각하면, 이 거래는 화폐의 대부·차입과 마찬가지로 '빌려줌,

매매라는 것이다. 판매자는 일정한 시간을 정해 자기의 상품을 구매자에게 자유롭게 사용하도록 하고, 따라서 상품을 그 시간 동안 내놓지만 상품 그 자체에 대한 소유권은 양도하지 않는다. 렌털(rental), 리스(lease), 차터(charter) 등은 모두 시간당 판매에 속한다. 시간당 판매에서는 상품이 위탁되던 시간에 대해 대금이 지불된다. 이 대금인 **렌트**(임대료)는 어떻게 결정되는가?[3]

어떤 기계가 월당으로 판매된다고 하자. 이 기계의 1개월의 렌트는 다음과 같은 계산을 기준으로 결정된다.

이 기계의 가격총액이 12억 엔이라고 하자. 그리고 이 기계의 내구기간(耐久期間)이 10년(즉 120개월)이며, 이 기간이 동시에 임대되는 기간이라고 하자. 이 경우 기계의 1개월 임대가격(렌트)은 120개월분이 12억 엔이 되는 금액이

빌림'과 같은 것으로 생각된다. 실제로 '일정한 시간을 정해 자기 상품을 구매자에게 자유롭게 사용하도록 하고, 따라서 상품을 그 시간 동안 내놓지만, 상품 그 자체에 대한 소유권은 양도하지 않는다'는 법적 형식만을 보면 완전히 동일하다고 할 수 있다. 그러나 나중에 제3편 제5장 제1절 §1에서 보는 바와 같이 경제학적으로는 화폐의 빌려줌과 빌림은 임대차와는 전혀 성질이 다른데, 임대차가 화폐 대차의 하나의 형태인 것이 아니라 역으로 화폐 대차의 쪽이 임대차와 마찬가지 방식으로 상품의 매매라는 형태를 취하고 있다. 자본주의적 생산에서는 당사자 간의 온갖 거래가 사적 소유자 간 상품의 매매라는 형태를 취하지 않을 수 없다.

3) 실제 거래에서는 특히 장기임대의 경우 임대는 보통 화폐대부와 결합되기 때문에 화폐대부에 대한 이자가 렌트의 계산에 들어가지만, 임대의 형태를 순수하게 파악하기 위해서는 화폐대부와 그것에 대한 이자를 사상하지 않으면 안 된다. 예컨대 화폐대부와 결부된 1억 엔의 상품임대에서 렌트에 이자도 들어 있을 때, 거기서 화폐대부의 측면을 사상하고 이에 따라 이자도 사상하면 1억 엔 상품의 시간당 판매와 그것에 대한 렌트가 남는다. 이렇게 함으로써 비로소 이 독특한 판매의 형태가 순수한 모양으로 부각된다. 임대차가 어떠한 것인가는 화폐대부와의 결합을 단절시킬 때 뚜렷이 보이게 된다.

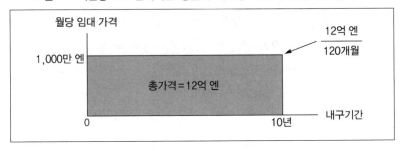

그림 118 시간당으로 판매되는 상품의 시간당 가격이 결정되는 방식

어야 한다. 다시 말해 12억 엔÷120=1,000만 엔이다(그림 118). 여기서 임대되는 상품의 '가격'이 표현하는 것은 물론 그것의 가치이다.

이 계산에서 결정적으로 중요한 것은, 먼저 기계의 결정된 총가치(총가격)와 결정된 내구기간(판매기간)이 있고 그것들에 의거하여 비로소 단위로 되는 기간의 렌트(임대가격)가 산정되는 것이라는 점이다. 이 기계가 1개월 사이에 차주(구매자)에게 얼마나 유용했는가, 차주가 그것을 어떻게 사용했는가에 의거하여, 다시 말해 그것의 '효용'에 의해 렌트가 결정되는 것은 결코 아니다.[4]

노동력 상품의 경우에도, 우선 이 상품의 총가치와 내구기간(판매기간)이 있으며 그것들에 의거하여 단위 기간의 '렌트'가 결정된다. 렌트에 해당하는 것이 일급, 주급, 월급, 연봉 등이다.

노동력 판매 때의 단위시간은 무엇보다 우선 1일이다 | 살아 있는 신체

---

4) 이것은 예컨대 한 채의 집을 임차했을 때, 계약 뒤에 어떤 이유로 1개월간 입주가 지연되어 그 집을 전혀 쓰지 않았다 하더라도 그 1개월에 대한 집세를 지불해야 한다는 것을 생각해보면 알 수 있다. 월세는 1개월 동안 그것을 쓸 수 있는 것에 대한 지불이며, 집이 세입자에게 가져다주는 '효용'에 대한 지불인 것은 아니다.

를 가진 노동하는 개인들은 매일 휴식과 수면을 필요로 하므로, 노동력의 시간당 판매는 정상적인 경우 자본 아래서 매일 일정 시간을 정해 노동하는 형태로 행해진다. 그러므로 노동력의 시간당 판매 때의 시간단위로 한 시간(hour)이나 한 주, 한 달을 취해도 좋을 것처럼 생각되지만, 그것은 무엇보다 먼저 하루(day)인 것이다. 이러한 단위로서의 하루 노동량, 또한 이 노동량을 시간(hour)으로서 표현한 것이 영국에서는 '노동일(working day)'이다. **노동일이란 노동자가 자본가 밑에서 행하는 1일의 노동, 또는 그 노동시간(hour)을 말한다.** 계약의 단위가 주나 월인 경우에도 항상 일당이 계산의 기초가 된다.[5]

노동력의 가치는 노동력의 사회적 재생산비에 의해 규정된다 | 노동력이라는 상품의 가치는 무엇에 의해 규정되는 것일까?

상품인 **노동력의 가치**는 그것을 생산하기 위한 사회적 필요노동시간에 의해 규정된다. 그러나 노동력은 개인들의 소비과정에서 생활수단의 소비에 의해 생산·재생산되므로, 노동력을 생산하는 데 사회적으로 필요한 노동시간이란 필수생활수단, 다시 말해 노동력의 재생산에 필수적인 생활수단을 생산하는 데 사회적으로 필요한 노동시간으로 귀착된다.

필수생활수단에 들어가는 것은, 우선 ① [**생활비**] 노동자를 정상적인 생활상태에서 노동하는 개인으로 유지하는 데 필수적인 생활수단, ② [**가족비(家族費)**] 소모와 죽음에 의해 시장에서 사라지는 노동력을 보충하는 새로운 노동력의 소유자, 즉 노동자의 아이를 키우기 위한 생활수단이다. 이에

---

5) 실제의 임금지불에서 이른바 '시급(時給)계산'이 행해지는데, 이 계산이 이루어지는 이유와 그 구조에 대해서는 나중에 제6장 임금에서 논의한다. 여기서는 '시급'이 얼마일지라도 노동자는 1일의 임금으로서 1일 살아갈 수 있어야 하며, 시급형태로 1일분의 임금을 받는 노동자도 실제로 그것에 의해 매일 살고 있다는 것을 파악해두면 좋을 것이다.

덧붙여 노동력의 생산에는 많건 적건 ③ [수업비(修業費)] 일정한 노동부문에서 기능과 숙련을 체득하여 발달한 독특한 노동력으로 되기 위해 드는 여러 물건이 필요하다.

이러한 것들을 생산하기 위해 사회적으로 필요한 노동시간이 노동력의 가치를 규정한다. 이것은 노동력의 재생산비이다('……비'라는 것은 '……를 위한 비용'의 간략한 표현이다).

노동력의 총가치는 노동자의 일생의 재생산비이다 | 그러면 노동력의 경우, 렌트의 산정기초였던 기계의 총가치에 해당하는 총가치는 무엇인가? 그것은 노동자가 노동력의 자립적인 판매자가 되었을 때부터 죽을 때까지의 비용, 즉 노동자가 부모의 가계에서 독립한 뒤 죽을 때까지, 노동하는 개인으로서 정상적인 상태에서 일생을 보내는 데 필요한 재생산비의 총액이며, 요컨대 **노동력의 총가치**이다(그림 119).

노동력의 총가치는, 노동자가 노동력을 팔게 되면서부터 사회적으로 정상적인 생애 사이클을 그리면서 일생을 보내는 데 사회적으로 필수적인 생활수단의 총가치이다. 여기서 '정상적'이란, 해당 사회 속에서 노동하는

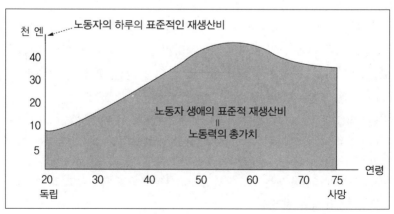

그림 119 노동력의 총가치

개인으로서 육체적·정신적으로 건전하고 안정적인 생애를 보낼 수 있다는 관점에서 볼 때 정상적이라는 의미이다. 이것은 예컨대 『국민생활백서』에 나오는 '생애지출(生涯支出)' 계산 방식에 반영되고 있다.

노동력의 하루 가치는 노동력의 총가치와 판매일수에 의해 결정된다 |
노동일을 단위로 하는 시간당 노동력의 판매가격을 규정하는 것은 **노동력의 하루 가치**이다. 노동력의 하루 가치는 노동력의 총가치를 노동력의 판매일수로 나눈 것이다. 노동력의 판매일수란 노동자가 일생 동안 노동력을 팔 수 있는 사회적으로 평균적인 일수이다.

$$\frac{\text{노동력의 총가치}}{\text{노동력 판매년수} \times \text{연간 노동일수}} \Rightarrow \text{노동력의 하루 가치}$$

　자본가와 노동자의 계약은, 노동자가 1노동일을 제공하고 자본가가 노동력의 하루 가치만큼 가치액(화폐)을 지불하는 형태를 취한다(그림 120).
　노동자가 노동력의 판매에 의해 일생 동안 실제로 입수하는 화폐액의 총액을 '생애임금'이라 부르며, 이것이 그의 '생애수입'을 형성한다. 노동자가 '생애임금'에 의해 얻은 '생애수입'으로 '생애지출'을 조달하고 있다는 계산은, 노동력의 총재생산비가 노동력의 총가치이며 이것이 노동력의 시

그림 120 노동력의 하루 가치는 그것의 총가치와 판매일수에 의해 결정된다

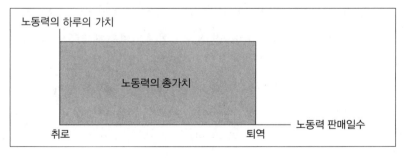

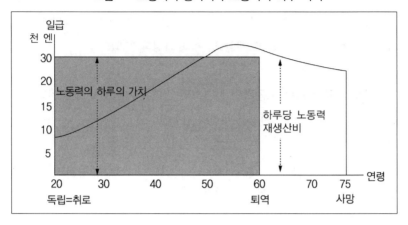

그림 121 노동력의 총가치와 노동력의 하루 가치

간당 판매가격인 임금을 규정한다는 본질적인 사실을 잘 나타낸다.

노동력의 총가치와 노동력의 하루 가치의 관계는 다음과 같이 그릴 수 있다(그림 121).

단순화하기 위해 노동자는 평균 20세에 노동력을 팔기 시작하여 60세에 현역에서 물러난다고 하자. 노동자가 필요로 하는 비용은 처음 독신으로 일하기 시작했을 때부터 결혼하여 아이가 점점 생기고 그 아이들이 학력(學歷)을 쌓아감에 따라 증가한다. 그리고 예컨대 50세 전반에 최대가 되며, 아이들이 독립해감에 따라 점점 감소하는데, 노동력을 파는 것을 그만둔 정년 후에도 부부가 함께 죽어가는, 예컨대 75세까지는 두 사람의 생활비가 필요하다. 이처럼 55년간에 걸친 사회적으로 표준적인 '생애 사이클'을 그려서 그것에 필요한 사회적으로 평균적인 비용의 총계(이른바 '생애지출'은 이것의 통속적인 표현이다)를 계산하면, 노동력의 총가치를 대체로 알 수 있다(20세 미만의 아이 시대의 비용은 부모의 가족비에 포함된다). 노동자는 이 총가치를, 그림 121에서는 20세에서 60세까지 40년간 매일 노동력을 팔아 그 대가의 총계(이것이 '생애임금'='생애수입'이다)에 의해 조달해야 한다. 그러므로 총가치를 이 40년간 노동력을 팔 수 있는 일수로 나눈 것이 노동력의 하루 가치가 되는 것이다.

노동력의 재생산비란 필수노동시간일 뿐이다 ㅣ 서장 제3절 §2에서 본
바와 같이, 어떤 사회에서도 노동력의 재생산에는 어떤 양과 범위의 생활수
단이 필요하며, 이 필수생활수단(노동펀드)을 생산하기 위한 노동(추상적 노
동)은 필수노동(시간)이다(☞그림 24).
　따라서 노동력의 가치를 규정하는 노동력의 재생산비란 사실 모든 사회
에 공통된 노동력의 재생산을 위한 필수노동(시간)이다. 노동력의 가치란,
모든 사회에 공통된 노동력의 재생산을 위해 꼭 필요한 필수노동(시간)이
인간의 능력인 노동력이 상품으로서 매매될 때에만 취하는 완전히 독특한
물상적인 형태이다(그림 122).

그림 122 노동력의 재생산비가 노동력의 가치를 규정한다

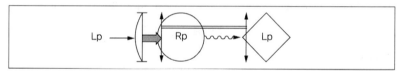

§4. 가치증식과정의 비밀

노동력의 하루 가치와 1노동일이 낳는 가치량은 다르다 ㅣ 노동력의 하루
가치는 필수노동시간에 의해 규정되는데, 노동력이 1일에 낳는 가치는 노동
자의 1일 노동시간에 의해 규정된다. 양자 사이에 필연적인 관계는 전혀
없다. 매일의 노동력 유지비와 매일의 노동력 지출은 전혀 별개인 두 가지
양이다(그림 123).

잉여가치=하루 노동이 낳는 가치-노동력의 하루 가치 ㅣ 서장 제3절
§2에서 본 바와 같이 노동(시간) 중 필수노동(시간)을 넘어서 행해지는 노동

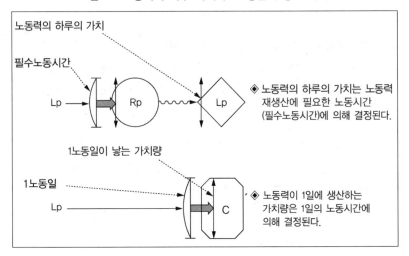

그림 123 노동력의 하루 가치와 1노동일이 낳는 가치

노동력의 하루의 가치

필수노동시간

Lp → Rp 〰 Lp

◆ 노동력의 하루의 가치는 노동력
재생산에 필요한 노동시간
(필수노동시간)에 의해 결정된다.

1노동일이 낳는 가치량

1노동일

Lp → C

◆ 노동력이 1일에 생산하는
가치량은 1일의 노동시간에
의해 결정된다.

(시간) 부분이 **잉여노동**(시간)이며, 이 잉여노동에 의해 생산된 생산물이 **잉여
생산물**이다. 잉여생산물은 어떤 사회에서도 많든 적든 생산되어야 한다(☞
그림 25, 그림 29~33).

자본주의적 생산은 본래 봉건적 생산의 생산력을 훨씬 상회하는 생산력
을 갖고 출발했을 뿐 아니라, 그 이전 어느 시대에도 없었던 급속한 속도로
생산력을 발전시켰다. 이러한 생산력을 갖는 자본주의적 생산하에서는 노
동자의 1일 노동시간 중 필수노동이 차지하는 비율이 봉건적 생산하에서
그 비율보다 훨씬 작다는 것은 명백하다.

현대사회에 대해서도 다음과 같이 생각해보면 좋을 것이다. 우선 사회의
노동자 전원이 어떤 해에 생산하는 총생산물 중에서 그 전년에 소비되어
버렸으므로 보전(補塡)에 충당되는 재현생산수단을 제거하면, 남은 것이 그
해의 새로운 생산물이다. 그리고 이 중에서 그것들을 생산한 노동자 전원이
되사서 소비하는 생산물이 필수생산물이다. 노동자가 연간에 자기의 임금
으로 되사는 생산물의 총체를 생각해보자. 새로운 생산물에서 이 필수생산

표 2 부가가치·임금·노동분배율(1998년)

	부가가치(100만 엔)	임금(100만 엔)	노동분배율(%)
1,000인 이상	24,067	8,573	35.6
500~999인	13,780	4,663	33.9
300~499인	11,108	3,702	33.3
200~299인	8,508	3,002	35.3
100~199인	13,974	5,327	38.1
50~ 99인	12,781	5,248	41.0
30~ 49인	6,863	3,146	45.8
20~ 29인	7,379	3,541	48.0
10~ 19인	7,452	3,785	50.7

통산성, 『1998년 공업통계표』(산업편)에 의해 작성. 부가가치는 '부가가치액'.
임금은 '현금급여총액', 노동분배율은 부가가치에 대한 임금의 비율.

물을 제거한 것이 잉여생산물이다.

예컨대 1998년의 일본의 제조업에 대해, 노동자가 노동에 의해 1년 동안 생산한 가치의 지표로서 1년간의 '부가가치'의 총액을 취하며, 노동력의 1년 가치의 지표로서 노동자가 노동력의 대가로 1년간에 받은 임금 총액을 취하여, 전자에 대한 후자의 비율을 보자(표 2).

이 표의 숫자는, 노동에 의해 생산된 가치와 노동력의 가치를 직접으로 정확히 표현하는 것은 전혀 아니지만, 노동자의 노동에 의해 생산된 가치액이 노동자에게 지불된 가치액보다 훨씬 크다는 것을 보는 데는 충분하다.

노동자의 1일의 노동시간은 생산물에 대상화된 가치로 되는데, 그중 필수노동시간은 노동력 가치의 등가를 생산한다. 그리고 이것을 넘는 잉여노동시간은 **잉여가치**(s)를 생산하는 것이다(그림 124).

그림 124 1노동일이 낳는 가치와 노동력의 하루 가치의 차액은 잉여가치다

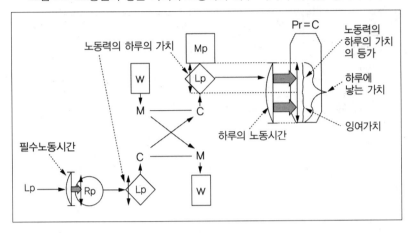

노동력 가치와 잉여가치는 대상화된 필수노동과 잉여노동이다 | 노동자가 행하는 1일의 노동 가운데 노동력의 하루 가치를 재생산하는 노동(시간)의 부분은 필수노동(시간)이며, 이를 넘는 노동은 잉여노동(시간)이다. 이 필수노동과 잉여노동은 서장 제3절 §2에서 본, 모든 사회에서 볼 수 있는 필수노동과 잉여노동의 특수 자본주의적인 형태일 뿐이다(☞그림 26).

§5. 불변자본과 가변자본

불변자본 | 제1장 제1절 §2의 말미에서 본 바와 같이, 생산수단이 이미 가치를 포함하는 경우에는, 생산수단의 가치는 생산수단을 변형·가공하는 구체적 노동에 의해 생산물 속에 이전·보존된다(☞그림 57·58). 생산수단이 포함한 가치는 생산과정을 거쳐도 양적으로 전혀 변화하지 않는다. 따라서 생산수단에 투하된 자본부분은, 최초의 화폐형태로부터 최후의 화폐형태에 이르기까지의 운동 중에서 양적으로는 전혀 변하지 않는다. 따라서 자본 중의 이 부분을 불변자본(不變資本 : c)이라고 부른다(그림 125).

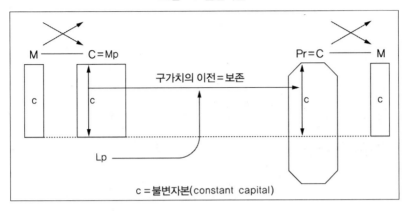

그림 125 불변자본

c = 불변자본(constant capital)

기계류의 가치의 부분적 이전 │ 공장시설이나 기계장치와 같이, 사용할 수 없을 때까지 대량의 생산물을 생산할 수 있는 생산수단의 경우, 그것의 총가치는 그것에 의해 생산되는 총생산물 속에 이전된다. 이러한 생산수단은 생산 중에 조금씩 마손해가는 데 따라서, 생산물 속에 조금씩 자기의 가치를 이전시켜간다. 그래서 예컨대 1일의 생산물 속에는 다음과 같은 양의 가치가 이전·보존되게 된다.

$$1일의\ 이전가치 = 생산수단의\ 총가치 \times \frac{1일의\ 생산물량}{생산수단을\ 소모할\ 때까지\ 생산되는\ 총생산물량}$$

이 경우 물론 생산수단으로부터 생산물로의 이전에 의해 가치의 양에 변화가 생기는 것은 아니다. 또한 이러한 생산수단에 투하되는 자본은, 다 마손되어 못 쓸 때까지는 생산과정에 고정되어 있기 때문에 **고정자본**(固定資本)이라고 부른다. 고정자본과 그 밖의 자본부분(유동자본)의 구별에 대해서는 나중에 제2편 제2장 제2절에서 연구한다.

가변자본 │ 자본이 잉여가치를 낳는 것은, 노동력이 1일 중에 자기 자신

그림 126 가변자본

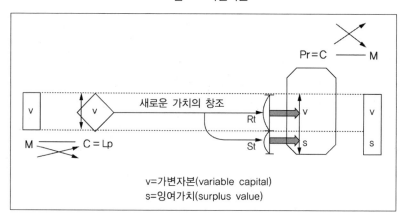

의 하루 가치보다 큰 가치를 낳기 때문이다. 이에 의해 노동력에 투하되는 자본부분은 잉여가치의 가치액만큼 크게 된다. 가치증식을 가져오는 이 자본부분은 생산과정 중에서 가치량이 변화될 수 있기 때문에 **가변자본**(可變資本: v)이라 부른다. 가변자본은 생산과정 중에서 가변자본＋잉여가치의 크기로 증대된다(그림 126).

가치증식과정: 노동력의 매매에 의거한 잉여가치의 생산 │ 이상에서 본 바와 같이, 자본주의적 생산에서는 자본이 상품으로서의 노동력을 시간당으로 사서 그것을 소비함으로써 그것의 가치보다 더 많은 가치를 취득하고 있다. 투하자본을 넘는 이 가치가 잉여가치이며, 가치증식의 비밀은 노동력의 상품화에 의거한 자본에 의한 잉여가치의 취득에 있다(그림 127).

생산물 가치와 가치생산물 │ 1일의 노동에 의한 생산물의 가치는, 1일 가운데서 생산수단에서 생산물로 이전된 **구가치**(舊價値)(＝불변자본)와 1일 가운데서 새로 형성된 **신가치**(가변자본＋잉여가치)의 합계이다. 이것이 **생산물가치**이다. 그 가운데 이 과정에서 생산된 신가치(가변자본＋잉여가치)는

그림 127 가치증식과정(잉여가치의 생산)

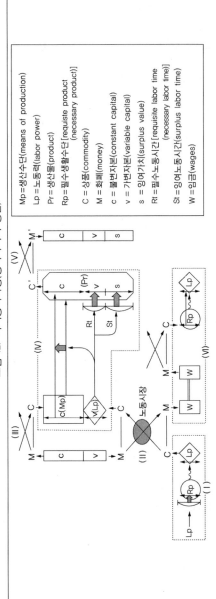

Mp=생산수단(means of production)
Lp=노동력(labor power)
Pr=생산물(product)
Rp=필수생활수단[requisite product (necessary product)]
C = 상품(commodity)
M = 화폐(money)
c = 불변자본(constant capital)
v = 가변자본(variable capital)
s = 잉여가치(surplus value)
Rt = 필수노동시간[requisite labor time (necessary labor time)]
St = 잉여노동시간(surplus labor time)
W = 임금(wages)

(I) [노동력가치의 규정] 노동력의 가치는 필수생활수단(노동력을 재생산하기 위해 불가결한 생활수단)의 가치에 의해, 따라서 필수생활수단의 사회적 필수노동시간에 의해 규정되고 있다.

(II) [노동력의 구매(노동력에 대한 자본투하)] 자본가는 노동시장에서 노동자로부터 노동력을 시간급으로 사서, 그 대가로 임금을(실제로는 후불로) 지불한다.

(III) [생산수단의 구매(생산수단에 대한 자본투하)] 자본가는 상품시장에서 다른 자본가에게서 생산수단을 산다.

(IV) [노동력의 소비] 자본가는 사들인 노동력을 계약시간 동안 소비한다, 다시 말해 노동자를 자기의 지휘와 감독 아래에서 노동시킨다. 이 노동력의 소비과정은 한편으로는 노동과정이며, 동시에 다른 한편에서는 가치증식과정이다.

① [노동과정] 노동자의 노동이 한 측면인 구체적 노동은 생산수단을 변형·가공하여 생산물을 생산한다.

② [가치증식과정] ⓐ [생산수단의 가치 이전] 구체적 노동은 생산수단의 가치(구가치)를 생산물 속에 이전한다. 따라서 생산수단에 투하된 자본부분(불변자본)의 가치량은 이 과정을 통해 보존될 뿐이며, 그 크기는 불변한다. ⓑ [노동력의 등가의 재생산과 잉여가치의 신생산] 노동의 다른 측면인 추상적 노동은 상품 속에 대상화되어 신가치가 된다. 즉 우선 노동력 가치의 등가를 재생산하며(필수노동시간), 그 위에 그것을 넘어서 잉여가치를 새로 생산한다(잉여노동시간). 따라서 노동력에 투하된 자본부분(가변자본)의 가치량은 이 과정 안에서 변화할 뿐 아니라 증대한다.

(V) [상품가치의 실현에 의한 잉여가치의 실현] 자본가는 상품시장에서 자기 상품을 팔며, 그 가치를 실현한다(화폐로 전환한다), 이것에 의하여 동시에 이 가치 속에 포함된 잉여가치를 실현한다(화폐로 전환한다).

(VI) [노동력의 재생산] 노동자는 노동력의 대가로 얻은 임금을 필수생활수단의 구매에 지출하며, 그것을 소비하여 노동력을 재생산한다.

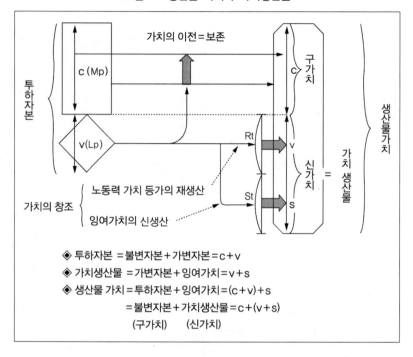

그림 128 생산물 가치와 가치생산물

◆ 투하자본 = 불변자본 + 가변자본 = c + v
◆ 가치생산물 = 가변자본 + 잉여가치 = v + s
◆ 생산물 가치 = 투하자본 + 잉여가치 = (c + v) + s
  = 불변자본 + 가치생산물 = c + (v + s)
  (구가치)   (신가치)

가치생산물이라고 부른다. 생산물 가치와 가치생산물은 뚜렷이 구별해야
하는 별개의 두 가지 개념이다(그림 128).

자본의 생산과정에서는, 한편에서는 구체적 노동에 의해 생산수단의 가
치가 생산물 속에 이전·보존되어 생산물의 구가치가 되고, 다른 한편에서는
추상적 노동이 대상화되어 신가치가 되는데, 이 신가치는 **노동력의 하루
가치의 등가**와 그것을 초과하는 **잉여가치**를 포함하고 있다.

제2절 잉여가치율

§1. 잉여가치율=노동력의 착취율

가치증식의 정도를 나타내는 두 가지의 비율: 이윤율과 잉여가치율 | 투하된 자본이 어느 정도 증식했는가는, 투하자본과 증식분(즉 잉여가치)의 비율로 표현된다. 투하자본은 불변자본과 가변자본으로 이루어지는데, 투하자본 전체에 대한 잉여가치의 비율을 이윤율이라 하며, 가변자본에 대한 잉여가치의 비율을 잉여가치율이라 한다.

$$※ 잉여가치율 \quad s' = \frac{s}{v}$$

$$※ 이 윤 율 \quad p' = \frac{s}{c+v}$$

착취도를 정확히 표현하는 것은 잉여가치율이다 | 노예제와 봉건제 아래에서, 직접생산자의 잉여노동 또는 그 성과인 잉여생산물은 그들에게는 타인인 비노동자에 의해 취득된다. 이 비노동자는 직접생산자의 의지에 관계없이 잉여노동 내지 잉여생산물을 취득하고 있다(☞그림 30~32). 이처럼 직접적 생산자에게 어떠한 인격적 또는 물상적(경제적) 강제를 가해 필수노동시간을 넘어 노동시켜 그들의 잉여노동을 자기 것으로 하는 것을 **착취**(搾取: exploitation)라 한다.

자본주의적 생산관계는 사람들의 물상적인 관계인 상품생산관계로 뒤덮여 있으며, 사람들의 관계는 자기 이익을 추구하는 호모 이코노미쿠스의 자유·평등·대등한 자발적 상호 관계로서 나타나고 있으나, 여기서도 자본가는 노동자로부터 임노동자의 의지에 관계없이 잉여가치를, 따라서 잉여노동을 자기의 것으로 하고 있다. 또는 자본은 노동력에서 되도록 많은 잉여가치를 취득하려고 한다. 게다가 노동하는 개인들은, 타인 아래서 이러한 성격을 갖는 잉여노동을 하지 않으면 살아갈 수 없다. 객관적으로는, 노동하는 개인들에게 이러한 잉여노동이 강제되고 있다. 여기서도 뚜렷하게 착취가 행해지는 것이다.

착취의 정도는, 노동자가 자기의 노동력의 재생산을 위해 해야 하는 필수노동에 대해, 그것을 넘어서 해야 하는 잉여노동이 얼마만한 크기인가 하는 방식으로 가장 잘 나타낼 수 있다. 즉 '잉여노동 / 필수노동'이다.

자본주의적 생산에서는 '잉여노동 / 필수노동'은 '잉여가치 / 노동력의 가치', 즉 '잉여가치 / 가변자본'이라는 형태를 취한다. 노동력의 가치 또는 가변자본에 대한 잉여가치의 절대량(s)의 비율을 **잉여가치율**이라 부른다. 잉여가치율은 자본주의적 생산에서 자본에 의한 노동자의 착취 정도, 즉 **착취율**을 정확히 표현하는 것이다.

노동자는 그의 필수노동이 낳는 가치액과 동등한 가치액을 노동력의 대가로 수취한다. 이에 대해 그의 잉여노동이 낳는 잉여가치는 모두 자본가의 것이 되며, 잉여노동 중에서는 그에 대해 아무것도 지불되지 않는다. 이 점에서 보아 필수노동은 '**지불노동**(支拂勞動)', 잉여노동은 '**불불노동**(不拂勞動)'이라 부른다. 따라서 잉여가치율은 '지불노동'에 대한 '불불노동'의 비율을 표현하는 것이다.

$$\text{잉여가치율}(s') = \frac{\text{잉여가치}(s)}{\text{가변자본}(v)} = \frac{\text{잉여가치}}{\text{노동력의 가치}} = \frac{\text{잉여노동}}{\text{필수노동}} = \frac{\text{'불불노동'}}{\text{'지불노동'}}$$

이에 대해 이윤율($p' = \frac{s}{c+v}$)은, 자본가가 투하한 자본의 전체에 대해 얼마만큼의 증가분이 얻어졌는가를 가리키는 비율이며 자본가가 직접 관심을 갖는 중요한 비율인데, 이 비율은 착취의 정도를 정확히 표현하지 않을 뿐 아니라 오히려 착취의 정도를 은폐하거나 낮게 보여준다. 이윤율에 대해서는 나중에 제3편 제1장에서 연구한다.

§2. 생산물 가치를 표시하는 갖가지 방식

총생산물 가치의 구성부분은 갖가지 방식으로 표시된다 | 1일의 총생산물 가치의 성분인 불변자본(c), 가변자본(v) 및 잉여가치(s)는 갖가지 방식으로 나타낼 수 있다.

이제 빵을 생산하는 자본을 생각해보자(그림 129).

총생산물의 가치는 어떻게 형성되는가? | 우선 추상적 노동 1시간, 즉 1 노동시간이 10엔의 가치를 형성한다고 하자. 또 노동력의 하루 가치가 30엔이며 노동일은 6시간이라고 하자. 그러면 노동자는 3시간에 30엔이라는 노동력의 하루 가치를 재생산하고, 나머지 3시간으로 30엔의 잉여가치를 생산하게 된다.

사용된 기계류가 5,000엔이며, 이 기계를 다 사용할 때까지 1,000개의 빵을 생산할 수 있다고 하면, 이 기계에서 1개의 빵에는 5엔($\frac{5,000}{1,000}$)의 가치가 이전하게 된다. 이 자본이 1일에 90엔의 밀가루, 기타 원료와 30엔의 하루 가치의 노동력을 사용하여 6개의 빵을 생산한다고 하자. 즉 1개의 빵을 생산하는 데 1노동시간이 사용되는 것이다.

이 자본이 1개의 빵을 생산할 때마다, 이 빵에는 1시간의 노동시간이 대상화되어 10엔의 신가치가 부가된다. 어느 빵 1개도, 이 신가치 10엔과, 기계류의 이전가치 5엔 및 원료의 가치이전 15엔이 합쳐진 20엔의 구가치, 합계 30엔의 가치를 가지게 된다.

1일 6시간 가운데 노동자는 최초의 3시간으로 3개의 빵을 만드는데, 이 빵 3개에 포함되어 있는 신가치 30엔은 노동력 가치의 등가일 뿐이며, 자본은 이에 의해서는 투하한 가변자본가치를 회수할 뿐이다. 여기서 생산과정이 중단되면 자본은 투하자본을 회수할 뿐이고 잉여가치를 취득할 수 없다. 이에 반해 그 뒤에 행해지는 노동은 모두 잉여노동이며, 1시간마다 10엔씩

그림 129 총생산물 가치의 구성부분들을 표시하는 여러 가지 방식

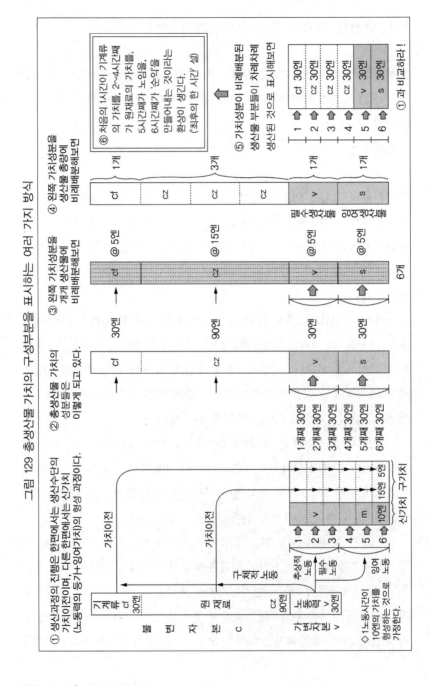

생산되는 신가치는 모두 잉여가치이다. 그러므로 후반의 3시간에 생산되는 3개의 빵에 포함되는 각각 10엔의 신가치는 자본에게 모두 잉여가치이다. 자본은 합계 30엔의 잉여가치를 취득하는 것이다.

이상은 이제까지 본 가치증식과정이며, 그림 129의 ①과 같이 나타낼 수 있다.

총생산물의 가치성분들을 본다 │ 그런데 1노동일의 총생산물인 6개의 빵이 포함한 총가치는 다음 4개의 가치성분으로 이루어져 있다. (1) 기계류로부터의 이전가치(cf) 30엔, (2) 원료로부터의 이전가치(cz) 90엔, (3) 노동력가치의 등가에 해당하는 신가치 30엔, (4) 잉여가치 30엔(그림 129의 ②).

가치성분들을 개개의 생산물에서 비례배분한다 │ 이 1 노동일에 생산된 총생산물은 6개의 빵으로 이루어지고 있으며, 어느 1개의 빵도 모두 같은 생산물이다. 그래서 각각 1개의 빵을 6개의 빵이라는 전체의 균등한 부분으로 간주하여 6개의 빵이 포함하는 4가지 가치성분을 이 6개의 빵에 균등하게 배분하면(비례배분하면), 개개의 빵이 5엔의 cf, 15엔의 cz, 5엔의 v, 5엔의 s를 포함하는 것이 된다(그림 129의 ③).

가치성분들을 생산물 총량에서 비례배분한다 │ 더욱이 6개의 빵이 포함하는 네 가지 가치성분을 비례배분하여 빵의 개수로 표현하면, 6개의 빵 가운데 1개가 cf를, 3개가 cz를, 1개가 v를, 1개가 s를 각각 표현하는 것이 된다(그림 129의 ④).

이와 같은 가치성분의 두 가지 표시방법은 개개의 빵을 1노동일의 총생산물의 나눌 수 있는 부분으로서 취급하는 한, 이론적으로는 옳으며 일상적으로도 행해지고 있는 것이다.

비례배분적 부분들이 차례차례 생산된다는 그릇된 이해가 생긴다 │ 그런데 최후의 방법(그림 129의 ④)에서 네 가지 가치성분을 표시하는 각각의 빵이, 1노동일인 6시간의 총생산물을 전제하여 가치성분을 생산물 총량에서 비례배분했다는 것을 잊어버리고, 처음의 1시간에 생산되는 1개의 빵은 c_f의 가치만을 포함하고 2~4시간째에 생산되는 3개의 빵은 c_z의 가치만을 포함하며 5시간째에 생산되는 1개의 빵은 v의 가치만을 포함하고 최후의 6시간째에 생산되는 1개의 빵은 s의 가치만을 포함한다고 생각함으로써 전혀 그릇된 이해가 생기게 된다.

이 생각에 의하면, '각각의 빵이 포함하는 가치의 전체, 즉 30엔이 각각의 빵을 생산할 때의 노동이 낳은 것이므로, 1개째의 빵을 생산하는 1시간의 노동은 c_f의 가치를 낳고, 2~4개째의 빵을 생산하는 3시간의 노동은 c_z의 가치를 낳으며, 5개째의 빵을 생산하는 1시간의 노동은 v의 가치를 낳으며, 최후의 6개째의 빵을 생산하는 1시간의 노동은 s의 가치를 낳은 것이다'라고 [순전히 엉터리로] 말하는 것이다(그림 129의 ⑤).

최후의 1시간이 잉여가치를 생산한다!? │ 이 생각에서는 최후의 1시간만이 잉여가치를 생산하며, 따라서 노동일 즉 노동자의 노동시간이 1시간 단축되어 5시간이 되면 자본가의 잉여가치는 없게 된다. 실제 1836년에 시니어(Nassau William Senior, 1790~1864)라는 속류경제학자가 이렇게 주장함으로써 노동시간의 제한을 요구하는 운동에 반대했다(그림 129의 ⑥).

이 생각의 오류는 다음 사실을 잊었거나 모르는 체하는 데에 있다. 즉 c_f 및 c_z는 원래 기계류와 원료에 포함되는 가치이며, 그것이 생산물 가운데 이전해온다는 것, 따라서 최초 1~4개째의 빵의 가치를 c_f 및 c_z만이라고 볼 수 있는 것은 총생산물인 6개의 빵의 각각에 포함되어 있는 c_f 및 c_z라는 구가치를 1~4개째의 빵으로 대표시키는(말하자면 그것들을 모두 이 4개 속에 이전했다고 생각하는) 한에서이며, 그렇게 볼 때에는 1~4개째의 빵을 생산할 때에 든 4시간의 노동(추상적 노동)은 이러한 4개의 빵에는 포함되지 않고 모두 나머지 2개의 빵에 포함되는 것으로 생각해야 한다는 것이다.

생산물 가치의 성분들은 생산물의 부분들에 의해 비례배분적으로 나타낼 수 있으며 또한 그러한 계산방법에 익숙해질 필요가 있으나, 결코 잊어서는 안 될 것은, 그때에 각각의 부분은 전제된 총생산물량의 분할부분인 한에서만 그러한 역할을 수행할 수 있다는 점이다.

제3장
노동일의 연장과 단축

제1절 노동일과 그 한계

노동일 | 앞에서 언급한 바와 같이, 노동자의 1일 노동시간을 서양에서는 '노동일(working day)'이라 한다. 예컨대 '8시간 노동일'은 '8시간의 노동이 행해지는 1일' 또는 '1일에 8시간의 노동이 행해지는 것'을 의미하며, 따라서 일본의 예로 8시간 노동제를 의미한다.[1]

노동일의 최소한과 최대한 | 노동일은 가변량이다. 그러나 노동일에는 더 이상은 단축할 수 없는 최소한과, 더 이상 연장할 수 없는 최대한이 있다. 자본주의적 생산하에서는 최소한은 제로가 아니라 필수노동시간이다. 최대한은 노동자의 육체적인 제한 및 사회적인 제한에 의해 정해지고 있다. 이 어느 제한도 대단히 탄력적이어서 커다란 변동을 허용한다. 노동일은 이 최소한과 최대한의 사이에서 갖가지가 될 수 있다(그림 130).

---

1) day(독어로는 Tag, 불어로는 jour)라는 말에는, 1일(결국 24시간)의 의미 외에 '해돋이부터 해넘이까지'라는 의미도 있다. working day라는 말의 day도 원래는 후자의 의미로 사용된 것인지도 모른다.

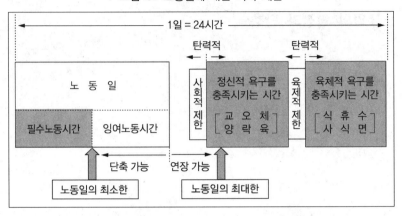

그림 130 노동일에 대한 여러 제한

자본가가 구매자로서 권리를 주장 | 자본가는 1일이라는 시간당으로 노동력을 구매함으로써 노동력을 1일 사용할 수 있다. 자본가가 노동력을 사는 것은 이것에 의해 살아 있는 노동을 손에 넣기 위해서이므로, 노동자의 노동을 노동일의 최대한으로까지 연장하려고 한다. 또한 이 최대한을 정하는 노동자의 육체적·정신적 제한들을, 그것들이 탄력적인 것을 이용하여 될 수 있는 대로 적게 계산하려고 한다. 자본가는 노동력의 구매자로서 노동일을 최대한으로 연장하려고 하지 않을 수 없다. 이것은 자본가에 의한 구매자로서의 권리의 주장이다.

지나치게 긴 노동일은 노동력의 하루 가치를 격증시킨다 | 그런데 노동일이 사회에서 일반적으로 지나치게 연장되면 어떻게 될 것인가? 이 경우에는 노동력은 비정상적으로 많이 소모되며, 노동자의 조기사망과 이른 노동불능을 초래한다. 한편으로 노동자로서는 현저히 소모된 노동력을 회복하기 위해 추가적인 재생산비가 필요하므로 노동력 재생산에 필요한 비용이 격증함과 더불어, 다른 한편으로는 노동자가 정상적인 일생을 보내는 데 필요한 재생산비를 회수하기 위해 노동력을 팔 수 있는 기간, 결국 노동력의

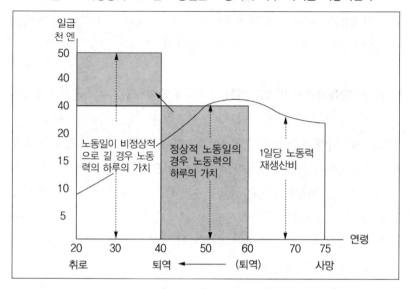

그림 131 비정상적으로 긴 노동일은 노동력의 하루 가치를 격증시킨다

총가치를 회수하기 위한 기간이 짧아진다. 이 두 가지 면에서 노동력의
하루 가치는 격증하지 않을 수 없다(그림 131).

자본가가 이 증가분의 가치를 지불하지 않으면 노동자는 자기 상품의
가치를 회수할 수 없다. 다시 말해 부등가 교환이 행해진다. 그렇다면 자본가
가 그만한 가치를 지불하면 문제없는 것일까?

시간당 매매에서는 정상적인 사용이 전제된다 | 여기서 결정적으로 중
요한 것은, 노동력의 매매는 시간당 매매라는 점이다. 일반적으로 시간당
매매, 즉 임대차에서는 구매자가 대상을 정상적인 방식으로 사용할 것이
전제되며, 만일 비정상적인 사용에 의해 대상 그 자체를 비정상적으로 손상
시키면 그것에 대해 당연히 손해배상 내지 위약금을 물어야 할 것이다.
노동력은, 이러한 비정상적 사용이 그 소유자 자신을 손상시키는 특별한
대상이다. 신체를 해쳐도 손해배상을 받으면 좋다(가치대로 지불되면 좋다)고

말할 수는 없다. 그러므로 노동력의 시간당 매매에서는, 정상적인 사용이라는 계약조건은 엄격히 준수되어야 하며, 노동자가 그러한 요구를 할 때에는 상품판매자로서 당연한 요구를 하는 것이다.

노동자는 판매자로서 권리를 주장 | 다시 말해 노동자는 노동력을 1일이라는 시간당으로 판 것이며, 자기의 인격을 판 것은 아니다. 이 거래의 계약은 자본가에 의한 노동력의 소비가 노동자 자신의 육체와 정신을 파괴하고 위축시키는 것을 인정하지 않는다. 그러므로 노동자에게는 생명력을 갱신할 수 있는 건강한 수면을, 노동력을 정상적으로 유지할 수 있는 휴식시간을, 인간적 교양과 정신적인 발달, 사회적 활동 및 사교(社交)를 위해서, 요컨대 육체적·정신적 생명력의 발휘를 위한 시간을 확보할 수 있는 범위 안으로 노동시간을 제한하도록 요구할 권리가 있다. 노동자는, 노동력의 판매자로서 그러한 시간을 보장하도록 정상적인 노동일, 즉 '표준노동일'을 요구한다. 이것은 상품판매자로서의 권리 주장이다.

노동일의 제한을 둘러싼 노동자·자본가 간 투쟁이 노동일을 결정한다 | 이와 같이 여기서는, 상품교환의 법칙에 의거한 상품의 판매자·구매자로서의 권리 주장, 권리와 권리의 대립이 생기는데, 동등한 권리와 권리 사이의 싸움에서는 힘(Gewalt)이 문제를 해결할 수밖에 없다. 이러한 까닭으로 자본주의적 생산의 역사에서는 총자본가 즉 자본가계급과 총노동자 즉 노동자계급 사이의 **노동일을 둘러싼 투쟁**의 결과, 노동일에 제한이 가해지며 표준노동일이 확립되고 그것이 단축되어왔던 것이다.

또한 노동일을 둘러싼 자본가와 노동자의 대립이, 노동력이라는 상품의 구매자의 권리와 판매자의 권리의 대립이라는 한에서는, 노동강도를 둘러싼 자본가와 노동자의 대립에 대해서도 꼭 마찬가지라고 말할 수 있다. 다만 노동강도에 대해서는 표준의 강도를 확정하는 것은 불가능하므로,

강도를 둘러싼 투쟁은 노동일을 둘러싼 투쟁과 마찬가지 방식으로는 행해질 수 없다.

제2절 절대적 잉여가치의 생산

절대적 잉여가치 │ 노동력의 가치의 크기, 따라서 가변자본의 크기가 변하지 않으면, 노동일의 연장에 의해 잉여가치를 증대시킬 수 있다. 노동일에서 노동력 가치의 크기에 한계 지어진 필수노동시간을 공제한 나머지가 잉여노동시간이며 이 시간의 대상화가 잉여가치이므로, 노동력의 가치가 변하지 않은 채 노동일이 연장되면 잉여가치는 그만큼 증대하는 것이다. 이처럼 노동일의 연장에 의해 생산되는 잉여가치를 **절대적 잉여가치**라 한다 (그림 132).

그림 132 절대적 잉여가치의 생산(노동일 연장에 의한 잉여가치 증대)

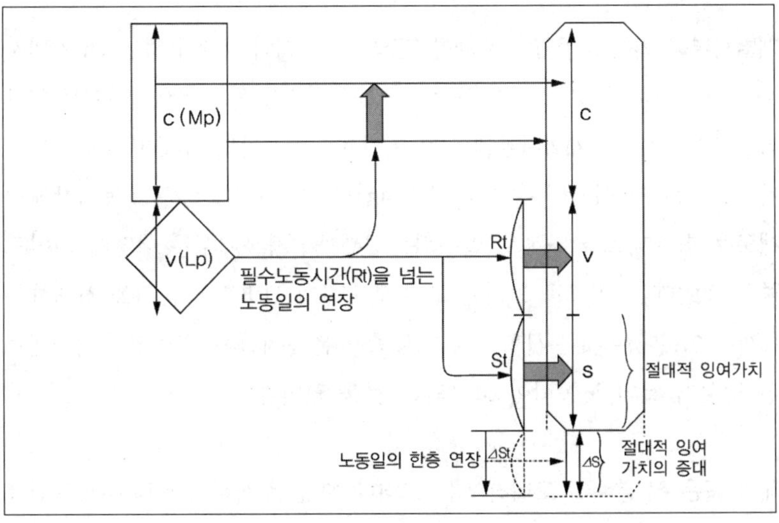

잉여가치의 생산은 무엇보다 우선 절대적 잉여가치의 생산이다 │ 이미 잉여노동시간을 포함하던, 그러므로 이미 잉여가치를 생산하던 노동일이 더욱 연장됨으로써 더 많은 절대적 잉여가치가 생산된다. 그런데 애초 잉여가치는 노동일이 필수노동시간을 넘어서 연장됨으로써 생산되는 것이므로, 이 의미에서는 본래 잉여가치의 생산 그 자체가 절대적 잉여가치의 생산인 것이다.

이와는 구별되는, 노동일의 연장에 의하지 않고서 잉여가치를 증대시키는 방법 또는 잉여가치의 생산이 있는데, 그에 대해서는 다음 장에서 살펴보기로 한다.

제3절 노동일을 둘러싼 노-자 간 투쟁

잉여가치의 증대는 자본의 충동이다 │ 자본주의적 생산은 자본에 의한 잉여가치 생산이고, 잉여가치 증대는 **자본의 본성**이며 **자본의 본질적 충동**이다.

개별자본에 의한 노동일의 무제한 연장 │ 사회적 강제가 없는 한, 개별자본(개개의 자본)은 그가 고용한 노동자의 노동시간을 될수록 어디까지든 연장하려고 할 것이다. 개별자본에 의한 이러한 노동시간의 지나친 연장은 노동자의 건강을 침식하며 수명을 단축시킨다. 그러나 그것은 노동시장에서 새로운 착취재료가 자유로 입수되는 한, 개별자본에서는 어떻게 되어도 좋은 것이다. 그러므로 그것은 드디어 국민의 생명력의 근원을 침해하는 데까지 이른다. 이것은 사회적 총자본, 즉 자본 전체에서 보면 그의 착취재료인 정상적 질의 노동력이 고갈되는 것을 의미한다.

내가 죽은 뒤 홍수야 오너라! │ 그러나 "어떤 주식투기의 경우에도 언젠가 한 번은 벼락이 떨어지리라는 것(가격이 폭락하리라는 것)을 누구나 알고 있지만, 누구나 자기 자신은 황금의 비를 모아 안전한 장소에 옮겨놓은 뒤에 그 벼락이 이웃사람의 머리 위에 떨어질 것을 바라고 있다. '뒷일은 될 대로 되라지!' 이것이 모든 자본가와 모든 자본주의국의 표어이다. 그러므로 자본은 사회에 의해 강요되지 않는 한 노동자의 건강과 수명에 대해 조금도 고려하지 않는다. 육체적·정신적 퇴화, 조기사망, 과도노동의 고통 등에 관한 불평에 대해 자본은 다음과 같이 대답한다. 그러한 것들이 우리의 쾌락(이윤)을 증가시켜주는데 어째서 우리가 걱정해야 하는가라고. 사태를 전체적으로 보면, 이 모든 것은 개별자본가의 선의(善意)나 악의(惡意) 때문은 아니다. 자유경쟁하에서는 자본주의적 생산의 내재적 법칙들(잉여가치 증대의 법칙)이 개별자본가에 대해 외적인 강제법칙으로2) 작용한다"(*MEW*, Bd. 23, S. 285~286. 강조는 마르크스, 『자본론』I(상), 제2개역판, 김수행 역, 비봉출판사, 361쪽).

노동운동의 압력에 의한 표준노동일의 확립 | 총자본으로서는 노동력의

---

2) 임금, 즉 노동자에 대한 지불은 동일한 채 노동일을 연장하면 잉여가치는 증대한다. 그리고 자본주의적 생산은 잉여가치의 생산이며, 자본은 끊임없이 최대한 증식하려 하고 있다. 이러한 것은 **자본주의적 생산의 내재적인 법칙**이다. 그러나 그렇다고 하여 모든 개개의 자본가가 이러한 법칙을 알고 있기 때문에 노동일을 끊임없이 연장하려고 한다고는 말할 수 없다. 그런데 일부 내지 다수 자본가가 노동일을 연장하면 이러한 자본가는 잉여가치를 증대시킬 수 있으며, 자기들의 상품을 종래보다 싸게 팔고 시장의 몫을 증대시킬 수 있다. 이렇게 되면 다른 자본가들도 한가로이 지낼 수 없다. 마찬가지로 노동일의 연장에 힘쓰지 않으면 자본가 사이의 경쟁에서 패하기 때문이다. 이처럼 자본주의적 생산에서는 많은 이러한 '내재적인 법칙'이, 자본가들이 서로에 가하는 압력인 **경쟁**에 의해 개개 자본가에게 어쩔 수 없이 따르는 법칙, 다시 말해 '외적인 강제법칙'으로 강요되며, 그들의 행동에 의해 사회적으로 관철되는 것이다.

무제한적 착취에 의한 노동력의 퇴화를 억제할 필요가 있다. 그러나 총자본의 이익을 대표하는 자본가의 국가가 표준노동일을 설정한 것은 자발적으로가 아니라 노동자계급의 투쟁, 즉 노동운동의 압력에 의해서(즉 '사회에 의해 강제됨'으로써)였다.

우선 영국의 경우를 보자. 14세기에서 17세기 말엽까지에는 법률에 의해 노동일이 연장되었다. 자본주의적 생산이 생기기 시작한 시기에는 노동자에게 노동력을 판 이상 하루 종일 노동하지 않으면 안 된다는 것을 충분히 가르쳐주어야 했다. 이것을 국가의 힘에 의해 행한 것이다. 자본주의 발전과 더불어, 특히 산업혁명(産業革命)을 거쳐서 대공업이 확립되어감에 따라 불합리한 지나치게 긴 노동시간이 일반화되었다.

노동자에 의한 노동시간의 단축을 위한 투쟁은 1802년 이래 끈질기게 행해졌다. 거의 30년 동안 그들의 투쟁이 헛수고에 그쳤다. 그들은 의회에서 공장법을 5개 통과시켰으나 거기에는 강제적 시행을 확보하는 조문은 없었다. 겨우 1833년부터 표준노동일이 점점 널리 보급되기 시작했다. 1833년 이래 10시간 노동일의 요구가 크게 퍼져갔다. 1844년에는 19세 이상 모든 여성의 노동시간도 12시간으로 제한되었다. 1847년의 공장법은 13~18세의 소년과 모든 여성노동자의 노동일을 우선 11시간, 다음 해부터 10시간으로 할 것을 확정했다.

이에 대해 자본가의 '반역'이 폭발하여 이 법률은 공공연하게 위반되었다. 드디어 노동자는 더 이상 참지 못했다. 자본가들은 1850년의 공장법으로 타협해야 했다. 상당한 노동자가 예외로 남아 있었으나 이때부터 법률은 점점 노동일을 제한했다.

프랑스에서는 1848년 2월 혁명이 한꺼번에 모든 노동자에게 12시간의 표준노동일을 가져왔다.

1866년에는 국제노동자협회[제1인터내셔널]가 8시간 노동일의 요구를 선언했다.

그에 앞서 1866년에는 미국의 전국노동자대회가 8시간 표준노동일을 요구하고 있었다. 1886년 5월 1일, 8시간 노동일을 요구하여 총파업이 감행되었다(1890년 이후, 5월 1일에 국제적 시위로서 메이데이가 행해지게 되었다).

그 이후 이른바 선진 자본주의국에서는 경향적으로는 노동운동의 압력하에서 표준노동일은 점점 단축되어왔다.

일본에서도 제2차 대전 후 노동일은 점점 단축되어왔으나, 여전히 다른 선진 자본주의국에 비해 훨씬 긴 상태에 머무르고 있다.

어소시에이션에서 노동시간 | 잉여가치 생산의 법칙이 작용하지 않는 사회에서는, 노동시간은 자본주의 사회와는 전혀 다른 방식으로 결정된다.

어소시에이션의 경우를 보자. 여기서는 노동하는 개인들은 갖가지 고도한 생활욕구를 가지고 있으므로, 물론 노동일도 노동력을 재생산하는 필수노동시간으로 제한될 수는 없다. 그러나 여기서 노동자들은 자기 자신을 위해 노동하는 것이고, 그들과 구별되는 노동하지 않는 개인을 위해 노동하는 것은 아니다. 더욱이 전면적으로 발전한 노동자만이 실현할 수 있는 고도로 발전한 생산력에 의해, 또한 모든 노동 가능자가 생산적 노동에 종사함으로써 노동일 그 자체가 현재 사회의 노동일보다 훨씬 짧아지고 개인의 자유시간이 길어지며 그 시간을 자기발전을 위해 자유롭게 쓸 수 있게 된다.

제4장

생산력 발전을 위한 여러 방법

제1절 상대적 잉여가치의 생산

상대적 잉여가치의 생산 | 노동일의 길이가 주어져 있을 때——또는 노동일 연장이 불가능할 때—— 잉여노동이나 잉여가치를 증대시킬 수 있는 것은 오직 노동력의 가치를 재생산하는 노동시간, 즉 필수노동시간을 단축시키는 경우뿐이다. 노동강도가 동일하면, 필수노동시간의 감소는 오직 노동력의 가치의 감소에 의해 생길 수 있다. 노동력의 가치의 감소에 의한 잉여가치 증대는, 1노동일에 생산되는 신가치 중 가변자본(노동력 가치의 등가) 부분이 상대적으로 감소함으로써 잉여가치 부분이 상대적으로 증가하기 때문에, 이렇게 생성된 잉여가치를 **상대적 잉여가치**라 한다.

노동생산력 증대에 의한 노동력의 가치 감소 | 노동력의 가치는 오직 노동력의 재생산비, 즉 노동력이 소비하지 않으면 안 될 필수생활수단의 가치가 감소함으로써만 감소할 수 있다. 이 필수생활수단의 가치의 감소란 필수생활수단의 사회적 필요노동시간의 감소이다.

필수생활수단의 사회적 필요노동시간은, 첫째로는 필수생활수단 그 자체의 생산에서 노동의 생산력이 증대함으로써 감소한다.

필수생활수단의 사회적 필요노동시간은, 둘째로 필수생활수단의 생산에 이용되어 필수생활수단 속에 자기의 가치를 이전하는 생산수단의 생산에서 노동의 생산력이 증대하여 이들의 생산수단의 사회적 필요노동시간이 감소하며, 그 결과 필수생산수단의 생산을 위한 생산수단의 가치가 감소함으로써, 감소한다.

이처럼 필수생활수단의 생산에서 또는 그들의 생산에 이용되는 생산수단의 생산에서 노동의 생산력이 증대하면, 노동력의 가치가 감소하므로, 이 가치를 재생산하기 위한 노동인 필수노동이 감소하고, 그 감소분만큼 잉여노동이 증가하여, 그 대상화인 잉여가치가 증대된다.

그러므로 상대적 잉여가치란 필수노동시간의 잉여노동시간으로의 전환에 의해 생산되는 잉여가치이다(그림 133).

노동생산력 상승은 생산양식의 변혁을 필요로 한다 | 이미 본 바와 같이, 노동의 생산력 상승이란 구체적 노동의 작용도의 증대이며(☞ 그림 20, 그림 27), 동일량의 추상적 노동으로 생산되는 사용가치량을 증대시킴으로써 상품의 사회적 필요노동시간을 단축시키는 것과 같은, 노동과정의 기술적·사회적 조건들의 변화이다(☞그림 52). 사회의 생산 가운데 이러한 변화가 일반적으로 생겨나려면, 기술적·사회적인 의미에서의 생산방식, 결국 **생산방법의 변혁**이 일어나야 한다.

특별잉여가치를 둘러싼 개별자본 간의 경쟁 | 필수생활수단의 생산에서, 또는 그러한 생산에 이용되는 생산수단의 생산에서, 노동의 생산력이 증대하는 것은 노동력의 가치를 인하하므로, 모든 자본에게 상대적 잉여가치를 가져오며 모든 자본에게 이익이 되지만, 그러한 생산에서 노동의 생산력이 높아지는 것은 그러한 생산에 자본을 투하하는 각각의 개별자본이 생산조건들을 개선하기 때문이다. 그러면 그러한 개별자본은 어떠한 동인

그림 133 상대적 잉여가치의 생산(필수노동시간 단축에 의한 잉여가치 증대)

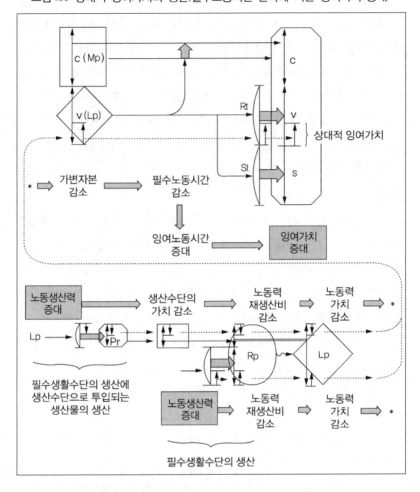

(動因)에 강요되어 생산조건들을 개선하는 것일까?

그것은 개별자본 간의 경쟁이 그들에게 생산조건 개선에 대한 압력을 계속 가하기 때문이다.

상품의 가치는 사회적 필요노동시간, 결국 그 상품을 생산하는 생산부문에서의 표준적·평균적인 생산조건하에서 필요한 노동시간에 의해 규정된다. 그것보다 우수한 생산조건을 갖는 우위 자본들은, 그 상품을 생산하는 데 사회적 필요노동시간보다 적은 노동시간이 필요하다. 이러한 차이를 명확히 파악하기 위해 사회적 필요노동시간에 의해 규정되는 상품가치, 결국 현실의 가치를 **사회적 가치**라 부르며, 동일한 상품을 생산하는 데 개개 자본이 실제로 각각 필요로 하는 노동시간의 대상화를 **개별적 가치**라 부른다.

생산조건이 표준적·평균적인 중위 자본들이 생산하는 상품의 개별적 가치는 사회적 가치와 대체로 일치하지만, 우위 자본들의 상품의 개별적 가치는 사회적 가치보다 작고, 생산조건이 뒤떨어지는 열위 자본들의 상품의 개별적 가치는 사회적 가치보다 크다.

그래서 만일 상품이 사회적 가치로 팔리면 중위 자본들이 자기 상품의 개별적 가치를 대개 그대로 실현하는 데 반해, 우위의 자본들은 자기 상품의 개별적 가치가 사회적 가치보다 낮기 때문에 그 개별적 가치만큼이 아니라 그 위에 사회적 가치와 개별적 가치의 차액까지도 획득할 수 있다. 이 추가적인 가치액은 **특별잉여가치**라 부른다. 그런데 열위의 자본들은 상품을 사회적 가치로 판매했다 하더라도 자기 상품의 개별적 가치를 모두 실현할 수는 없다. 실현할 수 없었던 이 잃어버린 가치부분을 **결손가치**라 부르자.

이처럼 상품의 가치가 사회적 필요노동시간에 의해 결정된다는 가치규정 (이 통속적인 형태가 이른바 '일물일가의 법칙'이다)이 관철하는 결과, 우위의 자본들은 특별잉여가치를 획득하고 열위의 자본들은 결손가치만큼 잉여가치를 잃어버리는 것이다(그림 134).

그러나 새로운 우위의 생산조건을 도입한 우위의 자본들은, 그 이전의 자본량과 동일한 자본량으로 그 이전보다 많은 상품을 생산하므로 그 증대한 상품량을 시장에서 판매해야 한다. 그래서 그러한 우위의 자본들은 그 상품들을 개별적 가치보다 높게, 그러나 사회적 가치보다 싸게 팔아, 시장점유율을 확대하려고 한다. 그래도 여전히 특별잉여가치의 전부는 아니지만 그 일부를 실현할 수 있다. 결국 노동생산력 증대에 의한 개별적 가치의

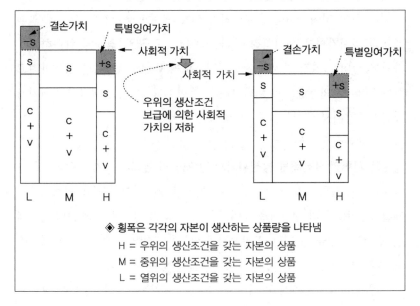

그림 134 생산조건의 차이에 따른 특별잉여가치의 발생

◆ 횡폭은 각각의 자본이 생산하는 상품량을 나타냄

H = 우위의 생산조건을 갖는 자본의 상품
M = 중위의 생산조건을 갖는 자본의 상품
L = 열위의 생산조건을 갖는 자본의 상품

인하가 시장점유율을 확대하는 무기가 되는 것이다. 이 의미에서 개별자본
에게는 노동의 생산력을 높임으로써 개별적 가치를 인하하는('코스트를 절감
하는') 것이 중요한 의미를 갖는다.

이와 같이 동일 생산부문에 속하는 자본들 사이에는 더 우수한 생산조건
을 이용함으로써 자기 상품의 개별적 필요노동시간을 인하하려고 하는
상호 간 압력이 작용하게 된다. 이러한 자본들 상호 간 압력이 **경쟁**이다.
개별자본을 대표하는 개개 자본가가, 노동생산력 증대에 의해 노동자의
필수생활수단의 가치를 인하하여 노동력의 가치를 감소시키고, 그것에 의
해 필수노동시간을 단축하여 잉여노동시간을 증대시키려는 목적을 의식하
고 있는 것은 아니다. 그러나 그들은 그렇게 행동하지 않을 수 없다. 왜냐하면
이 경쟁에 뒤떨어지게 되면 최후에는 적자가 누적되어 몰락하는 위기가
기다리고 있기 때문이다. 자본주의적 생산하에서는 그들의 이러한 행동을

통해 필연적으로 노동의 생산력이 발전해가는 것이다.

이와 같이 잉여가치를 증대시키기 위해, 필수노동시간의 단축에 의해 상대적 잉여가치를 생산하려고 하는 **자본의 경향**은, 경쟁의 압력하에서 자기 상품의 개별적 가치를 저하시킴으로써 특별잉여가치를 획득하려고 하는 **개별자본의 행동**으로 나타나는데, 특별잉여가치는 상대적 잉여가치가 개별자본하에서 취하는 독특한 형태인 것이다.

자본은 사회의 생산력을 발전시키지 않으면 안 된다 | 자본주의적 생산 관계하에서 사회의 생산은 모두 자본에 의한 생산이다. 경쟁의 압력하에서 개별자본이 노동의 생산력을 높이려고 하므로, 그 결과 사회 전체의 생산력이 높아지지 않을 수 없다. 자본주의적 생산은 사회의 생산력을 어디까지라도 발전시키려는 내재적인 경향을 가지고 있는 것이다.

그래서 다음에는 상대적 잉여가치의 갖가지 특수한 생산방법을 보기로 하자.

제2절 협업

협업 | 상대적 잉여가치의 생산을 위한 첫째 방법, 즉 자본이 생산력을 높이기 위해 채택해야 하는 첫째의 생산방법은 협업이다. 동일한 생산과정에서, 또는 동일하지는 않지만 관련이 있는 어떤 몇 개의 생산과정에서 많은 사람들이 계획적으로 같이 협력하여 노동하는 형태를 **협업(協業)**이라 부른다.

협업의 효과 | 협업은 다음과 같은 효과를 가짐으로써 노동의 생산력을 높인다. ① 개개인의 노동에 사회적 평균노동의 성격을 부여한다(예컨

대 여러 명 중에서 어느 5인을 뽑아도 그 노동의 성과는 거의 동등하다). ② 생산수단이 공동 사용에 의해 절약된다(예컨대 건물·용기·용구·장치 등이 적어진다). ③ 원래 집단력이 아니면 안 되는 일을 해치울 수 있다(개개인으로서는 결코 움직일 수 없는 무거운 물건을 움직일 수 있다). ④ 개개인의 경쟁심을 자극하여 활력을 긴장시킨다. ⑤ 많은 사람들과의 동종의 작업에 연속성과 다면성을 준다(양동이 나르기, 건축작업에서 다방면 착수 등이 효율을 높인다). ⑥ 다른 종류의 작업을 동시에 진행시킬 수 있다(어선의 어로작업에서는 동시에 다종의 작업을 행하는 것이 필요하다). ⑦ 결정적인 순간에 많은 노동을 집중적으로 이용할 수 있다(기간 제한이 있는 작업에서 일정량의 성과를 올리는 데에는 협업이 필수적이다). ⑧ 노동의 공간적인 작용의 범위를 확대한다(간척, 둑 쌓기, 관개, 운하·도로·철도의 건설에서는 협업이 필수적이다). ⑨ 생산규모에 비해 공간적 생산장면을 좁힐 수 있게 한다(상대적으로 좁은 토지에 많은 자본과 노동을 집중적으로 투하할 수 있다).

노동의 사회적 생산력 | 이러한 협업에서 생기는 독특한 생산력은 노동의 사회적 생산력 또는 사회적 노동의 생산력이다. 타인과의 계획적인 협동 속에서 노동하는 개인들은 자기의 육체적인 한계를 넘어서 인간의 유적(類的) 능력을 발휘한다. 다만 협동이 노동하는 개인들의 자각적·자발적 결합에 의한 것인가 아니면 그들의 의사와는 관계없이 외부에서 만들어진 결합에 의한 것인가에 따라 유적 능력을 발휘하는 것의 존재 및 정도는 크게 달라지지 않을 수 없다.

노동의 사회적 생산력은 자본의 생산력으로 나타난다 | 자본이 노동의 생산력을 높여서 상대적 잉여가치를 생산하기 위해 우선 채택한 것이 협업이었다. 여기서는 노동하는 개인들의 협동을 실현하는 것은 노동자들 자신이 아니라, 그들의 노동력을 구매하여 동일 작업장에서 결합시키는

자본이다. 그러므로 노동의 사회적 생산력은 **자본의 사회적 생산력**으로 나타나며, 협업 그 자체가 자본주의적 생산과정의 독특한 형태로 나타난다.

지휘와 감독의 기능은 자본에 속한다 | 많은 노동자에 의한 사회적인 노동은 **지휘**를 필요로 하며, 그것을 행하는 **지휘자**를 필요로 한다. 자본에 의해 실현되는 협업에서는 지휘의 기능은 자본에 속하는 자본의 기능이며, 그 인격적 담당자는 우선 자본가이다.

자본 아래서의 노동은 노동자에게는 자기가 세운 목적을 실현하는 자기의 노동이 아니고 자본의 목적을 실현하기 위한 타인의 노동이므로 그들의 노동은 **자본에 의한 감독**이 필요하다. 이것은 물론 자본의 기능이며, 우선 자본의 인격화인 자본가가 그들의 **감독자**가 된다.

지휘는 다수인에 의한 사회적 노동이 사회형태에 관계없이 필요로 하는 것이고 감독은 임노동이라는 노동의 사회적 형태가 요구하는 것이므로 양자는 본래 구별되어야 하지만, 실제로는 양쪽 다 자본의 기능으로 혼연일체가 되어서 **자본가**에 의해 수행되며 '**지휘·감독**'이라는 하나의 기능으로 나타난다.

우선 자본가 자신에 의해 수행되는 이 지휘·감독의 기능은, 이윽고 자본가로부터 특별한 종류의 임노동자, 즉 **매니저**(산업사관)나 갖가지 **직제**(산업하사관)에 양도되어가게 된다.

한편에서는 자본 아래서의 협업에 필요한 지휘와 감독이 자본가에 의해 행해지기 때문에 모든 협업에는 자본이 필요한 것 같은 전도된 관념이 생겨나며, 다른 한편에서는 이러한 기능이 특별한 종류의 노동자에 의해 수행되기 때문에 지휘뿐 아니라 감독까지도 사회형태에 관계없는 사회적 노동 일반이 필요로 하는 것 같은 전도된 관념이 생긴다.

단순협업 | 분업에 의거한 협업인 매뉴팩처는 물론이고 대공업도 협업이

다. 분업이나 기계 사용도 동반하지 않는 협업을 **단순협업**이라고 하는데, 자본주의적 생산이 상대적 잉여가치를 생산하기 위해 우선 채용하는 것이 이 단순협업이었다.

제3절 분업과 매뉴팩처

분업 │ 상대적 잉여가치의 생산을 위한 둘째 방법은 작업장 안의 분업이다. 단순협업으로부터 **작업장 안의 분업**이 발생하는데, 이것은 매뉴팩처(공장제 수공업) 시대를 특징짓는 것이다. 분업은 영어 division of labor를 번역한 말이며, '노동의 분할'이다(불어의 division du travail, 독어의 Arbeitsteilung도 같은 의미의 말이다).

본래의 매뉴팩처 시대 │ 16세기 중엽에서부터 18세기의 최후의 3분의 1기에 걸쳐서, 영국에서는 매뉴팩처가 자본주의적 생산양식의 지배적인 형태가 되던 시대가 있었다. 이것을 '**본래의 매뉴팩처 시대**'라 부르고 있다. 경제학은 이 시대에 비로소 독자적인 과학으로 나타났다. '매뉴팩처 시대의 포괄적인 경제학자'라고도 불린 애덤 스미스는 분업에 역점을 두고 자본주의적 생산양식을 고찰했다.

사회적 분업과 작업장 안 분업 │ 분업에는 사회적 분업과 작업장 안 분업이 있다. 어느 쪽도 노동의 분할인 점에서는 마찬가지이며 많은 공통점을 갖고 또 관련이 있지만, 양자는 명확히 구별되어야 한다. **사회적 분업**이 사회의 총노동자의 총노동이 갖가지 구체적 노동으로 분할되어 있는 것을 의미하는(☞그림 28) 데 반해, **작업장 안 분업**은 같은 종류의 생산물 내지 생산물군(群)을 생산하는 하나의 노동과정에 있는 노동자들의 노동의 분할이다. 자본주의적 생산하에서는, 전자가 자연발생적이며 무정부적이라는 점에서 결정적인 특징이 있는 데 대해, 후자는 철저하게 의식적·계획적이라는 점에서, 이 양자는 본질적으로 다르다.

노동의 생산력을 증대시키는 것으로서 여기서 문제가 되는 분업은 작업장 안 분업이다. 작업장 안 분업은 우선 **매뉴팩처적 분업**으로 나타나며, 뒤에 기계 사용이 일반화하면 **공장 안 분업**이 된다.

매뉴팩처적 분업과 그 효과 | 매뉴팩처적 분업은 인간을 자기의 기관(器官, organ)으로 하는 하나의 전체기구이며, 수공업적 숙련이 생산의 기초가 되고 있다. 노동하는 개인들은 특정한 부분기능만을 수행하며, 일평생 이 기구의 한 기관에 지나지 않는다. 이 분업은 다음과 같은 효과를 가짐으로써 노동의 생산력을 높이고 상대적 잉여가치의 생산을 가능하게 한다. 즉 ① 생산의 장소나 도구를 바꾸기 위한 시간이 절약되고, ② 숙련과 기능(技能)이 현저하게 높아지며, ③ 도구가 단순화되고 개량되며 다종다양하게 된다.

매뉴팩처의 두 가지 기원 | 매뉴팩처(공장제 수공업)는 두 가지 기원에서 발생한다(그림 135).

매뉴팩처의 두 가지 종류 | 매뉴팩처에는, 제품의 성질에 의해 생기는 두 가지 구별되는 종류가 있다(그림 136).

매뉴팩처 안 분업에서 자본에 의한 노동의 지배 | 매뉴팩처 안 분업에 의해, 노동하는 개인들은 특정한 부분노동에 고착되어 육체적으로도 정신적으로도 불구화·기형화됨으로써, 자본에 의해 고용되지 않는 한 쓸모가 없어진다. 많은 노동자가 단순한 육체노동자로서, 정신노동을 행하는 자에게 지배되게 된다. 정신노동은 자본에 의해 자기 것이 되므로, **자본에 의한**

그림 135 매뉴팩처의 두 가지 기원

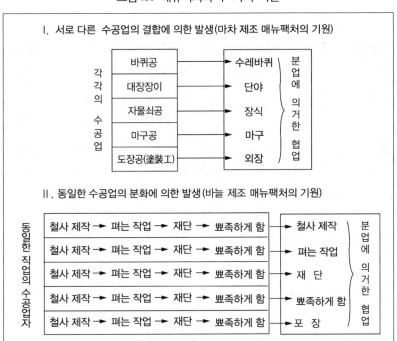

I. 서로 다른 수공업의 결합에 의한 발생(마차 제조 매뉴팩처의 기원)

II. 동일한 수공업의 분화에 의한 발생(바늘 제조 매뉴팩처의 기원)

그림 136 이질적(異質的) 매뉴팩처와 유기적 매뉴팩처

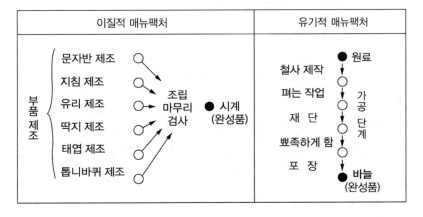

노동의 지배가 확립된다.

매뉴팩처는 자기가 만들어낸 요구들과 모순된다 | 매뉴팩처는 하나의 사회의 생산 전체를 장악할 수도 없었으며, 생산의 존재방식을 밑바닥에서 변혁하지도 못했다. 매뉴팩처는 광범한 도시의 수공업과 농촌의 가내공업을 토대로 하여 여기저기 우뚝 솟아 있는 경제적인 조작물에 지나지 않았다. 매뉴팩처가 어느 정도 발전하자, 그 자신이 만들어낸 생산상의 갖가지 요구는 그의 좁은 기술적 기초와 모순되지 않으면 안 되었다.

제4절 기계와 대공업

§ 1. 기계와 대공업

기계와 대공업 | 상대적 잉여가치의 생산을 위한 셋째의 방법은 기계의 이용이다. 자본주의적 생산양식은 노동수단의 혁명을 통해 기계라는 기술적 기초를 획득함으로써, 분업에 의거한 협업을 기초로 하는 매뉴팩처에서 대공업으로 발전한다.

기계의 세 가지 구성부분 | 발달한 기계는 세 가지 구성부분으로 이루어져 있다.
- 동력기 — 기구 전체의 원동력으로 작용한다.
- 전동기구 — 동력의 운동을 조절하고 형태를 변화시켜 그것을 도구기(道具機)에 배분·전동한다.
- 도구기(작업기) — 노동대상을 장악하여, 그것을 합목적적으로 형태변화시킨다.

그림 137 발달한 기계

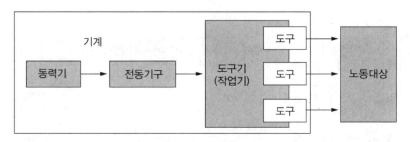

도구가 인간에 의해 직접 사용되는 노동수단인 데 반해, 기계는 도구를 구비한 도구기를 운동시킴으로써 대상을 가공하는 노동수단이다(그림 137).

도구기 출현 → 동력기 혁명 → 전동기구 개량 | 18세기 후반부터 영국에서 시작된 **산업혁명**의 출발점이 된 것은, 동일한 또는 유사한 다수의 도구를 동시에 조작하는 도구기의 출현이었다. 도구기 사용의 확대가 동력기의 발명을 불러일으키고[인력·마력·풍력·수력에서 와트(James Watt, 1736~1819)의 증기기관으로], 동력기의 혁명이 전동기구의 개량·발명과 운수·교통기관의 발전을 가져왔다.

도구기의 단순협업 → 기계체계 → 자동기계체계 | 기계경영에 의거한 공장의 최초의 모양은 몇 개의 도구기를 가지며, 하나의 제품 전체를 만들어 내는 도구기들의 단순한 협업이다.

다음으로, 다른 작업단계를 분담하는 각각의 도구기로 편성되는 **기계체계**가 나타난다. 이것은 말하자면 기계에서의 분업에 의한 협업이다.

작업기가 원료의 가공에 필요한 모든 운동을 인간의 조력 없이 행하게 되고 인간은 그것에 따르기만 하면 되었을 때, 자동기계체계가 나타난다. **자동기계체계**는 전동기구의 매개에 의해 하나의 중앙자동장치에서 운동을 받는 갖가지 작업기로 편성된 체계이다(그림 138).[1]

그림 138 다수의 같은 종류 기계의 협업 → 기계체계 → 자동기계체계

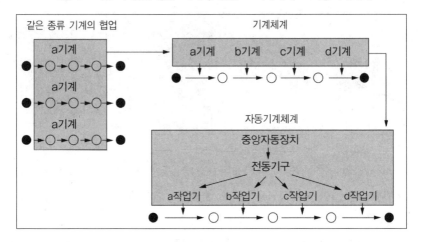

생산물로의 기계가치의 이전과 기계 채용의 자본주의적 한계 | 개개의
자본이 기계를 채용하는 것은, 이에 의해 노동의 생산력을 높이고 자기
상품의 개별적 가치를 사회적 가치보다 낮추어, 이에 의해 특별잉여가치
를 획득함과 함께, 판매가격을 인하하여 시장점유율을 확대하기 위해서
이다. 그러나 기계 채용이 일반화되면, 그것에 의해 생산된 생산물의 사회적
가치 그 자체가 저하한다. 다시 말해 기계 채용은 생산물의 가치를 감소시키
게 된다.

그러면 기계 채용은 어떻게 생산물의 가치 감소를 가져오는 것일까?

---

1) 마르크스는 다음과 같이 쓰고 있다. "한 개의 중앙자동장치(Automat)로부터 전동장
   치를 통해서만 자기의 운동을 받는 작업기들의 편성체계는 기계제 생산의 가장
   발달한 형태이다. 여기에서는 개별적인 기계 대신 한 개의 기계적 괴물이 등장하는
   데, 그 동체(胴體)는 공장 건물 전체를 차지하며, 그 마술 같은 힘은 처음에는
   그 거대한 팔다리들의 느릿느릿하고 절도 있는 운동에 의해 은폐되지만 드디어
   그 무수한 본래의 작업기관들의 열광적 난무로 폭발된다"(*MEW*, Bd. 23, S. 402.
   강조는 마르크스, 『자본론』 I(하), 제2개역판, 김수행 역, 비봉출판사, 512~513쪽).

우선 명백한 것은, 생산물에 이전하는 가치 부분을 도외시하면, 기계는 천연의 토지와 완전히 똑같이, 또는 자연력이나 과학과 마찬가지로, 무상으로 작용한다는 것이다.

기계에 의해 생산되는 생산물의 양은 도구에 의한 그것보다 훨씬 많고 기계의 내구기간도 길기 때문에, 기계 한 대의 총가치가 배분되는 총생산물의 양은 방대하다. 그러므로 기계의 가치는 도구에 비해 훨씬 크지만 개개의 생산물에 이전되는 그 가치액은 비교적 적다. 그러나 기계의 가치가 크기 때문에 노동수단으로부터 이전하는 이 가치량이 도구를 사용한 경우보다 많게 될 수가 있다.

그러나 기계를 사용함으로써, 동일량의 살아 있는 노동은 도구를 사용하는 것보다 훨씬 다량의 생산물을 생산할 수 있다. 그러므로 개개의 생산물이 포함한 신노동의 양은 확실히 감소한다.

다른 한편 도구에 의해서든 기계에 의해서든, 형태변화에 의해 개개 생산물로 되는 원료가 변화하지 않는 한, 개개 생산물에 이전하는 원료 가치의 절대액은 변하지 않는다.

그러므로 기계제 생산이 되면, 개개 생산물의 가치 중 그것에 이전되는 원료의 가치는 그리 변화하지 않으나 그것에 대상화된 살아 있는 노동은 격감하기 때문에, 가령 그것에 이전되는 기계의 가치가 그때까지의 도구의 가치보다 증대했다 하더라도, 그 증대가 대상화된 살아 있는 노동의 양보다 적은 한에서는, 기계 채용에 의해 개개 생산물의 가치는 감소하게 되며 자본에게는 기계를 채용하는 것이 유리하게 된다(그림 139).

생산물이 포함한 추상적 노동의 양을 감소시킴으로써 생산물을 싸게 하는 수단으로서만 보면, 기계 자신의 생산에 필요한 노동이 기계의 이용에 의해 대신되는 노동보다 적은 한, 기계의 사용에는 이점이 있다.

그러나 자본에게는 기계 사용의 한계는 더욱 좁은 것으로 나타난다. 자본은 이용하는 노동에 대해 지불하는 것이 아니라 이용하는 노동력의

그림 139 생산물 형성요소로서의 기계와 가치 형성요소로서의 기계

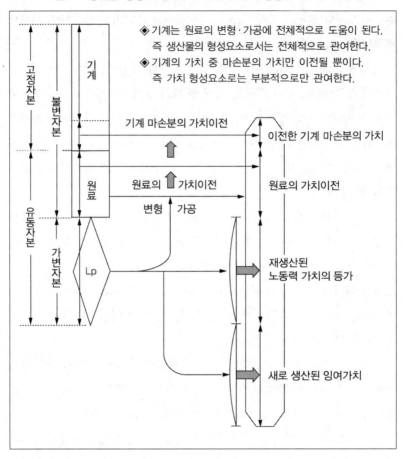

◈ 기계는 원료의 변형·가공에 전체적으로 도움이 된다.
  즉 생산물의 형성요소로서는 전체적으로 관여한다.
◈ 기계의 가치 중 마손분의 가치만 이전될 뿐이다.
  즉 가치 형성요소로는 부분적으로만 관여한다.

가치에 대해 지불하므로, 자본에 의한 기계의 사용은 기계의 가치와 기계에
의해 대체되는 노동력의 가치의 차에 의해 한계가 주어진다.

기계 사용의 자본주의적 제한이 없어지는 어소시에이션에서는, 기계는
자본주의 사회와는 전혀 다른 활동 범위를 가지게 된다.

기계 사용의 인류사적 의의 │ 대공업하에서 생산에 일반적으로 기계를

사용하게 된 것은 거대한 인류사적 의의가 있다.

첫째로 대공업은 생산과정에 대한 자연과학의 의식적인 기술적 응용을 필수적인 계기로 한다. 대공업은 구체적인 형태가 어떻게 변화하더라도 과학과 그것의 기술적 응용에 의해서만 발전할 수 있는 것이다. 생산과정은 이것에 의해 비로소 자연을 과학적으로 제어하는 과정으로 전환하기 시작했다.[2]

둘째로 대공업하에서 거대한 생산수단을 사용하는 노동과정은, 다수의 노동자의 협동에 의해, 다시 말해 사회적 노동에 의해 비로소 이루어지는 명확히 사회적인 과정으로 전환되었다. 노동과정은 예전의 분산된 개별적인 과정에서 사회적인 과정으로 전환했다.[3]

---

2) 마르크스는 다음과 같이 쓰고 있다. "대공업은 이러한 장막(veil)[즉 인간으로부터 자기 자신의 사회적 생산과정을 은폐하고, 또 자연발생적으로 분화된 각종 생산부문들을 외부인뿐 아니라 그 부문의 상속자들에 대해서까지 수수께끼로 만든 그 장막]을 찢어버렸다. 대공업의 원리 —— 즉 각 생산과정을 그 자체로 파악하며 그것을 구성요소들로 분해하는 것[인간의 손이 그 새로운 과정들을 수행할 수 있는가 없는가를 먼저 고려하지 않고] —— 는 새로운 근대적 과학인 기술공학(technology)을 낳았다. 사회적 생산과정의 다양하고 언뜻 내부적 관련이 없는 듯한 고정된 형태들은 자연과학의 의식적이고 계획적인 응용을 위해 분해되었고, 특정한 유용효과를 얻기 위해 체계적으로 분할되었다. 기술공학은 또한 [비록 사용되는 도구들은 다양하더라도 인체의 모든 생산적 활동이 필연적으로 취하게 되는] 소수의 주요 기본 운동형태를 발견했는데, 이것은 마치 기계가 아무리 복잡하다 하더라도 그것은 모두 단순한 기계적 과정들의 끊임없는 재현(reappearance)일 뿐이라는 것을 기계학이 이해하고 있는 것과 마찬가지다.

근대적 공업은 결코 어떤 생산과정의 기존형태를 최종적인 것으로 보지도 않으며 그렇게 취급하지도 않는다. 그러므로 종전의 모든 생산방식은 본질적으로 보수적이었지만 근대적 공업의 기술적 토대는 혁명적이다"(*MEW*, Bd. 23, S. 510~511. 강조는 마르크스, 『자본론』 I(하), 제2개역판, 김수행 역, 비봉출판사, 651~652쪽).

3) 마르크스는 다음과 같이 쓰고 있다. "기계의 형태를 취한 노동수단은 인간력을

자본주의적 생산에서 기계 사용의 전도된 형태 | 그렇지만 자본주의적 생산하에서는 생산수단이 자본의 형태를 취하고, 기계는 잉여가치의 생산에 유익한 한에서만 이용되는 것이므로, 기계 사용의 인류사적 의의도 기계가 노동하는 개인들을 지배한다는 전도된 형태하에서 나타날 수밖에 없다.

§ 2. 자본에 의한 기계 사용은 기계가 노동자를 지배하게 만든다

자본에 의한 노동 지배의 완성 | 자본주의적 생산을 특징짓는 대공업은 기계 사용의 확대와 기계에 의한 기계의 생산을 토대로 발흥하여, 수공업 경영과 매뉴팩처 경영을 압도하고, 19세기 이후 거대한 발전을 이룩했다. 그때까지는 노동자가 노동수단(도구)을 지배하고 있었으나, 여기서는 노동수단(기계)이 인간을 지배하고, 노동자는 기계의 단순한 시중으로 전환된다.

자본주의적 생산에서는 노동수단이나 노동대상도 자본이 취하는 형태로 되어 있으므로, 자동기계체계를 갖는 공장에서는 노동과정 그 자체에서 자본에 의한 노동의 지배가 완성된다.

또한 자본에 의한 노동의 지배를 제한하고 있던, 육체노동에서의 숙련노동자의 광범위한 존재도 기계의 출현에 의해 완전히 제거되었으므로, 이러한 면에서도 자본에 의한 노동의 지배가 완성된다.

자연력(自然力)으로 대체하도록 하며, 경험적 숙련을 자연과학의 의식적 응용으로 대체하게 한다. 매뉴팩처에서는 사회적 노동과정의 조직은 순전히 주체적이며 또 부분노동자들의 결합인데, 기계체계에서는 대공업은 전적으로 객체적인 생산 조직[이것은 노동자에게 이미 존재하는 물질적 생산조건으로 대면한다]을 갖는다. ……기계는 ……오직 결합노동 또는 공동노동(집단노동)에 의해서만 기능을 수행한다. 따라서 여기서는 노동과정의 협업적 성격은 노동수단 자체의 성질에 의해 강요되는 기술적 필연성으로 된다"(*MEW*, Bd. 23, S. 407. 강조는 마르크스, 『자본론』 I(하), 제2개역판, 김수행 역, 비봉출판사, 517~518쪽).

여성노동과 아동노동에 의한 남성노동의 대체 | 기계가 출현하면 그것은 우선 근력이 부족한 노동자 또는 신체의 발달은 아직 미숙하나 손발이 유연한 노동자를 고용하기 위한 수단이 되었다. 즉 여성노동과 아동노동의 광범한 채용이다. 이에 의해 노동자 가족 전원이 자본의 지배하에 편입되고, 구성원 모두를 자본의 직접적 지배 아래 편입시켜 임금노동자의 수가 증대했다. 여태껏 성년 남성의 노동력의 가치 속에 포함되던 가족부양비가 가족 전원에 배분됨으로써 그 노동력의 가치를 감소시켰다. 기계는 압도적인 수의 여성과 아동을 노동인구에 추가함으로써, 남성노동자가 매뉴팩처 시대에 자본의 전제(專制)에 대해 아직 행하고 있던 반항을 드디어 타파한다. 노동자는 점점 자본에 종속하게 된다.

기계의 자본주의적 이용을 통한 노동일의 연장 | 기계는 이용되고 있건 말건 물리적으로 노후하며, 또한 무형의 마손에 의한 감가를 입는다[새로운 기계가 나타나면 폐기된다]. 그러므로 자본가는 기계를 될수록 단기간에 남김 없이 사용해버리려고 노력한다.

　그래서 자본가는 노동자의 노동일을 될수록 연장하려고 한다. 실제 영국에서 노동시간의 지나친 연장이 행해진 것은 대공업의 확립과정에서였다. 노동자가 더 적은 시간에 더 많은 것을 생산할 수 있게 하는 기계가, 자본의 수중에서는 노동일을 무제한으로 연장하는 수단이 되는 것이다.

기계의 자본주의적 이용에 의한 노동의 강화 | 노동일의 무제한 연장에 의해 노동자의 생명의 근원을 위협당한 사회가 표준노동일을 확정하면, 자본은 노동력을 되도록 집약적으로 착취하려고 노력한다. 단축된 노동일에서는 기계의 속도가 가속된다든가 노동자에 대한 감시를 강화한다든가 해서 노동강도가 높아진다. 영국에서는 노동일 단축이 실현된 수년 뒤에 취업노동자 수가 현저히 감소했다. 그것은 개개 노동자로부터 착취하는

노동이 이전보다 증대했기 때문이다. 이러한 노동의 강화는 그 자체로서 노동자 측의 노동일 단축 요구를 한층 더 강화하게 된다.

연옥으로서의 공장 │ 기계경영하에 있는 공장에서는 매뉴팩처하의 갖가지 숙련도의 노동자들로 이루어지는 등급제가 소멸한다. 여기서는 노동자가 일생 동안 기계에 의해 사용되는 운명에 처하게 된다. 자동기계체계로 된 노동수단은 항상 자본으로서, 즉 살아 있는 노동력을 지배하며 피를 빨아먹는 죽은 노동으로서 노동자와 대응한다. 공장에서는 자본이 노동감독자를 고용해서 행하는 노동자에 대한 병영적인 규율, 전제적인 통치가 지배한다. 노동자는 고온·소음·먼지에 찬 공장에서 사고 위험에 처한다.

기계에 대한 노동자의 반역 │ 그러므로 노동자들이 장기간에 걸쳐 기계와 광신적으로 싸워, 종종 기계를 파괴하는 데 열중한 것도 당연하다고 하겠다(러다이트 운동). 그들의 오류는 기계가 노동자들에게 가져온 고난은 기계 그 자체에 의한 것이 아니라 기계의 자본주의적 이용 때문임을 간파하지 못한 데 있었다.

기계경영에 따르는 노동자의 흡인과 배출 │ 공장제도의 방대한 돌발적인 확대능력과 그것의 세계시장에 대한 의존은 열광적인 생산의 시기를 가져오는데, 그 결과로 과잉생산과 공황이 생기며, 그리고 그 뒤에 불황이 닥쳐온다. 이러한 산업순환의 국면들에서 갖가지 산업부문이 노동자를 흡인하거나 배출함에 따라, 노동자의 취업과 생활상태는 아주 불안정하게 된다.

§ 3. 대공업은 자본주의적 생산의 변혁과 새로운 사회의 형성요소 를 발전시킨다

여러 모순의 발전이 자본주의적 생산의 변혁의 효소를 발효시킨다 | 대공업은 생산의 기술적 기초를 끊임없이 변혁함과 동시에 노동자의 기능과 노동과정의 사회적 결합을 끊임없이 변혁한다. 그것은 또한 사회적 분업을 끊임없이 변혁하여, 대량의 자본과 대량의 노동자들을 하나의 산업부문에서 다른 생산부문으로 끊임없이 배출하거나 빨아들인다. 이처럼 대공업은 노동의 전환(conversion), 기능의 유동(fluidity), 노동자의 전면적 이동성 (mobility)을 필연적인 것으로 한다. 그런데 자본주의하의 대공업은, 다른 한편으로 많은 노동자를 특정한 노동종류에 특화(特化)·고정화시키는 예전부터의 분업을 끊임없이 재생산하며, 개별 노동자는 쉽게 다른 노동부문으로 이동할 수 없다. 이것은 자본주의적 대공업의 심한 모순이며, 이 모순 때문에 노동자는 실업에 의해 생산수단에서 유리됨과 동시에 생활수단까지도 박탈당하고 일자리를 찾을 수 없는 여분의 인구가 되어버린다. 이리하여 노동자의 생활상태는 고정성과 확실성을 상실하고, 노동자계급은 끊임없는 희생과 노동력의 무제한 낭비를 어찌할 수 없게 된다. 자본주의적 대공업은 이러한 부정적인 면을 가지고 있다.

그러나 대공업은, 불황과 공황의 시기를 통해 노동자에게 노동의 전환이 필요하다는 것, 따라서 노동자가 다면적인 노동 가능성을 갖는 것이 필요하다는 것을 촉구하지 않을 수 없다. 이리하여 대공업은, 필요하다면 어떤 노동종류라도 수행할 수 있는 노동자를 요구하며, 갖가지 사회적 기능을 자기의 갖가지 활동양식으로서 차례차례 행할 수 있는 전체적으로 발달된 개인을 요구한다. 자본주의적인 생산형태는, 한편에서는 예전의 분업을 폐기하려고 하며, 이를 위해 자기 자신을 변혁시키는 효소를 만들어내지 않을 수 없지만, 다른 한편에서는 이 생산형태에 대응하는 노동자의 경제적 관계들[기계에 의한 지배, 생활의 불안정성 등]은 이러한 경향과는 바로 정면으로 모순된다.

자본주의적인 생산형태에 내재하는 이러한 모순들의 발전은 이 생산형태의 해체와 새로운 생산형태의 형성을 준비할 수밖에 없다. 대공업은 자본주의적 생산의 변혁의 효소를 발효시키는 것이다.

대공업하에서 남녀의 결합노동은 인간적 발전의 원천으로 일변한다 │ 자본주의적 생산은, 노동하는 개인들 사이에 존재하는 온갖 차이를 자본의 증식을 위해 이용한다. 낡은 사회형태들로부터 이어받은 남녀차별도 그렇다. 그러므로 자본주의적 생산은 한편에서는 남녀차별을 온존하고 이용하려고 한다. 그런데 다른 한편에서는 자본주의적인 대공업의 발전은 가사(家事) 영역의 저편에 있는 사회적으로 조직된 생산과정에서 여성이나 소년소녀에 결정적인 역할을 할당함으로써, 가족이나 양성관계(兩性關係)의 더 높은 형태를 위한 새로운 경제적 기초를 만들어내지 않을 수 없다. 자본에 의해 협업에 편입되는 노동인원이 남녀 양성의 갖가지 연령층의 개인으로 구성되어 있다는 것은, 자본주의적인 생산형태에서는 자주 퇴폐와 노예상태라는 해독의 원천이 되고 있지만, 생산과정이 노동자를 위한 것이 되어 있는 관계하에서는 역으로 인간적 발전의 원천으로 일변하게 되는 것은 틀림없다. 이처럼 자본주의적 대공업은 남녀차별의 최종적인 해소를 위한 효소(酵素)까지도 낳고 있다.

공장제도에서 미래 교육의 맹아가 나왔다 │ 대공업의 발전은, 노동과정에서 노동력의 파괴와 피폐를 가져옴으로써 노동자의 보호조항을 포함한 공장법(工場法)을 필연적으로 낳았다. 공장법은 사회가 그 생산과정의 자연발생적인 자태에 가한 최초의 의식적 계획적인 반작용이었다. 영국의 공장법은 주목해야 할 조항을 포함하고 있었다. 그 하나는 자본으로부터 얻어낸 최초의 양보였던 교육조항이다. 공장법은 노동자의 자녀에 대한 초등교육을 노동을 위해 필요한 조건으로 강제했다. 이것에 의해 지식교육과 체육을 근육노동과 결부시키는 것이 가능하다는 것이 처음으로 실증되었다. 이리하여 공장제도에서 미래 교육의 맹아가 나왔다. 즉 일정한 연령 이상의 모든 아이에 대해 생산적 노동을 학업 및 체육과 결부시키는 교육이다.

마르크스는 이러한 교육만이 바로 '전면적으로 발달한 인간을 낳기 위한 유일한 방법'이라고 보았다. 지금 발전된 자본주의 나라들에서는 초등의무교육이 일반화되어 있으나, 거기서의 교육은 아직 생산적 노동과 결합되어 있지 않다.

공장법 일반화는 사회 변혁의 계기와 새로운 사회의 형성요소를 성숙시킨다 | 노동자계급의 육체적·정신적 보호수단인 공장법의 적용범위는 점차로 모든 노동부문으로 확대되어간다. 공장법의 이와 같은 일반화는, 한편에서 자본의 생산과정의 발전에 커다란 자극을 줌과 동시에, 다른 한편에서 그것에 포함되어 있는 모순들을 발전시킨다. 그것은 개개의 공장 내부에서는 균형 잡힌 질서나 절약을 강요하며, 사회적으로는 소규모의 분산적인 노동과정을 대규모의 결합된 노동과정으로 전환시켜 공장제도의 지배를 일반화하여 자본의 집적을 촉진한다. 그것은 노동일을 제한하고 규제함으로써 신기술의 채택과 노동강화에 커다란 자극을 주며, 전체로서는 자본주의적 생산의 무정부성을 강화하고, 과잉생산의 요인을 증대시킨다. 그것은 노동자 보호조항의 준수를 강제함으로써 소경영과 가내노동의 부문들을 압살하며 낡은 형태나 과도형태를 파괴하고, 그 대신 자본의 직접적이며 노골적인 지배를 가져온다.

그러나 그것은 동시에, 이제까지 과잉 노동자들을 흡수해온 낡은 부문·형태들을 없애버림으로써 사회기구의 이러한 안전판(safety valve)을 파괴하고 기계와 노동자 사이의 경쟁과 적대를 증대시키며 자본의 지배에 대한 노동자의 투쟁을 일반화한다.

이리하여 자본주의적 대공업이 낳은 공장법의 일반화는 한편에서는 생산 과정의 자본주의적 형태에 내재하는 모순들과 적대관계를 발전시킴과 더불어, 다른 한편에서는 새로운 사회의 형성에 필요한 생산과정의 물질적 조건을 준비하며, 생산과정에서 노동하는 개인들의 사회적 결합을 성숙시킨다.

결국 자본주의적 생산하에서 대공업 발전은 그 자신이 새 사회를 형성하기 위해 필요한 갖가지 요소를 낳으면서, 동시에 낡은 사회의 변혁을 불가피하게 하는 갖가지 계기를 성숙시키지 않을 수 없다.

환경파괴는 사회적으로 제어할 수 있는 생산과정이 필요함을 가리키고 있다 | 대공업은 생산과정을 과학적으로 자연을 제어하는 과정으로 전환하기 시작했으나, 생산과정을 인간이 자연과의 물질대사를 생태적으로 통제하는 과정, 따라서 동시에 환경까지도 보호하는 과정으로 전환하는 것을 의미하지는 않았다. 왜냐하면 각각의 생산과정이 각각의 자본에 의해 잉여가치의 취득을 목적으로 수행되는 한, 환경보전까지도 목적으로 하는 사회적 생산과정의 제어는 사회 전체에 의한 강제——예컨대 법적 규제 등의 형태로——에 의거할 수밖에 없기 때문이다. 그런데 자본주의적 대공업은, 과학적으로 제어된 과정이 환경을 파괴한다는 것이 낳은 역설적인 결과를 통해, 생산과정을 자본주의적 형태로부터 사회적으로 제어할 수 있는 형태로 전환시킬 필요를, 곧 사회가 개별자본을 강제해야 할 필요를 노동하는 개인들에게 알려주고 있다.

이미 마르크스는, 자본주의적 생산하에서 생산력의 발전은 자연환경을 파괴하고 인간과 자연과의 신진대사, 양자의 생태적인 관계를 파괴하지 않을 수 없다는 것, 그리고 또한 바로 이 때문에 '인간과 자연 사이의 물질대사를 인간의 완전한 발전에 적합한 형태로 체계적으로 재건할 것'을 강제하지 않을 수 없다고 말하고 있다.[4]

마르크스는 현대의 공해나 환경파괴의 심각화, 그리고 사람들이 그것에 대해 사회적·국제적으로 대처하게 될 것을 선견지명으로 간파하고 있었다.

---

4) 마르크스는 1867년에, 농업에서 대규모 기계경영의 발전이 인간과 자연 사이의 물질대사를 파괴하는 것을 통해, 인간에게 그 개선을 강제해야 한다는 것을 다음과 같이 썼다.

"농업의 영역에서 기계를 사용하는 대규모의 자본주의적 경영이 발전하면, 여기서도 낡고 불합리하기 짝이 없는 전통적인 작업방식은 과학의 의식적이고 기술적인 적용에 의해 대체된다. 자본주의적 생산방식은 새로운 더 높은 종합——즉 농업과 공업이 서로 적대적으로 분리되어 있던 동안에 발달시킨 형태를 토대로 다시 결합하는 것——의 물질적 조건을 만들어낸다는 것이다.

그러나 다른 한편으로는, 자본주의적 생산은 인간과 토지 사이의 물질대사를 교란하지 않으면 안 된다. 즉 인간이 식품과 의복의 형태로 소비한 토지의 성분(成分)들을 토지로 복귀시키지 않고, 따라서 토지의 비옥도를 유지하는 데 필요한 영원한 자연적인 조건이 작용할 수 없게 된다. 자본주의적 농업의 모든 진보는 노동자를 약탈하는 방식상의 진보일 뿐 아니라 토지를 약탈하는 방식상의 진보이며, 차지농업자본가에 의해 일정한 기간에 토지의 비옥도를 높이는 모든 진보는 생산력의 항구적 원천을 파괴하는 진보이다.

도시공업의 경우와 마찬가지로 현대의 농업에서는 노동생산력 상승과 노동력 유동화의 증진은 노동력 그 자체의 황폐와 병약화를 동반한다. 동시에 그것은 도시에서도 농촌에서도 노동자의 육체적 건강과 정신생활을 파괴하지 않으면 안 된다.

이처럼 자본주의적 생산이 사회적 생산과정의 기술과 결합을 발전시키는 것은 동시에 일체의 부의 원천을, 즉 토지까지도 노동자까지도 파괴함으로써밖에 할 수 없다.

그러나 그것은 동시에 인간과 토지 사이에 자연발생적으로 조성된 신진대사의 상황을 파괴함으로써, 재차 그것을 이제는 사회적 생산을 규제하는 법칙으로 그리고 인간의 완전한 발전에 적합한 형태로 체계적으로 재건할 것을 강제한다"(*MEW*, Bd. 23, S. 527~530. 인용자가 재편성해서 요약. 강조는 인용자; 『자본론』 I(하), 제2개역판, 김수행 역, 비봉출판사, 677~680쪽).

제5장
자본주의적 생산관계와 노동의 소외

제1절 자본주의적 생산관계

자본주의적 생산을 규정하는 기본적 생산관계는 자본관계이다 ㅣ 이제까지 본 바와 같이, 자본주의적 생산이란 자본이 노동시장에서 구입한 노동력과 상품시장에서 구입한 생산수단을 소비함으로써 노동력의 가치보다 큰 신가치를, 따라서 양자의 차액인 잉여가치를 취득하며, 이리하여 자기를 증식시키는 독특한 생산이다. 이러한 생산의 전체 성격과 전체 운동을 규정하는 것은 자본·임노동 관계라고 불리는 생산관계이다.

자본·임노동 관계에 포함되는 주요한 계기 ㅣ 여기서는 한편으로 노동하는 개인들은 생산수단으로부터 완전히 유리되어 노동력을 상품으로 팔지 않으면 생활할 수 없는 임노동자로 되어 있으며, 다른 한편으로는 생산된 생산수단, 대체로 노동생산물 일반이 자립화하여 자본이 되고 있으며, 비노동자인 자본가에 의해 인격적으로 대표되고 있다. 자본가가 노동력을 구입한 뒤에 이것을 소비하는 과정인 생산과정은, 임노동자에 대한 자본가의 지휘 및 지배하에서 행해지는 과정이다. 이 과정의 생산물 중 노동자가 되사옴으로써 자기의 것으로 할 수 있는 것은 필수생활수단 부분뿐이며,

생산수단을 보전하는 생산물 부분뿐 아니라 잉여생산물이 모두 자본가의 것이 된다. 노동은 임노동 형태에 있으며, 생산수단은 자본 형태에 있다. 이 생산관계가 **자본·임노동 관계**(줄여서 **자본관계**)이다. 자본·임노동 관계에 포함되는 주요한 계기를 열거해보자.

- 생산수단(노동조건)이 노동하는 개인들에게서 분리하여 자립화한다.
- 생산수단(노동조건)이 자본이 되고 노동력이 상품화한다.
- 자본가가 자본을, 임노동자가 노동력을, 각각 인격적으로 대표한다.
- 자본가가 자본을 투하하여 임노동자로부터 노동력을 산다.
- 자본가가 임노동자를 지휘·지배하여 생산을 행한다.
- 자본가가 잉여생산물을 취득하며, 임노동자가 필수생활수단을 되산다.
- 생산수단(노동조건)을 가진 자본가와 노동력밖에 못 가진 임노동자가 재생산된다.

자본관계: 노동조건에 대한 노동하는 개인들의 소원한 관계 │ 이미 서장 제3절 §3에서 본 바와 같이, 생산관계의 요점은 노동하는 개인들이 어떠한 방식으로 생산수단에 관계하는가, 그들은 어떠한 방식으로 생산수단과 결부되어 노동하는가 하는 데 있다. 자본·임노동 관계에서는 노동조건에서 완전히 분리된 노동하는 개인들은 생산과정 속에서 노동조건인 생산수단에 대해 타인에 속하는 것에 대한 방식으로 관계하며, 그 결과 생산된 생산물은 타인에 의해, 즉 생산수단을 대표하는 자본가에 의해 취득되는 것이 된다. 이리하여 생산물을 취득하는 자본가는 생산수단의 소유자로서 행동할 수 있으며, 다른 한편 노동하는 개인들은 재차 노동력의 판매자로서 시장에 등장하지 않으면 안 되는 상태에 있게 된다.

요약하면, 제1장 제3절 §1에서 본 상품생산관계란 사회의 총노동이 자연발생적으로 분할되어 노동하는 개인들의 노동(생산)이 사적 노동(생산)이 되는 사람들의 상호 사회적 관계였음에 반해, 지금 여기에서 보는 **자본주의**

적 생산관계란 노동하는 개인들로부터 생산수단이 분리되어 그들이 무소유로 되어 있고, 생산수단이 자본의 형태를 취해 노동하는 개인들을 지배한다고 하는 사람들 상호 간의 사회적 관계이다.

자본·임노동 관계는 자본주의적 생산하에서의 생산관계, 결국 자본주의적 생산관계의 전체를 규정하는 기본적인 생산관계이다.

생산관계의 물상화: 자본과 노동력의 물상적인 관계 │ 이리하여 자본·임노동 관계라는 노동에서 사람들의 사회적 관계는, 자본과 상품으로서의 노동력이라는 물상(物象)과 물상의 관계로서 나타나는 것인데, 이것은 제1장 제3절 §2에서 본 상품생산관계에서의 생산관계의 물상화——노동하는 개인들의 사적 노동 상호 간의 사회적인 관계가 상품·화폐 관계라는 물상적 형태를 취하는 것(☞그림 75)——가 발전한 것일 뿐이다.

물상의 인격화: 자본가와 임노동자의 관계 │ 또한 자본·임노동 관계의 물상화인 자본과 상품으로서의 노동력은, 그것들이 시장에서 서로 관계하고 또한 생산과정에서 관계하기 위해서는 그것들을 대표하는 의지를 갖는 인격을 필요로 한다. 자본의 인격화가 **자본가**이며 노동력의 인격화가 **임노동자**이다. 그들은 시장에서 노동력의 구매자 및 판매자라는 계약 당사자로서 서로 관계하며, 생산과정에서는 지휘자이면서 동시에 관리자 및 그 지휘에 따라 노동하는 결합된 노동자라는, 다른 직무에 있는 인격으로서 서로 관계하게 된다. 자본과 노동력이라는 물상이 자본가 및 임노동자라는 인격에 의해 대표되는 것인데, 이것은 제1장 제3장 §3에서 본, 상품생산관계에서의 물상의 인격화——상품 및 화폐가 상품소지자=판매자 및 화폐소지자=구매자라는 인격에 의해 대표되는 것(☞그림 77)——가 발전한 것이다.

자본주의적 생산관계: 자본관계에 의해 규정된 상품생산관계 │ 자본·

임노동 관계가 지배하는 곳에서는 비로소 노동생산물이 일반적으로 상품이
라는 형태를 취하며, 바꿔 말해 상품생산이 일반적으로 행해지게 된다.

　자본주의 사회에서는, 노동하는 개인들은 노동조건을 가지고 있지 않으
므로 자기 노동으로 사적 노동을 행할 수는 없으나, 그들의 노동력을 사들여
서 그것을 소비하는 자본가는 각각 상호 사적인 생산자이며, 그 아래에서
행해지는 노동하는 개인들의 노동 총체는 다른 자본가 밑에서 일하는 개인
들의 노동 총체에 대해 상호 사적인 노동이다. 그러므로 각각의 자본가
밑에서 일하는 그들의 노동생산물은 서로 상품으로서 대면하게 되는 것이
다. 자본주의적 생산관계하에서 노동은 총체로서 사회적 분업을 형성하는
사적 노동이며, 가치에 의거한 상품의 교환을 통해 사회적 노동이 되지
않으면 안 된다.

　또한 임노동자인 노동하는 개인들은 생활수단이나 그것을 생산하기 위해
필요한 생산수단도 가지고 있지 않으며, 다만 자기의 노동력을 판 대가인
임금으로 필수생활수단을 시장에서 사지 않으면 안 된다. 이리하여 노동자
가 생활에 필요로 하는 모든 생활수단이 상품의 형태를 취해야 하는 것이다.
생산수단이 자본이 되고 상품으로 매매될 뿐 아니라 모든 생활수단이 상품
이 되며, 이리하여 자본주의적 생산하에서는 상품생산이 일반화되지 않을
수 없다.

　따라서 자본주의적 생산관계는, 자본·임노동 관계에 의해 규정된 상품생
산관계이다. 다른 한편 자본·임노동 관계는 상품유통 및 화폐유통을 전제하
며 다만 그것들의 위에서만 존재하고 발전할 수 있기 때문에, 이 의미에서
상품생산관계는 자본주의적 생산관계의 기초를 이루는 것이다. 그러므로
자본주의적 생산관계는 기초적 관계로서의 상품생산관계 및 규정적 관계로
서의 자본·임노동 관계로 이루어진다고 표현할 수 있다.

상품유통은 심층의 자본관계를 가리는 표층이다 ｜ 우리는 자본주의 사

회의 가장 일반적인 사상(事象)인 상품교환을 다루어, 상품의 분석으로부터 시작하여 자본·임노동 관계에 도달했다. 그리하여 이 자본·임노동 관계야말로 상품생산관계를 규정하고 있는 것을 알았다. 여기서 알 수 있는 것은, 우리가 최초에 본 상품유통 및 화폐유통은 자본주의적 생산의 **표층**(表層)이며 그 **심층**(深層)에는 자본·임노동 관계가 숨어 있다는 것이다.

상품생산관계에서 생산관계의 물상화와 물상의 인격화에 의해, 상품유통의 영역에는 상호 사적 소유, 자유, 평등, 자기 이익의 관계에 있는 호모이코노미쿠스들의 상호 관계만이 보이고 있었다. 그러나 이 표층의 깊숙한 밑에는 노동조건을 가지지 않은 노동하는 개인들과 노동조건을 가지고 노동하지 않는 자본가의 관계, 또한 생산과정에서 노동을 지휘·지배하며 불불노동을 취득하는 자본가와 타인의 지휘·지배하에서 노동하며 잉여노동을 잉여가치의 형태로서 타인에 인도해야 하는 노동하는 개인들의 관계가 숨어 있는 것이다.

상품유통은 심층에 있는 자본·임노동 관계를 표층으로서 덮고 있으며, 자본·임노동 관계의 진정한 모습을 은폐하고 있다.

제2절 자본 아래로의 노동의 포섭

자본 아래로의 노동의 포섭 | 노동과 노동과정은, 인간 개인들이 생존하고 그들로 이루어지는 사회가 존속하기 위해, 노동하는 개인들이 모든 인간 사회를 통해 행하지 않으면 안 되는 그들의 노동력 소비이며, 인간이 자연과 물질대사를 하는 과정이다. 그러나 노동하는 개인들이 노동조건(생산수단 등의 노동을 행하기 위해 필요한 조건)에 대해 어떠한 형태로 관계하는가에 따라서, 노동과 노동과정은 역사적으로 갖가지 형태를 취해왔다.

제2장 이후 이제까지 살펴온 바와 같이, 자본주의적 생산양식하에서 노동

과정은 잉여가치의 생산을 목적으로 하는 자본에 의한 노동력의 소비과정이며, 이 과정의 주체는 노동하는 개인들이 아니라 자본이다. 노동과정은 자본의 과정이 되며, 노동은 자본의 지휘·감독하에서의 노동, 자본의 노동이 되고 있다. 다시 말해 여기서는 인간 개인들과 인간사회의 필연인, 노동과 이것에 의한 자연과의 물질대사 과정이 자본에 의해 완전히 장악되어 자본에 종속되어 있다.

자본주의적 생산은, 그와는 전혀 다른 전자본주의적인 생산형태들의 뒤에 성립한 역사적 형태이다. 그러므로 그 성립이란 선행하는 형태들 아래에서 행해지던 노동과정이 자본의 과정으로 전환한 것이다. 자본(자본·임노동 관계의 물상화로서의 자기증식하는 가치)은 노동과 노동과정을 자기에 편입하고 포섭하며 자기의 것으로 하는 것이다.

마르크스는 이 편입·포섭을 '**자본 아래로의 노동의 포섭**(subsumption)' 또는 '**자본 아래로의 노동의 종속**'이라고 불렀다. 자본에 의한 잉여가치의 생산은 자본 속에 포섭된 노동에 의한 생산이다.

자본 아래로의 노동의 포섭에는 형태적[형식적] 포섭과 실체적[실질적] 포섭의 두 가지 형태가 있다.

자본 아래로의 노동의 형태적 포섭 | 제2장에서는, 가치증식과정에서 자본이 어떻게 잉여가치를 생산하는가 하는 잉여가치생산의 형태 그 자체를 연구했다. 거기서는 자본에 포섭된 생산과정인 가치증식과정을 다만 형태적으로 보았을 따름이고, 그러한 형태하에서 행해지는 실체적인 노동양식 내지 생산방법은 전혀 문제 삼지 않았다. 이처럼 노동과정이 어떠한 노동양식하에서 행해지며 얼마만큼의 생산력을 가지고 있는가에 관계없이, 그것이 이미 자본에 의한 잉여가치의 생산과정, 즉 가치증식과정이 되어 있으며, 지휘자인 동시에 감독자로서의 자본가에 의한 노동자의 노동의 착취과정이 될 때, 이것을 **자본 아래로의 노동의 형태적 포섭**이라고 부른다.

자본이 노동을 포섭하고 있다고 할 수 있는 것은, 인격화된 자본인 자본가가 노동과정에서 노동자들을 지휘·감독하며 그들의 잉여노동을 착취하는 데 종사하고 있을 때이다. 그러므로 자본 아래로의 노동의 포섭이 성립되기 위해서는 자본가가 인격화된 자본으로서 기능하는 모든 시간을, 타인노동의 취득과 그 노동생산물의 판매 등을 위해 사용할 수 있는 것, 따라서 그가 취득하는 잉여가치가, 그에게 노동자와 동등한 내지 그 이상의 생활을 할 수 있을 만큼의 수준에까지 도달해 있어야 한다. 중세의 동업조합 제도는, 한 사람의 수공업 장인(匠人: master)이 사용해도 좋은 노동자 수의 최대한을 매우 작게 제한함으로써, 장인이 자본가로 전환되는 것을 강제로 저지하려 했다. 화폐소지자는 생산을 위해 투하하는 최소한이 이러한 중세적 최대한을 훨씬 넘을 때 비로소 자본가가 된다. "여기서도 자연과학에서와 마찬가지로 헤겔이 자기의 『논리학』에서 밝히고 있는 법칙, 즉 단순한 양적 차이가 일정한 점에서 질적 차이로 이행한다는 법칙의 정당성이 증명되고 있다"(*MEW*, Bd. 23, S. 327; 『자본론』 I(상), 제2개역판, 김수행 역, 비봉출판사, 415 쪽). 자본 아래로의 노동의 형태적 포섭이 성립하기 위해 필요한 것은 이것뿐이다.

자본 아래로의 노동의 실체적 포섭 | 제4장에서는, 자본은 상대적 잉여가치의 생산을 위해 노동의 생산력을 발전시켜야 한다는 것, 이를 위해 협업, 분업, 기계 이용이라는 노동과정의 노동양식 내지 생산방법에서 변혁을 야기해야 한다는 것, 그 결과로서 자본주의적 생산양식은 단순협업, 매뉴팩처, 대공업이라는 발전단계를 거쳐왔다는 것을 보았다. 요컨대 제4장에서는 자본 아래로의 노동의 형태적 포섭에서 필연적으로 생기는 노동양식 내지 생산방법에서의 실체적 변혁·발전을 보았던 것이다. 이처럼 노동 및 노동과정을 형태적으로 포섭한 자본이 상대적 잉여가치의 생산을 위해 노동과정의 실체적인 성질과 실체적인 조건들을 일변시켜서 기술적으로도 기타의 점에

서도 독특한 생산양식을 확립할 때, 이것을 **자본 아래로의 노동의 실체적 포섭**이라고 부른다.

자본 아래로의 노동의 실체적 포섭에서는, 노동의 기술적 과정들과 사회적 편성들이 철저히 변혁되어 그 이전의 어떤 노동과정에도 존재하지 않았던 **독특한 자본주의적인 생산양식**이 발전한다. 그 특징이 협업에서의 대규모 노동, 공장 안 분업을 갖는 정연한 노동조직, 직접적 노동에 대한 과학과 기계의 응용이었다.

이러한 독특한 자본주의적인 생산양식을 기초로 하여, 또한 그와 동시에, 비로소 자본주의적 생산과정에 대응하는 생산당사자들 사이, 특히 자본가와 임노동자 사이의 생산관계가 발전한다.

자본 아래로의 노동의 실체적 포섭과 더불어 생산양식 그 자체, 즉 노동의 생산력도, 자본가와 노동자의 관계도 완전히 변혁되는 것이다.

단지 형태적인 포섭으로부터 형태적이고 동시에 실체적인 포섭으로 |

역사적으로는 우선, 자본하에서의 노동이 단지 형태적인 것에 머무르는 포섭이 있고, 이 기초 위에서 비로소 독특한 자본주의적인 생산양식이 자연발생적으로 발생·발전하여 자본 아래로의 형태적인 동시에 실체적인 포섭이 나타난다. 그러므로 자본 아래로의 노동의 형태적 포섭은 자본주의적 생산과정의 일반적 형태이기는 하지만, 자본주의적 생산의 발전과정에서 그것은 독특한 자본주의적 생산양식이 생기기 이전의 자본주의적 생산과정의 형태이므로 자본 아래로의 노동의 실체적 포섭과 함께 하나의 특수한 형태이기도 하다. 이 사실은, 협업은 분업과 기계를 사용하는 노동과정이 여전히 일종의 협업인 한에서는 독특한 자본주의적인 생산양식의 일반적 형태이지만, 그것은 단순협업으로서는 분업에 의거한 매뉴팩처와 대공업과 함께 독특한 자본주의적 생산양식의 하나의 특수한 형태인 것과 마찬가지다.

자본 아래로의 노동의 포섭은, 자본주의적 생산하에서 인간적 필연으로서의 노동 및 노동과정이 주체로서의 자본 아래에 편입되고 있는 것을 명시하고 있다.

제3절 노동의 사회적 생산력이 자본의 생산력으로 전환

독특한 자본주의적인 생산양식에서 노동의 사회적 생산력 | 협업, 작업장 안 분업, 기계의 이용에 의거한 노동의 생산력, 또는 일반적으로 자연과학의 의식적인 기술적 응용으로의 생산과정의 전환과 이러한 모든 것에 대응하는 대규모 노동에 의거한 고도로 발전한 노동의 생산력은, 노동하는 개인들의 다소 고립한 노동하에서의 노동생산력에 대비되는 노동의 사회적 생산력, 직접적으로 사회적인 노동의 생산력, 공동노동 또는 사회화된 노동의 생산력이다. 이러한 사회화된 노동만이 인간의 사회적 발전의 일반적인 소산인 과학을 직접적 생산과정에 응용할 수 있는 것인데, 다른 한편에서는 이러한 과학의 발전은 또한 물질적 생산과정의 일정한 높이를 전제하는 것이다.

노동의 사회적 생산력은 자본의 생산력으로 나타난다 | 그런데 이러한 노동의 사회적 생산력 또는 사회적 노동의 생산력은, 노동자 개개인의 생산력이나 생산과정에서 결합된 노동자의 생산력으로도 나타나지 않는다. 즉 노동이 갖는 생산력으로는 나타나지 않는다. 그것은 오직 자본의 생산력으로서, 또는 고작 자본이 취하고 있는 형태로서의 노동의 생산력으로 나타날 뿐이다.

이와 같이 노동에 속하는 사회적 생산력이 자본에 속하는 생산력으로 나타나는 결과, 이 생산력이 갖는 '사회적인 것'도 노동자에 속하는 것으로서가 아니라 자본 자신이 스스로 획득한 힘으로 나타나며, 노동자의 노동의

'사회적인 것'이 자본의 인격화인 자본가로서 노동자에 대립하게 된다.

이리하여 이미 자본 아래로의 노동의 단순한 형태적 포섭에서 보인 자본관계 일반에 내재하는 신비화는 더욱더 현저하게 발전한다.

자본주의적 생산의 역사적 의의가 명확히 나타난다 │ 다른 한편, 자본 아래로의 노동의 실체적 포섭에서는 직접적 생산과정 그 자체의 변화와 노동의 사회적 생산력의 발전에 의해 자본주의적 생산의 역사적 의의도 또한 비로소 명확히 독특한 형태로 나타난다.

자본주의적 생산은 독특한 자본주의적인 생산양식을 전개함으로써, 노동에 의한 자연의 제어를, 한편으로는 다수의 노동하는 개인들의 협동에 의한 사회적인 과정으로 전환시키고, 다른 한편으로는 이 과정을 과학의 의식적인 기술적 응용과정으로 전환시킨다. 게다가 자본은 이 과정을 끊임없이 추진시켜, 사회의 생산력을 끝없이 높이려고 노력하지 않을 수 없다. 이리하여 자본주의적 생산은 인류에게 고도한 생산력을 가져오며, 그리함으로써 생산과정이 노동하는 개인들을 지배하는 것이 아니라 그들 자신이 생산과정을 제어할 수 있는 새로운 사회적 생산유기체를, 즉 어소시에이션을 물질적으로 준비하는 것이다.

제4절 자본주의적 생산에서 노동의 소외

소외된 노동 │ 마르크스는 경제학 연구에 착수한 지 얼마 안 되어 쓴 1844년의 『경제학-철학 수고』에서, 자본주의 사회의 경제적인 사실들의 가장 근본적인 근거를 이 사회에서 노동하는 개인들의 노동의 존재방식 속에서 보고, 이것을 '**소외된 노동**'이라는 개념으로 파악했는데, 요약하면 다음과 같다.

이 사회에서는 노동자의 생산물이 자기 밖에 있는 자립적인 힘으로써 노동자에 대립하는데, 그것은 그의 노동 자체가 타인의 노동, 강제된 노동, 그를 괴롭히는 노동이 되기 때문이다. 또한 노동의 이러한 존재 방식에 의해 인간은 자기의 생명활동, 유적 존재로부터 소외되고, 그 결과 인간은 다른 인간으로부터 소외되어, 사적 소유로부터 소유자에 대한 노동자의 예속이 생긴다. 그렇기 때문에 사적 소유나 예속상태로부터의 사회 해방은 노동자의 해방에 지나지 않음과 동시에 이 해방 속에야말로 일반적 인간적인 해방이 포함되어 있다 (*MEW*, Bd. 40, S. 510~522;『경제학 − 철학 수고』, 강유원 옮김, 이론과실천, 2006, 86쪽, 90쪽, 101~102쪽).

마르크스의 이 파악은, 헤겔의 '소외' 개념의 관념론적 성격을 비판하는 점에서는 포이어바흐(Ludwig Feuerbach, 1804~1872)를 이어받은 것이었으나, 그와 동시에 노동을 인간의 주체적 본질적인 활동으로서 **소외와 소외의 지양** 과정으로 파악하는 헤겔의 노동관을 계승함[1]과 더불어 고전파 경제학의 분석의 성과를 더 근본적인 개념에 의해 다시 파악하려 하는 것이었다.

노동소외의 파악 심화 | 이 시도는 과학적인 역사관·사회관으로서 유물론적 역사관(유물사관)의 형성에 인계되어, 어소시에이션의 실현에 의한 인간의 전면적 해방을 지향하는 사회변혁의 학설로 발전·결실하여, 자본주의

---

1) 마르크스는 초기의 노작 『1844년의 경제학 − 철학 수고』에서 "헤겔의 『현상학』의 위대함과 최종 성과 —— 운동시키고 산출하는 원리로서 부정성의 변증법 —— 는 우선 헤겔이 인간의 자기 산출을 하나의 과정으로, 대상화를 대상의 박탈로, 외화로, 이러한 외화의 지양으로 파악했다는 것이다. 따라서 그가 노동의 본질을 파악하고 있으며, 대상적 인간, 현실적이기 때문에 참된 인간을 인간의 **고유한 노동**의 결과로 파악하고 있다는 것이다"(*MEW*, Bd. 40, S. 574;『경제학 − 철학 수고』, 강유원 옮김, 이론과실천, 2006, 192쪽)라고 말하고 있다.

사회의 경제적 구조의 과학적 분석, 즉 경제학 비판 속에서 심화되었다.

『자본론』에서 노동소외의 체계적 전개 │ 마르크스는 특히『자본론』에서 자본주의적 생산의 분석을 통해 노동의 소외를 그 근원과 현상에 걸쳐 상세히 또한 체계적으로 전개했다. 여기에서 노동소외는 ① 상품생산관계 및 이를 기초로 하는 자본주의적 생산관계의 명확한 파악 위에, ② 상품생산관계 아래서 필연적으로 생기며 자본주의적 생산하에서 발전·완성되는, 생산관계의 물상화와 물상들의 인격화가 추적되며, ③ 자본주의적 생산관계 아래서 생산수단이 노동자에 대해 자본으로서 자립화하며, 노동과정이 동시에 가치증식과정으로 됨으로써 생기는, '자본 아래로의 노동의 포섭'이 체계적으로 전개되며, ④ 그때 바로 소외라고 불리는 데 적합한 노동하는 개인들의 상태가 풍부한 예증을 가지고 제시되며, ⑤ 그리고 소외 과정인 자본주의적 생산의 발전이 동시에 이 소외의 최종적인 지양을 준비하는, 생산력의 거대한 발전과 훈련되어 조직된 노동자계급의 발달 과정임이 밝혀지고 있다.

여기서는 일찍이 '소외된 노동'으로서 특징지어진, 임노동이라는 노동의 독특한 사회적 형태 아래서의 노동의 전도된 모습이, 자본주의적 생산의 이론적 분석에 의거하여 구체적으로 체계적으로 전개되어, 소외와 그 지양의 깊은 내용이 주어지고 있다.

노동이 고통의 원천이라는 것의 근원은 노동의 소외에 있다 │ 서장 제2절 §3에서, 노동은 인간 실천의 본원적인 형태이며 실천 속에서 목적을 달성함으로써 자기욕구를 만족시키는 인간에게 기쁨의 원천이 되어야 할 것인데, 현대사회의 노동은 오히려 고통의 원천이 되고 있는데 이것은 무엇 때문일까 하는 문제를 제기했다. 이제는 이 문제에 완전히 답할 수 있다. 자본에 포섭된 노동, 소외된 노동은 노동하는 개인들 자신이 설정한 목적을 실현하는 활동이 아니라 자본이 설정한 목적을 실현하는 활동이며, 주체인 노동하는 개인들이 자연이나 자기까지도 의식적으로 제어하는 활동이 아니라 타자인 자본에 의해 명령·지휘받는 활동이다. 이러한 노동의 소외가 바로 현대사회의 노동의 고통의 원천이며, '하지 않아도 좋다면 하기 싫은 활동'으로서 나타나는 것이 근원이다.

상품·화폐에 의한 인간지배는 자본에 의한 인간지배로 발전한다 │ 이 장에서는 자본주의적 생산관계 아래서 '자본에 의한 노동의 포섭'이 발전하여 '노동의 자기소외'가 완성하는 것을 보았다. 여기에서는, 노동하는 개인들의 생산물인 생산수단이 자본의 형태를 취하고 자립하여 노동하는 개인들을 지배한다. 이리하여 제1장 제3절 §2에서 본 상품에 의한 인간지배 및 화폐에 의한 인간지배가 이제는 **자본에 의한** 인간지배로까지 발전되었다.

제6장
임금

제1절 임금의 본질과 현상형태

임금의 본질 │ 자본가가 임노동자에 지불하는 임금은 임노동자가 판매하는 상품 즉 노동력의 가격이며, 이 가격은 이 상품 즉 노동력의 가치를 화폐로 표현한 것이다. 결국 **임금의 본질**은 **노동력의 가치** 및 이것의 화폐 표현인 **노동력의 가격**이다(그림 140).

임금의 현상형태 │ 그런데 이 매매의 당사자들(자본가와 임노동자)의 눈에 직접 띄는 유통의 표면에는 여기서 매매되는 상품이 노동력이라는 것이 전혀 나타나지 않으므로, 그들은 여기서 매매되는 것이 노동이라고 착각하지 않을 수 없다. 그들이 그것을 노동이라고 생각하는 것은, 임노동자가 매매계약에 따라 실제로 해야 하는 것은 자본가 밑에서의 노동이며 자본가가 이 매매에서 실제로 손에 넣으려고 한 것은 잉여노동을 포함한 임노동자의 하루 노동이기 때문이다. 그래서 노동력의 가치 또는 가격이라는 본질은 **노동의 가치 내지 가격**이라는 **현상형태**를 취하게 되는 것이다. 여기서부터 노동력의 대가인 임금은 '노동력임금'이 아니라 '**노동임금**', 줄여서 '**노임**'이라고 부르며, 노동력을 매매하는 시장은 '노동력시장'이 아니라 '**노동시장**'

그림 140 임금의 본질: 노동력의 가치와 가격

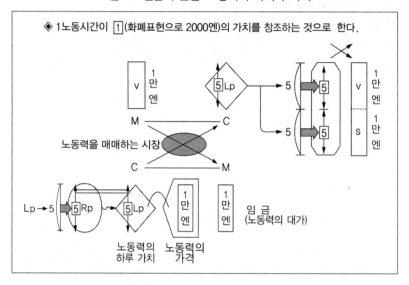

◈ 1노동시간이 ①(화폐표현으로 2000엔)의 가치를 창조하는 것으로 한다.

노동력을 매매하는 시장

임 금
(노동력의 대가)

노동력의 하루 가치   노동력의 가격

그림 141 임금의 현상형태: 노임(노동임금)＝노동의 가치와 가격

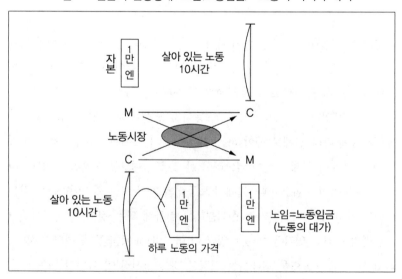

노동시장

노임＝노동임금
(노동의 대가)

이라고 부르게 된다(그림 141).

노동력의 가치와 가격이라는 본질의 현상형태인 노임에서는, 노동력의 하루 가치가 하루 노동의 가치로 나타나고 있다. 노임은 노동력의 가치가 전화한 형태이다.

제2절 임금의 두 가지 기본형태: 시간임금과 성과임금

시간임금과 시간임금률 | 임금의 첫째 기본형태는 시간임금이다. 시간임금은 노동의 양이 시간노동에 의해 측정되는 임금형태이며 '노동 1시간당 ~엔'이라는 형태로 지불되는 임금이다.

노동 1시간당 임금의 크기를 **시간임금률**(줄여서 임률이라고 함) ── 일본에서는 보통 '시급(時給)'이라는 말이 사용된다 ──이라고 한다. 시간임금에서는 우선 시간임금률이 결정되고 거기에 개개의 노동자의 하루 노동시간을 곱함으로써 개개 노동자의 하루 임금이 산출된다.

임금률의 객관적 근거 | 이 임금률은 자본가와 노동자 사이의 힘 관계에 의해 변동하지만, 그 객관적인 근거는 그 임금률에 의하면 임노동자가 하루 노동에 의해 노동력의 하루 가치를 회수할 수 있다는 데 있다. 개개 자본의 임금률이 어떠한 것이라 하더라도, 사회적·평균적으로는 그 수준이 되지 않으면 임노동자는 자기의 노동력을 정상적으로 재생산할 수 없기 때문이다.

임금률 결정의 외관 | 그런데 노동력의 하루 가치라는 이 근거는 직접 보이지 않으므로, '1시간의 노동이 그 자체로 어떤 양의 가치를 가지며 임금률은 그것을 화폐로 나타내는 것이다'라고 관념화되어, 임금률의 결정은 그때까지의 수준과 사회적 수준을 고려하여 자유로이 결정되는 것으로

그림 142 시간임금

노동 가격 규정: 노동력의 하루의 가치(본질) ⇒ 하루 노동의 가치(현상형태)
　　　　　　　10,000엔　　　　　　　　10,000엔

임금률 결정 방식: 하루 노동의 가치÷노동일 길이 ⇒ 시간임금률(임률)
　　　　　　　10,000엔　　10시간　　　　1,000엔

하루 임금 산정 방식: 임금률×하루 실제 노동시간 ⇒ 하루의 임금
　　　　　　　1,000엔　　　8시간　　　　8,000엔

보이며, 그것을 사회적으로 규정하고 있는 노동력의 가치는 의식되지 않는다(그림 142).

시간임금의 구체적 형태 | 시간임금은 일급, 주급, 월급, 연봉, 또한 기본급, 직무급, 연령급 등 아주 다양한 구체적 형태를 취한다.

성과임금과 성과임금률 | 임금의 둘째의 기본 형태는 **성과임금**이다. 성과임금은 노동자가 행하는 노동의 양을 그가 생산하는 생산물로 재며, 이 양에 따라 임금을 지불하는 것인데, '생산물 1단위당 ~엔'이라는 형태로 지불되는 임금이다. 이것은 시간임금의 전환형태일 뿐이다. 생산물 1단위당 임금의 크기를 **성과임금률**(줄여서 임률)이라 한다. 성과임금에서는 우선 성과임금률이 결정되어 있어, 이것에 개개 노동자의 하루 생산물량을 곱함으로써 개개 노동자의 하루 임금이 산출된다.

임금률의 객관적 근거 | 이 임금률도 그 객관적 근거는 이 임금률에 의하면 임노동자가 하루 노동으로 노동력의 하루 가치를 회수할 수 있다는 데 있다. 즉 여기에도 노동력의 하루 가치가 하루 노동의 가치로 전환되는 것이 그 기초에 놓여 있다.

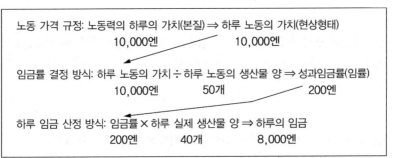

그림 143 성과임금

노동 가격 규정: 노동력의 하루의 가치(본질) ⇒ 하루 노동의 가치(현상형태)
　　　　　　　10,000엔　　　　　　　　　10,000엔

임금률 결정 방식: 하루 노동의 가치 ÷ 하루 노동의 생산물 양 ⇒ 성과임금률(임률)
　　　　　　　10,000엔　　　　50개　　　　　　　　200엔

하루 임금 산정 방식: 임금률 × 하루 실제 생산물 양 ⇒ 하루의 임금
　　　　　　　200엔　　　40개　　　　　8,000엔

임금률 결정의 외관 ┃ 성과임금률도 본질적으로는 노동력의 하루 가치와 노동일의 길이(시간수)에 비례하는 1노동일의 생산물량에 의해 규정되고 있는데도 불구하고, '생산물 1단위를 생산하는 노동량이 그 자체로 어떤 가치를 가지며 임금률은 그것을 화폐로 표현한 것이다'라고 관념되며 이것을 규정하는 본질과의 관련은 의식되지 않는다(그림 143).

노동강화와 숙련의 향상에 의한 임금률의 인하 ┃ 1노동일의 생산물량은 노동강도 및 숙련도에 비례하여 증대하므로 성과임금은 노동일의 길이에 반비례하며 노동강도 및 숙련도에 반비례한다. 다시 말해 성과임금률은 시간임금률과는 달리 노동일의 길이뿐 아니라 노동강도 및 숙련도도 반영한다. 그래서 노동강화와 숙련 향상에 의해 1노동일의 생산물량이 증대하면 임금률이 저하하게 된다.

성과임금은 임금의 일반적 수준을 저하시킨다 ┃ 성과임금은 노동자의 개성에 커다란 활동의 여지를 남기므로, 다시 말해 개개 노동자가 자기 스스로 노동의 숙련도 및 강도를 높이게 하므로, 일부 노동자의 임금을 일반적 수준보다 올리며 다른 일부 노동자들의 임금을 이 수준보다 낮춘다. 그리하여 그것은 노동자 간의 경쟁을 자극하여 노동을 극도로 긴장시킴으로써 이 수준 그 자체를 저하시키는 경향이 있다.

성과임금의 구체적 형태 | 성과임금도 단순성과급, 할증급(割增給), 경험상여급(経験賞與給), 생산장려금, 성적가급(成績加給) 등 아주 다양하고 구체적 형태를 취한다.

임금체계 | 시간임금 및 성과임금의 다양하고 구체적 형태를 조합하여 노동자 한 사람 한 사람의 임금액을 결정하기 위한 시스템을 **임금체계**라 한다. 임금체계는 사실 노동자의 구체적 노동의 갖가지 차이와 노동자의 갖가지 개인적 사정의 차이를 구실로 하여 노동력을 값싸게 구매하려는 시스템이다. 임금체계에 의해 임금의 본질이 노동력의 가치임이 점점 보이지 않게 된다.

직무급 | 직무급이란 '직무분석'을 행하여 갖가지 '직무'(구체적 노동)의 상대적인 '가치'를 '평가'하여, 그에 종사하는 각 노동자의 임금을 결정하는 임금체계이다. 이 평가의 기준은 본질적으로 자본의 잉여가치 획득에 대한 공헌도이며, 자본에게 바람직한 임금체계의 하나의 전형이다.

제3절 노임형태

노임(노동에 대한 임금)의 관념을 필연적으로 낳는 사정 | 자본주의적 생산에서는 '임금이란 노동의 가격이다'라는 전도된 관념이 필연적으로 생겨난다. 그 사정은 다음과 같다.

(1) 시간당 판매(임대)에서의 렌트(임대료)는 오직 시간당으로 판매되는 상품의 총가치와 판매 가능한 기간에 의해서만 객관적으로 결정되며, 그

사용의 질과 양에 의해서는 결정될 수 없는 것임에도 불구하고 구매자가 실제로 입수하고 싶은 것은 그것의 가치가 아니라 그것의 사용이다. 그래서 일반적으로, '임대에서의 렌트는 시간당 사용의 가격(대가)이다'라고 생각되고 있다. 노동력의 시간당 매매에서도 구매자인 자본가가 입수하려고 하는 것은 노동력의 가치가 아니라 노동력의 사용가치인 노동, 그리고 그중 잉여노동이다. 구매자인 자본가가 '노동을 산 것'이라고 생각하는 것은 피할 수 없다.

(2) 팔리는 상품이 물적인 대상이 아니라 판매자의 체내에 있는 어떤 힘이며, 그것의 소비는 판매자가 자기 자신의 힘을 지출하는 것이 필요하다는 점에서, 노동력의 시간당 판매는 물적인 대상을 파는 일반 임대와는 다르다. 이 매매에서는 판매자인 노동자는 구매자인 자본가 밑에서 자기의 힘을 지출하지 않으면 안 되며, 노동자가 임금과 교환하여 자본가에게 실제로 인도하는 것은 이 힘의 지출, 즉 노동이다. 게다가 예컨대 가옥의 시간당 매매의 경우 집세는 그 사용이 시작되기 전에 지불되는 데 대해, 노동력의 매매에서는 그 대가인 임금은 원칙적으로 노동이 끝나서 지불된다. 그러므로 노동력의 매매에서는 판매자인 노동자도 '노동을 팔고 있는 것이다'라고 생각하게 된다.

(3) 임금은 단위 노동량에 대한 임금률을 기준으로 하여 지불하는 시간임금 및 성과임금이라는 형태를 취하는데, 그것은 노동자가 실제로 행한 노동의 양에 응하여 증감할 뿐 아니라, 더욱이 '노동에 대한 대가'라는 관념을 기초로 편성된 모든 임금체계에서 노동력의 질과는 관계없는 노동의 '질'의 '고저'에 의해 임금에 격차가 설정되고 있다. 그러므로 노동자가 수취하는 임금의 크기는 실제 '노동의 질과 양'에 응해서 다르므로, 자본가나 노동자도 임금이란 노동의 대가라고 보게 된다.

임금형태(임금=노동의 가격)의 불합리 | 그러나 이처럼 '노동의 가치 또

는 가격'이라는 형태가, 경제학적으로 불합리하기 짝이 없는 전도된 관념을 기초로 하고 있다는 것은, 다음의 사실로부터 명백하다.

(1) 상품의 가치의 크기가 노동의 양에 의해 규정되는 한, '노동 그 자체의 가치는 노동에 의해 규정된다'고 하는 것은 '10시간의 노동의 가치는 10시간의 노동에 의해 규정된다'고 하는 난센스의 동어반복일 뿐 아무것도 설명하지 않는다.

(2) 가령 같은 10시간의 노동이라도 살아 있는 노동 10시간과 죽은 노동(대상화된 노동) 10시간을 교환하는 것에서 그 무슨 의미를 찾아내려고 해도, 이 경우 자본가는 이 '교환'에 의해 돈 한 푼도 덕을 볼 수 없다. 이윤을 얻을 수 없으므로 자본주의적 생산은 소멸할 수밖에 없게 된다.

(3) 애당초 노동은 그것이 시작될 때에는 벌써 노동력을 산 자본가의 것이 되어 있으며, 자본가는 자기의 지휘와 감독하에서 노동력을 소비하기 때문에, 노동자가 자본가 아래서 행하는 자기의 노동 하나하나를 자본가에게 판다는 것은 절대로 불가능한 일이다.

삼위일체 공식의 기둥으로서의 임금형태 | 이처럼 '임금＝노동의 가치'라는 관념은 경제학적으로는 난센스이고 노동가치설과 양립할 수 없다. 게다가 이른바 '부가가치'가 '임금', 즉 '노동의 가치'보다 크다는 것은 틀림없는 사실이다(☞ 제2장 제1절 §4 표 2). 그래서 노동가치설을 부정한 위에서 이 불합리를 설명하기 위해 등장한 것이 다음과 같은 관념이다. "부가가치 중 일부만이 노동에 의해 산출된 가치, 다시 말해 노동의 가치에 상응하는 부분이며, 그 이외 부분은 노동 이외의 것, 요컨대 자본(생산수단 또는 화폐)과 토지에 의해 산출된 가치이다."

이것은 '자본 → 이자(이윤), 토지 → 지대, 노동 → 임금'이라는 **삼위일체 공식**으로 불리는 전도된 관념이다. 이 공식에 의하면 노동자의 모든 노동이 지불노동이며, 자본주의 사회에서는 대체로 잉여노동이 행해지지 않는 것이 된다(그림 41에서의 '상식적 이미지'는 이 관념을 기초로 하는 것이다. 삼위일체 공식에 대해서는 이 책 마지막 장인 제3편 제7장에서 총괄적으로 말한다).

이처럼 본질을 전혀 정반대의 형태로 표현하는, 노동임금(노임)이라는 전도된 형태는 자본주의 사회에서 노동력을 매매하는 모든 인간을 ─ 그러므로 자본가도 노동자도 ─ 장악하고, 갖가지 법률적 관념의 기초가 되어, 일체의 자본주의 변호론의 기둥이 되어 있다.

제7장
자본의 재생산

이 장의 과제 │ 우리는 제2~5장에서 자본의 가치증식과정, 즉 잉여가치의 생산과정을 연구했다. 거기에서는 기본적으로 항상 이 과정의 정상적인 경과를 위한 조건들이 준비되어 있는 것으로 전제했다. 다시 말해 증식해야 할 자본도 그것이 필요로 하는 노동력도 모두 미리 존재하는 것으로 가정했다.

그러나 자본이 존재하는 것도, 시장에 노동력이 상품으로서 팔기 위해 나와 있는 것도, 그 이전의 과정의 결과이다. 그래서 이번에는 자본과 노동력 상품을 이제까지와 같이 이미 존재하는 것으로 전제하는 것이 아니라, 그것들을 만들어내는 과정을 연구해보자.

그것은, 실은 이제까지 알게 된 자본의 생산과정을 지금 말한 바와 같은 전제를 갖고 출발한 뒤 일정한 경과를 거쳐서 일정한 결과를 갖고 완료하는 1회의 과정으로서가 아니라 반복하는 과정으로, 다시 말해 과정의 결과가 다음 과정의 전제가 되며 다음 과정을 준비하는 것으로서, 요컨대 **재생산과정**으로 다루자는 것이다.

자본은, 생산과정을 시작하기 위해서는 생산수단과 노동력을 시장에서 살 수 있어야 하며, 생산과정을 끝마친 뒤에는 생산물을 시장에 팔 수 있어야 한다. 자본의 재생산과정은 이처럼 자본가치가 시장, 즉 유통영역을 거쳐가는 과정, 즉 유통과정을 포함하고 있으므로, 재생산과정의 구체적인 조건들을 밝히기 위해서는 자본의 유통과정을 깊이 파고들어 분석해야 한다. 그러나 아직 자본의 생산과정을 연구대상으로 하는 여기서는 자본의 재생산과정을 우선 그 핵심인 자본의 생산과정의 반복 과정으로 관찰하기로 하고, 자본의 유통과정과 이것을 포함하는 자본의 재생산과정 전체는 다음 편에서 연구하려 한다. 그래서 여기서는 재생산과정을 매개하는 유통의 운동은 모두 정상적으로(다시 말해 지장 없이) 진행하는 것으로 가정하여, 자본은 항상 시장에서 생산수단과 노동력을 살 수 있고 생산물을 팔 수 있다고 생각하자.

제1절 자본과 자본관계의 재생산

§1. 자본의 재생산

자본주의적 생산에서 재생산은 자본의 재생산이다 | 이미 서장 제3절 §2에서 본 바와 같이, 사회형태의 여하에 관계없이 생산은 동시에 재생산이어야 한다.

생산이 자본주의적 형태의 것이라면 재생산도 그러하다. 자본주의적 생산양식에서는 노동과정이 가치증식과정의 수단으로 나타날 뿐인데, 마찬가지로 재생산도 다만 투하자본을 자본 즉 자기증식하는 가치로 재생산하는 수단으로 나타날 뿐이다. 다시 말해 자본주의적 생산에서는 재생산도 **자본의 재생산**이라는 형태를 취하는 것이다.

§2. 단순재생산

잉여가치는 자본가의 수입이라는 형태를 취한다 | 자본의 존재는 자본을 대표하는 인격의 존재를 필요로 한다. 이러한 **자본의 인격화가 자본가이**

다. 어떤 개인이 자본가로 계속 존재하는 것은 그의 화폐가 끊임없이 자본으로 작용하고 있기 때문이며, 그는 그러한 자본으로 작용하는 화폐의 인격적 대표자일 뿐이다. 예컨대 1,000엔의 화폐가 금년에 자본으로 전환되어 200엔의 잉여가치를 낳는다고 하면, 그것은 내년이나 앞으로도 같은 활동을 반복해야 한다. 더욱이 자본가는 자본가라는 직무를 수행하는 인간이므로 그가 자본가로 계속 존재하기 위해서는 소비수단을 소비해야 한다. 그러므로 잉여가치는 자본가치의 주기적인 증가분, 자본이 가져오는 주기적인 과실로서, 자본가에게 수입이라는 형태를 갖게 한다.

모든 잉여가치가 수입으로 소비되면 단순재생산이 행해진다 | 만일 자본가가 취득하는 잉여가치가 전부 자본가에 의해 수입으로 소비되면 단순재생산이 이루어진다. 단순재생산은 같은 규모에서의 생산과정의 반복이기는 하지만, 과정의 이러한 단순한 반복 또는 연속이 이 과정에 새로운 성격을 부여하게 된다. 또한 그것에 의해 이제까지 과정을 단순한 개별적인 과정처럼 보이게 했던 외관상의 성격이 사라지고 그 속에 있는 본질적인 내용이 모습을 드러낸다.

§ 3. 자본의 재생산은 동시에 자본관계의 재생산이다

자본의 재생산 | 자본주의적 생산에서 사회적 재생산은 자본의 재생산이라는 형태를 취한다. 그래서 자본의 재생산을 우선 단순재생산으로 고찰하고자 한다(그림 144).

우선 이 재생산 중에서 생산물이 재생산되며, 이것에 의해 생산수단·필수생산물이 재생산될 뿐 아니라 새로운 잉여생산물이 반복되어 생산된다. 그와 더불어 자본이 즉 불변자본과 가변자본이 잉여가치를 낳으면서 재생산된다.

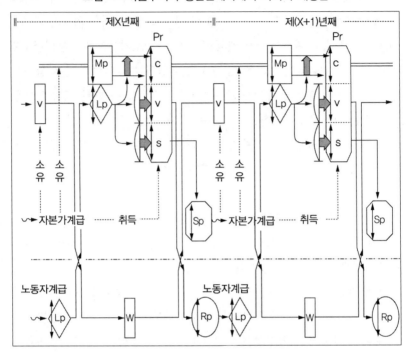

그림 144 자본주의적 생산관계하에서 사회적 재생산

노동자계급은 자기의 생산물 중 필수생산물만을 수취한다 | 생산과정은
시간당 노동력의 구입에 의해 준비된다. 그리고 이 준비는 노동력 판매의
계약시간이 끝날 때마다 끊임없이 갱신된다. 그러나 노동자는 그의 노동력
이 작용하여 그 자신의 가치와 잉여가치를 상품으로 실현한 뒤에 비로소
지불을 받는다. 다시 말해 그는 자기 자신에게 지불하는 펀드(fund)인 가변자
본을, 그것이 임금의 형태로 자기의 손에 환류하기 전에 생산하고 있으며,
더욱이 그는 끊임없이 이 펀드를 재생산하는 한에서만 고용된다. 지난주나
지난달에 한 자기 노동에 의해 그는 오늘이나 이달의 노동력 사용에 대한
대가를 받고 있는 것이다.

이처럼 개별자본가와 개별노동자를 대신하여 자본가계급과 노동자계급

이 고찰되면, 화폐형태가 낳는 환상은 금세 사라진다. 자본가계급은 노동자계급에게, 노동자계급에 의해 생산되어 자본가계급에 의해 취득되는 생산물의 일부분을 나타내는 증서를 끊임없이 화폐형태로 준다. 이 증서를 노동자는 마찬가지로 끊임없이 자본가계급에게 돌려줌으로써 자기 자신의 생산물 중 자기 자신의 것이 되는 부분을 자본가계급에게서 받는다.

이리하여 자본의 단순재생산에 의해 생산수단 및 자본으로 투하할 만큼의 화폐를 소유하는 자본가계급과, 시장에서 팔리는 것으로서 노동력밖에 가지고 있지 않은 노동자계급이 재생산되며, 이리하여 양자 사이의 관계, 즉 자본·임노동 관계가 재생산되는 것이다.

제2절 노동펀드의 자본주의적 형태로서의 가변자본

노동펀드 | 이미 서장 제3절 §2에서 언급한 바와 같이, 사회적 생산의 어떤 체제하에서도 노동하는 개인들이 스스로를 유지하며 재생산하기 위해서 항상 자기 자신이 재생산하지 않으면 안 되는 필수생산물을 '**노동펀드**'라고 불렀다(☞ 그림 24).

가변자본은 노동펀드의 자본주의적 형태이다 | 임노동자는 자기의 노동력을 상품으로 판매하고, 그 대가로 자본가로부터 임금의 형태로 그것의 가치를 받는다. 노동자는 이 임금으로 자본가에게서 필수생산물을 산다. 자본가는 구입한 노동력을 소비함으로써 노동자의 필수노동뿐 아니라 잉여노동까지도 대상화된 형태, 즉 가치의 형태로 취득한다. 자본가는 이것에 의해 투하한 가변자본을 회수하게 되는데, 이 회수한 노동력의 등가는 바로 노동자의 생산물이며 노동자의 노동펀드의 독특한 형태이다. 요컨대 가변자본은, 노동펀드가 자본주의적 생산양식하에서 취하는 특수한 역사적 현

상형태인 것이다.

노동자와 자본가의 거래는 등가교환이다 | 여기서는 노동자와 자본가
사이에서 가치로서의 상품의 매매가 행해지는 것이며, 자본가에 의한 노동
력의 구매는 자본가에 의한 가변자본의 투하였으며, 여기서 투하된 화폐액
이 나중에 그의 손에 환류해온다(그림 145).

그림 145 자본가계급과 노동자계급의 거래의 외적 형태

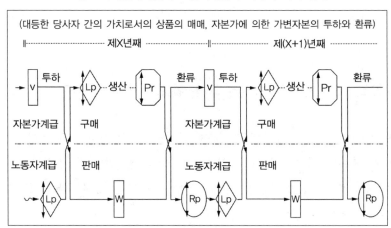

거래의 실질은 필수노동과 필수노동＋잉여노동의 교환이다 | 자본가와
노동자 사이의 이 거래를 사회적 재생산 중에서 자본가계급과 노동자계급
사이에서 행해지는 거래로서 관찰하면, 개별의 자본가와 노동자의 거래로
서 관찰할 때 볼 수 없었던 이 거래의 실제의 내용이 모습을 드러내게
된다.

노동자가 자본가에게 실제로 인도하는 것은 살아 있는 노동인데, 그 양
은 필수노동＋잉여노동이고, 그것은 가변자본가치＋잉여가치에 대상화되
는 것이며, 이것을 자본가는 취득한다. 그것에 대해 자본가가 노동자에게

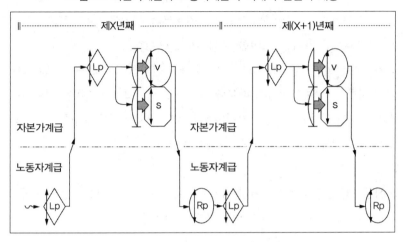

그림 146 자본가계급과 노동자계급의 거래의 실질적 내용

인도하는 것은 대상화된 노동(화폐, 따라서 상품)인데, 그 양은 가변자본의
가치량, 결국 필수노동밖에 없다.

　다시 말해 자본가와 노동자 사이에서는, 실질적으로는 대상화된 노동의
형태에서의 노동자의 필수노동과, 살아 있는 노동의 형태에서의 노동자의
필수노동 + 잉여노동의 교환이 행해지는 것이다. 이 교환은 노동량의 교환
으로 보면 명백히 부등한 양의 교환이며, 실제로는 노동자는 자본가에게
항상 자기의 잉여노동을 일방적으로 인도하는 것이다(그림 146).

제3절　타인노동의 물질화로서의 자본

자본가는 '자기의 자본은 자기의 노동에 의한 것이다'라고 주장한다　｜

단순재생산하에서는, 자본가가 노동자로부터 매년 취득하는 잉여가치를
전부 소비하는 것으로 상정한다. 이제 5년 동안에 매년 1,000의 자본가치가
자본가에게 200의 잉여가치를 가져오며, 자본가가 이것을 모두 소비한다고

하자. 5년째의 끝에 자본가는 1년째의 처음과 마찬가지로 1,000의 자본가치를 갖고 있는데, 그가 이 5년 동안 노동자로부터 1,000의 잉여가치를 취득하여 이 1,000의 가치를 소비한 까닭이다(그림 147).

자본가는 말할 것이다. "나는 최초에 나 자신의 노동으로 만들어낸 1,000의 가치를 소유하고 있었기 때문에 그것으로 매년 200의 가치를 입수하여 소비할 수 있었다. 내가 매년 투하하는 1,000의 가치는 어디까지나 나 자신의 노동으로 만들어낸 그 최초의 가치이다"라고.

과정을 재생산으로 보면 사태는 다르게 보인다 | 그러나 과정을 반복하는 재생산으로 차분히 관찰하면 사태는 다르게 보인다.

지금 자본가가 한 말을 인정하고 자본가가 최초에 갖고 있던 1,000의 가치는 자본가가 자기 노동으로 취득한 것, 다시 말해 자기 노동의 물질화라고 가정하자.

자본가의 수중에 있는 자본은 잉여가치의 취득의 선물이다 | 자본가는 5년 동안 그가 최초에 갖고 있던 가치액과 같은 가치액을 소비했는데도 불구하고 그는 5년 뒤에 그것과 동일한 가치액을 소유하고 있다. 무엇 때문인가? 명백한 것은 그가 5년 동안 노동자에게서 1,000의 잉여가치를 무상으로 취득했기 때문에 1,000의 가치를 소비하면서 여전히 1,000의 가치를 가지고 있다는 사실이다. 결국 5년 후에 그 수중에 있는 1,000의 자본가치는 5년 동안에 걸쳐 1,000의 잉여가치를 취득한 결과이며 그가 무상으로 취득한 잉여가치 총액 1,000을 대표하고 있을 뿐이다. 이 사실은 매년 200의 가치를 소비하는 자본가가 매년 잉여가치를 전혀 취득하지 않았더라면 어떻게 되었을지를 생각해보면 잘 알 수 있다. 이 경우에는 그가 최초의 해에 1,000을 갖고 있었다 하더라도, 이 중에서 매년 200씩을 소비할 수밖에 없으므로, 자본으로서 투하할 수 있는 화폐액은 최초의 해의 1,000에서 매년 200씩

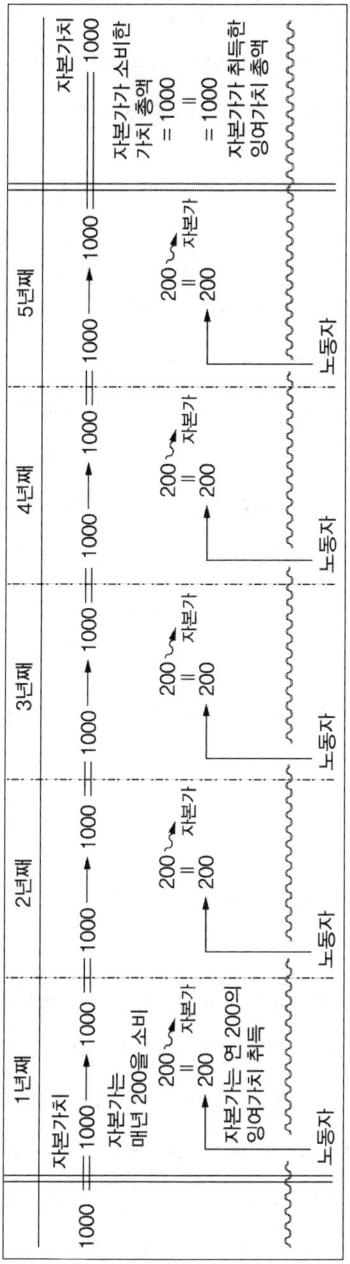

그림 147 자본가는 자기의 자본가치에 의해 취득한 잉여가치를 소비한다

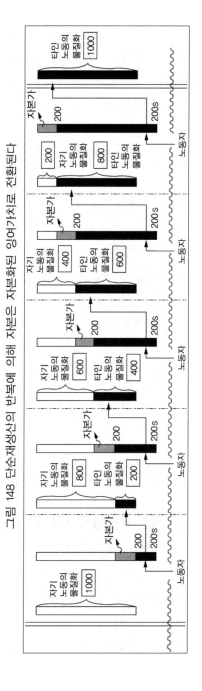

그림 148 단순재생산의 반복에 의해 자본은 자본화된 잉여가치로 전환된다

감소하여 5년 후에는 0이 되며 그리하여 그는 자본가로 있을 수 없을 것이다. 그러므로 5년 후에도 그가 의연하게 1,000의 자본을 갖는 자본가로 남아 있다는 것은 명백하게 그가 5년간 매년 200의 잉여가치를 취득했다는 결과일 뿐이다.

자본가치는 타인의 노동의 물질화로 전환한다 | 5년 동안 그는 1,000의 타인노동의 물질화를 무상으로 취득했다. 매년 200을 소비해서 살고 있는 그가 5년째의 끝에 아직 1,000을 갖고 있다고 하면 그 1,000은 타인노동의 물질화 이외에는 아무것도 아니다. 가령 최초에 그가 갖고 있던 자본가치가 자기 노동의 물질화였다고 하더라도, 5년 후에 그가 소유하고 있는 자본가치는 **노동자의 잉여노동의 물질화, 결국 타인노동의 물질화일 뿐이다.** 6년째 이후에 자본가는 순수하게 타인노동의 물질화에 지나지 않는 자본가치에 의해 더욱이 잉여가치를, 즉 타인노동의 물질화를 무상으로 취득하는 것이다(그림 148).

이리하여 단순재생산하에서도, 재생산의 진행은 일체의 자본가치를 타인노동의 물질화로 전환시키지 않을 수 없다.

제4절 타인노동의 취득에 의한 자본소유의 재생산

자본가로 계속 있기 위해서는 잉여가치를 취득해야 한다 | 물상(物象)인 자본은 우선, 의식과 의지를 가진 살아 있는 개인에 의해 인격적으로 대표되어야 한다. 자본의 인격화인 자본가가 살아 있는 인간인 한, 그가 자본가로 계속 있기 위해서는 소비펀드를, 그 위에 그의 향락욕을 만족시키기 위해서는 사치의 펀드를 필요로 한다. 그의 개인적 소비와 사치를 위한 펀드는 그가 생산과정에서 취득하는 잉여가치이다. 그가 5년간 1,000의 자본의

인격화로 계속 있는 것은 이 1,000이 매년 자본으로 기능하는 한에서이며, 살아 있는 개인인 그가 자본가로서 이렇게 존속하는 것은 그가 매년 생산과정에서 200의 타인노동을 계속 취득한 결과이다. 바로 "자본가라는 경제적 역할을 담당하게 되는 것은 다만 그의 화폐가 끊임없이 자본으로 작용하기 때문이다"(*MEW*, Bd. 23, S. 592. 강조는 마르크스, 『자본론』 I(하), 제2개역판, 김수행 역, 비봉출판사, 770쪽).

자본관계 그 자체는 재생산됨으로써 존속한다 │ 자본·임노동 관계라는 생산관계는 얼핏 보면 해가 바뀌어도 마찬가지로 그대로 존속해가는 것같이 보이며, 특히 이 존속의 요점은 자본가가 최초에 가지고 있던 자본을 계속 소유하기 때문인 것처럼 보인다. 그런데 앞 절에서 본 바와 같이, 자본·임노동 관계 그 자체가 반석의 바위같이 일단 생기면 외부로부터 힘이 가해지지 않는 한 붕괴하지 않는 생명력이 없는 존재가 아니라, 생산과정에서 노동하는 개인들의 노동에 의해 끊임없이 재생산되며 끊임없이 형성됨으로써 유지되고 있다는 것이다. 이것은 인간의 신체가, 그것을 구성하는 무수한 세포가 나날이 새로 발생하는 세포에 의해 교체됨으로써 끊임없이 유지되는 것과 마찬가지이다.

자본소유는 자본가에 의한 잉여가치의 취득의 결과이다 │ 그리고 자본가에 의한 자본의 소유란 자본관계의 물상화인 자본이라는 물상과 이 물상의 인격화인 자본가 사이의 사회적으로 승인된 관계이다. 그러므로 자본소유는 자본이 자본으로서 재생산될 뿐 아니라 그 인격화인 자본가가 존속하는 한 존속한다. 그리고 이 자본가가 인간인 한 그의 존속은 생산과정에서 타인노동의 끊임없는 취득에 달려 있기 때문에, 이 취득에 의해 비로소 자본의 소유는 유지된다. 다시 말해 자본가에 의한 자본 소유는 생산과정에서 잉여가치 취득의 결과로 끊임없이 재생산됨으로써 끊임없이 새로 산출되는 것이다.

빌린 자본가치를 기능하게 하면, 사실은 더욱 명백해진다 | 지금 무일푼인 어떤 사람이 누군가로부터——우선 무이자로——1,000을 빌려서 그것을 5년간 자본으로 기능하게 하여 매년 200의 잉여가치를 취득하고 5년째의 끝에 이것을 다 갚았다고 하자. 이로써 그는 다시 무일푼으로 되돌아가며 자본가가 아니게 된다. 이 경우 그가 5년간 자본가로서 존속한 것은, 그가 5년간 1,000의 가치를 자기 주머니에 갖고 있었기 때문은 아니다.

만일 이 1,000을 자본으로 기능하게 하지 않았더라면 그는 5년 동안 1,000을 다 먹어치우고, 5년 뒤에 남은 것은 1,000의 빚뿐이었을 것이다. 그가 5년 뒤에 여전히 1,000을 갖고 있었던 것은 그가 매년 200을 소비할 수 있었기 때문이며, 그가 이만큼의 가치를 소비할 수 있었던 것은 그가 이 5년 동안 1,000의 가치를 자본으로 기능하게 하여 노동자에게서 매년 200의 잉여가치를 취득했기 때문이다. 불불노동의 취득이 바로 그를 5년간 자본가로 존속시켰던 것이다.

가령 그가 5년 동안 이 200의 잉여가치를 먹지 않고 살았더라면, 또는 어떤 방법으로 5년간이나 지탱할 만한 소비펀드를 별도로 조달할 수 있었더라면, 그래서 5년 뒤에 빌린 1,000을 다 갚고도 아직 자기 손에 노동자에게서 취득한 합계 1,000을 갖고 있었다면, 이 가치가 노동자의 잉여가치의 덩어리라는 것은 손바닥 보듯이 명백하다.

재생산의 진행 중에 자본소유는 타인노동의 취득의 결과로 전환한다 |
요컨대 자본가가 소유하는 자본가치는, 재생산이 진행되는 중에 멀지 않아, 취득한 타인노동의 물질화로 전환되지 않을 수 없고, 그에 의한 자본가치의 소유는——가령 최초는 자기 노동의 결과였다 하더라도——생산과정에서의 타인노동의 취득, 즉 착취의 결과로 전환되는 것이다.

제8장
자본의 축적

이 장의 과제 | 앞 장에서는 단순재생산을 전제하여 자본의 재생산을 고찰했다. 이 장에서는 확대된 규모에서의 재생산, 다시 말해 **확대재생산**을 고찰한다. 자본주의적 생산하에서 확대재생산은 잉여가치를 자본으로 사용함으로써, 다시 말해 잉여가치를 자본으로 재전환함으로써 이루어진다. 자본이 낳은 잉여가치를 다시 자본으로 전환하는 것을 **자본의 축적**이라 한다. 자본의 축적을 연구하면 어떻게 자본이 잉여가치로부터 생기는가가 최종적으로 밝혀지게 된다. 또한 자본주의적 생산의 현실의 진전은 자본의 축적에 의한 끊임없는 확대재생산으로 이루어지므로, 이 장에서의 연구는 앞으로의 연구에서 중요한 전제가 되는 것이다.

제1절 자본의 축적과 자본관계의 확대재생산

잉여가치 → 추가불변자본 + 추가가변자본 + 자본가의 수입 | 자본의 축적이란 자본이 낳는 잉여가치를 다시 자본으로 전환하는 것이다. 다시 말해 잉여가치를 본래의 자본 즉 원자본(原資本)에 추가되는 자본, 즉 추가자본으로 전환함으로써 투하되는 자본을 증대시키는 것이다.

그림 149 축적 때 잉여가치가 분해되는 부분들

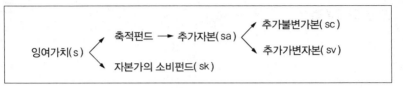

자본은 생산수단에 투하되는 불변자본과 노동력에 투하되는 가변자본으로 이루어지므로, 추가자본도 특별한 사정이 없는 한 생산수단에 전환되는 추가불변자본과 노동력에 전환되는 추가가변자본으로 이루어진다.

지금 잉여가치 중 일부가 축적되고 다른 일부가 자본가에 의해 소비되는 것으로 가정하자. 이 경우 잉여가치는 두 가지 부분으로 나누어져야 한다. 하나는 축적에 사용되는 부분이며, 이 가치액은 **축적펀드**라 한다. 또 하나는 자본가의 소비에 사용되는 부분이며, 이 가치액은 **자본가의 소비펀드**라 한다. 축적펀드는 자본으로 투하될 때 추가자본이 된다.[1]

추가자본은 또한 **추가불변자본**과 **추가가변자본**으로 나누어진다. 자본가의 소비펀드를 sk, 축적펀드=추가자본을 sa, 추가불변자본을 sc, 추가가변자본을 sv로 표현하면, 잉여가치(s)는 다음 그림과 같이 분해한다(그림 149).

추가생산수단이 시장에 있는 것으로 가정한다 | 추가불변자본은 시장에서 필요한 생산수단, 다시 말해 추가생산수단으로 변화해야 한다. 개별자본의 입장에서 보면 다른 개별자본이 그러한 생산수단을 생산하여 그것을 상품으로서 시장에 내놓기만 하면 좋으며, 사회적 총자본의 견지에서 보면

---

1) 이 장에서는 축적펀드가 곧 자본으로 투하되는 것으로 생각하는데, 실제로는 자본가가 잉여가치의 일부를 적립해서 어떤 덩어리의 가치액이 되었을 때 비로소 자본으로 생산과정에 투하한다. 이 경우 적립되어 있는 잉여가치는 축적펀드이기는 하지만 아직 추가자본은 아니다. 투하되었을 때 추가자본으로 전환되는 것이다. 축적펀드와 추가자본 사이에는 이러한 구별이 있다.

연간 총생산물 속에 그러한 생산수단이 존재해야 하는 것이다. 이제 여기서는 그러한 생산수단이 생산되고 있는 것으로 가정하자.

노동력도 노동시장에 있는 것으로 가정한다 | 추가가변자본은 노동시장에서 새로운 추가노동력을 찾아내야 한다. 개별자본의 입장에서 보면 노동시장에 있는 노동력을 사기만 하면 되지만, 사회적 총자본의 견지에 보면 본래의 자본이 사용한 노동자에다가 추가 노동자가 시장에 나타나야 한다. 그러나 이것도 자본주의적 생산의 기구는 미리 준비하고 있다. 왜냐하면 이 기구는 노동자계급을 임금에 의해 생활하는 계급으로 재생산하며, 이 계급의 보통의 임금은 이 계급을 유지할 뿐 아니라 그 증식을 보증하는 데에도 충분한 것이기 때문이다.

노동력의 가치를 규정하는 그것의 재생산비에 사회적으로 평균적인 가족을 부양하는 데 충분한 가족비(家族費)가 들어가는 것은 이미 제2장 제1절 §3에서 본 바와 같다. 그러므로 추가가변자본은 이처럼 시장에 추가적으로 등장하는 노동력을 사기만 하면 된다. 물론 이 추가 노동자들도 생활수단을 필요로 하므로 연간 총생산물 중에 그러한 추가생활수단이 있어야 하지만, 연간 총생산물 중에는 총잉여가치를 포함한 생산물, 다시 말해 잉여생산물이 포함되어 있으며 그중 일부가 추가 노동자를 위해 생활수단의 형태로 있으면 된다.

자본의 축적＝자본의 확대재생산 | 이리하여 축적은 점차로 증대하는 자본이 재생산되는 것에 귀착된다. 단순재생산의 순환은 일변하여 하나의 나사모양으로 전환한다.

자본의 확대재생산은 자본·임노동 관계의 확대재생산이다 | 앞 장에서 본 바와 같이, 자본의 단순재생산은 동시에 자본과 노동력의 재생산이며,

따라서 양자의 관계의 재생산, 결국 자본·임노동 관계의 재생산이었다. 자본의 확대재생산은, 완전히 마찬가지로 **자본과 노동력의 확대재생산**이며 따라서 양자의 관계의 재생산, 다시 말해 **자본·임노동 관계의 확대재생산**이다(그림 150).

그림 150 자본의 축적＝잉여가치의 자본으로의 전환＝자본관계의 확대재생산

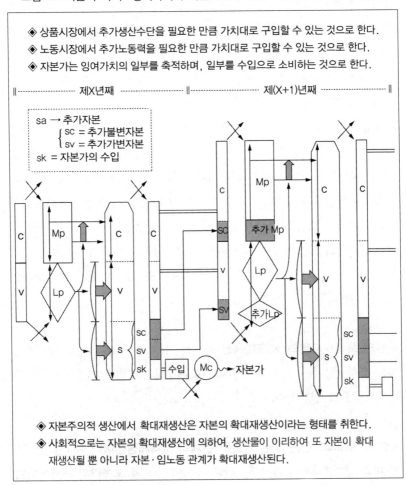

◆ 상품시장에서 추가생산수단을 필요한 만큼 가치대로 구입할 수 있는 것으로 한다.
◆ 노동시장에서 추가노동력을 필요한 만큼 가치대로 구입할 수 있는 것으로 한다.
◆ 자본가는 잉여가치의 일부를 축적하며, 일부를 수입으로 소비하는 것으로 한다.

‖⸺⸺ 제X년째 ⸺⸺‖⸺⸺ 제(X+1)년째 ⸺⸺‖

sa → 추가자본
⎰ sc ＝ 추가불변자본
⎱ sv ＝ 추가가변자본
sk ＝ 자본가의 수입

◆ 자본주의적 생산에서 확대재생산은 자본의 확대재생산이라는 형태를 취한다.
◆ 사회적으로는 자본의 확대재생산에 의하여, 생산물이 이리하여 또 자본이 확대재생산될 뿐 아니라 자본·임노동 관계가 확대재생산된다.

제2절 상품생산의 소유법칙이 자본주의적 취득법칙으로 전환한다

자본은 자기 노동에 의한 것이라는 자본가의 말을 일단 인정하자 | 지금 자본가가 1,000을 투하하고 200의 잉여가치를 취득하여, 그것을 모두 다시 생산과정에 추가자본으로 투하한다고 가정하자. 이 자본 1,000을 자본가는 어디서 입수한 것일까? 자본가나 자본가를 변호하는 경제학자들은 이구동성으로 '자기 자신의 노동이나 자기 선조의 노동에 의한 것이다!'라고 대답한다. 이 점에 대해서는 이미 앞 장에서, 단순재생산의 견지에서 보기만 해도 그것이 반복되는 중에 자본은 모두 불불노동의 덩어리로 전환한다는 것, 자본소유도 불불노동의 취득에 의해 재생산되고 있다는 것을 보았는데, 그러나 여기서는 그들이 한 말을 일단 인정하기로 하자.

상품생산의 소유법칙 | 우리는 제1장 제3절 §3에서 본 바와 같이, 상품교환의 영역에서는 상품소지자들은 서로 사적 소유자로서 인정하는데, 그들은 그때 상대가 상품을 소지하게 된 사정을 묻지 않고, 상대가 상품을 자기의 노동으로 입수했다고 서로 상정할 수밖에 없다. 이리하여 사적 소유자들의 소유의 근원이 자기의 노동이라는 상정이 사회적으로 통용한다. 이것이 **상품생산의 소유법칙**이다.

자본가가 최초에 1,000을 갖고 시장에 등장하여 생산수단과 노동력을 그것들의 가치로 살 때, 그가 어디서 그 1,000을 입수했는가는 상품시장과 노동시장의 당사자들의 누구도 추궁하지 않는다. 다만 그가 그것의 정당한 소지자이기만 하면 된다. 거기서의 당사자들은 모두 서로, 거기에 갖고 오는 상품도 화폐도 자기의 노동에 의해 손에 넣었다고 상정할 수 있었다. 그러므로 그는 안심해서, '이 1,000은 나 자신의 노동으로 얻은 것이다'라든가, '이것은 아버지가 땀 흘려 열심히 일하여 손에 넣은 것이다'라고 공언할 수 있었다. 상품생산의 소유법칙에 따르면 이러한 상정을 할 수밖에 없는 것으로 보인다.

잉여가치에서 형성된 추가자본은 불불노동의 대상화이다 | 그런데 지금 자본가가 추가자본으로 투하하려고 하는 200에 대해서는 사정은 전혀 다르다. 우리는 그 발생과정을 아주 정확히 알고 있다. 그것은 본래 잉여가치이며, 그 모두가 타인의 불불노동의 대상화이다. 그것으로 산 추가생산수단이나 추가노동력도 모두 타인의 불불노동의 대상화인 가치가 취하고 있는 새로운 형태일 뿐이다.

이것을 자본가계급과 노동자계급의 거래로 보면, 노동자계급은 자기가 금년에 한 잉여노동에 의해 다음 해에 추가생산수단 및 추가노동력이 되는 새로운 자본을 만들어낸 것이다.

타인노동의 대상화에 의한 타인노동의 취득 | 지금 이 200이 2년째에 추가자본으로 투하되어 40의 잉여가치를 낳는다고 하자. 2년째에도 본래의 자본은 200의 잉여가치를 가져오기 때문에, 3년째에는 1,000 이외에 440을 자본으로 투하할 수 있게 된다. 그중 400은 불불노동의 대상화 외에는 아무것도 아닌 것이고, 그에 더해진 40은 불불노동의 대상화인 추가자본에 의해 입수한 타인의 불불노동의 대상화이다. 마찬가지로 모든 잉여가치를 차례차례 축적해가는 이 과정을 4년간 반복하면, 자본가는 4년째의 끝에는 본래의 자본(부모)의 1,000 외에, 이 4년 동안 그것에 의해 취득한 잉여가치(제1~4 아들)와 또한 이것에 의해 취득한 잉여가치(제1~6손자, 제1~4증손, 제1현손)의 합계 1,074를 갖고 있다. 자본가가 5년째에 이러한 가치 모두를 자본으로 투하한다고 하면, 5년째에 운동하는 자본액은 2,074이다(그림 151).

이 2,074 중 1,000은 자본가가 최초부터 갖고 있던 것으로 인정하더라도, 그 이외의 1,074에 대해서는 자본가는 '이 가치액은 내 자신의 노동으로 만들어낸 것이다'라고 할 수는 절대로 없다. 1,000의 자본이 매년 취득하는

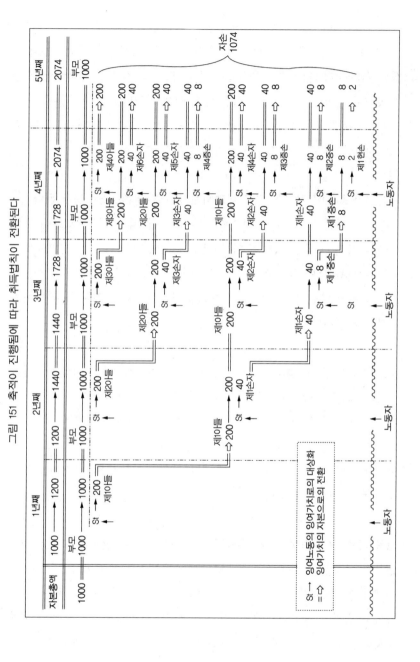

그림 151 축적이 진행됨에 따라 취득법칙이 전환된다

잉여가치 200이 잉여노동의 대상화인 것을 인정하는 한, 이 1,074의 자본은 머리끝에서 손톱 끝까지 자본으로 재전환된 잉여가치이며, 타인노동의 대상화일 뿐이다. 4명의 아들을 낳은 것은 부모의 1,000인데, 11명의 손자·증손·현손은 분명히 이 부모가 직접 낳은 것은 아니다. 그것은 잉여노동의 덩어리인 4명의 아들이 낳은 것이며 그 자손이다. 다시 말해 잉여노동의 덩어리에 의해 취득한 잉여노동의 덩어리인 것이다.

자본가가 최초에 갖고 있던 자본가치는 갈수록 무한소(無限小)가 된다 |
자본의 재생산이 반복되면 될수록, 자본총액 중 최초에 자본으로 투하된 본래의 자본은 점점 적게 되어 무한소가 되어간다.

　자본으로 재전환된 잉여가치는, 그것이 축적한 사람의 수중에서 자본으로 기능하건 타인의 수중에서 기능하건, 지금 존재하는 자본 중 압도적인 부분이 되어간다.

자본주의적 취득의 법칙 | 　자본가는 매년 상품시장과 노동시장에서 상품생산의 소유법칙에 따라 생산수단과 노동력을 사서 생산을 반복했다. 그런데 그 결과 지금은, 자본가는 타인의 잉여노동=불불노동을 자본으로 기능하게 함으로써 살아 있는 불불노동을 점점 더 큰 규모로 취득하고 있다. 자본가가 이러한 방식으로 불불노동을 취득하는 것을 마르크스는 **자본주의적 취득의 법칙**이라 했다.

상품생산의 소유법칙이 자본주의적 취득의 법칙으로 전환 | 　자본주의적 생산의 표층인 시장에서는 상품생산의 소유법칙이 관철되고 있는데, 그 속에 숨어 있는 자본의 생산을 사회적 재생산으로 고찰하면 자본주의적 취득의 법칙이 관철되고 있는 것이 밝혀지게 된다. 자본·임노동 관계가 존재하는 곳에서는, 상품생산의 소유법칙은 자본주의적 취득의 법칙으로

귀결하지 않을 수 없다. 마르크스는 이 사실을 **상품생산의 소유법칙이 자본주의적 취득의 법칙으로 전환한다**고 표현했다.[2]

생산에서의 개인들의 활동이 자본주의적 소유를 낳는다 | 자본가가 생산과정에서 취득한 타인의 잉여노동의 대상화로서의 잉여가치가 자본으로 전환되므로, 이 자본가치의 소유는 생산과정에서 잉여가치 취득의 결과이다. 즉 생산과정에서 자본가에 의한 잉여가치의 취득이 자본가의 이 자본소유에 선행하며 자본소유를 가져오고 있다. 여기서는, 생산과정에서 노동하는 개인들에 의한 잉여가치의 생산이 바로 자본소유를 낳는 것이다.

언뜻 보면 자본가에 의한 생산수단의 자본주의적 소유와 자본가에 의한

---

2) 마르크스는 다음과 같이 쓰고 있다. "자본가와 노동자 사이의 교환관계는 유통과정에만 속하는 단순한 외관(外觀)일 따름이며, 거래 그 자체의 내용과는 관계없고 도리어 그것을 모호하게 할 뿐인 단순한 형태에 불과하다. 끊임없이 반복되는 노동력의 매매는 단순한 형태에 불과하며, 그것의 내용은 자본가가 이미 대상화된 타인노동의 일부를 아무런 등가물도 지불하지 않은 채 끊임없이 취득하고, 그것을 더 많은 양의 살아 있는 타인노동과 끊임없이 교환한다는 것이다. 최초에는 소유권이 한 인간 자신의 노동에 기초한 것처럼 보였다. 적어도 그와 같이 가정해야 했다. 왜냐하면 시장에서는 오로지 동등한 권리를 가진 상품소유자들이 서로 대면하며, 그리고 남의 상품을 취득하는 수단은 오직 자기 자신의 상품을 양도하는 것뿐인데, 이 자기 자신의 상품을 얻는 유일한 길은 노동이기 때문이다. 그런데 소유가 이제는, 자본가 측에서는 타인의 불불노동 또는 그 생산물을 취득하는 권리로 되며, 노동자 측에서는 자기 자신의 생산물을 취득하지 못하는 것으로 된다. 노동과 소유의 분리는 노동과 소유의 동일성(identity)에서 나온 것처럼 보이는 법칙의 필연적 결과로 된다. ……상품생산이 그 자체의 내재적 법칙에 의해 자본주의적 생산으로 전환되는 정도에 따라, 상품생산의 소유법칙은 변증법적 역전(dialectical inversion)을 겪지 않을 수 없고 이리하여 자본주의적 취득법칙으로 전환된다"(*MEW*, Bd, 23, S. 609~613. 강조는 마르크스, 『자본론』 I(하), 제2개역판, 김수행 역, 비봉출판사, 794~800쪽).

잉여가치의 취득은, 전자가 있어서 비로소 후자가 있고 후자는 끊임없이 전자를 낳는 것이므로 어느 쪽이 먼저인지 알 수 없는 악순환의 관계로 보인다. 그러나 이 순환 속에서 자본주의적 생산을 자본주의적 생산으로 하는 결정적인 능동적 계기는, 노동하는 개인들이 생산과정에서 생산물을 끊임없이 재생산하며, 끊임없이 잉여가치를 생산하는 것이다. 끊임없는 생산의 능동적 주체는 어떤 사회에서도 노동하는 개인들인데, 자본주의적 생산에서는 이 주체이면서 노동조건에서 완전히 분리된 노동하는 개인들이 생산과정 중 생산수단에 대해 타인에 속하는 것에 대하는 방식으로 관계하며, 이것에 의해 잉여노동을 끊임없이 타인의 것으로 하고 있는 것에 의해, 자본과 임노동, 또한 양자의 관계가 끊임없이 재생산된다. 그러므로 생산수단의 자본주의적 소유와 잉여가치의 자본주의적 취득에서는 전자가 부동의 전제가 아닐 뿐만 아니라, 양자가 어느 측이 먼저라고 할 수 없는 악순환의 관계에 있는 것도 아니고, 생산과정에서 노동하는 개인들의 활동만이 자본가에 의한 생산수단의 소유를 끊임없이 낳는다.

이것은, 노동하는 개인들과 생산과정에서 잉여가치를 생산하는 것을 그만두면 어떻게 되는가 하는 것을 생각하면 잘 알 수 있다. 예컨대 노동자계급이 충분한 준비를 거친 뒤에 전국적인 총파업에 들어가, 전국의 생산이 장기간에 걸쳐서 중지되면, 자본가는 잉여가치의 취득이 불가능할 뿐 아니라 생산수단의 사용가치도 점점 잃어버리고 생산수단의 소유도 위태롭게 될 수밖에 없다. 그러므로 파업은 노동자의 아주 유력한 투쟁수단인 것이다. 더욱이 노동하는 개인들이 생산과정에서 생산수단에 대해서, 이것은 타인에 속하는 것이 아니라 노동하는 자신들에 속하는 것이라는 방식으로 관계하게 되면, 물론 자본주의적 취득도 자본주의적 소유도 그것으로서 끝마치게 되며 그 뒤에 오는 것은 자본주의적 생산과는 다른 종류의 생산이다.

나중에 제10장에서 보는 바와 같이, 자본주의적 생산의 출발점을 형성하는 것은 노동하는 개인들과 노동조건들의 분리였으며, 이 분리가 한편에서는 자본가, 다른 편에서는 임노동자를 낳는 것인데, 이 분리과정 그 자체는 결코 생산관계도 소유관계도 아니다. 그리고 마르크스가 말한 바와 같이 "한편의 극에 노동조건이 자본으로서 나타나며, 다른 편의 극에 자기의 노동력밖에는 파는 것이 없는 인간이 나타나는 것만으로 아직 충분하지 못하다"는 것이며, 후자가 생산과정에서 노동조건들에 대해 자본에 대한 방식으로 관계하게 되므로, 비로소 자본주의적 생산관계가, 즉 생산에서의 인간과 인간의 관계가 성립하는 것이다. 그리고 이리하여 개시된 자본주의적 생산과 그 반복인 재생산과정이 바로 자본가에 의한 타인의 잉여노동의 취득과 그 결과로서 자본가에 의한 생산수단의 소유를 끊임없이 재생산하게 된다.3)

---

3) 이상에서 지적한 바에 따르면 "자본주의적 생산관계란 자본가에 의한 생산수단의 소유관계이다"라는 널리 수용되는 속설이 오류임은 명백할 것이다. 생산관계의 요점을 생산과정 외부에서의 경제적 인격들의 상호 승인의 관계인 소유관계에서 구하는 것은 완전히 전도된 발상이다. 노동하는 개인들이 생산과정에서 그들로부터 분리·자립화한 생산수단에 대해 타인에 속하는 것으로서 관계한다는 점에 바로 자본주의적 생산관계의 핵심을 보아야 한다. 자본주의적 소유는 그 결과로 생기는 법적 관계이다.
   어떠한 공동체에 의거한 전자본주의적 형태들, 지배·예속의 형태들, 소경영적 생산양식에서는 어디에서나 생산수단의 소유가 노동의 전제였다. 그러나 자본주의적 생산양식에서는 이러한 소유와 노동의 관계가 완전히 역전된다. 생산수단에서 분리된, 생산수단을 잃어버린 노동하는 개인들이 생산수단에 대해 어떤 관계를 맺고 있는가가 바로 생산수단의 자본주의적 소유를 낳고 재생산하는 것이다.

제1절 자본구성과 그 고도화

§1. 자본의 구성

자본의 구성 ｜ 투하자본이 불변자본 및 가변자본으로 이루어지고, 불변자본은 사용되는 생산수단이 되며, 가변자본은 사용되는 노동력, 따라서 이용되는 노동이 되는 것은 이미 살펴보았다. 자본의 축적이 노동자계급에 미치는 영향을 고찰할 때는 명백히 구별되는 투하자본의 이 두 가지 부분의 크기의 비율에 주목하는 것이 가장 중요하다. 이 비율을 **자본의 구성** 또는 간단히 **자본구성**이라 한다.

자본의 가치구성 ｜ 자본은 투하되는 자본의 가치 또는 그 화폐표현인 가격의 면에서 보면 불변자본과 가변자본으로 이루어지는데, 불변자본의 크기는 사용되는 생산수단의 가치 또는 가격에 의해, 가변자본의 크기는 사용되는 노동력의 가치 또는 가격, 즉 임금총액에 의해 규정된다. 이러한 면에서 이 구성을 **자본의 가치구성**이라 한다.

자본의 기술적 구성 | 생산과정에서 기능하는 소재의 면에서 보면 자본은 사용되는 생산수단과 살아 있는 노동력으로 구성되는데, 양자의 비율은 사용되는 생산수단의 양과 그것을 사용하기 위해 필요한 노동의 양의 비율에 의해 기술적으로 규정된다. 이러한 면에서 이 구성을 **자본의 기술적 구성**이라 한다(그림 152).

그림 152 자본의 기술적 구성과 자본의 가치구성

자본의 기술적 구성	자본의 가치구성
생산과정에서 기능하는 소재 면에서 본 자본의 구성	가치 면에서 본 자본의 구성
[사용되는 생산수단의 분량]	[불변자본(c) = 생산수단의 가치]
[사용되는 노동의 양]	[가변자본(v) = 노동력의 가치]

자본의 유기적 구성 | 자본의 가치구성은, 자본의 기술적 구성이 불변이라도 생산 수단 및 노동력 각각의 가치 또는 가격의 변동에 의해 변화한다. 그러나 생산수단 및 노동력의 가치가 불변이라면 전자의 구성 변화는 후자의 구성 변화를 반영한 것이다. 그리고 자본주의적 생산의 발전 속에서 생기는 자본의 가치구성의 변화 중 결정적으로 중요한 것은 자본의 기술적 구성 변화를 반영한 변화이다. 자본의 기술적 구성에 의해 규정되고 그것의 변화를 반영하는 자본의 가치구성을 **자본의 유기적 구성**이라 한다(그림 153). 이제부터 앞으로 이 책에서 '자본구성'이라고 하는 것은 달리 덧붙이지 않는 한 자본의 유기적 구성이다.

그림 153 자본의 유기적 구성

자본의 유기적 구성
자본의 기술적 구성에 의해 규정되고 그것의 변화를 반영하는 한에서의 가치구성
[불변자본(c)＝생산수단의 가치]
[가변자본(v)＝노동력의 가치]

§2. 자본구성의 고도화

자본구성의 고도화 ｜ 생산수단의 분량 또는 가치가 노동량 또는 노동력의 가치에 대해 증대하는 것을 **자본구성의 고도화**라 한다. 따라서 기술적 구성에 대해 말하자면 이는 같은 양의 노동에 의해 사용되는 생산수단의 분량이 증대하는 것이며, 가치구성 및 유기적 구성에 대해 말하자면 투하자본가치 중 c 부분이 v 부분에 대해 증대하는 것이다.

자본구성을 나타내는 방식 ｜ 자본의 구성은, 투하자본가치를 100으로 해서 c와 v가 각각 그 가운데 얼마만큼의 비율을 차지하는가 하는 방식으로 표시된다. 예컨대 다음과 같다(그림 154).

그림 154 자본구성의 고도화

(구성 고도화)　(구성 고도화)　(구성 고도화) 60c + 40v ⇨ 70c + 30v ⇨ 80c + 20v ⇒ 90c + 10v

제2절 자본축적과 임금변동

§1. 자본구성이 변하지 않는 상태에서 축적이 진행되면 노동력 수요가 증가한다

자본구성이 변하지 않는 상태에서 축적의 진행은 노동수요를 증대시킨다
｜ 자본축적, 즉 잉여가치의 자본으로의 전환(s → sc + sv)이 자본구성이 불변인 상태에서 진행되면, 사회적 총자본의 증가와 같은 속도로 v가 증가하여 그만큼 노동수요가 증가한다(다만 현실에서는 이 '중간휴식 기간'은 산업순환

중 한 시기에만 나타난다).

노동수요의 증대에 의한 임금상승에는 한계가 있다 | 이 경우 다른 조건
이 변하지 않으면 축적의 진행과 더불어 임금이 상승하지만, 자본의 축적이
그대로 어디까지나 계속되어 임금의 상승도 어디까지나 계속되는 것은
아니다. 왜냐하면 임금이 상승하면 그만큼 잉여가치(이윤)는 감소하므로,
생산물 가격의 상승이 계속되지 않는 한 어느 시점에서 **자본의 증식욕구**는
감퇴하며, 그 결과 축적도 정체하지 않을 수 없기 때문이다.

§ 2. 자본축적이 임금변동을 규정한다

라살의 '임금철칙' | 임금의 변동에 대해서는 여러 가지 천박한 이해가
있으나, 19세기에 라살(Ferdinand Lassalle, 1825~1864)이 주장한 '임금철칙'이
라는 전형적인 오류가 노동운동 등에 상당한 영향을 미친 시기가 있었다.
라살에 의하면, 임금이 상승하면 노동자의 생활이 개선되며 노동인구의
증가율이 높아지므로 노동력의 공급이 증가하며 그 결과 임금이 하락한다.
임금이 내리면 노동자의 생활이 악화되어 노동인구의 증가율이 하락하므로
노동력의 공급이 감소하며, 그 결과 임금이 상승한다. 이러한 순환이 불가피
하므로 임금인상의 노력은 잘되어도 결국 도로 아미타불이 되어 헛된 일이

그림 155 라살 류의 임금철칙의 사고방식

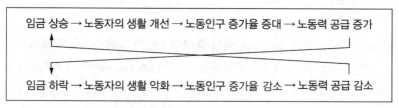

◆ 주의: 출발점이 임금이며, 노동력 공급의 변화가 문제로 되고 있다.

라고 주장했다(그림 155).

'임금철칙'의 오류 | 이 학설은, 노동자의 출생률 증감이 노동력의 공급을 증감시키기까지에는 십여 년이 걸린다는 것과, 노동자의 생활상태의 개선·악화는 노동자의 가족 수의 증가·감소를 가져온다고는 말할 수 없다는 것만 생각해도 성립하지 못하는 것은 명백하지만, 결정적인 오류는 임금을 독립변수로 하고 노동력의 수급에 대해서는 공급만을 문제로 삼고 있다는 점이다. 그러나 실제로 임금은 종속변수이며 노동력의 수급에 대해서는 자본 측에서의 수요야말로 결정적으로 중요한 것이다.

자본축적이 임금변동을 규정한다 | 임금의 변동을 규정하는 것은 자본의 축적이다. 자본축적이 바로 독립변수이며, 이를 출발점으로 해야 한다. 그리고 자본축적의 상태에 의해 노동력의 수요가 변동하는 결과로서 임금의 변동이 생기는 것이다. 그러나 자본주의적 생산은 잉여가치의 생산이므로, 임금의 증가 내지 감소에 의해 잉여가치가 감소하거나 증가하면 자본축적의 충동이 변화하지 않을 수 없다. 임금의 변동은 잉여가치의 생산에 의해, 구체적으로는 자본의 증식욕구에 의거한 자본축적의 상황에 의해 규정되는 것이다(그림 156).

그림 156 자본축적이 임금변동을 규정하며, 그 역은 아니다

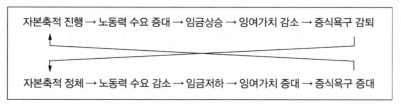

자본축적 진행 → 노동력 수요 증대 → 임금상승 → 잉여가치 감소 → 증식욕구 감퇴

자본축적 정체 → 노동력 수요 감소 → 임금저하 → 잉여가치 증대 → 증식욕구 증대

◆주의: 출발점이 자본축적이며, 노동력 수요의 변화가 문제로 되고 있다.

제3절 구성 고도화를 수반하는 자본축적과 노동력 수급의 변동

§1. 자본구성의 고도화를 수반하는 자본축적과 가변자본의 증감

고도화가 진행되면 가변자본의 증대율은 자본 전체의 증대율보다 낮다 │ 자본축적이 진행되는 가운데, 노동생산력의 발전이 축적의 지렛대로 되는 점이 나타나게 된다. 이리하여 자본축적과 노동생산력 발전은 상호 촉진해가면서 진행된다. 그 결과 반드시 자본구성의 고도화가 생기지 않을 수 없다. 새로 투하되는 자본은 일반적으로 가변자본을 포함하고 있으므로, 축적은 그만큼 노동력의 수요를 절대적으로 증가시키며, 그것이 자본구성의 고도화를 수반하는 경우에는 가변자본 부분은 불변자본 부분에 비해 상대적으로 감소하므로, 가변자본 부분의 증대율과 그에 의한 노동수요의 증대율은 자본 전체의 증대율보다 낮아진다(그림 157). 다만 생산력 발전에 수반되어 생산수단의 가치가 감소하므로, 가치구성의 고도화는 기술적 구성의 고도화와 같은 속도로 진행하지는 않는다.

그림 157 자본구성의 고도화에 의한 가변자본의 상대적 감소

> 노동생산력 발전 ⇨ 자본의 기술적 구성의 고도화 ⇨ 자본의 가치구성의 고도화
> ⇨ 불변자본부분에 비해 가변자본 부분이 상대적으로 감소

§2. 자본의 집중과 가변자본의 증감

집중에 의한 기존자본 구성의 고도화가 노동수요를 감소시킨다 │ 축적이 진행되는 중에, 한편으로는 사회적 총자본의 일부가 많은 개별자본으로 분열·파편화되어서 개별자본의 수를 증대시키지만, 다른 한편으로는 기존자본의 합병, 도산자본의 흡수에 의한 **자본의 집중**이 진행되어, 일부에서

개별자본의 거대화와 개별자본 수의 감소가 생긴다. 이 과정을 강력히 추진하는 지렛대가 자본들의 경쟁과 은행제도, 그리고 은행제도와 결부된 주식회사의 설립이다. 이 과정에서, 자본의 생산력이 급속히 증대함과 동시에 자본의 기술적 구성이 고도화하여 노동수요를 절대적·상대적으로 감소시킨다.

자본의 집중에 수반되는 구성의 고도화는 노동자의 해고를 가져온다 ㅣ 자본의 집중에 의한 자본규모의 증대는, 사회적 총자본의 크기를 변화시키지 않는다. 그러므로 집중 과정에서 자본구성의 고도화는 가변자본의 절대적 감소에 의한 노동자의 해고를 가져온다.

구성 고도화를 수반하는 고정자본의 갱신도 노동자를 해고시킨다 ㅣ 게다가 고정자본의 갱신기를 맞은 자본은 고정자본을 갱신할 때 항상 최신의 기계설비 등을 설치하려고 한다. 이 경우 그것을 움직이는 데는 낡은 것보다 적은 노동으로 충분하므로, 이러한 새로운 고정시설 이용은 그때까지 사용하고 있던 노동자의 일부를 확실히 축출한다. 여기서도 가변자본의 절대적 감소에 의한 노동자의 해고가 생긴다.

§ 3. 고도화를 수반하는 축적의 진행이 가져오는 노동력 수요의 변화

축적의 진전은 노동수요를 증가시키지만 노동력의 공급을 증가시킨다 ㅣ 이처럼 자본축적은 ① 자본구성의 고도화를, ② 자본의 집중을, ③ 고정자본의 갱신을 수반하면서 진행하므로, 그것은 한편으로 노동수요를 증가시키지만 다른 한편으로는 그것을 감소시킬 뿐 아니라 노동력 공급을 증가시킨다(그림 158).

그림 158 한편으로 노동수요 증가, 다른 한편으로 현역 노동자의 해고

축적되는 추가자본의 구성 고도화 ⇨ 축적에 의한 자본의 증가율보다 낮은
　　　　　　　　　　　　　　　　　율에서 노동수요의 절대적 증가

집중에 의한 기존 자본의 구성 고도화 ⇨ 가변자본의 절대적 감소
　　　　　　　　　　　　⇨ 현역 노동자의 해고 = 노동력 공급 증가

갱신과정에서 본래자본의 구성 고도화 ⇨ 가변자본의 절대적 감소
　　　　　　　　　　　　⇨ 현역 노동자의 해고 = 노동력 공급 증가

§ 4. 노동시장에서 노동력의 수요공급을 규정하는 여러 요인

축적의 진행은 임금을 밀어 올리는 방향으로 일방적으로 작용하지 않는다
｜ 임금의 변동은 직접적으로는 노동력 수급의 변동에 의해 규정된다. 그래서 노동력의 수요와 공급을 변동시키는 요인들을 분석하면, 그 결정적인 요인이 자본의 증식욕구에 의거한 자본축적의 진행이라는 것, 그리고 그 자본축적의 진행이 노동력의 수요나 공급 면에서 결코 임금을 일방적으로 밀어 올리는 방향으로 작용하지 않는 것이 밝혀지게 된다.

노동력 수요 증대의 기본적 요인과 그 한계 ｜ 자본주의적 생산하에서 노동력 수요를 일방적으로 증가시키는 기본적 요인은 자본축적의 진행에 수반되는 노동수요의 증대이다. 그리고 그 자본축적의 한계는 이윤(잉여가치)에 의한 자본의 증식욕구의 제한이다.

노동력 수요의 증대를 완화시키는 요인들 ｜ 무엇보다 먼저, 유기적 구성의 고도화는 추가자본 중에서 가변자본 부분의 상대적 감소를 가져온다. 또한 노동에 대한 수요와 노동력에 대한 수요는 같은 것이 아니며, 노동력 수요의 증대는 노동일의 연장 내지 노동강화에 의해 완화된다.[1]

노동력 공급을 증가시키는 요인(노동력 수요의 증대에 대한 대항요인) │
자본주의적 생산하에서는, 노동력 공급을 증가시키는 요인이 항상 작용하
고 있다. 이것은 노동력에 대한 수요가 증대하는 경우에조차도 이에 대한
대항요인으로 작용하며 임금의 일방적인 상승을 방해한다. 그러한 요인
중에서 가장 중요한 것은 다음과 같다.
① 자본의 집중에 의한 기존 자본의 구성 고도화에 의한 노동력의 해고
② 갱신 고정자본의 구성 고도화에 의한 노동력의 해고
③ 노동자계급의 증대(노동력의 재생산비는 그 확대재생산의 비용을 포함함)
④ 몰락한 소자본가·소생산자가 임노동자로 전환됨
⑤ 여성 및 아동이 임노동자로 전환됨

제4절 상대적 과잉인구의 생산과 그 존재형태

§1. 상대적 과잉인구 또는 산업예비군의 생산

자본축적의 진행은 상대적 과잉인구를 낳는다 │ 총자본의 증대에 따라
그 가변성분, 즉 총자본에 합체되는 노동력도 증대하지만, 그 증대의 비율은

---

1) 노동수요란 사용하는 노동 그 자체에 대한 수요이다. 이에 대해 노동력 수요란
노동시장에서 노동력을 사려고 하는 수요이다. 자본을 축적하기 위해 노동이
더 많이 필요할 때 노동수요는 확실히 증대한다. 그러나 자본이 새로 필요하게
된 노동을 노동일 연장과 노동강화 등을 통해 이미 사용하고 있는 노동력으로부터
입수할 수 있는 한, 자본은 새로운 노동력을 필요로 하지 않는다. 다시 말해 노동력
수요의 증가로 나타나지는 않는다. 실제로 노동력 시장이 긴장상태에 있으며
임금이 상승 경향에 있을 때에는, 자본은 무엇보다 먼저 노동일 연장과 노동강화를
통해 더 많은 노동의 입수에 노력한다.

끊임없이 적어진다. 그 결과 자본의 축적에 의한 노동수요의 절대적 증가는, 노동자계급의 증대와 더불어 생기는 추가 노동자군(群)과, 자본집중 및 자본 갱신에 의해 해고된 노동자군을 다 흡수하지 못하며, 여기에 **상대적 과잉인 구** 또는 **산업예비군**, 즉 자본의 평균적인 증식욕구에 대한 여분의 노동자인 구가 생겨난다.

자본주의적 생산하에서는 상대적 과잉인구의 생산이 불가피하다 | 상대 적 과잉인구의 생산이 바로 자본주의적 생산양식에 특유한 인구법칙이다.[2] 자본주의적 생산하에서 노동력 수요를 현저히 증대시키는 자본축적이 진행하는 것은, 이윤율이나 예상이윤율이 평균보다 높고 자본의 증식욕구 가 평균을 넘어 높아지는 산업순환의 한 시기, 즉 호황으로부터 번영으로

---

2) 과잉인구론으로 널리 믿고 있는 것은 맬서스의 인구론이다. 로버트 맬서스(Thomas Robert Malthus, 1766~1834)는 저서 『인구의 원리』(1798) 등에서 "인구는 기하급수 적(즉 2, 4, 8, 16……)으로 증대하는데 그것에 필요한 식량은 산술급수적(즉 2, 3, 4, 5……)으로 증가할 뿐이므로, 조만간 과잉인구가 생긴다"고 했다. 이 과잉인구 는 바로 절대적인 과잉이며, 과잉인구를 줄이지 않는 한 근본적으로 해결할 수 없다. 그런데 현재의 선진 자본주의국에 항상 나타나는 실업인구는 확실히 과잉이 기는 하지만, 인구를 부양하기 위한 소비수단에 대한 과잉은 아니다. 오히려 제한 된 유효수요에 대해 생산과 재고가, 또한 생산설비가 과잉한 것이며, 유휴 중의 생산설비를 실업 중의 노동자가 사용하여 생산을 행하면 생산 그 자체는 얼마든지 확대할 수 있기 때문이다. 그러므로 이 '과잉'은 절대적인 것이 아니라 무엇에 비교한 상대적인 과잉이다. 그러면 무엇과 비교해서 과잉인가? 그것은 '자본의 증식욕구', 그것도 가장 적을 때의 증식욕구가 아니라 평균적인 상황에서의 증식 욕구, 또는 산업순환의 중위의 활황일 때의 증식욕구에 대해 과잉인 것이다. 번영 시에만 실업자 수가 제법 감소하지만, 그 외의 시기에는 항상 많은 실업자가 존재한다고 하는, 선진 자본주의 나라마다 볼 수 있는 과잉인구는 바로 이 상대적 과잉인구이다.

향하는 시기뿐이다. 확실히 이 시기에는 노동력에 대한 수요가 높아지고 노동력 부족이 느껴지며, 임금이 노동력의 가치를 넘어서 상승하는 일이 있을 수 있다. 그러나 그 외의 시기에는 노동력 공급의 증가를 상회하는 노동력 수요의 증대는 보이지 않으며, 그러므로 자본의 증식욕구에 대해 여분의 노동력인구, 즉 상대적 과잉인구가 존재하는 것이 불가피하다.

선진자본주의 나라에서 보이는 항상적인 실업인구의 존재가, 상대적 과잉인구 이론의 정당성을 실증하고 있다.

§ 2. 상대적 과잉인구의 존재는 자본주의적 생산양식의 생활조건이다

산업순환 | 자본주의적 생산은, 그 이전의 모든 생산형태를 훨씬 능가하는 속도로 사회의 생산력을 높이며 사회의 생산규모를 확대한다. 그러나 이 생산규모의 확대는 일직선으로 진행하는 것은 아니다. 자본주의적 생산은 어떤 시기에서는 생산의 급속한 확대와 어떤 시기에서는 생산의 급격한 축소를 반복하면서, 장기적·경향적으로 확대해가는 것이다. 중위의 활황, 번영, 과잉생산, 공황, 정체라는 국면을 거쳐서 확대와 축소를 반복하는 이러한 순환을 **산업순환**이라 한다(그림 159).

그림 159 근대산업의 운동형태=산업순환

중위의 활황 ⇨ 번영 ⇨ 과잉생산 ⇨ 공황 ⇨ 정체⇨ [중위의 활황 ⇨ ……

자본주의적 생산의 생활조건을 자본 자신이 생산하고 있다 | 시장이 어떤 이유로 급속히 개척된다거나 신제품에 대한 수요가 급격히 증대했을 때, 자본은 이러한 기회를 놓치지 않고 생산을 급속히 증강(增强)하여 상품을 시장에 보내려고 한다. 이때 생산확대에 필요한 생산수단은, 그 가격이 상승하면 생산의 증강에 의해 시장에 머지않아 제품이 공급되기 때문에

조달할 수 있지만, 생산확대에 필요한 노동력 쪽은, 노동시장에 공급되는 노동자 수에 탄력성이 없다면 조달할 수 없다. 노동력은 공장에서 급속히 대량 생산되는 상품과는 전혀 다르기 때문이다. 그러나 이제까지 실제의 자본주의적 생산은 이러한 기회를 놓친 적이 없었다. 그것이 자본주의적 생산의——번영의 시기에서——급속한 확대를 가능케 해온 것이다. 어떻게 그것이 가능했을까? 자본의 중위의 증식욕구에 비해 여분의 상대적 과잉인구가 존재했기 때문이다. 결국 상대적 과잉인구의 존재는 자본주의적 생산양식의 생활조건이며, 이 생활조건을 자본은 스스로 끊임없이 만들어내고 있다.

자본축적의 변동이 현역군과 예비군의 비율을 조정한다 │ 대체로 노동임금의 일반적인 운동은 오로지 산업예비군의 팽창·수축에 의해 규제된다. 즉 노동임금의 등락은 노동인구의 총수에 의해 규정되는 것이 아니라 노동자계급이 **현역군**과 **예비군**으로 나누어지는 비율의 변동에 의해, 과잉인구가 고용되는 규모의 증감에 의해 규정되고 있다. 그리고 이 비율의 변동은 자본이 그때그때 나타내는 가치증식욕구에 따른 자본축적의 크기에 의해 조정된다(그림 160).

그림 160 현역 노동자군과 산업예비군

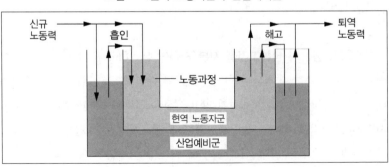

§ 3. 상대적 과잉인구의 존재형태

과잉인구의 세 가지 존재형태 | 산업순환의 국면 전환에서 주기적으로 나타나는 과잉인구의 형태들 이외에도 많건 적건 항상 세 가지 형태의 과잉인구가 존재하며, 게다가 그 아래 최하층에는 구호빈민상태에 있는 인구가 존재한다.

(1) **유동적 과잉인구:** 공장 등 근대산업의 중심에는, 취업자수는——자본구성의 고도화에 의해——생산규모에 대한 상대적인 비율로는 끊임없이 줄어들지만 대체로 절대적으로는 증가한다. 그러나 그러한 증가는 항상 지그재그로 그리고 불균등하게 진행되는데, 거기서 노동자의 일부는 때론 해고되며 때론 대량으로 흡수된다. 거기에는 항상 이러한 예비군이 존재한다. 현대 일본에서는 예컨대 임시공, 사외공(社外工), 여성 파트타임 노동자 등이 이에 해당한다.

(2) **잠재적 과잉인구:** 농업에서의 자본의 축적은, 농촌의 노동자인구를 절대적인 과잉으로 만든다. 왜냐하면 농업에서의 생산력 상승은 일반적으로는 같은 면적의 토지에서 필요한 노동의 양, 따라서 노동력의 수를 감소시키기 때문이다. 그들의 일부는 도시에서 공업노동자가 되지만, 그렇지 못한 노동자들은 자연적 생산의 탄력성에 기식하면서 농촌에 체류하는 예비군을 형성하여, 도시에 일거리가 있으면 일시적으로 농촌을 떠나가고——출가노동——없어지면 농촌에 되돌아온다. 이 예비군은 종종 노동력 공급을 증대시킴으로써 도시노동자의 저임금의 원인이 된다.

(3) **정체적 과잉인구:** 현역군의 일부이면서, 취업이 완전히 불규칙하며 자본이 노동자 수를 조정하는 저수지가 되고 있는 부분. 생활상태는 노동자계급의 평균수준보다 낮고, 언제라도 최대한의 노동시간과 최소한의 임금을 감수할 준비가 되어 있다. 여기에는 일반적으로 출생수나 사망수나 가족수가 많다. 도쿄의 산야(山谷) 지구나 오사카의 니시나리(西成) 지구에서 일거리

를 찾으려고 대기하는 노동자들은 이러한 과잉인구의 일부이다.

구호빈민 상태 | 자본주의적 생산양식하에서 과잉인구의 최하층 부분
은 노동력의 판매에 의해 수입을 얻을 수 없으며, '구빈법(救貧法)'——일본에서
는 '생활보호법' 등——에 의한 구제에 의지하거나 그렇지 않으면 노동의욕을
상실하고 구걸 등으로 생활한다. 첫째는 노동능력이 있어도 자주 **구호빈민**
상태(pauperism)에 떨어지는 사람들, 둘째는 고아나 구호빈민의 아이들, 셋째
는 낙오자, 노동불능자. 이른바 홈리스(homeless)는 대부분 여기에 속한다.

룸펜 프롤레타리아 | 더욱이 그 아래에는 항상 유랑자나 범죄자나 매춘
부 등으로 이루어진 룸펜 프롤레타리아(lumpen proletariat)가 체류하고 있다.

§ 4. 자본주의적 축적의 일반적 법칙

자본축적의 진행과 더불어 상대적 과잉인구는 증대한다 | 자본축적이
진행되어, 사회적 총자본의 양이 증대함에 따라 노동자 인구도 증대한다.
노동자 인구 가운데 상대적 과잉인구 또는 산업예비군이 차지하는 비율,
즉 실업률이 변하지 않으면 상대적 과잉인구 또는 산업예비군의 절대량은
증대한다. 선진 자본주의 나라들에서는 10%정도의 실업률은 드물지 않으
며, 산업순환의 불황국면에서는 실업률이 자주 아주 높아지고 상대적 과잉
인구는 격증한다.

자본주의적 축적의 일반적 법칙 | 이처럼 대량의 상대적 과잉인구가 끊
임없이 존재할 때에는, 그 저변에는 거의 항상적으로 일거리를 얻을 수
없는 대량의 고정적인 실업자층이 항상 가라앉아 있게 된다.
　이들에게는 생산과정에서의 노동의 고통이 적은 데 반비례하여 그 빈곤

의 정도는 크다. 그리고 이러한 실업자층이 증대하면 사회적으로 구제되지 않으면 살아갈 수 없는 극빈층도 그만큼 증대한다. 가라앉아 있는 실업자층과 극빈층의 이러한 증대 경향은, 자본축적 즉 자본주의적 생산관계의 확대재생산은 동시에 자본 아래로의 노동의 포섭 및 노동의 소외의 확대재생산에 지나지 않는다는 '자본주의적 축적의 일반적 법칙'(*MEW*, Bd. 23, S. 674; 『자본론』 I(상), 제2개역판, 김수행 역, 비봉출판사, 879쪽)이 여러 가지 사정에 의해 모습을 바꾸면서 절대적으로 관철하고 있는 것을 표시하고 있다.

가라앉아 있는 실업자층과 극빈층의 상태의 경향적인 악화 | 앞서 제4장에서 자본주의적 생산하에서 생산력 발전의 방법을 연구할 때, 우리는 자본주의 시스템하에서는 다음과 같은 일이 생긴다는 것을 알았다. 노동의 사회적 생산력, 즉 사회적으로 결합된 노동자의 생산력을 높이기 위한 방법이 개개 노동자의 희생 위에 전개된다는 것, 생산을 발전시키기 위한 수단들이 노동자를 지배하고 착취하기 위한 수단이 되지 않을 수 없다는 것, 그러한 수단들은 노동자를 고정적인 분업에 결박시켜 부분노동밖에 할 수 없는 인간으로까지 기형화하여 더욱더 기계의 부속물로 만들며, 이리하여 노동을 내용 없는 고통스러운 것으로 바꾸어버린다는 것, 노동과정이 과학적인 과정으로 전환해가는데도 불구하고 그것은 노동과정의 정신적 능력을 노동자에게서 빼앗아 특정한 노동자층만의 것으로 하며, 그것은 노동자의 노동조건을 끊임없이 변혁하여 노동과정에서는 노동자를 자본의 전제(專制)에 복종시킴과 동시에 그의 생활시간까지도 노동시간으로 전환해버린다는 것, 이러한 것들을 알았다.

　그러나 잉여가치를 생산하기 위한 이러한 방법은 모두 동시에 축적의 방법이기도 하다. 그리고 축적의 진행은 또한 역으로 이러한 방법을 더욱 발전시키기 위한 수단이 된다. 그러므로 '자본주의적 축적의 절대적인 일반 법칙'의 관철의 결과로서 노동자 인구 전체 상태를 보면, 자본축적의 진행에 따라 현역 노동자군의 임금수준이 어떻게 변화하더라도 가라앉아 있는 실업자층과 극빈층의 상태는 경향적으로 악화하지 않을 수 없는 것이다.3) 현재 선진 자본주의 나라들의 저변에 놓여 있는 구호 빈민층과 룸펜 프롤레타리아의 비참한 상태는 이것을 명백히 나타내고 있다.

---

3) 마르크스는 이것을 다음과 같이 표현한다. "상대적 과잉인구 또는 산업예비군을 언제나 축적의 규모 및 활력에 알맞도록 유지한다는 법칙은 헤파이스토스 (Hephaestus: 불과 대장일의 신)의 쐐기가 프로메테우스를 바위에 결박시킨 것보다 더 단단하게 노동자를 자본에 결박시킨다. 이 법칙은 자본의 축적에 대응한 빈곤의 축적을 필연적인 것으로 만든다. 따라서 한쪽 끝의 부(富)의 축적은 동시에 반대편 끝[즉 자기 자신의 생산물을 자본으로 생산하는 노동자계급 측]의 빈궁·노동의 고통·노예상태·무지·야만화·도덕적 타락의 축적이다"(MEW, Bd. 23, S. 675. 강조 는 마르크스, 『자본론』I(하), 제2개역판, 김수행 역, 비봉출판사, 881쪽).

제10장
자본의 시초축적

제1절 자본의 시초축적과 그 방법들

이 절의 과제 | 제2장부터 제5장에 걸쳐 자본에 의한 가치증식인 잉여가치 생산과정을, 바꿔 말하면 자본이 어떻게 잉여가치를 생산하는가를 연구했다. 거기서는 우선 한편으로 자본이, 따라서 자본가에 의한 자본가치의 소유가, 다른 한편에서는 상품으로서의 노동력이, 따라서 생산수단으로부터 유리된 무소유의 임노동자가 존재하는 것으로 전제되고 있었다.

그런데 제7장과 제8장에서 자본의 이 가치증식과정을 반복되는 과정인 재생산으로 연구했는데, 제2~5장에서 전제했던 한편의 자본과 자본가에 의한 자본가치의 소유도, 다른 한편의 노동력 상품과 무소유의 임노동자도, 실은 자본주의적 생산 그 자체에 의해 끊임없이 재생산되고 있는 것을 알았다. 이리하여 일단 자본주의적 생산이 개시된 뒤, 양극은 생산 그 자체의 결과로 서 항상 존재하는 것이 밝혀지게 되었다.

그러나 자본주의적 생산도 어디선가 시작된 것이며, 그 개시 때에 존재 하고 있었을, 한편으로 노동하는 개인들로부터 분리되어 자립화한 생산수단 과 자본으로서 투하될 크기의 화폐나, 다른 한편으로 이중의 의미에서 자유로 운 노동하는 개인들도, 모두 함께 자본주의적 생산의 결과는 아니었다. 그러

그림 161 자본주의적 생산의 출발점으로서의 자본축적＝자본의 시초축적

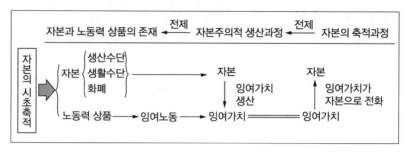

면 자본으로 전환할 수 있는 화폐, 또한 그 화폐로 살 수 있는, 노동자로부터 분리된 생산수단, 그리고 노동자의 유일한 상품으로서의 노동력은 어떻게 생겼을까? 이 문제는 이제까지 **자본주의적 생산의 전사(前史)**로서 고찰 밖에 두고 있었다.

우리는 자본주의적 생산의 기본적인 구조를 안 지금, 이제까지 고찰 밖에 두었던 이 문제를 논할 수 있으며 또한 논하지 않으면 안 된다.

옛날 애덤 스미스는 최초의 자본의 형성을 '자본의 선행적 축적(previous accumulation)'이라 부르면서, 많은 자립한 생산자 중에서 근면하고 유능한 생산자가 빠져나와 자본가가 되며, 게으르고 무능한 생산자가 몰락하여 임노동자가 되었다고 설명했다. 자본의 생성이란 과연 애덤 스미스가 말한 바와 같은 목가적인 과정이며, 개인들의 능력과 근면성의 차이 때문에 생긴 과정이었던 것일까?

여기서는 마르크스가 '**자본의 시초축적**'이라고 한 자본주의적 생산에 선행하는 과정, 즉 자본주의적 생산이 출발할 때의 전제로 되는, 한편의 자본과 다른 한편의 노동력 상품이 형성되는 역사적 과정을 대체로 살펴보기로 하자 (그림 161).

§ 1. 경제적 기초과정: 상품생산하에서 소생산자의 양극분해

봉건제로부터 자본주의로의 이행의 두 가지 계기 | 자본주의 사회는 그에 선행하는 봉건제 사회로부터 태어났다. 자본주의적 생산에서는, 노동하는 개인들은 생산수단에서 완전히 분리되어 있다. 이 분리는 그들이 생산수단에 속해 있던 농노제가 해체되는 과정 즉 **농민해방**과, 생산수단이 그들에 속해 있던 독립자영농민의 소경영이 해체하는 과정 즉 **농민층 분해**라는 두 가지 역사적 과정을 거쳐 성립했다. 봉건제로부터 자본주의로의 이행에서 결정적인 것은 이 두 가지 계기의 실현이었다.

이 두 가지 계기 중 전자 즉 농민해방은 봉건사회 내부에서 생산력이 발전한 결과로 생기는 이 사회의 해체과정이며, 그 결과 이 사회의 태내에서 봉건적인 간판을 짊어지면서도 그것을 점점 무너뜨리는 소농민 즉 독립자영 농민이 생기게 된다.

자본주의적 생산의 성립은, 이론적으로는 이 독립자영농민과 그들의 생산 수단과의 분리, 바꿔 말하면 소경영의 해체를 통해 자본·임노동 관계가 생겨 나는 과정이다(그림 162).

봉건사회 말기에 영주에게 화폐지대의 형태로 잉여생산물을 착취당하던 소농민은 그들의 생산물을 상품으로서 시장에서 판매하지 않으면 안 되었다. 그들 아래서, 또한 영주에 대한 인격적 예속에서 해방된 독립자영농민 아래서 는 더 한층, 상품생산이 발전하지 않을 수 없었다. 상품생산의 발전은 새로운 사태를 가져오게 된다.

상품생산하에서 소생산자의 양극분해 | 상품생산의 발전은 그들의 양극 분해를 야기할 수밖에 없었다. 즉, 자기 노동의 조건들(생산수단)을 갖는 독립· 자영 상품생산자(소상품생산자) 중 한쪽은 조만간 부(생산수단 및 소비수단 내지 그것들을 구매할 수 있는 화폐)를 축적한 유산자로 급성장하고, 다른 한쪽은

그림 162 노동자와 생산수단의 분리과정의 두 가지 계기

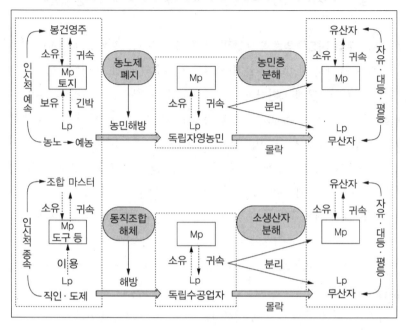

그림 163 소상품생산자의 양극분해

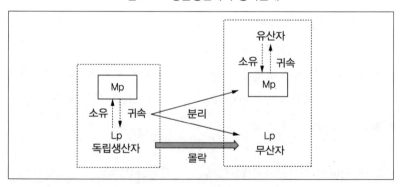

자기 소유를 상실해 무산자로 몰락하는 것이다(그림 163).

'일물일가' | 상품의 가치는 사회적 필요노동시간에 의해 결정된다. 그러므로 같은 종류의 상품의 가치는 동일하다. 그래서 상품의 가치를 표현하는 상품의 가격도 하나의 시장에서는 동일하다. 이것이 이른바 '일물일가(一物一價)'이다.

'태아적 이윤'의 축적에 의한 민부의 형성 | 지금 상품의 가격이 가치와 동등하다고 하자. 그러면 사회적으로 평균적인 생산조건하에서 생산하는 생산자가 투하하는 노동시간은 사회적 필요노동시간과 동일하므로 투하한 노동시간을 모두 화폐로 회수할 수 있으며, 그러므로 또한 그의 잉여노동시간을 모두 화폐로 회수할 수 있다. 이것은 자본가의 경우의 이윤에 상당하는 것이므로 태아적 이윤(胎芽的 利潤)이라 한다. 이것을 축적하면 잉여의 부(富)를 형성할 수 있다. 이른바 '민부(民富: 민중의 부)의 형성'이다(그림 164).

그림 164 소상품생산자하에서 태아적 이윤과 민부의 형성

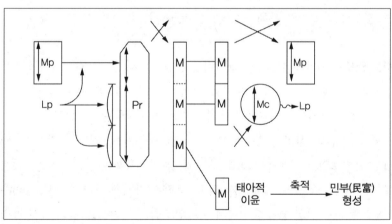

초과이윤의 축적에 의한 부유화 | 그러나 사회적 평균보다 유리한 생산조건에서 생산하는 생산자는 동일한 상품을 더 적은 노동시간으로 생산하므로,

가치대로의 가격으로 팔리면 자기의 잉여노동시간을 초과해서 더 큰 추가의 화폐를 취득할 수 있다('태아적 초과이윤'). 이것을 축적하는 생산자는 더 빠르게 더 큰 민부를 형성하여 부유하게 될 수 있다. 개개 생산자가 생산조건을 개선하는 수단은 그 생산에서의 생산력 발전이다. 이리하여 생산자 간 경쟁이 생산력 발전을 가져오지 않을 수 없다.

생산수단 상실에 의해 무산의 프롤레타리아로 몰락 | 다른 한편 평균보다 불리한 생산조건에서 생산하는 생산자는 동일한 상품에 더욱 많은 노동시간량을 투하해야 하므로, 가치대로의 가격으로 팔아도 그가 투하한 노동량보다 화폐를 적게 회수할 수밖에 없다(결손가치의 발생). 이러한 생산자는 그 결손의 정도가 크면 단순재생산조차 할 수 없어 생산수단(토지 등)을 잃고 무산의 프롤레타리아로 몰락한다.

농촌에서 농민층 분해 | 이 과정은 농촌에서는 부농과 토지를 가지지 못하는 본래 농민으로의 분해, 즉 **농민층 분해**라는 형태를 취한다.

자본·임노동 관계의 발생 | 생산력을 높임으로써 민부를 형성한 생산자는 토지를 상실한 무산자의 노동력을 사서 잉여가치를 생산·취득하게 된다. 이리하여 한편에서는 자본가가 생기고 다른 한편에서는 임노동자가 생긴다. 이처럼 소상품생산이 광범하게 행해지는 곳에서는 상품생산의 경제법칙이 작용하여 조만간 자본·임노동 관계가 발생하지 않을 수 없다. 농촌에서는 부농은 차지농업자(借地農業者)가 되며, 토지를 가지지 못하는 본래 농민은 농업노동자로 전환한다. 도시에서는 동업조합[길드, 춘프트(Zunft)]에서 해방된 독립 수공업자 중 일부는 공업자본가가 되며, 다른 대다수는 공업노동자로 전환한다(그림 165).

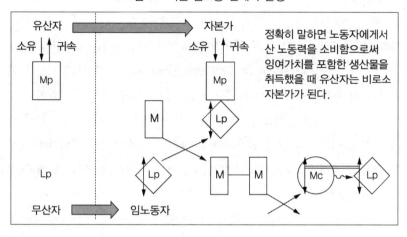

그림 165 자본·임노동 관계의 발생

유산자 ⟹ 자본가

정확히 말하면 노동자에게서 산 노동력을 소비함으로써 잉여가치를 포함한 생산물을 취득했을 때 유산자는 비로소 자본가가 된다.

무산자 ⟹ 임노동자

§2. 자본의 시초축적: 폭력적인 방법을 통한 기초과정의 촉진

자본의 시초축적과 그 방법들 | 그러나 현실 역사에서는 어떤 방식으로든 부를 형성하여 자본가가 된 사람들은 이러한 경제법칙('농업혁명의 순수한 경제적인 원동력')이 작용한 결과를 그냥 기다리고 있지만은 않았다. 그들은 그때그때 쓸 수 있는 온갖 방법으로 급속히 자기의 자본을 증대시킴과 더불어, 값싼 노동력이 대량으로 노동시장에 판매되는 조건을 만들어내려고 했다. 이것이 기초과정의 진행을 강력하게 촉진한 역사적인 **자본의 시초축적**[줄여서 **원축(原蓄)**이라 한다] 과정이며, 이것을 위해 취해진 갖가지 강력한 방법이 **시초축적의 방법들**이다. 자본의 시초축적이란 힘 있는 자들이 온갖 방법을 사용해 노동하는 개인들의 노동조건을 수탈하여, 노동하는 개인들을 무산자인 프롤레타리아로 전환시키는 과정이다.

시초축적의 과정 전체의 기초: 농촌주민에게서 토지 수탈 | 자본의 시초축적 과정 전체의 기초는 농촌주민에게서 토지를 수탈하는 것이다.

영국에서는 14세기 말에 농노제가 사실상 소멸하고 있었다. 옛날의 농노들은 예농제하에서 예농의 지위에 놓여 있었으나, 대부분 사실상 자유로운 자영농민으로서 자기 노동에 의해 민부를 형성하며 자기를 부유하게 할 수 있었다. 소경영을 하는 이러한 **독립자영농민**(yeomanry)은 15~17세기를 통해 인구의 최대 부분을 차지하고 있었다. 그러나 그 사이에도 끊임없이 그들 중 일부는 토지를 상실하고 몰락하고 임노동자 위치로 떨어졌으며, 임노동자가 점점 증대하는 과정이 진행되었다. 그리고 17세기에서 18세기에 걸쳐 이 과정은 급격히 가속되어, 18세기 중엽에는 독립자영농민은 벌써 거의 소멸해버렸다.

한때는 인구의 압도적인 부분을 차지하던 독립자영농민들이 몰락하고, 결국 무산의 프롤레타리아로 전환한 과정은 어떻게 진행되었는가? 그것은 한마디로 말하면 갖가지 권력층에 의한 **인민대중의 폭력적인 수탈과정**이다.

예농(隷農)이라는 봉건적인 간판을 짊어진 자영농민들이나, 또한 일찍이 15세기에 약간이지만 발생하고 있던 본래의 임노동자계급도, 모두 공동지(共同地)의 용역권을 가지고 작은 경지와 사는 오두막집을 가지고 있었다. 그들은 **공동지라는 공동체**에서 최후로 남은 것에 의거해서만 겨우 생활할 수 있었다. 이 상태는 그 뒤에도 끈질기게 남아 있었으나, 17세기 말부터 자영 농민층이 최종적으로 소멸함과 함께 완전히 사라져버렸다. 19세기에 들어서면 농민과 공동지의 관련은 기억조차도 없어진다.

이 **공동지의 수탈**이 토지 수탈과정의 기초과정이다. 그것은 15세기 말에 시작되어 16세기와 17세기에 갖가지 형태하에서 진행되고, 18세기에는 '공동지 엔클로저 법안(Bills for Inclosures of Commons)'이라는 법률에 의해 정점에 달하며 자영농민을 최종적으로 소멸시켰다.

16세기에는, 기초를 구축해가던 절대왕정이 영국 국교회를 창립하여 영국의 '종교혁명'을 개시하고 왕권강화를 위해 수도원을 해산하여 **수도원령**(修道院領)과 **교회령**(敎會領)을 몰수했다. 이러한 교회령과 수도원령에서 농사를 짓던 농민들은 거기서 쫓겨나 부랑민이 되었다. 1688년의 명예혁명과 더불어 **국유지를 훔쳐 빼앗는** 것이 공연히 행해지게 되었다.

16세기 전반의 **제1차 엔클로저**에서는 대봉건영주와 신봉건귀족들이 플랑드르의 번영하는 양모공업에 따른 양모의 가격등귀를 기대하여 경작지에서 농민을 추방하여 목양장(牧羊場)으로 전환했고, 18세기 후반의 **제2차 엔클로저**에서는 대토지소유자와 농업자본가들이 의회의 승인하에서 농산물 증산을 목적으로 경작지의 대규모 둘러싸기를 진행했다. 어느 쪽이든 농민에게서 토지를 수탈하는 과정, 농민을 토지에서 대규모로 몰아내는 과정이었다.

18세기 후반부터 19세기에 걸쳐서 스코틀랜드에서 진행된 이른바 '**사유지 청소**(Clearing of Estates)'는 토지로부터 농민을 쓸어버리고 목양장으로 전환하고, 그것을 또한 수렵장으로 전환했다.

이리하여 농촌주민에게서 토지를 수탈하는 과정은, 자본주의적 농업을 위한 경작지를 창출하고 근대적 토지소유자를 탄생시켜, 토지와 자본을 결합해서 소수의 대차지농업자와 다수의 소차지농업자를 창출하며, 자본을 위해 보호받지 못하는 프롤레타리아를 대량으로 창출했다.

프롤레타리아의 임노동자로의 전환의 강제 | 그러나 보호받지 못하는 프롤레타리아는 즉시 임노동자가 될 수는 없었다. 그들은 구걸이나 도둑질을 하거나 부랑자로서 각지를 헤맸다. 프롤레타리아는 증가했는데도 그것에 비례해서 임노동자는 증가하지 않았으므로, 그것에 대한 수요의 증가에 비해 공급이 뒤떨어져 임금은 상승하는 경향이 나타났다.

그래서 한편에서는 부랑을 벌하는 피의 입법에 의해 보호받지 못하는 프롤레타리아에게 임노동자가 되는 훈련을 강제하고, 다른 한편에서는 법률에 의해 임금을 강제로 인하하며 노동일을 강제로 연장했다.

노동력을 상품으로 팔고 그 구매자 밑에서 노동해야 한다는 입장을 숙명으로 받아들일 때, 노동자계급은 비로소 생산과정에서 노동조건에 대해 타인에 속하는 방식으로 관계하게 되어 자본주의적 생산은 자기 발로 설 수 있게 된다.

농업자본가의 생성 | 농업자본가, 즉 자본가적 차지농업자는 몇 세기에 걸쳐 완만한 과정을 통해 태어났다.

최초의 형태는 베일리프(bailiff), 즉 영주의 토지관리인을 맡은 농노였다. 14세기 후반 베일리프를 대체해서 지주에게서 농구와 가축과 종자를 공급받은 차지농업자가 출현했으나, 그들의 상태는 농민의 처지와 그다지 다를 바 없었다. 차지농업자는 머지않아 **메테예**(metayer), 즉 지주와 자본을 서로 내어 반차지농업자가 되었다. 이 메테예는 급속히 소멸하고, 본래의 **차지농업자**가 등장했다. 그는 자기 자신의 자본을 임노동자의 사용에 의해 증식하여, 잉여생산물의 일부분을 화폐 또는 현물로서 지주에게 지대로 지불했다. 15세기 마지막 1/3기부터 16세기까지에 일어난 농업혁명은 차지농업자를 부유하게 했다. 16세기에 화폐가치의 저하는 임금을 저하시키고 지대부담을 감소시켜 부유한 **자본가적 차지농업자계급**을 낳았다.

농업혁명에 의한 생산성 상승, 산업자본을 위한 국내시장 형성 | 소농민이 임노동자로 전환됨으로써, 한편에서는 그들이 농산물의 구매자가 되어 자본주의적 농업을 위한 시장이 만들어짐과 더불어, 다른 한편에서는 농촌부업·농촌 가내공업이 파괴되고 그들이 공업생산물의 구매자가 되어 공업자본을 위한 그 국내시장이 만들어졌다. 본래의 매뉴팩처 시대에는 매뉴팩처와 농업이 분리되는 과정이 진행되는데, 아직 도시의 수공업과 가내적·농촌적 부업은 광범위하게 남아 있었다.

대공업이 처음으로 기계에 의한 자본주의적 농업의 항상적인 기초를 놓았고, 방대한 수의 농촌민을 철저하게 수탈하여 가내적·농촌적 공업——방적과 직물——의 뿌리를 뽑아냄으로써 그것과 농업의 분리를 완성했다. 그러므로 대공업이 비로소 산업자본을 위해 국내시장의 전체를 정복한 것이다.

산업자본가의 생성 │ 물론 동업조합 장인(匠人)이나 독립 소공업자, 임노동자가 소자본가가 되어, 착취와 축적을 반복한 뒤 완전한 자본가가 되는 경우도 많았다. 그러나 이 방법은 '달팽이 걸음'이었으며, 15세기의 갖가지 대발견이 만들어낸 세계시장의 상업적 요구에 부응하는 것은 아니었다.

자본주의적 생산양식의 시대 이전부터 있었던 자본, **고리대자본**과 **상인자본**은 고리대와 상업에 의해 화폐자본을 형성하고 있었다. 이러한 자본은 봉건제도와 동업조합제도의 이완을 틈타서 수출항과 시골의 지점(地点)들에 매뉴팩처를 설치하여, 급속한 산업자본가의 창출을 위해 모든 방법을 사용했다.

아메리카에서 금은 광산 발견, 원주민 섬멸과 노예화와 광산에서의 혹사에 의한 생죽음, 동인도 정복과 약탈 개시, 아프리카가 상업적 흑인수렵장으로 전환되는 등의 사실은 자본주의적 생산 시대의 새벽을 특징짓는 것이며, 이러한 것이 자본의 시초축적의 주요한 요소가 되었다.

이어서 전 지구를 무대로 하는 유럽 나라들의 상업전(商業戰)이 일어났다. 그것은 스페인에서 네덜란드가 이탈하는 것에 의해 개시되었고 영국의 반(反)자코뱅 전쟁으로 거대한 범위로 확대되었으며 중국에 대한 아편전쟁에 의해 계속되었다.

자본의 시초축적의 갖가지 계기는 시간적인 순서에 따라 스페인, 포르투갈, 네덜란드, 프랑스, 영국 등에서 볼 수 있으나, 영국에서 이러한 계기는 17세기 말에는 **식민제도, 국채제도, 조세제도, 보호무역제도**로 체계적으로 총괄된다. 어떤 방법도 국가권력, 즉 사회의 집중되고 조직된 힘(Gewalt)을 이용하여 봉건적 생산양식에서 자본주의적 생산양식으로 전환하는 과정을 온실 속에서처럼 촉진하여 과도기를 단축시키려고 한다.

폭력은 낡은 사회가 새로운 사회를 자기 몸에 잉태하고 있을 때 언제나 그 조산사(助産師)가 된다. 폭력은 그 자체가 하나의 경제적 잠재력이다. 자본의 시초축적의 역사적 의의는 여기에 있다.

제2절 자본주의적 생산의 역사적 위치

§ 1. 자본주의적 생산의 운동법칙

자본주의적 생산의 생성·발전·소멸의 경향 | 앞 절에서는 자본주의적 생산양식이 자기 발로 서게 될 때까지의 자본의 축적 즉 자본의 시초축적이 자기의 노동조건들을 갖는 노동하는 개인들이나 자기의 노동에 의거하고 있는 노동조건들의 사적 소유자로부터 그 노동조건들을 수탈함으로써, 한편에서 자본을, 즉 타인노동의 착취에 의거한 자본주의적 사적 소유를, 다른 한편에서 자본의 착취재료를, 즉 무소유의 임노동자를 축적하는 과정인 것을 보았다.

그리하여 자본의 전사(前史)에서 자본이 생성되는 과정을 알았으므로, 여기에서는 이러한 자본의 시초축적과 또한 이미 제4~9장에서 본 자본주의적 생산의 발전의 경향과의 전체로부터 **자본주의적 생산양식의 운동법칙을**, 즉 인류사 중에서 **자본주의적 생산의 생성·발전·소멸의 경향을** 특히 생산수단의 소유형태의 전환에 주목하면서 정리하자.

자기 노동에 의거한 개인적 소유에서 자본주의적 사적 소유로 | 자본의 시초축적이란 직접 생산자로부터 노동조건의 수탈, 즉 자기의 노동에 의거한 사적 소유의 해소일 뿐이었다.

노동자가 자기에 속하는 노동조건을 사용하여 영위하는 소규모 생산을 **소경영**이라 한다. 이러한 생산양식 즉 **소경영적 생산양식**은 노예제나 농노제의 성립 과정에서 볼 수 있었을 뿐 아니라, 그 내부에도 존재했다. 그러나 그것이 번영해 전형적인 형태를 갖는 것은 노동하는 개인이 자기가 이용하는 노동조건들의 자유로운 사적 소유자인 경우뿐이다. 즉 농민은 자기가 농사짓는 경작지의, 수공업자는 자기가 자유자재로 쓰는 용구의, 자유로운 사적 소유자인 경우(예컨대 독립자영농민 및 도시의 자립한 수공업자)뿐이다. 이러한 소경영은 나중에 사회적 생산으로 발전하는 모종을 기르는 모판이면서 동시에 노동자의 손의 숙련과 그의 자유로운 개성이 단련되는 학교였다. 왜냐하면 여기서는 노동하는 개인들이 자유로운 개인으로서 노동조건들에 대해 자기의 것에 대하는 방식으로 관계하고 있었기 때문이다. 노동조건에 이러한 방식으로 관계하는 형태를 **개인적 소유**라 한다. 개인적 소유하에서는 노동하는 개인은 주체로서 자연에 관계함으로써 스스로의 자유로운 개성을 발전시키는 가능성을 가지고 있었던 것이다.

그러나 소경영적 생산양식은 토지와 기타 생산수단의 분산을 전제한다. 그것은 생산수단의 집적을 배제함과 더불어 동일 생산과정에서의 협업과 분업을 배제하며, 자연을 사회적으로 지배하고 제어하는 것을 배제함으로써, 사회적 생산력들의 자유로운 발전을 배제하는 것이어서, 생산 및 사회의 좁은 자연발생적인 한계를 벗어날 수 없다.

소경영적 생산양식은 어떤 일정한 발전수준에까지 발전하면 자기 자신을 파괴하는 물질적 수단을 낳는다. 즉, 상품생산하에서 생산자의 양극분해가 진행되어 새로운 생산력의 발전을 낳지 않을 수 없다. 이때부터 사회의 태내에서는 소경영적 생산양식을 질곡으로 느끼는 힘과 정열이 움직이기 시작한다. 이 생산양식은 철폐되어야 하며, 실제로 멸망한다. 개인적이며 분산적인 생산수단이 사회적으로 집중된 생산수단으로 전환되고, 따라서 다수 사람들의 왜소한 소유가 소수 사람들의 대량 소유로 전환되고, 거대한 민중으로부터 토지나 생활수단이나 노동용구가 수탈된다. 자립해서 노동하는 개인들과 그 노동조건들의 융합에 의거한, 자기의 노동에 의해 얻은 사적 소유는 타인

노동의 착취에 의거한 **자본주의적 사적 소유**에 의해 축출되는 것이다. 이것이 바로 자본의 시초축적 과정이다.

소수 자본가에 의한 다수 자본가의 수탈 | 이러한 전환과정이 낡은 사회를 충분히 분해하고, 노동하는 개인들이 무소유의 임노동자로 전환되고 그들의 노동조건이 자본으로 전환되어 자본주의적 생산양식이 자기 발로 서게 되면, 그 뒤에 진행되는 노동의 사회화나, 토지와 기타 생산수단이 사회적으로 이용되는 생산수단 즉 공동적 생산수단으로 전환되는 것이나, 따라서 그 뒤의 사적 소유자의 수탈은 새로운 형태를 취하게 된다. 이번에 수탈되는 것은 자영의 노동하는 개인들이 아니라, 노동하는 많은 개인들을 착취하는 자본가이다.

이 수탈은 자본주의적 생산 그 자체의 내재적 법칙들의 작용에 의해, 앞 장에서 본 자본의 집중에 의해 행해진다. 소수 자본가가 다수 자본가를 수탈하여 모든 개개인으로부터 생산수단을 수탈하는 곳까지 이른다.

생산의 사회화의 진전과 자본주의적 체제의 국제적 성격의 발전 | 소수 자본가에 의한 다수 자본가의 수탈과 병행하여 대규모로 되어가는 노동과정에서의 협업, 과학의 의식적인 기술적 적용, 토지의 계획적 이용, 노동수단의 대규모화, 생산수단의 공동적 이용에 의한 그 절약이 발전한다. 이러한 것은 **노동의 사회적 생산력의 발전과 노동의 사회화** 또는 간단히 **생산의 사회화**라고 부를 수 있다. 다른 한편에서는, 세계시장의 그물 속으로 세계 각 국민이 편입되고, 따라서 또 자본주의제도의 국제적 성격이 발전된다.

생산력의 질곡으로 전환된 자본주의적 외피의 폭파 | 그러한 전환과정의 모든 이익을 가로채고 독점하는 대자본가의 수가 끊임없이 줄어듦에 따라 자본 아래로의 노동의 포섭과 노동의 소외가 더욱더 진행되지만, 다른 한편으

로 끊임없이 팽창하면서, 자본주의적 생산과정 그 자체의 메커니즘에 의해 훈련되고 결합되며 조직되는 노동자계급의 반항도 역시 증대한다.

극소수의 자본가에 의한 자본의 독점은, 그 아래서 발전해온 사회적 생산력의 질곡이 된다. 생산수단의 집중이나 노동의 사회화도, 그것의 자본주의적 외피와는 양립할 수 없는 점에 도달한다. 그래서 이 외피는 폭파된다. 자본주의적 사적 소유의 최후를 고하는 조종(弔鐘: knell)이 울린다. 수탈자는 수탈당한다.

개인적 소유의 재건과 이것에 의한 사회적 소유의 출현 | 자본주의적 생산양식에서 생기는 자본주의적 취득양식은, 그러므로 자본주의적 사적 소유도 자기의 노동에 의거한, 노동하는 개인의 사적 소유의 부정이다. 그러나 자본주의적 생산 그 자체가 움직일 수 없는 필연성을 가지고 자기 자신의 부정을 낳는다. 이것은 부정의 부정이다. 이 부정의 부정은 노동자의 사적 소유를 재건하는 것이 아니라 자본주의 시대에 획득한 것에 의거한, 즉 협업과, 토지를 포함한 모든 생산수단의 공동소유에 의거한 **노동하는 개인들의 개인적 소유**를 재건한다. 여기서는 자립한 각 개인이 아니라 어소시에이트한(자발적으로 결합한) 사회적인 개인이, 자유로운 개인으로서 노동조건에 대해 자기의 것에 대하는 방식으로 관계하는 것이며, 이리하여 개인들은 자신의 자유로운 개성을 연마하기 위한 조건을 획득하는 것이다. 개인적 소유가 재건됨으로써 비로소 자본주의적 사적 소유는 지양되고, 자본주의적 생산하에서 노동하는 개인들에 의한 생산수단의 사실상의 사회적 점유라는 형태로서 이미 잠재적으로 발생하고 있던 사회적 소유가 나타나게 된다(그림 166). 이리하여 성립되는 새로운 생산양식이, 서장의 제3절 § 3에서 지적한 어소시에이션이다(☞ 그림 33).

자본주의적 소유에서 사회적 소유로의 전환 | 개인들의 자기 노동에 의거

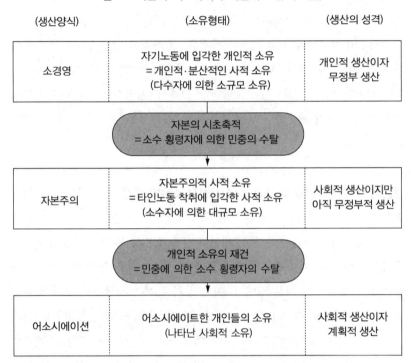

그림 166 자본의 시초축적과 개인적 소유의 재건

(생산양식)	(소유형태)	(생산의 성격)
소경영	자기노동에 입각한 개인적 소유 =개인적·분산적인 사적 소유 (다수자에 의한 소규모 소유)	개인적 생산이자 무정부 생산

자본의 시초축적
=소수 횡령자에 의한 민중의 수탈

| 자본주의 | 자본주의적 사적 소유
=타인노동 착취에 입각한 사적 소유
(소수자에 의한 대규모 소유) | 사회적 생산이지만
아직 무정부적 생산 |

개인적 소유의 재건
=민중에 의한 소수 횡령자의 수탈

| 어소시에이션 | 어소시에이트한 개인들의 소유
(나타난 사회적 소유) | 사회적 생산이자
계획적 생산 |

한 분산적인 사적 소유로부터 자본주의적인 사적 소유로의 전환은, 몇 세기에 걸치는 길고 곤란한 과정이었으나, 사실상 이미 사회적인 생산경영에 의거하고 있는 자본주의적 소유에서 어소시에이트한 개인들 소유로의 전환은 앞의 것에 비하면 훨씬 쉬운 과정일 것이다. 왜냐하면 앞에서 행해진 것은 소수 횡령자에 의한 민중수탈이었으나, 이번에 행해지는 것은 민중에 의한 소수 횡령자의 수탈이기 때문이다.

§ 2. 자본주의적 생산에서 어소시에이션적 생산으로

과제 | 마르크스는 자본주의적 생산을 생산의 하나의 역사적 형태로 파악하여, 이 생산형태의 생성·발전의 내적 법칙·필연성을 해명했다. 그리고 이 분석을 통해 자본주의적 생산형태가 어떻게 그 자신의 내부 모순에 의해 새로운 생산형태에 길을 내주어야 하는지를 밝혔다. 그는 자본주의 사회를 진단해서, 그 태내에 벌써 다음 사회가 잉태되어 있는 것, 그리고 그 사회가 어떠한 것인가를 발견했던 것이다. 그러므로 자본주의적 생산양식의 분석은 이 생산양식 그 자체를 넘어서, 더욱이 이 생산양식의 태내에 다음 사회가 잉태되어 있는 것을 명백히 한다.

이 새로운 사회는 일반적으로 '사회주의(사회)'라 부르고 있었다. 마르크스 이후 그러한 사회를 지향하는 사상이 '사회주의 사상'이며, 그러한 사회를 지향하는 운동이 '사회주의 운동'이었다. 그리고 이 '사회주의 운동'의 성과이자 일단 도달점이라고 일반적으로 생각한 것이 구소련이나 구동독 등의 사회, 그리고 지금도 '사회주의' 간판을 내걸고 있는 중국·쿠바 등의 사회, 요컨대 이른바 **'현존 사회주의'** 사회이다.

그러나 이른바 '현존 사회주의' 사회는 그 '사회주의' 간판을 내걸었어도 사실 한 순간도 진실한 의미에서 사회주의 사회였던 적은 없었다. 다만 그러한 나라들이 '사회주의' 간판을 내걸고 있을 뿐 아니라, 그 사회가 **국가자본주의**라는, 선진 자본주의 나라들의 자본주의와는 많은 점에서 현저히 다른 특징을 갖는 독특한 자본주의였으므로, 그 간판을 믿어버렸던 것이다.

이러한 사정이 있기 때문에, 이른바 '현존 사회주의'의 사회가 어떠한 사회였던가에 대해 언급하지 않으면 자본주의적 생산양식의 분석이 밝히고 있는 '새로운 사회'가 어떠한 것인가를 충분히 이해하는 것은 어려울 것이다. 그러나 '현존 사회주의'에 대해 구체적으로 언급하는 것은 자본주의적 생산양식의 구조를 본래의 대상으로 하고 있는 이 책의 한계를 넘게 되는 것이다.

그래서 이 문제에 대해서는 다른 문헌[1]을 참조해주기 바라면서, 이 책에서는 이제까지 그때그때 언급한 어소시에이션이라는 사회가 어떠한 사회인가, 그리고 자본주의 사회는 왜 이 새로운 사회를 낳지 않을 수 없는지를 좀 더 파고들어 보자.

(1) 자유로운 인간사회로서의 어소시에이션

마르크스는 새로운 사회를 '어소시에이션'이라고 불렀다 | 의외라고 생각할지도 모르지만, 마르크스 자신이 자본주의 사회의 뒤에 오는 사회를 '사회주의' 내지 '공산주의'라고 부른 것이 그리 많은 것은 아니다. 오히려 그는 새로운 사회를, 모든 시기를 통해서 압도적으로 '어소시에이션(association)'이라 했다. 그에 따르면 거기서의 노동은 '어소시에이트한(자발적으로 결합한) 노동'이며, 거기서의 생산양식은 '어소시에이트한 노동의 생산양식' 또는 '어소시에이트한 생산양식'이다. 거기서의 주체는 '어소시에이트한 개인들' 또는 '어소시에이트한 생산자들'이며, 그들은 '사회적 생산을 자기들의 공동의 능력으로서 다루는 개인들', '협동하는 개인들'이며, 또한 '자유로

---

1) 우선 다음 두 가지 문헌을 참조해주기 바란다.
　　大谷禎之介·大西広·山口正之介 編,『ソ連の'社会主義'とは何だったのか』(大月書店, 1996); チャトパディアイ 著, 大谷禎之介·谷江幸雄·叶秋男·前畑憲子 共譯,『ソ連国家資本主義論』(大月書店, 1999).
　　두 책의 대상은 직접으로는 구소련의 '사회주의'인데, 그 가운데서 밝혀지고 있는 소련의 '국가자본주의'라는 사회시스템의 기본적인 구조는 벌써 붕괴한 다른 '사회주의' 나라들의 사회시스템이나, '사회주의'라고 현재도 칭하는 나라들의 사회시스템에도 공통된 것이다.
　　또한 마르크스의 어소시에이션론에 대해서는 다음 문헌이 근거를 대면서 상세히 논하고 있다. 오타니 데이노스케(大谷禎之分),『社會主義 社會とはどのような社會か』,『経済志林』, 第63巻 第3号, 1995年 12月.

운 인간들', '사회화된 인간', '자유롭고 평등한 생산자들'이다.

어소시에이션이 바로 자유로운 인간사회이다 │ 이처럼 새로운 사회시스템은 '각자의 자유로운 발전이 모두의 자유로운 발전의 조건이 되는 어소시에이션'(*MEW*, Bd. 4, S. 482;『공산주의 선언』, 칼 맑스·프리드리히 엥겔스 지음, 김태호 옮김, 37쪽, 박종철출판사)이며, '각 개인의 완전하고도 자유로운 발전을 그 기본원칙으로 삼는 더 높은 사회형태'(*MEW*, Bd. 23, S. 618;『자본론』I(하), 제2개역판, 김수행 역, 비봉출판사, 806쪽)이며, 마르크스에 따르면 이것이 바로 '자유로운 인간사회'(『直接的生産過程の諸結果』, 國民文庫版, p. 32)인 것이다.

뒤에는 '협동조합적인 사회'라고도 한다 │ 후기에 이르면, 마르크스는 '자유롭고 협동조합적인 노동의 하나의 거대하고 조화로운 시스템', '생산 수단의 공유에 의거한 협동조합적인 사회', '노동자들의 협동조합적인 소유', '협동조합적인 생산', '협동조합적인 생산양식' 등과 같이 '협동조합적(genossenschaftlich, co-operative)'이라는 특징적 표현을 자주 쓰고 있다.

(2) 어소시에이션이란 어떤 사회인가

그러면 마르크스가 '어소시에이션'이라고 한 새로운 사회는 마르크스에게 어떤 사회였던 것일까? 그것은 지금 사람들이 '사회주의'라는 말로 일반적으로 떠올리는 이미지와는 크게 다른 것이다.

자유로운 개인들의 어소시에이션 │ 그것은 무엇보다 우선, 자유로운 개인들이 자각적·자발적으로 어소시에이트하여 형성하는 사회이다. 이 사회의 '근본원리'는 각 개인의 자유로운 발전이며, 이것이 있어서 비로소 만인이 발전할 수 있는 사회이며, 그것은 어소시에이트한 개인들 그 자체와 거의 같은 의미이다. 상품·화폐·자본이라는 물상이 주체이고, 개인들은 그것들의 인격화로서 관계하는 자본주의적 생산과는 다르게, 여기서는 개인들이 바로 사회를 자각적·자발적으로 형성하는 참다운 주체가 된다.

상품생산에서의 물상의 지배에서 해방된 '자유로운 사회화된 개인들', '사회적 생산을 자기들의 공동의 능력으로서 행하는 개인들', '협동하는 개인들', '사회화된 인간', '자유롭고 평등한 생산자들'에 의한 어소시에이션——이것이 바로 새로운 사회의 가장 긴요한 내용이며 질이다.

자유로운 개인들의 직접적으로 사회적인 노동 | 이처럼 어소시에이트한 자유로운 개인들의 노동은, 그들의 생산물에 의해 상호 사회성원의 욕구를 충족시키는 직접적으로 사회적인 노동이다. 노동이 직접적으로는 사적 노동인 상품생산에서는 '교환자들 자신의 사회적 운동이 그들에게는 물상들의 운동형태를 가진 것이어서, 그들은 이 운동을 제어하는 것이 아니라 이것에 의해 제어되는' 데 반해, 어소시에이션에서는 개인은 노동조건들에 대해, 또한 노동의 생산물에 대해 사회형성의 본원적인 주체로 관계하는 것이다.

자유로운 개인들에 의한 생산 전체의 공동적이며 의식적·계획적인 제어 | 이리하여 생산 전체(사회적 생산력 및 사회적 관계)가 어소시에이트한 자유로운 개인들에 의해 공동적이고 동시에 의식적·계획적으로 제어된다. '사회화된 인간, 어소시에이트한 생산자들이 자신들과 자연과의 물질대사를 합리적으로 규제함으로써 그 물질대사가 맹목적인 힘으로 그들을 지배하는 것이 아니라, 그들이 그 물질대사를 집단적인 통제 아래에 두는'(*MEW*, Bd. 25, S. 828; 『자본론』 III(하), 제1개역판, 김수행 역, 비봉출판사, 998쪽) 것이다. 이 제어의 주체는 어디까지나 어소시에이트한 개인들이며, 개인들과는 구별되는 국가기관, '사회' 등은 아니다.

생산력의 전제로서의 발전된 사회적 생산 ︱ 어소시에이션하에서, 자본주의 시대에 확립된 사회적 생산(즉 다수 개인들의 협동에 의한 대규모 생산)은 더욱더 발전한다. 대공업은 다수의 개인의 협동과 과학의 의식적 응용을 본질적인 특징으로 하는데, 자본주의적 생산하에서는 이 사회적 성격이나 과학적 성격도 자본 아래에 포섭되고 있는 데 반해, 어소시에이션하의 사회적 생산에서는 주체로서의 자유로운 개인들이 자연을 자기 자신들의 보편적인 대상으로 함과 더불어 자기 자신들의 협동에 의해 전면적으로 제어한다.

사회적 소유(사회적 생산에 대응하는 소유)의 출현 ︱ 자본주의 사회에서도, 거기서 벌써 태어난 사회적 생산은 사실상 '생산수단에 대한 노동자의 사회적 점유'를 낳지만, 그것은 '소수자의 대량 소유'에 의해 가려지고 있다. 어소시에이션에서는 소수자에 의한 자본주의적 사적 소유의 폐기에 의해 '사회적 소유'가 출현한다. 마르크스에게는, 사회적 소유란 어소시에이트한 다수의 개인들이 대규모의 생산수단에 대해, 또한 그것을 이용하여 생산된 사회적 생산물에 대해, 주체로서 실제로 자기의 것에 대하는 방식으로 관계한다는 것, 그리고 이것이 개인들 상호 간에 즉 사회적으로 승인되고 있다는 것이다. 사회적 소유는 생산수단의 소유자가 사적 개인이 아니라 국가와 '사회'라는 것은 아니다.

어소시에이트한 개인들에 의한 소유로서 개인적 소유 ︱ 자본주의적 생산양식 아래서의 잠재적인 '사회적 점유'를 사회적 소유로 분명히 나타나게 하는 것은 어소시에이트한, 따라서 사회적인 개인들의 소유이다. 이미 §1에서 언급한 바와 같이, 자본주의적 생산에 선행하는 소경영에서는, 노동하는 개인들은 자기의 노동조건을 갖는 주체로서 자연과 관계함으로써 스스로의 개성을 자유롭게 발전시킬 가능성을 갖고 있었으나, 이 자기 노동에 의거한 개인적 사적 소유는 자본주의적 사적 소유에 의해 부정되었다. 그러나 자본주의적 생산은 하나의 자연과정의 필연성을 가지고 자기 자신을 부정한다. 즉 부정의 부정이다. 자본주의적 생산의, 따라서 자본주의적 사적 소유의 부정은 개인적 소유를 재건하는 것이다. 재건되는 개인적 소유란 어소시에이트한 자유로운 개인들이 노동조건에 대해 자기실현의 조건에 대하는 방식으로서, '자유로운 개성을 연마하'기 위한 조건에 대하는 방식으로 관계하는 것이다. 자유로운 개인들의 어소시에이션에 대응하는 소유는 무엇보다 먼저 **개인적 소유**, 즉 어소시에이트한 자유로운 개인들의 소유이다.

'능력에 따라 노동하며, 욕구에 따라 수취한다' │ 자유로운 개인들이 사회 전체의 생산물에서 소비수단을 수취하는 것은 그가 가진 물상(상품 또는 화폐)의 크기에 의해서가 아니고, 그의 사회적인 노동의 양에도 의거하지 않은 채 오직 전면적인 발전을 희구하는 그의 인간적인 욕구에 따라 행해진다. 이 **분배원칙**은, 어소시에이션의 더 낮은 단계에서 '능력에 따라 노동하며, 노동에 따라 수취한다'는 분배원칙에 대비해서 '능력에 따라 노동하며, 욕구에 따라 수취한다'고 표현되고 있다.

협동조합적인 사회 │ 마르크스는, 자본주의 사회의 내부에서 '자연적으로 형성'된 '새로운 생산양식'인 '협동조합 공장' 내지 '협동조합적 생산'이, 자본주의 사회 그 자체가 '자유롭고 평등한 생산자의 어소시에이션'의 실현가능성을 나타내는 실례라고 보고, 이 실례에 따라 어소시에이션을 '협동조합적인 사회'라고 불렀다.

갖가지 어소시에이션에 의해 구성되는 고도로 유기적인 조직 │ 더구나 어소시에이션은 그 자체가 개인들의 갖가지 어소시에이션에 의해 편성된 고도로 유기적인 조직이며, 개인들이 단일한 중앙기관으로부터의 일방적인 지령에 의해 노동한다는 '일국 일공장'적인 일원적 시스템은 아니다.

어소시에이션에서 소멸하는 것 | 이러한 어소시에이션에서는 노동의 소외가 지양되며, 노동하는 개인들을 괴롭히던 갖가지 역사적인 사회적 형태가 소멸하고 있다. 그 주된 것은 다음과 같은 것이다.

① 상품생산이 소멸하고, 이에 따라 상품·화폐·시장이 소멸한다.

② 가치·화폐·자본에 의한 인간지배가 소멸하고, 따라서 물신숭배도 소멸한다.

③ 노동력의 상품화가 소멸하고, 따라서 노동시장이나 임금도 소멸한다.

④ 노동의 소외가 소멸하고, 따라서 노동과정에서의 개인들의 소외된 의식도 소멸한다.

⑤ 고정적인 분업이 소멸하고, 노동의 구체적 형태에 대한 차별의식, 특히 육체노동과 정신노동의 대립의 의식도 소멸한다.

⑥ 생산력의 고도한 발전에 의해 노동시간이 대폭 단축되고, 공해와 환경파괴를 가져오는 것과 같은 인간과 자연의 대립이 근저에서 폐기된다.

⑦ 어떠한 계급적 구별, 민족적 대립, 사회적 차별·억압도 소멸한다.

⑧ 개인에 대한 외적 강제의 기구로서의 국가는 사멸한다.

(3) 자본주의는 왜 어소시에이션 사회를 낳지 않을 수 없는가?

자본주의 사회의 진통의 괴로움을 짧게 하고 완화시킨다 | 마르크스는 자본주의 사회를 분석하여, 이 사회 그 자체가 벌써 새로운 사회를 잉태하고 있으며 그 탄생을 준비하고 있는 것을 밝혔다. 그에 의하면 어소시에이션을 지향하는 개인들의 행동이란, 자본주의 사회가 잉태하고 있는 것을 낳을 때 이 사회의 '진통의 괴로움을 짧게 하고 완화하는' 역할──즉 조산사의 역할──을 수행하는 것뿐이다.

그러면 마르크스는 자본주의 사회 속에서 새로운 사회가 어떻게 준비되고 있다고 본 것일까? 이미 제4장 제4절 §3에서는, 자본주의적 생산은 대공업을 발전시킴으로써 자기 자신의 모순을 심화시키고, 새로운 사회 형성의 요소들을 발전시킨다는 것을 보았다. 또한 이 절의 §1에서는 자본주의적 생산 그 자체가 새로운 생산으로 이행하는 동인을 낳는 것을 보았다. 그 중요한 요점을 다시 한 번 정리하면 다음 세 가지이다.

자본주의적 생산관계가 생산력의 질곡이 된다 | 첫째, 자본주의적 생산은 고도한 생산력을 만들어낸다는 그 역사적 역할을 수행함으로써, 그 자신이 생산력 발전에 대한 제한이 되어, 새로운 생산형태에 의해 대체되지 않을 수 없다.

고도한 생산력의 구체적인 형태는 자연과학의 의식적인 기술적 응용과 노동의 사회화를 본질적인 계기로 하는 대공업이다. 발전된 자본주의 나라들에서는 정보화, 일렉트로니제이션 등을 지표로 하는 생산력의 아주 고도한 발전이 진행되어, 총체로서의 생산력은 더없이 거대한 것이 되고 있다. 지금 예상을 초월하는 스피드로 진행되는 이른바 'IT 혁명'은 대공업과 질을 달리하는 새로운 단계인 것이 아니라 자연과학의 의식적인 기술적 응용과 노동의 사회화의 새로운 단계, 다시 말해 대공업의 새로운 단계로의 발전이다.

자본주의적 생산은 주식자본, 금융자본, 콩글로메리트(conglomerate) 등과 같은 자본주의적 생산 그 자체 내부에서 사적 소유의 지양 형태들을 낳고 거대한 생산력을 자기의 제어하에서 더 발전시키려고 하고 있지만, 이 거대한 생산력에 대해 자본주의적 생산관계가 이미 그 발전형태가 아니라는 것은 어떤 발전한 자본주의국도 이제는 국가기구를 동원해서 경제의 계획화와 통제 없이는 존립할 수 없게 된 데에 단적으로 표현되고 있다. 대체로 말해, 발전된 고도한 생산력 없이는 자본주의적 생산의 지양은 있을 수 없으나, 어소시에이션이 성립하기 위한 물질적 전제인 고도한 생산력은 자본주의적 생산의 성과로서 벌써 지구상에 산출되어 계속 발전하고 있으므로 새로운 사회의 성립의 물질적 조건은 성숙되고 있다.

'자본의 문명화 경향'의 결과로 자본의 편협한 지배가 배제된다 | 둘째,
자본은 세계시장의 창조와 확대·심화를 통해서, 여러 국민들의 전 세계적
교통과 전면적인 상호 의존관계를 발전시켜, 인간의 역사를 세계사로 전환시
켜간다. 마르크스는 자본의 이 경향을 **'자본의 문명화 경향'**이라 했으며, 자본
주의적 생산이 수행하는 역사적 역할이라고 생각했다. 자본은 이리하여 노동
하는 개인들을 보편적인 세계인으로 발전시킴으로써 그 자신의 편협한 지배
를 견딜 수 없는 것으로 전환시키지 않을 수 없다. 이 자본의 문명화 경향은
지금 이른바 국제화, 글로벌라이제이션의 진전으로서 갖가지 전도된 형태를
취하면서 모든 측면에서 급속히 진행하고 있다. 국민들은 모든 측면에서
전 세계적인 교통망에 점점 깊이 편입되고 있으며 상호 의존관계는 점점
발전하고 있다. '현존 사회주의'가 자본주의로서의 그 본성을 뚜렷이 하여
세계시장을 통해 선진 자본주의 나라와 긴밀히 결합되는 과정은 그 일부를
이루고 있다. 선진 자본주의 나라들이 지구적 규모에서의 '환경보호'를 진지
하게 공동의 과제로 다루지 않을 수 없게 된 것은, 생산력의 자본주의적
발전에 의한 환경파괴의 무시무시함을 표시하는 것일 뿐 아니라 자본의 문명
화 경향의 관철을 상징적으로 나타내는 것이기도 하다. 이리하여 노동에
의해 인류사회를 유지하고 있는 전 세계의 개인들이 국경을 초월한 공동사업
을 위해 협력하고 전진하기 위한 조건이 점점 정비되고 있다.

자본은 자본의 제한성을 자각한 개인들을 낳는다 | 셋째, 사회의 변혁은
노동하는 개인들의 의식에서 낡은 사회시스템이 제한적이라는 자각과, 이것
에 의한 의식적 행동에 의해 비로소 실현된다. 그러므로 새로운 사회의 필연성
이란 노동하는 개인들의 이러한 자각과 행동이 생겨 발전하는 것의 필연성을
포함한다. 자본은 한편으로는 과학적·사회적 과정으로서의 대공업의 담당자
로서 노동하는 개인들에게 자연을 보편적 대상으로 하여 인류적(人類的)인
능력을 발휘할 수 있는 전면적으로 발전한 개인이 되라고 요구하지 않을

수 없고, 또한 자본이 더욱더 발전시키고 있는 세계적 교통 속에서 그들에게 보편적인 세계인으로서의 자기를 자각할 것을 강요한다. 그런데도 자본은 다른 한편으로는 노동하는 개인들의 그러한 전면적 발전을 허용하지 않고 국제적인 연대를 방해하여 그들을 제각각 상호 대립하는 개인들, 국민들로 그대로 두려고 하며, 그리하여 개인들을 낡은 협애한 한계 속에 머무르게 하지 않을 수 없다. 자본의 이 모순된 행동은 개인들의 의식 속에 이 생산의 제한성과 이를 돌파할 필요성에 대한 자각을 낳아 발전시킬 수밖에 없다.

자본주의는 인류사에서 그 역할을 끝마쳐가고 있다 │ 이상 세 가지 점은 모두 자본주의적 생산의 발전 그 자체가 보여준 것을 자본주의적 생산의 과학적 분석이 파악한 것이다. 이러한 점들도 그 귀결로서의 어소시에이션 그 자체의 전망을, '구상'이라든가 '비전(vision)'이라는 말로 표현할 수 있는 것은 전혀 아니다. 현대사회의 근간을 이루는 자본주의적 시스템을 안다는 것은, 한편으로는 역사적이며 필연적으로 탄생한 이 사회시스템이 인류사에서 완수한 위대한 역할을 정당하게 평가함과 더불어, 다른 한편으로는 그것이 그 발전 중에 자기를 부정하는 형태들을 낳고 자기가 역사적으로 존재하는 것을 변명할 이유를 상실해가고 있는 것, 바꿔 말하면 인류의 전사(前史)의 최종단계에서 인류의 본래의 역사를 준비하는 그것의 인류사적 역할을 다해가는 것을 간파하는 것이기도 하다.

제2편 자본의 유통과정

이 편의 과제와 연구의 진행방식

앞 편에서는 자본의 유통이 원활하게 진행되는 것으로 상정했다 | 제1편 제1장에서는 상품과 화폐를 분석하고 자본주의적 생산의 기초인 상품생산관계를 파악한 위에서, 제2~9장에서 자본주의적 생산 그 자체의 기본을 이루는 자본의 생산과정을 연구했다.

자본의 운동에서 자본의 유통 M—C(M—Mp, M—Lp) 및 C—M′는 필수적인데, 지금까지의 연구에서는 자본의 생산과정 그 자체의 분석에 집중했기 때문에 이러한 자본의 유통은 모두 정상적으로 진행되고 지장 없이 이루어지는 것으로 상정하여 분석대상으로는 삼지 않았다. 다만 자본주의적 생산의 근본조건인 노동력의 매매에 대해서는, 노동력의 가치가 취하는 임금이라는 형태를 밝히고 또한 자본축적의 진행이 노동력의 매매(노동력의 수급과 임금수준)에 미치는 영향의 운동에 관해 언급하지 않을 수 없었다.

그러므로 이제까지는 자본이 유통영역 가운데서 행하는 형태변화(M—C와 C—M)는 그저 전제되고 있었을 뿐이다. 다시 말해 자본가는 한편에서 필요한 생산수단을 언제든지 그 가치대로 살 수 있고, 다른 한편에서는 생산물을 그 가치대로 팔 수 있다는 것이 전제되고 있었다.

생산과정에 대한 지식을 전제하여 유통과정을 연구한다 | 지금까지 자본의 생산과정에 대해 이해했으므로, 이번에는 이제까지 대상 외에 두었던 자본의 유통과정에 관한 분석으로 넘어가자.

유통과정 연구의 진행방식 | 제1장(자본의 순환)에서는, 우선 개별자본에 대해서 자본이 그 순환 속에서 취하는 갖가지 형태와 이 순환 그 자체의 갖가지 형태를 고찰하고, 또한 유통에 필요한 시간과 비용, 즉 유통시간과 유통비를 연구한다.

제2장(자본의 회전)에서는, 자본의 순환이 일정한 주기로 끊임없이 새로 반복되는 주기적인 과정으로서, 즉 회전으로서 고찰된다. 여기에서는 자본이 유통형태의 차이에 의해 고정자본과 유동자본으로 구별되며, 이에 더해 순환 가운데서 생산시간과 유통시간의 비율이나 자본 성분들의 비율이 가치증식 과정에 미치는 영향이 분석된다.

개별적 자본들의 순환은 서로 뒤얽히고 서로 전제하며 서로 조건 짓고 있으며, 이러한 뒤얽힘 전체가 사회적 총자본의 운동을 형성하고 있다. 그래서 제3장(사회적 총자본의 재생산과 유통)에서 사회적 총자본의 유통과정을 고찰한다. 이것은 동시에 자본주의적 생산양식하에서의 사회적 재생산, 따라서 생산·유통·소비의 관련에 대한 분석이기도 하다. 사회적 총자본의 유통과정에 관한 분석은 자본의 유통과정에 관한 연구의 최종부분인데, 이미 파악된 자본의 생산과정을 전제로 해서 행해지는 이 분석은 동시에 자본의 생산과정과 유통과정이라는 두 과정을 포함한 자본의 총과정에 대한 해명이라는 의미를 갖는다.

총과정의 구체적 형태들로 | 이상의 연구에서, 개별자본에 대해서나 사회적 자본에 대해서도 생산과정과 유통과정을 거쳐서 운동하는 자본의 총과정을 알았으므로, 다음 제3편에서는 자본과 잉여가치가 자본의 총과정에서 취하는 구체적인 형태들을 연구하고자 한다.

제1장
자본의 순환

제1절 자본의 순환과 그의 3형태

§ 1. 자본의 순환의 개념

순환의 개념 | 여기서 순환이란, 어떤 점에서 출발하여 일련의 과정을 거친 뒤에 최초의 출발점에 되돌아오는 것이다. 즉 **출발점**이 **복귀점**으로 되는 것이다(그림 167).

그림 167 순환

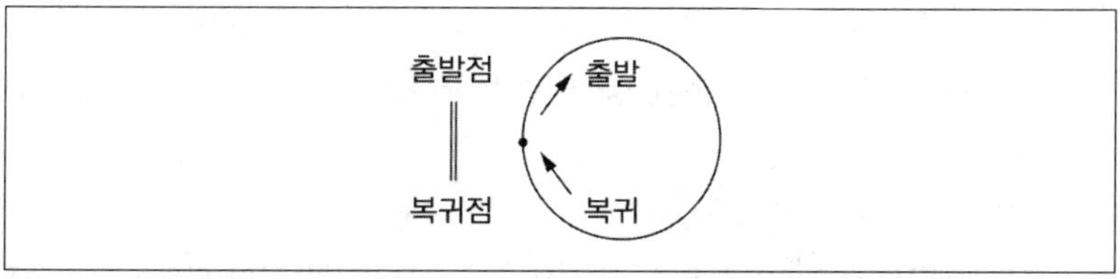

자본의 순환 | 자본은 화폐·생산요소·상품이라는 형태를 차례차례 취하고 버리면서 운동한다. 이 운동은 화폐·생산요소·상품의 어느 것에서 출발하더라도 항상 그 출발점에 복귀하는 순환의 운동이다. 이를 **자본의 순환**이라 한다.

§2. 순환 중에 자본이 취하는 세 가지 형태

자본의 3형태: 화폐자본(M) → 생산자본(P) → 상품자본(C) │ 자본의 순환 중에 자본이 화폐, 생산요소, 상품이라는 각각의 형태를 취하고 있을 때 자본은 각각 화폐자본, 생산자본, 상품자본이라고 부른다(그림 168).

그림 168 자본의 순환

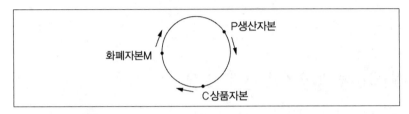

화폐자본, 생산자본, 상품자본은 자본이 순환 중에 취하는 세 가지 형태이다. M, P, C는 각각 화폐, 생산요소, 상품을 표시하는 기호인데, 이러한 것이 자본이 취하는 형태를 가리킬 때에는 각각 화폐자본, 생산자본, 상품자본을 나타낸다.

산업자본 │ 이제까지 살펴본 자본은, 그 순환 안에 생산과정을 포함하며, 여기에서 잉여가치를 흡수해서 증식하는 자본이었다(☞그림 127). 이 자본은, 기호로 쓰면 다음과 같은 순환 중에 증식한다.[1]

---

1) 이 그림에서 $M-C<^{Mp}_{Lp}$의 부분은, 화폐(M)로서 사들인 상품(C)이 생산요소인 생산수단(Mp)과 노동력(Lp)으로 이루어지고 있음을 가리킨다. 덧붙여서 마르크스는 이 도식과는 역으로, 새로운 가치를 낳는 주체적·능동적인 요인인 노동력(Lp)을 위에 두고 생산수단(Mp)을 그 밑에 두는 도식을 그리고 있다. 이미 서장이나 제1편에서 본 바와 같이, 이 책에서는 노동력의 발휘인 노동(시간)이 위쪽에서 아래쪽을 향해 진행하는 것처럼 그림으로 나타내기 위해, 일관해서 생산수단을 상부에, 노동력을

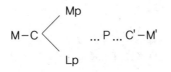

$$M-C\Big\langle\begin{matrix}Mp\\ Lp\end{matrix}\quad... P ... C'-M'$$

그런데 자본에는 나중에 보는 바와 같이 유통과정 속에서 화폐-상품-화폐라는 변태(M-C-M')를 행하는 것만으로 증식하는 자본인 상업자본과, 단순히 화폐로서 나아가서 화폐로서 돌아오는(M-M') 운동을 하는 것만으로 증식하는 이자 낳는 자본이라는, 두 가지 다른 종류의 자본이 있다. 이러한 자본들과 구별할 때, 생산과정에서 잉여가치를 흡수함으로써 증식하는 자본을 **산업자본**이라 한다. 여기서 **산업**이라는 말은 자본주의적으로 경영되는 모든 생산부문을 포괄한다. 산업자본은 화폐자본, 생산자본, 상품자본이라는 세 가지 형태를 취하고 버리면서 운동하는 자본이다.

우리의 연구대상이 되는 자본은 아직 당분간은 산업자본뿐이다(상업자본 및 이자 낳는 자본은 제3편 제4장 및 제5장에서 본다).

§3. 순환의 세 가지 형태

(1) 세 가지 순환형태를 연구하는 의의

자본순환의 세 가지 형태 | 자본의 순환이 반복될 때, 그 안에서 자본의 세 가지 형태를 각각 출발점=복귀점으로 하는 세 가지 순환을 볼 수 있다. 즉 화폐자본의 순환, 생산자본의 순환, 상품자본의 순환의 세 가지이다.

하부에 두고 있다. 이에 대응시키려는 기술적인 이유에서 자본의 순환을 기호로 표시할 때에도, 마르크스의 도식과는 역으로 Mp(생산수단)를 위에, Lp(노동력)를 밑에 두고 있다.

화폐자본의 순환: $M-C...P...C'-M'$

생산자본의 순환: $P...C'\!-\!M'\!-\!C...P$

상품자본의 순환: $C'-M'\!-\!C...P...C'$

더욱이 자본의 순환운동을 $M-C...P...C'-M'$로 써서 나타냈을 때에는, 상품(O이 두 번, C 및 C로 나타나는데, 이 자본에 대해서 전자의 C는 실현되어야 할(화폐로 전환되어야 할) 상품이 아니라 생산과정에 들어가야 할 생산요소이며, 순환의 관점에서 보면 생산과정에서 생산요소로 기능하는 생산자본 P와 일치한다. 그러므로 $M-C$의 C는 자본의 순환에서 독특한 형태는 아니다. 이처럼 $M-C$의 C는 순환의 관점에서 보면 생산자본 P와 일치하는데, 이 C를 출발점=복귀점으로 하는 순환형태는 의미를 가지지 않는다. 그러므로 $M-C...P...C'-M'$는 순환형태로서는 $M-(C=)P...C'—M'$이며, $P...C'-M'-C...P$는 순환형태로서는 $P...C'-M'-(C=)P$에 지나지 않는다.

순환의 3형태의 모두를 각각 별개로 분석하는 것의 중요성 | 현실의 자본의 운동은 세 가지 순환의 통일이므로, 이 세 가지를 구별하는 것은 형식적인 것처럼 보일지도 모른다. 그러나 세 가지 순환 중 하나의 순환의 관점에 서서 자본의 운동을 관찰했을 때, 비로소 선명히 부상되는 갖가지 사항이 있으며, 특정한 순환의 관점에 서지 않으면 밝혀지지 않는 문제도 있다. 그러므로 자본의 유통과정의 연구에서는 이 세 가지 순환을 각각 독자로 분석한 뒤에 그 결과를 총괄하는 것이 필요하다.

사실은 중상주의 경제학자, 고전파 경제학자, 중농학파 경제학자 등 3자가 자본의 운동을 관찰할 때 각각의 분석의 주요한 관점을 순환의 세 가지 형태 중 하나에 두고 있었다. 그리고 그것이 한편으로는 각각 특유한 업적을 가져왔지만 다른 한편으로는 각각의 분석을 제한된 것으로 만들었다.

(2) 화폐자본의 순환(M ... M' 순환: M−C ... P ... C'−M')

화폐자본의 순환 | 화폐자본이 출발점인 동시에 복귀점인 순환이 화폐자본의 순환이다. 화폐자본의 순환의 내용을 그려보면 다음과 같다.

$$M-C...P...C' \begin{cases} C- \\ \\ c- \end{cases} \begin{matrix} M \\ -M' \\ m \end{matrix}$$

화폐자본의 순환은 자본의 본질을 단적으로 표현한다 | M ... M' 순환은 가치증식이라는 자본의 본질을 가장 일반적으로 또한 단적으로 표현한다. 여기서 생산과정은 가치증식을 위한 수단·중간항으로 나타나고 있다. 이 중간항을 무시해도 총유통은 M−C−M', 결국 자본의 유통을 나타내고 있다.

자본의 유통으로서의 M−C의 특질 | 첫째, 자본은 Lp(노동력)을 사지 않으면 안 된다. 그것은 임노동자계급의 존재, 따라서 자본관계의 존재 (Mp와 Lp의 분리)를 전제한다. 둘째, 자본은 잉여노동을 포함한 모든 노동을 흡수하는 데 충분한 만큼의 Mp를 사지 않으면 안 된다. 그러므로 또한 그것을 살 수 있는 만큼의 충분한 크기의 M이 아니면 안 된다.

자본의 유통으로서의 C−M의 특질 | 첫째, C는 잉여가치를 포함하고 있다. 이 사실이 C−M을 자본의 C'−M'로 한다. 둘째, 그러므로 자본가는 투하한 화폐액보다 많은 화폐액을 이 C−M에 의해 유통에서 꺼낸다. 셋째, 자본가는 잉여가치까지도 포함한 모든 C를 M으로 바꿔야 한다.

자본이 특수한 순환형태를 취하는 산업 | 운수업에서는 자본의 생산물이 독립의 상품형태(C)를 취하지 않으므로, 순환은 M−C ... P−M'의 형태를 취

한다. 금 생산업에서는 생산물이 직접 화폐로 통용되는 금이므로, 순환은 마찬가지로 $M-C \ldots P-M'$의 형태를 취한다.

화폐자본 순환의 특색 │ 화폐자본의 순환은 다음과 같은 특색을 갖고 있다. ① 순환은 유통과정에서 시작하여 생산과정을 거친 뒤 유통과정에서 끝난다. ② 산업자본 운동의 목적·동기가 자본의 증식이라는 것을 선명히 가리킨다. ③ 생산과정은 자본의 증식을 위해 불가피한 중간고리, 필요악으로 나타난다.
　화폐자본의 순환은 중상주의자들이 자본을 파악해서 분석할 때의 순환형태였다.

자본의 세 가지 순환형식 │ 자본은 끊임없이 순환을 반복해서 자기증식하는 가치이다. 화폐자본의 순환을 반복하는 과정으로 관찰하면, 거기에는 또한 생산자본의 순환과 상품자본의 순환이 인정된다(그림 169).

그림 169 화폐자본 순환의 반복은 생산자본의 순환과 상품자본의 순환도 포함한다

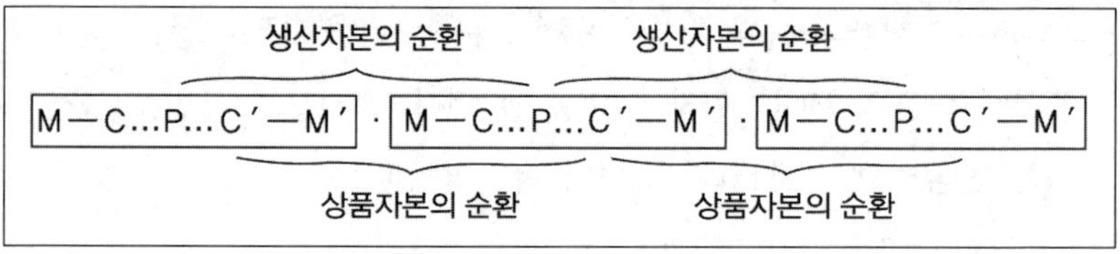

(3) 생산자본의 순환($P \ldots P$ 순환: $P \ldots C'-M'-C \ldots P$)

생산자본의 순환 │ 생산자본이 출발점인 동시에 복귀점인 순환이 **생산자본의 순환**이다. 순환의 출발점이 되는 생산자본이란 생산과정에서 가치증식해야 할 자본이다. 그러므로 그 복귀점인 생산자본도 마찬가지로 생산과정에서 가치증식해야 할 자본이다. 그러므로 출발점으로의 복귀는 생산과정으로

의 복귀이며, 생산과정의 갱신이다. 이 순환은 생산자본의 주기적으로 반복되는 기능, 다시 말해 재생산을 나타내고 있다.

생산자본의 순환은 재생산을 나타내므로, 이 순환은 **단순재생산**의 경우와 **확대재생산**의 경우라는 두 가지에 대해 관찰해야 한다.

단순재생산 ｜ 잉여가치의 전부가 자본가에 의해 소비되어서 생산에 들어가지 않으면, 생산자본의 단순재생산이 행해진다. 단순재생산의 경우, 생산자본의 순환을 그림으로 나타내면 다음과 같다.

$$P...C' \begin{cases} C- \\ \quad -M' \\ c- \end{cases} \begin{cases} M-C...P \\ \\ m-c \end{cases}$$

확대재생산 ｜ 잉여가치의 전부 또는 그 일부가 추가자본($sc+sv=\triangle Mp+\triangle Lp$)으로서 투하되면, 생산자본은 확대된 규모로 재생산된다. 확대재생산의 경우, 생산자본의 순환을 그림으로 나타내면 다음과 같다.

$$P...C' \begin{cases} C- \\ \quad -M' \\ c- \end{cases} \begin{cases} M =\!=\!= M-C \\ \quad\quad\quad \triangle M-\triangle C \\ m \longrightarrow m-c \end{cases} ... P'$$

생산자본의 순환은 생산과정의 반복을 표현한다 ｜ P...P 순환은 생산과정이 유통과정을 매개로 해서 반복되는 것을 표현한다. 생산과정에서의 가치증식을 무시하고 보면 총유통은 C-M-C, 다시 말해 단순한 상품유통의 형태이다. 이 형식은 자본의 재생산이 행해지기 위한 유통의 조건들을 고찰하는 데 적합하다.

생산과정 반복을 위한 조건 | 생산자본의 순환은, 자본주의적 생산에서는 생산과정의 반복을 위해서는 유통과정 C-M-C가 순조로이 행해져야 한다는 것을 가리키고 있다.

공황 가능성의 발전 | 단순한 상품유통이 이미 **공황의 가능성**(즉 어떤 C-M의 불가능이 그에 이어지는 M-C를 불가능하게 하고 그것이 또한 다른 C-M를 불가능하게 한다는 방식으로, 판매 불가능의 연쇄적 파급이 생길 수 있는 것)을 포함하고 있었으나, 생산자본의 순환은 유통의 중단에 의한 생산의 불가능성을, 즉 공황의 가능성을 더욱 발전된 형태로 포함하고 있다. 왜냐하면 어떤 자본의 C-M의 불가능은 그 자본의 M-C와 자본가의 m-c를 불가능하게 하며, 그리하여 이 자본에 노동력(Lp)을 팔아서 필수생활수단을 사는 노동자의 C(Lp) -M-C(Rp)와 다른 자본의 C-M을 불가능하게 한다는 방식으로, 재생산의 정체와 축소를 연쇄적으로 파급시킬 가능성이 있기 때문이다.

축적펀드의 적립과 투하 | 확대재생산에서 추가자본의 투하는 공장의 신설과 거기에 설치하는 기계류의 구입 등을 위해, 일반적으로 일정한 액수의 화폐지출을 필요로 한다. 그래서 잉여가치의 자본으로의 전환(축적)을 위해서는 어떤 기간에 걸쳐서 잉여가치가 **축적펀드**로 적립되어야 한다.

축적펀드의 적립을 위해 유통에서 끌어낸 화폐는 퇴장화폐의 형태에 있다. 이 퇴장화폐가 현실의 축적을 위해 투하될 때에는 구매수단 또는 지불수단으로서 유통에 투하되는 것이다.

생산자본 순환의 특색 | 생산자본의 순환은 다음과 같은 특색을 갖고 있다.
① 순환은 생산과정에서 시작되어, 유통과정을 거친 뒤, 생산과정의 출발점에서 끝난다.
② 유통과정은 생산의 반복을 위한 수단·조건이다.

③ 자본의 운동은, 생산을 위한 생산, 축적을 위한 축적으로 나타난다.

생산자본의 순환은, 고전파 경제학자들이 자본을 파악해서 분석할 때의 순환형태였다.

(4) 상품자본의 순환(C … C′ 순환: C′−M′−C … P … C′)

상품자본의 순환 | 상품자본이 출발점인 동시에 복귀점인 순환이 **상품자본의 순환**이다.

상품자본의 순환도 단순재생산의 경우와 확대재생산의 경우라는 두 가지에 대해 관찰해야 한다.

단순재생산 | 잉여가치가 전부 자본가에 의해 소비되고 생산에 들어가지 않으면 상품자본의 단순재생산이 행해진다. 단순재생산의 경우 상품자본의 순환을 그림으로 나타내면 다음과 같다.

$$C' \begin{cases} C- \\ \quad -M' \\ c- \end{cases} \begin{cases} M-C...P...C' \\ \quad \\ m-c \end{cases} \begin{cases} C \\ \\ c \end{cases}$$

확대재생산 | 잉여가치의 전부 또는 그 일부가 추가자본($sc+sv = \triangle Mp + \triangle Lp$)으로 투하되면, 상품자본은 확대된 규모로 재생산된다. 확대재생산의 경우, 상품자본의 순환을 그림으로 나타내면 다음과 같다.

$$C' \begin{cases} C- \\ \quad -M' \\ c- \end{cases} \begin{cases} M \!=\!\!=\! M-C \\ \quad \triangle M - \triangle C \\ m \nearrow m-c \end{cases} ...P'...C' \begin{cases} C \\ c \end{cases}$$

상품자본의 순환은 총상품생산물의 재생산을 나타낸다 | C—C라는 순환은 잉여가치를 포함한 총상품생산물의 재생산을 나타낸다. 그것은 우선 총생산물의 유통과정에서 시작되는 것인데, 생산적 소비뿐 아니라 잉여가치의 축적, 자본가의 소비, 노동자의 소비를 포함하고 있다. 그러므로 이 순환형태는 자본주의적 유통과정을 직접 총괄적으로 관찰하는 데 바람직하다.

자본의 유통과 수입의 유통과의 뒤얽힘 | 상품자본의 순환은 자본과 자본의 뒤얽힘, 생산과 소비의 뒤얽힘, 자본의 유통과 수입의 유통의 뒤얽힘 을 시사하고 있다.

사회적 총자본의 재생산과 유통과정의 고찰을 위한 형식 | 이 순환을 사회적 총자본의 순환으로 간주하면, C는 사회의 연간 총생산물이며, 이 순환은 사회적 생산·소비의 모든 요소를 포함하는 것이 된다. 이 형식하에서 사회적 총자본의 재생산과 유통을 관찰함으로써 자본주의적 생산에서의 생산과 소비의 모든 운동을 통일적으로 밝힐 수 있다. 이 고찰은 이 편 제3장에서 행한다.

상품자본의 순환의 특색 |
① 순환은 유통과정에서 시작되어 생산과정에서 끝마친다.
② 자본의 과정은 잉여가치의 실현을 포함해야 한다.
③ 자본의 운동은 자본과 자본, 생산과 소비, 자본유통과 소득(수입)유통의 뒤얽힘으로 나타난다.
　상품유통의 순환은, 케네(François Quesnay, 1694~1774)를 대표자로 하는 중농학파가 자본을 파악해서 분석할 때의 순환형태였다.

(5) 개개 산업자본의 구체적인 운동형태

자본의 세 형태로의 분할과 자본의 세 가지 순환의 병행적 진행 | 개개
자본의 운동의 경우에도 현실의 운동에서는 하나의 자본이 세 가지 부분으로
분할되어, 그것들이 화폐자본, 생산자본, 상품자본이라는 세 가지 형태를
취하고 있으며, 따라서 화폐자본의 순환, 생산자본의 순환, 상품자본의 순환
이라는 세 가지 순환형태가 병행적으로 진행되고 있다(그림 170).

그림 170 자본의 세 형태로의 공간적 분할과 자본의 세 순환의 병행적 진행

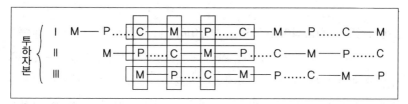

제2절 유통시간과 유통비

§1. 유통시간

(1) 자본의 생산시간과 유통시간

생산시간과 유통시간 | 자본의 순환은, 그 경과의 시간에서 보면, 자본이
생산과정을 통과하는 **생산시간**과 자본이 유통과정에 머무르고 있는 **유통시간**
으로 이루어진다.

(2) 자본의 유통시간: 판매시간과 구매시간

판매시간과 구매시간 │ 자본의 유통시간은, C—M′에 필요한 판매시간과 M−C에 필요한 구매시간으로 이루어지고 있다. 이 두 가지 중 자본에 결정적으로 중요한 것은 판매시간이다. 왜냐하면 M−C는 일반적 등가물인 화폐가 시장에 나와 있는 임의의 상품을 구매하는 과정인 데 반해, C—M′는 상품이 시장에서 구매자를 찾아내야 하는 과정이기 때문이다.

(3) 유통시간과 가치증식

유통시간은 가치증식이 중단되는 시간이다 │ 유통시간은 자본에 필수적인 시간이지만, 이 시간 동안에는 생산과정이 중단되므로 가치증식은 행해지지 않으며, 자본은 상품 또는 화폐의 형태로 머무르고 있다(그림 171). 그러므로 자본은 유통시간을 줄이려고 하지 않을 수 없다. 자본의 이 경향에 대해서는 다음 § 2의 (4)에서 설명한다.

그림 171 유통시간에 의한 생산과정(=가치증식)의 중단

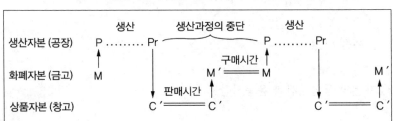

§2. 유통비

(1) 자본의 유통과정과 상품유통

자본유통은 상품유통을 수반한다 ｜ 자본의 유통과정에서는, 잉여가치를 내포한 상품자본 C가 M′로 전환해야 한다. 여기에는 자본가 또는 노동자의 M−C가 대응하는 것이며, C−M′는 한편에서 화폐의 유통을 동반함과 더불어 다른 한편에서 상품의 유통, 즉 소지자변환[2]을 동반한다.

상품유통에서 상품변태의 뒤얽힘 ｜ 우선 제1편 제1장에서 본 상품유통(☞ 그림 90)에서, 상품의 변태 C−M−C가 화폐유통에 매개되어 서로 뒤얽힌 모양을 보자(그림 172).

그림 172 상품 변태의 뒤얽힘과 상품유통

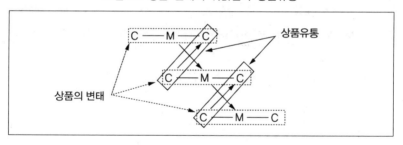

---

2) '상품의 유통, 즉 소지자변환(所持者變換)'은, 다음 (2)에서 언급하는 '물류(物流)'와 같은 것은 아니다. 물류는 생산물의 물리적인 이동인데, 엄밀한 의미에서의 상품유통 또는 소지자변환은 상품의 소유명의가 어떤 상품소지자로부터 다른 상품소지자에 넘어가는 것이며, 상품의 물리적 이동을 동반하지 않는 경우도 있다. 예컨대 물리적으로 움직일 수 없는 가옥과 같은 상품의 경우에는 판매에 의해 상품유통 또는 소지자변환이 있어도 물류는 생기지 않는다.

자본유통에서 자본변태의 뒤얽힘 ｜ C-M-C는 자본의 순환에도 포함되어 있다. 여기에서의 C-M-C는 상품의 변태이면서 동시에 자본(자본가치)의 변태이기도 하다. 그래서 우선 자본의 변태 C-M-C가 화폐유통에 매개되어 서로 뒤얽혀 있는 모양을 보자(그림 173).

그림 173 자본유통의 뒤얽힘과 상품유통

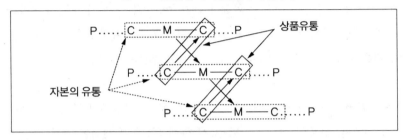

자본유통에서 자본유통과 수입유통의 뒤얽힘 ｜ 자본의 C'-M'에 대응하는 M-C에는, 자본가에 의한 생산수단의 구매만이 아니라, 자본가 및 노동자에 의한 소비수단의 구매, 즉 수입의 유통도 포함되어 있다. 또한 자본의 M-C는 M-Mp와 M-Lp로 이루어지는데, 전자에 대응하는 C-M이 자본가

그림 174 자본유통과 수입유통의 뒤얽힘과 상품유통

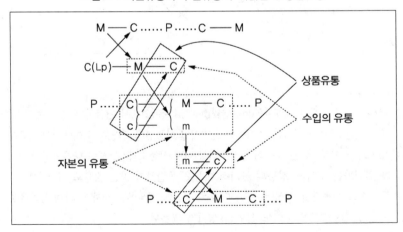

에 의한 생산수단의 판매 Mp−M인 데 대해서, 후자에 대응하는 C−M는 노동자에 의한 노동력의 판매 Lp−M이다. 그러면 자본의 변태 C−M−C가 화폐유통에 매개되어 이러한 구매 및 판매와 뒤얽히는 모양을 보자(그림 174).

(2) 물류의 두 계기: 운수와 보관

물류의 두 계기 = 생산물의 운수와 보관(재고) | 어떤 사회에서도, 생산과정에서 나온 생산물은 소비될 때까지 많건 적건 물리적인 이동과정을 통과하지 않으면 안 된다. 이러한 이동은 오늘날 널리 '**물적 유통**(physical distribution, 줄여서 **물류**: PD)'이라고 부른다. 시간적·공간적인 운동인 이 물류는 반드시 시간적·공간적인 정지(靜止)를 동반하고 있다. 그래서 물류는 인간의 두 가지 활동을 필요로 한다. 첫째 계기는 생산지점에서 소비지점까지 생산물의 운수 활동이다. 둘째 계기는 생산지점에서 소비지점에 도달할 때까지 어딘가에 체류하여 재고 상태에 있는 생산물을 보관하는 활동이다. 운수와 보관은 물류가 필요로 하는 활동의 2대 계기이다. 그것들은 또한 **포장·하역·분류** 등의 부대적인 활동을 동반한다.

물류와 생산과정 | 장소의 이동은 넓은 의미에서는 사용가치의 형태변화이므로, 생산물은 소비지점에 도달했을 때 비로소 최종적으로 완성된다고 볼 수 있다. 이 관점에서 볼 때 운수는 생산과정의 계속이며 추가적 생산과정이다.

이에 대해 보관은, 생산물의 사용가치를 변경시키는 것은 아니다. 그러나 그것은 사용가치를 유지하며 사용가치의 변질·감소를 방지하므로, 그런 한에서 보관은 사용가치에 작용한다는 생산적인 성격을 가지며 본래의 생산과정의 연장이라고 볼 수 있다.

상품의 운수와 보관(재고) | 자본주의적 생산에서는 사회의 생산물의 압도적인 부분이 상품이 되므로, 생산물의 물류는 일반적으로 상품의 물류라는 형태를 취한다.

첫째, 생산물의 운수는 일반적으로 상품의 운수이다.

둘째, 생산물의 보관은 상품의 보관이다. 상품의 보관에는 ① 생산자와 상인 아래서 판매해야 할 상품의 보관(상품재고), ② 생산자 아래서 사들인 생산수단의 보관(생산용 재고), ③ 자본가와 노동자 아래서 사들인 개인적 소비수단의 보관(소비용 재고)이라는 세 가지 형태가 있는데, 사들이는 생산수단과 소비수단은 이미 상품이 아니라 잠재적으로는 생산과정 또는 소비과정에 있으므로 그중 ①만이 본래의 상품의 보관(상품재고)이다.

(3) 유통비

광의의 유통비 | 생산과정에서 소비되는 대상화된 노동(생산수단의 가치)과 살아 있는 노동이 생산의 비용인 데 대해, 유통과정에서 소비되는 대상화된 노동(물적 수단들의 가치)과 살아 있는 노동은 유통의 비용, 다시 말해 **유통비**이다.

생산비용은 모두 상품의 가치가 된다. 즉 생산수단의 가치는 상품 속에 이전되고, 살아 있는 노동은 대상화되어 신가치로 된다. 그런데 유통부문에서는 가치가 생산되는 것은 아니므로 유통부문에서 필요로 하는 유통비는 상품에 가치를 추가하기는커녕, 역으로 그 가치액만큼 잉여가치에서 공제될 따름이다.

그러나 운수와 보관이라는 물류가 필요로 하는 활동의 두 계기는 생산적인 성격을 가지며 본래의 생산과정의 연장이므로, 물류를 위한 비용은 생산비용에 준하는 성격을 가지고 있다. 그래서 유통비는 **물류비**와 **순수한 유통비**로 구별된다.

물류비 ┃ 물류를 위한 비용, 다시 말해 운수비와 보관비는, 상품에 가치를 추가한다. 운수와 보관에 부수하는 포장, 하역, 분류 등에 요하는 비용도 같은 성질의 것이다. 그러나 이러한 비용이 없으면 그만큼 생산물의 생산이 확대되었을 것이며, 그런 의미에서는 이러한 비용은 생산에서의 공비(空費)이다. 또한 상품의 변태의 정체(뜻대로 조절할 수 없는 재고)에서 생기는 보관비도 상품에 가치를 추가하지 않는다.

순수한 유통비 ┃ 가치의 단순한 형태변화(C-M 및 M-C)를 위해서, 특히 가치를 상품형태에서 화폐형태로 바꾸는 것(C—M', 다시 말해 상품자본의 실현)에 필요한 비용은 순수한 유통비이며, 상품에 전혀 가치를 추가하지 않는다. 그것은 바로 생산에서의 공비이며 이미 존재하는 가치, 결국 잉여가치의 공제이며, 잉여가치에서 보전되지 않으면 안 된다.

(4) 유통시간 없는 유통 — 자본의 필연적인 경향

자본은 유통시간과 유통비를 최소한으로 감축하려고 한다 ┃ 산업자본의 순환은 C-M-C라는 유통과정을 포함하고 있다. 판매 C-M와 구매 M-C가운데 결정적으로 곤란한 것은 C-M이다. 상품자본 C은 M'로 전환해야 하며, 최종적으로는 팔아야 한다. 산업자본은 많건 적건 이 판매를 위한 시간(유통시간)과 비용(유통비)을 필요로 하는데, 유통시간은 생산시간을 제한하며 유통비는 잉여가치에서 보전되어야 한다. 유통시간과 유통비는 자본에게 공비이며 산업자본은 이것을 최소한으로 축소하고자 한다.

유통시간 없는 유통 ┃ 유통시간과 유통비를 최소한으로 감축하려는 자본의 경향을 간단히 **유통시간 없는 유통**이라 한다. 다시 말해 여기에서 '유통시간'이라는 말은 유통에 필요한 시간과 비용의 총칭으로 쓰인다. 유통시간

없는 유통이라는 자본의 경향은 나중에 제3편 제4장에서 보는 산업자본으로부터 상업자본의 자립화와 제3편 제5장에서 보는 은행제도의 성립에서 아주 중요한 필수적 계기이다.

제1절 회전시간과 회전수

§1. 회전의 개념

회전의 개념 | 자본의 순환의 '순환'이 빙 한 바퀴 돌아서 본래의 자리에 되돌아온다는 뜻을 갖는 데 반해, 회전은 어떤 지점에 도달할 때까지 빙글빙글 순환을 계속한다는 뜻을 가지고 있다. 요컨대, 주기적으로 반복되는 운동으로서 본 순환이 회전이다.

자본의 회전 | 그러므로 자본의 회전이란 투하된 자본이 환류할 때까지 순환을 반복해가는 과정으로 본 자본의 운동이다. 곧 뒤의 제3절에서 보는 바와 같이, 개개의 순환도 원운동(circular motion)이기는 하지만 1회의 순환에서 투하된 자본의 전부가 되돌아오는 것은 아니다. 투하된 자본의 환류에는 일반적으로 많은 순환을 거칠 필요가 있으며, 자본의 회전 개념이 필요하다.

§2. 자본의 회전시간

회전시간 ┃ 화폐형태로 투하된 자본가치의 전체가 다시 화폐형태로 환류해올 때까지의 시간을 회전시간이라 한다.

회전시간＝생산시간＋유통시간 ┃ 회전시간은 반복되는 많은 순환을 포괄하고 있다. 그러한 순환의 시간은 모두 생산시간과 유통시간으로 이루어져 있으며, 이러한 생산시간과 유통시간의 총계가 회전시간을 이룬다.

생산시간＝노동시간＋비노동시간 ┃ 생산시간은 노동이 행해지는 시간, 요컨대 노동시간과 같지는 않다는 것은, 생산과정이 경과하는 중에 노동대상에 노동이 가해지지 않는 시간이 있을 수 있기 때문이다. 예를 들어 와인의 생산기간 중 와인을 숙성시키는 시간은, 노동이 행해지지 않으며 다만 자연력이 원료에 가해지는 과정이 진행되고 있을 뿐인 시간이다. 생산시간이 이처럼 비노동시간을 포함할 수 있다.

유통시간＝판매시간＋구매시간 ┃ 이미 본 바와 같이 자본의 유통시간은 판매시간과 구매시간으로 이루어진다. 자본의 운동에 필수적인 이 양자, 특히 판매시간의 차이가 회전시간의 차이를 야기한다.

회전시간은 생산부문에 따라 가지각색이다 ┃ 회전시간은 자본이 투하되는 생산부문에 따라 가지각색이다.

§3. 자본의 회전수

회전시간과 회전수 ┃ 가지각색의 다른 자본의 회전속도를 비교할 때 회전시간의 절대적인 크기로서 비교할 수도 있으나, 일정한 기간의 회전횟수로 비교할 수 있다. 일정한 기간, 통상 1년간의 회전횟수를 회전수라 한다. 월을 단위로 하는 회전시간을 u로 하고 1년간의 회전수를 n으로 하면

$$u = \frac{12}{n}, \text{ 따라서 } n = \frac{12}{u} \text{ 또는 } n \cdot u = 12$$

이다. 회전시간이 1년을 넘을 때에는 회전수는 1보다 작아진다.

제2절 고정자본과 유동자본

§ 1. 고정자본과 유동자본

자본의 환류방식의 차이 | 투하된 자본의 환류방식에 주목할 때는 자본은 앞서 살펴본 불변자본과 가변자본의 구별과는 다른 관점에서 두 가지 자본으로 구별된다.

유동자본 | 투하자본의 일부는 개개의 순환에서 모두 생산물의 가치로 재현되어 생산물과 더불어 모두 유통에 들어가 생산물의 판매에 의해 모두 화폐형태로 환류해온다. 노동대상(원료)의 가치는 개개의 생산과정에서 모두 생산물에 이전된다. 노동력의 가치는 각 생산과정에서 모두 생산물 중에 재생산된다. 이러한 자본부분을 **유동자본**(circulating capital)이라 한다. 노동대상과 노동력에 투하되는 자본은 유동자본이다.

고정자본 | 이에 대해 투하자본의 다른 일부는 각각의 생산과정에서는 투하가치의 일부만이 생산물 속에 이전되어 그 생산물의 판매에 의해 화폐형태로 회수될 뿐이며, 나머지의 가치는 생산장소에 고정되어 있다. 도구

와 기계 같은 노동수단에 투하된 자본가치는 대체로 이러한 것이다. 그러한 가치는 반복되는 순환마다 조금씩 환류하며 장기간에 걸쳐 겨우 그 모두가 환류해온다. 이러한 자본부분을 **고정자본**이라 한다.

고정자본과 유동자본 ┃ 고정자본과 유동자본은 생산자본의 구성요소를 가치의 유통양식이라는 관점에서 구별한 것이다(그림 175).

그림 175 고정자본과 유동자본

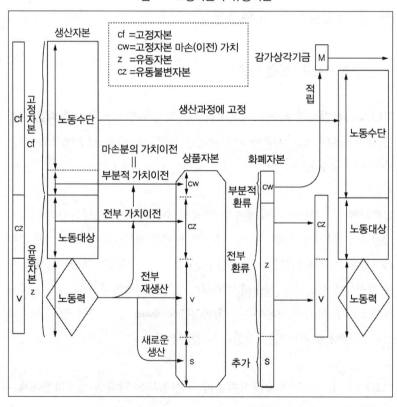

§2. 고정자본과 유동자본의 구별과 불변자본과 가변자본의 구별

두 가지 구별의 관점의 차이와 양자의 관련 | 고정자본과 유동자본의
구별은 이미 자본의 구체적인 운동형태에 속하는 구별이며, 자본가의 실천
활동 속에서 그들이 항상 의식하고 있는 것이다. 이에 대해 이미 본 불변자본
과 가변자본의 구별은 현상의 이면에 숨어 있는 자본의 본질적인 운동에서
본 구별이며, 사람들의 일상 의식에 나타나는 것은 아니다. 후자가 자본의
가치증식의 관점에서 본 자본의 구별인 데 반해, 전자는 자본가치의 유통
방식의 관점에서 본 구별이다. 이 두 가지 구별의 차이와 관련을 명확히
파악해두는 것은 아주 중요하다(그림 176).

그림 176 고정자본과 유동자본의 구별과 불변자본과 가변자본의 구별

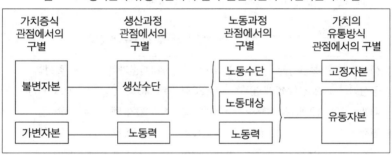

노동수단이 고정자본이 아닌 경우도 있다 | 위 그림에서 볼 수 있는 바와
같이 노동대상과 노동력은 항상 유동자본인데, 노동수단은 그 자체로서
항상 고정자본인 것은 아니다. 예컨대 조선업에서 사용되는 압축공기 해머
(hammer)는 노동수단이지만, 한 척의 선박이 완성될 때까지 몇 개의 해머가
소진되기 때문에 이에 투하되는 자본은 유동자본이며 고정자본은 아니다.
이처럼 노동수단이라 해도 고정자본이 되지 않는 경우가 있는 것은, 고정자
본과 유동자본의 구별이 어디까지나 생산자본의 가치의 유통방식에서 본

구별이며, 그 회전 시점에서의 구별이기 때문이다.

제3절 회전이 자본의 가치증식에 미치는 영향

§1. 투하 총자본의 평균회전과 회전순환

평균회전시간 및 평균회전수 │ 고정자본과 유동자본은 회전시간이 다르며, 고정자본 중에서도 예컨대 공장건물과 기계는 역시 회전시간이 다르다. 그래서 투하된 자본전체의 회전시간, 즉 투하된 자본의 전액이 환류할 때까지의 시간은, 그 자본을 구성하는 여러 가지 부분의 회전시간의 가중 평균으로 계산된다. 예컨대 다음과 같은 계산이 행해진다(그림 177).

그림 177 총자본의 회전시간 및 회전수의 산정

생산요소	회전시간	연 회전수	투하자본가치	연 회전액
공장	20년(240개월)	⇒ 1/20회 ×	10억 엔	= 0.5억 엔
기계	10년(120개월)	⇒ 1/10회 ×	30억 엔	= 3억 엔
원재료	1/12년(1개월)	⇒ 12회 ×	2억 엔	= 24억 엔
노동력	1/12년(1개월)	⇒ 12회 ×	1억 엔	= 12억 엔
			43억 엔	= 39.5억 엔

이 예에서는, 평균계산에 의해 43억 엔의 총투하자본이 1년간에 39.5억 엔만큼 회전하는 것을 알 수 있다. 달리 말해 총투하자본 43억 엔이 1회전하는 데 거의 1.09년이 걸린다는 것이다.

회전순환 │ 평균회전이 어떠하든 총자본이 환류할 때까지의 운동 전체는 원재료와 노동력에 투하된 자본가치가 매월 환류하는 단기 회전의 반복을

포함하면서, 공장에 투하된 자본가치가 20년, 기계류에 투하된 가치가 10년
걸려서 겨우 화폐형태로 환류해오는, 장기간에 걸친 하나의 순환적인 운동
이다. 이 순환을 회전순환이라 한다. 평균회전시간이나 회전순환의 기간도
자본의 가치증식에 아주 중요한 의미를 가진다.

§ 2. 연간 잉여가치량과 연간 잉여가치율

연간 잉여가치량과 연간 잉여가치율 ｜ 이미 본 바와 같이, 자본의 증식정
도는 가변자본이 잉여가치를 가져오는 비율인 잉여가치율에 의해 파악되는
데(☞제1편 제2장 2절 § 1), 잉여가치율이 동일해도 자본의 회전수가 다르면
일정기간, 예컨대 1년간에 낳는 잉여가치의 절대량은 다르게 된다. 그래서
회전을 고려하면, 어떤 가변자본이 1년간에 얼마만큼의 잉여가치를 가져오
는가 하는 방식으로 잉여가치의 증식률을 표시할 필요가 생긴다. 1회전에
낳는 잉여가치를 s라 하면, 이에 회전의 연간 반복횟수인 회전수 n를 곱한
것이 연간 잉여가치량 S, 즉 연간에 낳는 잉여가치의 총액이다. 가변자본을
v라 하면 잉여가치율 s'는 $\frac{s}{v}$인데, 연간 잉여가치율 S', 즉 가변자본이 연간에
잉여가치를 낳는 비율은 s'n이다(그림 178).

그림 178 연간 잉여가치량과 연간 잉여가치율

연간 잉여가치량 : S = s'vn = sn

연간 잉여가치율 : S' = $\frac{s'vn}{v}$ = s'n

잉여가치=s 잉여가치율=s' 투하가변자본량=v 연간 회전수=n

회전시간을 단축시키려는 자본의 경향 ｜ 연간 잉여가치의 비율이나 양
은, 가변자본의 연간 회전수가 많을수록 크다. 그러므로 '유통시간 없는
유통'이라는 자본의 경향은, 회전시간을 단축시켜 회전속도를 높이려는

자본의 경향으로서 나타나는 것이다.

§ 3. 추가화폐자본의 필요와 유휴화폐자본의 형성

추가화폐자본의 필요와 유휴화폐자본의 형성 | 자본이 생산과정을 나와
유통영역에 들어가면, 이 자본이 유통과정에 있는 동안 이 자본에 대해서는
생산과정이 중단되며, 그만큼 생산과정이 축소되어야 한다. 이 중단·축소를
피하기 위해서는 그만큼의 화폐자본을 생산과정에 추가적으로 투하해야
한다. 일반적으로 유통속도가 빨라지고 유통시간이 단축되면 필요한 **추가화
폐자본**은 감소하지만, 그래도 많건 적건 추가화폐자본의 필요는 생긴다.
다른 한편 생산시간과 유통시간의 크기의 비율에 따라서는, 어떤 기간,
어떤 양의 화폐자본이 유통영역에서 유리되어, **유휴화폐자본**을 형성한다.

유휴화폐자본을 추가화폐자본으로 이용하려는 요구 | 산업자본의 회전
중 한편으로는 많건 적건 추가화폐자본이 필요하게 되며, 다른 한편으로는
많건 적건 유휴화폐자본이 형성된다. 어느 쪽도 개별자본에게는 가치증식
의 부담이 되므로, 개별자본은 이러한 것을 최소한으로 축소하려고 하지만
없애버릴 수는 없다. 그래서 한편에서 유휴하고 있는 화폐자본을 다른 한편
에서 추가화폐자본으로 이용하려고 하는 자본의 요구가 생긴다. 이 요구에
응하는 것이 나중에 제3편 제5장에서 보는 은행제도이다.

제3장
사회적 총자본의 재생산과 유통

이 장의 과제   │   제1장 및 제2장에서는 자본의 유통과정을 개별자본에 대해 고찰했다. 그러나 개별자본의 유통은 다른 개별자본의 유통뿐 아니라 노동자의 노동력의 판매와 그들의 수입의 유통인 소비와, 다른 자본가의 수입의 유통인 소비가 뒤얽혀 있으며, 또한 상호 조건 지어지고 있다. 그리고 그러한 개별자본의 총체가 사회적 총자본을 구성하는 것이다. 그래서 이번 에는, 사회적 총자본의 구성부분으로서 그들의 개별자본의 유통이 서로 어떻게 뒤얽히면서 전체로서의 사회적 재생산을 성립시키고 있는가 하는 것을 연구하고자 한다.

이미 서장 제3절 §2에서 본 사회적 재생산의 일반적 법칙과 그 관철형태에 대해 먼저 간단히 다시 살펴보기로 하자. 왜냐하면 이번 장에서의 연구는 사회적 재생산의 일반적 법칙이 자본주의적 생산하에서 관철되는 독특한 형태를 밝히는 것일 뿐이기 때문이다.

제1절 사회적 재생산의 일반적 법칙

사회적 재생산의 일반적 법칙   │   사회의 역사적 형태에 관계없이, 어떤 사회에도 사회적 재생산의 일반적 법칙이 관철된다(☞그림 26).

생산수단과 노동력이 재생산되어야 한다 | 사회적 재생산에 의해 생산수단과 노동력이 재생산되지 않으면 안 된다(☞그림 21·22).

새로운 생산물은 필수생산물을 포함해야 한다 | 소비된 생산수단은, 사회적 생산물 중의 재현(再現)생산수단에 의해 보전된다. 재현생산수단을 제거한 새로운 생산물은 무엇보다 먼저 노동력을 재생산하기 위한 소비수단, 즉 필수생활수단을 포함하고 있어야 한다(☞그림 23·24).

새로운 생산물은 잉여생산물을 포함해야 한다 | 새로운 생산물은 또한, 필수생활수단을 넘어서, 갖가지 용도에 충당되는 잉여생산물을 포함하지 않으면 안 된다(☞그림 25).

사회적 생산이 2대 생산부문으로 분할 | 서장에서는 언급되지 않았으나, 사회적 재생산의 분석에서는 사회의 총생산을 두 가지 부문으로 나누어 고찰하는 것이 결정적으로 중요하다. 그래서 사회적 생산을 2대 부문으로 분할하는 경우의 법칙을 봄으로써, 사회적 재생산의 일반적 법칙을 확충해 놓자.

생산수단 생산부문과 소비수단 생산부문 | 사회의 총생산물은, 최종적으로 생산수단으로서 생산과정에, 또한 소비수단으로서 개인적 소비과정에 들어가므로, 사회의 모든 생산이 **생산수단 생산부문**(제Ⅰ부문) 또는 **소비수단 생산부문**(제Ⅱ부문)의 어느 쪽에 속하게 된다. 사회의 총노동과 총생산수단은 어떠한 방식으로건 각각의 부문에 배분되어야 한다(그림 179).

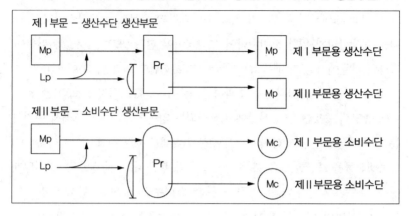

그림 179 사회의 2대 생산부문: 생산수단 생산부문과 소비수단 생산부문

재생산요소들의 각 부문에서의 내부보전과 양 부문 간 상호 보전 | 재생산이 행해지기 위해서는 양쪽 부문에서 재생산에 필요한 생산수단과 노동력이 보전되어야 한다. 즉 생산수단이 제 I 부문 내부에서, 소비수단이 제 II 부문 내부에서 각각 보전(내부보전)될 뿐 아니라, 제 II 부문에서 필요한 생산수단이 제 I 부문의 생산물에 의해, 제 I 부문에서 필요한 소비수단이 제 II 부문의 생산물에 의해, 각각 보전(상호 보전)되지 않으면 안 된다(그림 180).

그림 180 재생산요소들의 내부보전과 상호 보전

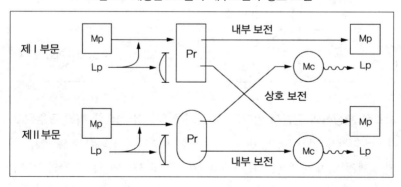

잉여생산물을 포함한 요소들의 내부보전과 상호 보전 | 어떤 사회에서
도 사회적 재생산이 행해지기 위해서는 각각의 부문에서 생산수단과, 노동
력을 재생산하기 위한 소비수단이 보전되어야 한다. 또한 이것들에 더하여,
각각의 부문에서 갖가지 목적——축적펀드, 보험펀드, 직접생산자 이외의 인구의
소비 등——을 위해 이것들을 초과하는 생산물이 확보되지 않으면 안 된다.
이에 충당되는 것은 양쪽 부문에서 생산되는 잉여생산물이다. 그래서 여기서
는 단순재생산을 전제하여(따라서 생산의 확대를 위한 축적펀드는 사상하여),
잉여생산물을 포함한 양쪽 부문 생산물이 각 부문 내부 및 상호 간에 어떻게
양쪽 부문의 생산수단, 노동력을 위한 소비수단(즉 필수생활수단: Rp), 및
노동력 이외의 인구를 위한 소비수단을 보전하는가를 보자(그림 181).

그림 181 잉여생산물을 포함한 재생산요소들의 내부보전과 상호 보전

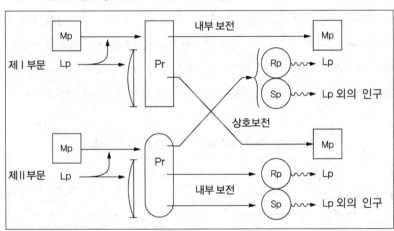

사회적 재생산의 일반적 법칙은 각 사회에 특유한 형태를 취해 관철된다
| 서장 제3절 §3에서 본 바와 같이, 모든 사회에서 사회적 재생산에 공통
된 일반적 법칙은 생산관계를 달리하는 각각의 사회에서는 각각의 특유한
형태를 취하면서 관철된다(☞그림 26, 그림 29~33). 이 장에서 사회적 총자본

의 재생산 및 유통에 관한 연구는 그러한 일반적 법칙이 자본주의적 생산하에서 관철될 때의 독특한 형태·문제들을 밝히는 것일 뿐이다.

제2절 사회적 총자본의 재생산과 그를 위한 조건들

§1. 사회적 총자본의 재생산의 조건=법칙

자본주의 사회의 사회적 재생산에 관한 분석 │ 그런데 사회적 재생산의 일반법칙은 자본주의 생산하에서는 어떠한 형태로 관철되는 것일까? 자본주의적 생산에 고유한 법칙이란 어떤 것일까?

경제학의 역사에서 자본주의적 생산에서의 사회적 재생산의 독특한 형태와 법칙들을 최초로 철저히 해명한 것은 마르크스이다. 마르크스의 이 분석은 그가 경제학에서 이룬 갖가지 공적 가운데 가장 중요한 하나이다.

마르크스는 자본의 유통과정에 대한 연구의 최후의 부문에서, 자본주의 사회에서의 사회적 재생산을 분석했다. 그는 거기서 '사회적 총자본의 재생산과 유통' 또는 '사회적 총자본의 재생산의 실체적 조건들'을 해명한다는 과제를 설정하고 이를 훌륭히 풀었던 것이다.

여기에서는 그 해명의 가장 핵심적인 내용을 압축하여 간결하게 표시하기로 한다.

재생산표식 │ 마르크스에 의한 자본주의적 생산하에서의 사회적 재생산 분석 중 가장 유명하며 동시에 전체의 기초가 되는 것은, 단 두 줄의 식으로 이루어진 **재생산표식**이라 부르는 다음 도식이다(그림 182).

그림 182 마르크스의 재생산표식(단순재생산표식)

I	4000c + 1000v + 1000s = 6000
II	2000c + 500v + 500s = 3000

재생산표식의 의미 ┃ 위 도식은 그 자체로서는 사회적 총자본의 단순재생산을 상품자본 순환의 관점에서 파악하여, 그 순환의 출발점인 동시에 복귀점인 사회적 총상품자본을 표시하는 것이다.

여기서는 합계 9000의 가치액의 사회적 총상품자본 C′이 우선 두 개의 생산부문, 즉 **제 I 부문**(생산수단 생산부문)과 **제 II 부문**(소비수단 생산부문)으로 나누어지고 있다. 제 I 부문의 총상품자본 6000은 생산수단으로서 생산과정에 들어가는 사용가치＝현물형태를 갖는 생산물이며, 제 II 부문의 총상품자본 3000은 소비수단으로서 개인적 소비과정에 들어가는 사용가치＝현물형태를 갖는 생산물이다. 다음으로, 두 생산부문의 총상품자본이 모두 **불변자본**(c), **가변자본**(v), **잉여가치**(s)라는 세 가지 가치성분으로 나누어져 있다. 이처럼 총상품자본＝사회적 총생산물이, 한편에서는 **사용가치**의 관점에서 생산수단과 소비수단의 두 가지로 나누어지고, 다른 한편에서는 **가치**의 관점에서 불변자본·가변자본·잉여가치의 세 가지로 나누어지는 것, 이것이 이 도식의 요점이다.

그에 더하여 이 도식은 또한, 연초에 각각의 총상품자본 C′를 가지고 출발한 두 부문의 자본이 연도 안에 어떠한 유통과정과 생산과정을 거쳐서 연말까지 완전히 동일하게 각각의 총상품자본 C′을 다시 재생산하는가 하는 점을 가리킨다. 그 내용을 이 책의 이제까지의 방식에 따라 그림으로 설명하고자 한다(그림 183).

재생산표식 내용의 그림 ┃ 상품자본의 순환은 단순재생산의 경우 다음과 같이 진행된다(☞ 355쪽). 우선 상품자본 C′ 중 자본가치 C(＝c+v)가 변태

그림 183 재생산표식의 의미

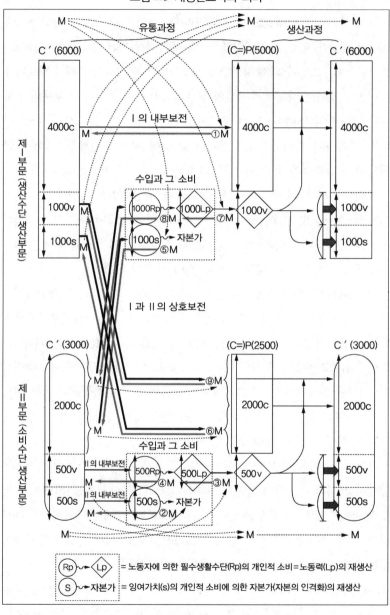

Rp ⟶ Lp = 노동자에 의한 필수생활수단(Rp)의 개인적 소비 = 노동력(Lp)의 재생산
S ⟶ 자본가 = 잉여가치(s)의 개인적 소비에 의한 자본가(자본의 인격화)의 재생산

C—M—C를 거쳐서 생산자본 P로 전환되고, 잉여가치 c가 변태 c—m—c를 거쳐서 자본가의 소비펀드 c로 전환된다. 이러한 것은 모두 유통과정이다. 이어서 생산자본 P가 생산과정에서 생산물 = 상품자본 C´(C+c)를 생산하고, 소비펀드 c의 소비에 의해 자본가가 재생산된다. 이리하여 순환이 완료된다.

이상의 경과는 사회적 총자본의 경우에도 마찬가지이다. 두 부문의 상품자본 C가, 각각 변태 C—M—C 및 변태 c—m—c를 거쳐서, 각각의 생산자본 P 및 자본가의 소비펀드 c로 전환된 뒤, P에 의한 생산과정과 c에 의한 개인적 소비과정에 의해 두 부문의 C´와 자본가가 재생산된다.

그러나 사회적 총자본의 경우에는 그의 구성부분인 개별적 자본들의 변태 C—M—C 및 변태 c—m—c가 서로 뒤얽히고 있으며, 여기서는 개별적 자본들이 C—M—C 및 c—m—c를 이룩해가고 있을 때 이러한 변태가 서로 어떻게 뒤얽히게 되는 것일까 하는 것이 문제가 된다.

상품자본의 순환은 유통과정과 생산과정을 통해 진행되는데, 생산과정은 일단 생산자본이 준비되면 그 뒤는 각각의 개별적 자본 내지 생산부문의 내부에서만 진행되는 과정이므로, **개별적 자본들 내지 생산부문의 뒤얽힘**은 오로지 **유통과정**에서 생기는 사항이다. 그러므로 이 유통과정에 주목하면서 그림 183을 관찰해보자. 이 그림에서는 상품의 운동을 화살표의 굵은 선으로, 화폐(M)의 운동을 화살표의 얇은 선(및 점선)으로 가리키고 있다. 상품과 화폐는 항상 반대의 방향으로 움직이고 있다.

우선 이 그림을 대충 보면, 두 부문의 상품자본 C´의 요소들의 보전에는 앞에서 사회적 재생산의 일반적 법칙의 장소에서 올린 그림 181에서 보인 것과 마찬가지로, (1) 제 I 부문 안에서의 **내부보전**, (2) 제 II 부문 안에서의 **내부보전**, (3) 제 I 부문과 제 II 부문 사이의 **상호 보전**이라는 세 가지 보전의 흐름이 있는 것을 알 수 있다. 이 세 가지 흐름을 따라가 보자.

(1) 제 I 부문의 내부보전: ① 자본가 I (제 I 부문의 자본가들)이 각각 다른 생산수단의 형태에 있는 상품자본 IC´ 중 4000c를 서로 매매하여 생산자본 IP

중 4000c를 생산수단의 형태로 각각 보전한다. 여기서는 화폐는 자본가 I의 손에서 나와 자본가I의 손으로 되돌아온다.

(2) 제Ⅱ부문의 내부보전: 그림 181에서와 마찬가지로 보전의 흐름이 두 가지 있다. 하나는 자본가 Ⅱ(제Ⅱ부문의 자본가들)의 수입의 상호 보전이다. 여기서는 ② 자본가 Ⅱ가 소비수단의 형태에 있는 상품자본 ⅡC′ 중 500s 부분을 서로 매매하여 개인적으로 소비하는 소비수단(생활수단과 사치품)의 형태로 전환하여 이를 소비한다. 여기서는 화폐는 자본가 Ⅱ의 손에서 나와 자본가 Ⅱ의 손으로 되돌아온다. 또 하나는 자본가 Ⅱ가 가변자본 500v를 화폐에서 노동력 500Lp로 전환하고, 노동자 Ⅱ(제Ⅱ부문의 노동자들)는 노동력 500Lp를 소비수단(필수생활수단) 500Rp로 전환한다는 두 계급 사이의 보전이다. 즉, ③ 자본가 Ⅱ가 노동자 Ⅱ에게서 노동력 500Lp를 산다(자본가 Ⅱ는 이 노동력의 소비 즉 노동을 금년도의 생산과정에서 상품 속에 대상화한 가치 500v + 500s의 형태로 자기의 것으로 한다). ④ 노동자 Ⅱ는, 노동력의 대가로 자본가 Ⅱ에서 수취한 임금 500이라는 수입으로 자본가 Ⅱ에게서 소비수단의 형태에 있는 필수생활수단 500Rp을 사서 이를 소비하여 자기의 노동력 500Lp를 재생산한다. 여기서 화폐는 자본가 Ⅱ의 손에서 노동자 Ⅱ에 넘어간 뒤 거기서 자본가 Ⅱ의 손으로 되돌아온다.

(3) 제Ⅰ부문과 제Ⅱ부문 사이의 상호 보전: 여기서도 그림 181에서 보이는 바와 마찬가지로 노동력을 재생산하는 필수생활수단 Rp의 보전과 잉여생산물 S의 보전이라는 두 가지 흐름을 볼 수 있다. 하나는 생산수단 형태에 있는 자본가 Ⅰ의 1000s와 소비수단(생활수단과 사치품) 형태에 있는 자본가 Ⅱ의 2000c 중 1000c와의 교환이다. ⑤ 자본가 Ⅰ은 자본가 Ⅱ에게서 소비수단 1000c를 사서 이를 개인적으로 소비한다. ⑥ 자본가 Ⅱ는 수취한 화폐로 자본가 Ⅰ에게서 생산수단 1000s를 산다. 여기서 화폐는 <자본가 Ⅰ→자본가 Ⅱ→ 자본가 Ⅰ>라는 경로를 거쳐 자본가 Ⅰ의 손에 되돌아온다. 또 하나는, 자본가 Ⅰ이 가변자본 1000v를 노동력 1000Lp로 전환하고, 노동자 Ⅰ(제Ⅰ

부문의 노동자들)은 노동력 1000Lp를 소비수단(필수생활수단) 1000Rp으로 전환하며, 자본가 II는 소비수단 2000c 중 1000을 생산수단의 형태로 전환한다는 3자 사이의 보전의 흐름이다. 즉, ⑦ 자본가 I이 노동자 I에게서 노동력 1000Lp를 산다(자본가 I은 이 노동력의 소비 즉 노동을 생산과정에서 상품 속에 대상화한 가치 1000v+1000s의 형태로 자기 것으로 한다). ⑧ 노동자 I은 노동력의 대가로 자본가 I에게서 수취한 임금 1000이라는 수입으로 자본가 II에게서 소비수단(필수생활수단) 1000Rp을 사서 이를 소비하여 자기의 노동력 1000Lp를 재생산한다. ⑨ 자본가 II는 소비수단 1000c의 대가로 노동자 I에게서 수취한 화폐 1000으로써 자본가 I에게서 생산수단 1000v를 사서 1000c를 보전한다. 여기서는 화폐는 자본가 I → 노동자 I → 자본가 II → 자본가 I이라는 경로를 거쳐 자본가 I의 손으로 되돌아온다.

보는 바와 같이, 자본주의적 생산하에서의 사회적 총자본의 재생산에서도 앞에서 본 사회적 재생산의 일반적 법칙이 관철하고 있다. 그러나 여기서는 일체의 과정이 **화폐유통**에 의해 매개될 뿐 아니라 사회적 재생산이 **자본의 재생산**이라는 독특한 형태를 취하고 있는 것이며, 마르크스는 재생산 표식에 의해 이 독자성을 명백히 한 것이다.

재생산표식에서 제I부문의 v와 s의 합계 2000과 제II부문의 c의 2000으로 두 개의 가치액이 동일하다는 것은, 실은 제I부문의 v+s와 제II부문의 c가 서로 보전한다는 두 부문 사이의 관계를 가리키고 있었던 것이다. 그리고 그 이외의 요소들, 즉 제I부문의 4000c와 제II부문의 500v+500s는 어느 것도 각각의 부문 내부에서 보전되는 것을 가리키고 있다. 이처럼 재생산표식은 그 두 줄로 사회적 총생산물의 갖가지 요소가 서로 보전됨으로써 사회적 총자본이 재생산되며 노동자 및 자본가의 수입이 보전되는 경과를 가리키고 있다.

재생산표식의 간략도 | 요컨대 재생산표식의 요점은, 단순재생산의 전

제하에 지난해에 생산한 결과로서의 두 부문의 상품자본이 어떻게 이번 해 생산의 전제가 되는 두 부문의 불변자본과 가변자본을 소재적·가치적으로 보전함과 동시에, 이번 해의 노동자 및 자본가의 수입을 소재적·가치적으로 보전하는가를 밝히고 있다. 이것을 간략도로 나타내면 다음과 같다(그림 184).

그림 184 재생산표식의 설명도(간략도)

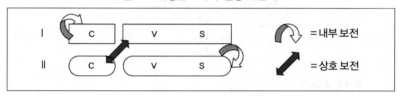

세 흐름의 운동＝단순재생산의 법칙 ｜ 이 간략도를 보면, 사회적 총자본의 재생산에는 두 부문의 자본과 수입의 보전을 매개하는 세 가지 흐름이 있는 것을 알 수 있다. 이 세 흐름의 운동은 자본주의적 생산에서 관철해야 하는 것이므로, 단순재생산의 법칙이라 한다(그림 185).

그림 185 단순재생산의 법칙(세 흐름의 운동)

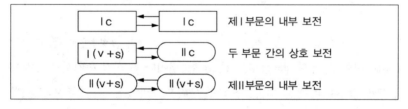

재생산의 조건의 의미 ｜ 사회적 총자본의 생산에서 세 흐름의 운동은, 그것이 행해짐으로써 사회적 총자본의 재생산이 진행될 수 있게 된다는 의미에서 재생산의 조건이라고 부른다. 단, 주의해야 하는 것은 이러한 조건이 자본주의적 생산하에서 '법칙'으로 항상 관철되고 있다는 것이다. 이러한

것이 조건이라는 것은, 이러한 것이 모두 충족되지 않는 결과로서 현실에서 재생산이 불가능하게 되는 일이 있다는 자본주의적 생산·재생산의 진행의 절대적 조건을 의미하는 것은 결코 아니다(그림 186).

그림 186 단순재생산의 조건

$$I(c+v+s) = Ic+IIc$$
$$II(c+v+s) = I(v+s)+II(v+s)$$
$$\therefore I(v+s) = IIc$$

§ 2. 화폐유통에 의한 매개

사회적 총자본의 재생산은 상품유통에 의해 매개되는 재생산이다 ｜ 자본주의적 생산은 상품생산이다. 게다가 상품생산이 사회적으로 일반화하는 것은 자본주의 생산하에서뿐이다. 그러므로 한편에서는 자본주의적 생산하에서의 사회적 재생산이 그 전체가 상품의 매매(화폐에 의해 매개되는 상품교환)를 통해 행해짐과 동시에, 다른 한편에서는 사회적 재생산이 상품의 매매(화폐에 의해 매개되는 상품교환)를 통해 행해지는 것은 자본주의적 생산하에서뿐이다.

그래서 자본주의적 생산하에서의 사회적 재생산의 결정적인 특징 하나는 화폐유통에 의해 매개되는 재생산이라는 것이다. 사회적 총자본을 구성하는 개별적 자본의 상호 뒤얽힘은 모두 상품 매매의 형태로 행해지며, 그러므로 개별적 자본은 그 운동 속에서 항상 화폐자본의 형태를 취해야 한다.

재생산요소들의 일체의 전환이 화폐유통에 의해 매개된다 ｜ 제Ⅰ부문의 내부보전, 제Ⅱ부문의 내부보전 및 제Ⅰ부문과 제Ⅱ부문 사이의 상호 보전이 화폐유통에 의해 각각 어떻게 매개되는지를 보자. 그림 187에서, Kt는 자본가[I Kt는 제I부문의 자본가, II Kt는 제II부문의 자본가, Kt1 및 Kt2는 동일 생산부문 안의 두 자본가군(群)], Lr는 노동자[I Lr은 제I부문의 노동자, II Lr은 제II부문의 노동자]를 나타낸다.

자본가에 의한 유통수단의 전대와 환류 | 이처럼 재생산요소들의 전환은 화폐유통의 매개에 의해 행해지는데, 이 경우에는 화폐는 유통수단의 기능을 하는 것이며, 유통하는 화폐는 유통수단으로서의 화폐이다. 그래서 사회적 재생산을 매개하는 유통수단으로서의 화폐에 대해 다음 세 가지 기본 법칙을 확인할 수 있다.

(1) 재생산요소들의 전환을 매개하는 유통수단으로서의 화폐는 사회의 누군가가 전대해야 하며, 따라서 이것을 전대하는 자는 재생산요소들 외에 전대할 수 있는 화폐를 가지고 있어야 한다[여기서 **전대(前貸)**란 자본의 '투하'라는 의미는 아니고, 뒤에 **환류(還流)**하는 것을 예정하여 화폐를 '일단 지불한다'는 의미이다].

(2) 노동자는 노동력 이외에 아무것도 가지고 있지 못하므로, 재생산요소들 이외의 화폐를 가지고 있는 것은 자본가, 다시 말해 제I부문 또는 제II부문의 자본가이다. 그러므로 화폐를 가지고 있고 그것을 유통수단으로서 전대하는 것은 제I부문 또는 제II부문의 자본가, 요컨대 자본가이다.

(3) 자본가가 모두 전년도의 생산물로 되는 상품자본을 가지고 있지만, 그중 일부는 그것에 더해 어떤 방식으로 입수한 퇴장화폐 또는 주화준비를 가지고 있어서, 이를 유통수단으로 재생산요소들의 구매에 지출한다(전대한다). 그러나 이 자본가도 자기 생산물을 판매하는 것이므로, 이 판매에 의해 앞에서 구매에 지출한 화폐가 자기에게 되돌아온다. 즉 환류한다.

이처럼 자본가에 의해 유통에 전대된 화폐(유통수단)는 반드시 그 출발점(즉 전대한 자본가의 손)으로 환류하는 것이다.

그림 187 화폐유통에 의한 사회적 재생산의 여러 전환의 매개

(1) 제 I 부문의 내부보전

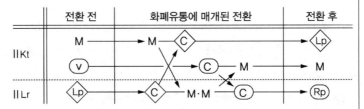

(2) 제 II 부문의 내부보전

   ⓐ II v의 보전

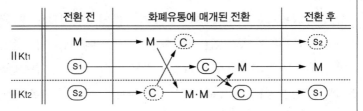

   ⓑ II s의 보전

(3) 두 부문 간의 상호보전

   ⓐ I v와 II c의 상호보전

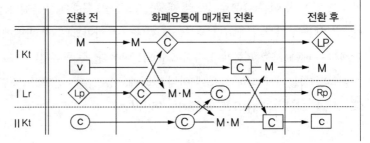

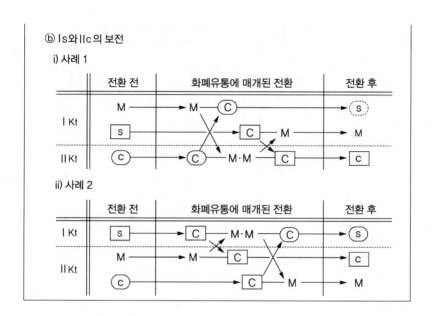

ⓑ Is와 IIc의 보전

i) 사례 1

	전환 전	화폐유통에 매개된 전환	전환 후
I Kt	M ⟶ M ─ Ⓒ		⟶ (S)
	s ⟶ ... ⟶ Ⓒ ─ M		M
II Kt	Ⓒ ⟶ Ⓒ ─ M·M ─		Ⓒ

ii) 사례 2

	전환 전	화폐유통에 매개된 전환	전환 후
I Kt	s ⟶ Ⓒ ─ M·M ─ Ⓒ		⟶ (S)
II Kt	M ⟶ M ─ Ⓒ		Ⓒ
	Ⓒ ⟶ Ⓒ ─ M		M

§3. 스미스의 v+s 도그마에 대한 비판

전환되어야 할 재생산요소들은 구가치 및 신가치로 이루어져 있다 │ 전년도의 총생산물에 포함되어 있는 가치(생산물 가치)는, 제I부문의 경우에나 제II부문의 경우에도, 전년도에 소비된 생산수단에서 전년도의 구체적 노동에 의해 이전된 구가치와, 전년도의 추상적 노동에 의해 새로 생산된 신가치(가치생산물)로 이루어져 있다(☞그림 58 및 그림 128). 총상품자본=총생산물의 요소들의 보전관계를 가리키는 그림에 이것을 추가로 그려 넣으면 그림 188과 같다. 이 그림에서 뚜렷이 알 수 있는 바와 같이, 상품을 생산하는 노동이 추상적 노동의 측면에서 신가치를 창조할 뿐만 아니라, 구체적 노동의 측면에서 생산수단의 가치를 생산물 속에 이전시킨다는 이중작용을 행하는 것을 똑똑히 파악했을 때, 비로소 유통과정을 통해 상호 전환되어야 할 두 부문의 재생산요소들이 어느 것도 구가치(c) 및 신가치(v+s)로 이루어

그림 188 두 부문의 생산물 가치(c+v+s)와 가치생산물(v+s)

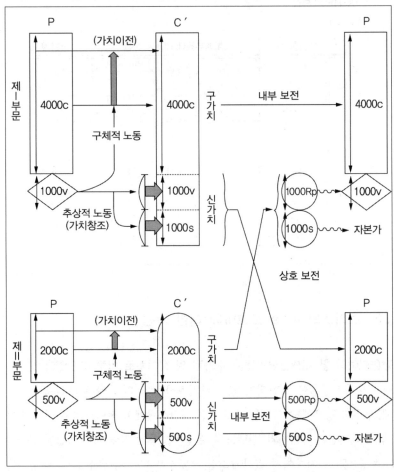

진다는 것을 명확히 파악할 수 있다. 더욱이 여기서는 자본가와 노동자 사이의 노동력 매매의 관계는 생략하고, 노동자가 이용하는 소비수단(필수 생활수단: Rp)이 직접 노동력을 재생산하는 것으로 하고 있다.

스미스의 v+s 도그마 | 그런데 애덤 스미스는 다음과 같이 생각했다.

"개개 자본의 생산물의 가치는 c+v+s로 구성되고 있지만, 어느 자본의 c 부분도 다른 자본의 c+v+s였으며 이 중의 c도 또한 마찬가지이므로, 이렇게 끝까지 소급해가면 결국 모든 것이 v+s로 해소되어버린다. 그러므로 사회적 총자본의 총생산물의 경우 그 가치에 c는 포함되지 않으며 v+s만으로 이루어진다." 이 생각은 스미스 이후의 경제학자들에 의해 '도그마(신조)'와 같이 무반성적으로 이어져 왔으며 그들을 계속 결박했기 때문에 '스미스의 v+s 도그마'라고 부른다.

v+s 도그마는 표면적 사실과 합치하는 것같이 보인다 | 사회적 재생산에 관해 말하면, ① 제Ⅱ부문 내부에서는 어느 자본가에게도 자기의 생산물은 수입과 교환된다는 사실, ② 제Ⅰ부문과 제Ⅱ부문 사이의 교환에서는 자본과 수입이 교환된다, 즉 전자의 수입이 후자의 자본을 보전하며, 후자의 자본이 전자의 수입으로 된다는 사실, ③ 제Ⅰ부문 내부에서의 자본과 자본의 교환은, 두 부문의 노동자와 제Ⅱ부문의 자본가는 관계가 없다는 사실 —— 누구나 쉽게 알 수 있는 이러한 사실만을 보면 "생산물 가치 중 c는 개개의 자본가에게는 존재하지만 사회적 재생산에서는 소실하며, 모두가 v+s로 환원된다"는 스미스의 도그마는 언뜻 그럴듯하게 생각된다.

해결되지 않으면 안 될 문제 | 이 도그마가 틀린 것을 명확히 파악하기 위해서는, ① 필수노동과 잉여노동으로 이루어지는 살아 있는 노동이 v와 s를 생산할 뿐이라고 하면, c의 가치를 만드는 노동은 도대체 어디에 있는 것일까, ② 소비되어버린 Mp는, 사회의 총노동이 만들어내는 가치생산물(v+s) 가운데서 어떻게 소재적·가치적으로 보전될 수 있는 것일까 하는 두 가지 점이 명쾌하게 설명되어야 한다.

문제해결의 결정적 요점 | 마르크스가 처음으로, ① 노동의 이중성의 파

악에 의거하여 연간 생산물에 포함되어 있는 생산물 가치 속에는 가치생산물 이외에 이전＝보존된 구가치가 포함되어 있는 것을 명확히 하고, 그에 더해 ② 사회적 총생산물의 소재적·가치적 보전관계를 밝힘으로써 스미스의 도그마의 오류를 철저히 밝힌 것이었다.

§ 4. 고정자본의 재생산과 유통

고정자본의 상각과 갱신 │ 개개 자본의 불변자본에 고정자본이 포함되는 것과 같이(☞그림 175), 사회적 총자본에도 고정자본이 포함되어 있다. 사회적 총생산물의 일부로 생산된 노동수단은, 그것이 고정자본으로서 생산과정에 고정될 때에는, 화폐유통에 매개되어 상품으로서 유통되기 때문에, 그만큼의 화폐가 유통과정에 투하된다. 그러나 다음 해부터 내구기간이 끝날 때까지의 사이는 고정자본은 생산과정에 고정되어 있고 다만 부분적으로 마손분의 가치만이 연간 생산물 속에 이전되며, 이 가치만이 화폐형태로 전화한다. 이 화폐는 이 연도에는 유통에 투하되지 않고 자본가의 수중에서 고정자본의 상각펀드(상각기금)로 적립된다. 내구기간이 종료하면 고정자본의 갱신이 행해진다. 즉, 사용가치를 상실한 노동수단은 폐기되고 적립되어 온 당초 가치액에 도달한 상각펀드(화폐)가 유통에 투하되어 새로운 노동수단(상품)으로 전환하여, 그것이 고정자본으로서 다시 생산과정에 고정된다. 고정자본의 갱신 때에는 생산과정 밖에 적립되어 퇴장화폐의 형태에 있던 화폐가 유통수단으로서 유통에 들어가는데, 그 뒤 내구기간이 끝날 때까지는 마손분의 가치액만이 화폐형태로 전환하여, 그것이 적립된 상각펀드로서 생산과정 밖에 퇴장화폐로 유휴하고 있다.

　사회적 재생산과정을 매개하는 화폐유통의 견지에서 보면, 고정자본의 갱신 때에는 갱신하는 자본가에 의한 일방적인 구매가 행해지는 것이며, 고정자본의 상각이 계속되는 동안에는 상각하는 자본가에 의한 일방적인

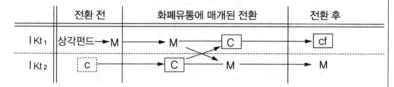

그림 189 고정자본의 상각과 갱신(상각기금의 적립과 투하)

(1) 제Ⅰ부문에서 고정자본 상각펀드의 적립과 투하

ⓐ 고정자본 상각펀드의 적립($ⅠKt_1$의 화폐적립: 일방적 판매)

	전환 전	화폐유통에 매개된 전환	전환 후
$ⅠKt_1$	cf		cf
	cw	C ── M	M ──→상각펀드
$ⅠKt_2$	M ── M	C	c

ⓑ 고정자본 상각펀드의 투하($ⅠKt_1$의 현물갱신: 일방적 구매)

	전환 전	화폐유통에 매개된 전환	전환 후
$ⅠKt_1$	상각펀드──M	M ── C	cf
$ⅠKt_2$	c	C ── M	M

ⓒ 고정자본의 화폐적립($ⅠKt_2$)과 현물갱신($ⅠKt_1$)의 뒤얽힘

	전환 전	화폐유통에 매개된 전환	전환 후
$ⅠKt_1$	상각펀드──M	M ── C	cf
$ⅠKt(ML)$	c	C ── M·M ── C	c
$ⅠKt_2$	cw	C ── M	M ──→상각펀드
	cf		cf

(2) 제Ⅱ부문에서 고정자본 상각펀드의 적립과 투하
고정자본의 화폐적립($ⅡKt_2$)과 현물갱신($ⅡKt_1$)의 뒤얽힘

	전환 전	화폐유통에 매개된 전환	전환 후
$ⅡKt_1$	상각펀드──M	M ── C	cf
$ⅠKt(ML)$	s	C ── M·M ── C	s
$ⅡKt_2$	cw	C ── M	M ──→상각펀드
	cf		cf

판매가 행해진다. 고정자본을 갱신하는 자본가와 고정자본을 상각하는 자본가가 각각 자기의 자본을 보전하는 전형적인 사례를 그림 189에 나타내고자 한다. 이 그림에서 cf는 생산과정에 고정되고 있는 고정자본의 가치부문, cw는 마손분의 가치로서 상각펀드의 일부로 되는 가치이다. 고정자본을 갱신하는 자본가나 상각하는 자본가도 모두 복수의 자본가로 생각해야 한다. 여기서는 그림 (1)-ⓒ에서, 제I부문의 자본가가 고정자본을 갱신하기 위해 유통에 투하한 화폐가 같은 제I부문의 다른 자본가에 의해 고정자본의 상각펀드로 적립되는 경우를 가리키고, 그림의 (2)에서 제II부문의 자본가가 고정자본을 갱신하기 위해 유통에 투하한 화폐가, 마찬가지로 제II부문의 다른 자본가에 의해 고정자본의 상각펀드로 적립되는 경우를 가리키고 있다. 어떻든 고정자본을 갱신하는 자본가는 고정자본이 되는 노동수단을, 그것을 생산하는 제I부문의 자본가군 $IKt(M_L)$에서 사들이므로, 이러한 전환에는 반드시 $IKt(M_L)$가 관계하게 되는 것이다(M_L는 노동수단을 가리킨다).

사회적 재생산에서 고정자본의 상각과 갱신의 뒤얽힘 | 그림 189에서 알 수 있듯이, 한쪽의 자본가들은 이제까지 유휴화폐자본으로서(화폐의 형태로서는 퇴장화폐로서) 보유해온 화폐를 유통에 투하하고(즉 퇴장화폐를 유통수단으로 전환하고), 다른 한쪽의 자본가들은 유통으로부터 화폐를 끌어내어 화폐를 유휴화폐자본으로(화폐 형태로서는 퇴장화폐로) 보유하게(즉 유통수단을 퇴장화폐로 전환하게) 된다.

고정자본의 회전에 관계하는 사회적 재생산의 조건 | 그러므로 사회적 재생산이 정상적으로 진행하기 위해서는, 다른 모든 조건이 충족되는 경우 고정자본의 갱신과 적립의 각각의 총액이 일치하는 것, 즉 퇴장화폐를 유통수단으로 전환하는 총액과 유통수단을 퇴장화폐로 전환하는 총액이, 또는 일방적인 판매의 총액과 일방적인 구매의 총액이 일치해야 한다. 이것이

고정자본의 상각 및 갱신에 관련해서 사회적 재생산의 정상적 진행을 위한 조건이다.

§ 5. 화폐재료의 재생산과 유통

유통하는 화폐의 마손분은 자본가의 잉여가치로부터 보전된다 | 사회적 재생산을 매개하는 화폐는 상품생산하에서는 필수적인데, 그것은 생산이나 소비에도 들어가지 않는 공비(空費)이다. 이 공비는 자본가계급이 부담할 수밖에 없다. 자본가계급은 그들이 매년 취득하는 잉여가치의 일부를 화폐형태로 유통과정에 어떠한 방식으로든 투입하는 것이다.

유통에 필요한 화폐가 이미 존재하고, 그 매개에 의해 단순재생산이 진행되고 있다는 전제하에서도, 유통영역에 있는 화폐는 거기를 배회하는 가운데 점점 마손되므로, 그 마손분은 어떠한 방식으로든 보전되어야 한다. 이 마손분의 보전도 자본가계급이 취득하는 잉여가치의 일부에 의해 행해지지 않을 수 없다. 지금 화폐가 금이며 보전되어야 할 화폐를 모든 자본가가 평등하게 분담한다고 하자. 이 경우 모든 자본가가 자기의 상품자본에 포함되는 잉여가치의 일부를 일정한 비율로 화폐=금으로 전환하여, 그것을 그대로 유통과정에 내놓는다.

화폐재료는 금 생산부문과 다른 부문 사이의 전환에 의해 보전된다 | 다른 한편 보전되는 새로운 화폐=금도 금 생산지에서 금 생산자본에 의해 생산되는 생산물이므로, 우선 이 자본의 상품자본으로서 금 시장에 등장한다.

거기서 금을 생산하는 자본 이외의 자본이 자기의 잉여가치 일부를 금을 생산하는 자본의 상품자본으로 존재하는 화폐재료인 금으로 전환하는 것은 어떻게 가능한가, 또한 금을 생산하는 자본의 쪽도 자본과 수입을 생산요소들과 소비수단으로 전환하는 것이 어떻게 가능한가 하는 문제가 생긴다.

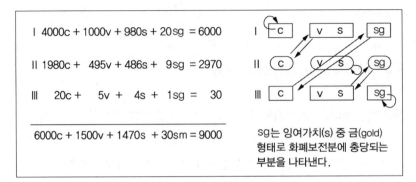

그림 190 화폐 재료의 재생산

$$\text{I} \quad 4000c + 1000v + 980s + 20\,sg = 6000$$

$$\text{II} \quad 1980c + 495v + 486s + 9\,sg = 2970$$

$$\text{III} \quad 20c + 5v + 4s + 1\,sg = 30$$

$$6000c + 1500v + 1470s + 30\,sm = 9000$$

sg는 잉여가치(s) 중 금(gold)
형태로 화폐보전분에 충당되는
부분을 나타낸다.

화폐재료로서의 금은 화폐로 전환하는 것이며, 화폐가 된 금은 생산수단이 될 수도 소비수단이 될 수도 없다. 그래서 금 생산부문을 제I부문(생산수단 생산부문)과 제II부문(소비수단 생산부문)에서 구별된 제III부문으로 하면, 이 문제는 사회적 재생산과정에서 제III부문의 총상품자본의 요소들과, 제I부문 및 제II부문의 총상품자본의 요소들 사이에서 어떠한 전환이 행해지는가 하는 문제로 표현할 수 있다. 이 전환을 적당한 숫자 예로 나타내면 다음과 같이 된다(그림 190).

제3절 자본축적과 확대재생산

§1. 확대재생산의 법칙과 조건

단순재생산으로부터 확대재생산으로 | 단순재생산을 전제하여, 자본주의적 생산에서의 사회적 재생산, 즉 사회적 총자본의 재생산과 그것을 매개하는 유통을 관찰함으로써 그 가장 기본적인 구조와 법칙이 명백해졌다. 이번에는 자본주의적 생산하에서 사회적 재생산의 확대과정, 즉 자본의

축적에 의한 사회적 총자본의 확대재생산과정을 고찰하도록 하자.

자본축적은 잉여가치의 자본으로의 전환에 의해 행해진다 | 이미 제1편 제8장 제1절에서, 자본의 축적에 의해 개개의 자본이 증대하는 것은 어떻게 가능한가 하는 것을 보았다. 거기에서는 ① 자본의 축적이란, 잉여가치(s)의 자본으로의 전환이라는 것, ② 자본가는 잉여가치 일부를 소비하므로, 잉여가치(s)는 자본가의 소비펀드(sk)와, 추가자본이 되는 축적펀드(sa)로 나뉘는 것, ③ 추가자본(sa)은 또한 추가불변자본(sc)과 추가가변자본(sv) 두 종류로 나뉘는 것을 알았다(☞그림 149). 이것은 사회적 총자본에 대해서나 어떤 부문의 총자본에 대해서도 완전히 타당하다.

단순재생산의 법칙에 잉여가치의 자본으로의 전환을 도입한다 | 그러면 단순재생산하에서 이미 본 재생산의 법칙에 이상의 축적구조를 도입하여 그것을 사회적 재생산하에서의 확대재생산의 법칙으로 발전시켜보자.

각 생산부문에서 잉여가치의 분할 | 단순재생산하에서는 제Ⅰ부문이나 제Ⅱ부문에서도 잉여가치는 모두 자본가에 의해 소비되는 것으로 전제했다. 이제는 제Ⅰ부문이나 제Ⅱ부문에서도 잉여가치(s)는 추가불변자본(sc)＋추가가변자본(sv)＋자본가의 소비펀드(sk)로 분할된다(그림 191).

그림 191 각 부문의 자본축적＝확대재생산

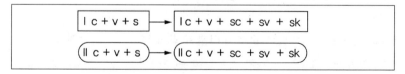

확대재생산의 법칙(세 흐름의 운동) | 추가불변자본(sc)은 생산수단의 형

태로, 추가가변자본(sv)는 노동자가 사용하는 소비수단의 형태로, 자본가의 소비펀드(sk)는 자본가용의 소비수단(생활수단＋사치수단)으로 각각 전환되어야 한다. 그래서 확대재생산의 경우에는, 앞에서 본 세 흐름의 운동이 다음과 같이 변용하게 된다(그림 192).

그림 192 확대재생산의 법칙(세 흐름의 운동)

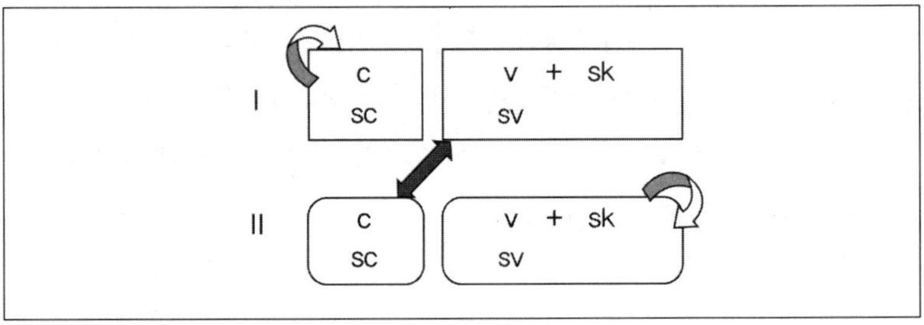

확대재생의 조건 │ 그래서 재생산의 조건도 다음과 같이 변화한다(그림 193).

그림 193 확대재생산의 조건

$$I(c+v+sc+sv+sk) = I(c+sc) + II(c+sc)$$
$$II(c+v+sc+sv+sk) = I(v+sv+sk) + II(v+sv+sk)$$
$$\therefore I(v+sv+sk) = II(c+sc)$$

§ 2. 확대재생산의 진행과정

확대재생산은 표식의 연쇄로서 나타낼 수밖에 없다 │ 단순재생산에서는 사회적 재생산요소들의 가치량은 전혀 변화하지 않으므로, 그 구조를 두 줄의 재생산표식으로 나타낼 수 있었다. 이에 대해 확대재생산의 경우에는 요소들의 가치량이 매년 증대하므로, 그 과정을 표식으로 나타내기 위해서는 수치가 증대해가는 표식의 연쇄로 나타낼 수밖에 없다. 사회적 총자본의 확대재생산과정을 구체적으로 상상할 수 있도록 그 진행과정을 표식전개로 예시하자. 여기서 수치는 완전한 가설이라는 것, 상품과 역방향으로 전진함으로써 전환을 매개하는 화폐의 운동은 명시되지 않고 있다는 것에 주의하기 바란다.

제1연도의 출발점은 전년도에 생산된 총상품자본이다 │ 지금 매년 이미 일정한 비율로 확대재생산이 진행되고 있다고 하자. 지금 관찰하는 제1연도의 전년도에, 사회적 총자본 7,500이, 제I부문에 5,500, 그리고 제II부문에 2,000이 각각 투하되어, 어느 부문에도 자본의 유기적 구성 $c : v$가 $4 : 1$, 잉여가치율 $\frac{s}{v}$가 100%로서 생산이 행해졌다고 하자. 그래서 제1연도 초에는 전년도의 총생산물, 즉 총상품자본이 제I부문에서는 1,100의 잉여가치를 포함한 6,600가치의 생산수단 형태로, 제II부문에서는 400의 잉여가치를 포함한 2,400가치의 소비수단 형태로 주어지게 된다.

제1연도의 유통과정과 생산과정 │ 제1연도에, 제I부문이나 제II부분에서도 잉여가치의 50%가 축적된다고, 다시 말해 **축적률**이 50%라고 하자. 추가자본의 유기적 구성도 본래의 자본과 완전히 똑같다고 하면, 제I부문의 잉여가치 1,100s는 440sc + 110sv + 550sk로 나누어지며, 제II부문의 잉여가치 400s는 160sc + 40sv + 200sk로 나누어져야 한다. 이 가운데 I 440sc와 II 160sc는 생산수단의 형태로, I(110sv + 550sk) 및 II(40sv + 200sk)는 소비수단의 형태로 전환해야 한다. 이리하여 우선 제1연도의 유통과정에서 요소들이 전환되면, 다음에는 이 연도의 생산과정이 진행되어, 연도 말에 증대한 가치량의 새로운 총생산물이 생긴다. 이 총생산물＝총상품자본이 제2연도의 유통의 출발점이 된다.

그림 194 확대재생산 진행과정의 하나의 예

부문 간 비율(총자본 크기의 비율) : I (c+v) : II (c+v) = 11 : 4
자본의 유기적 구성(두 부문 모두) : c:v = 4:1
잉여가치율(두 부문 모두)   : s/v = 100%
축적률(두 부문 모두)   : sa/s = 50%

| 제1 연도 | C′ | I | 4400c + 1100v + 1100s = 6600 |
| | | II | 1600c + 400v + 400s = 2400 |

C′ ─ (─M′─) ─ C

I　 [4400c] + [1100v + 550sk]
　　[440sc] +   110sv

II　(1600c) + [400v + 200 sk]
　　(160sc) +   40 sv

| P | I | 4840c + 1210v |
| | II | 1760c + 440v |

| 제2 연도 | C′ | I | 4840c + 1210v + 1210s = 7260 |
| | | II | 1760c + 440v + 440s = 2640 |

C′ ─ (─M′─) ─ C

I　 [4840c] + [1210v + 605sk]
　　[484 sc] +   121 sv

II　(1760c) + [440v + 220 sk]
　　(176 sc) +   44 sv

| P | I | 5324c + 1331v |
| | II | 1936c + 484v |

| 제3 연도 | C′ | I | 5324c + 1331v + 1331s = 7986 |
| | | II | 1936c + 484v + 484s = 2904 |

C′ ─ (─M′─) ─ C

I　 [5324c] + [1331v + 666sk]
　　[532 sc] +   133sv

II　(1936c) + [484v + 242 sk]
　　(194sc) +   48 sv

| P | I | 5856c + 1464v |
| | II | 2130c + 532v |

| 제4 연도 | C′ | I | 5856c + 1464v + 1464s = 8784 |
| | | II | 2130c + 532v + 532s = 3194 |

제2연도 이후도 이상에서 가정한 모든 비율이 변화하지 않는 채 재생산이 진행되는 것으로 하여, 제4연도의 연초까지 표식을 전개해보자(그림 194).

§ 3. 사회적 재생산에서 축적펀드의 적립과 투하

사회적 총자본의 축적에 동반되는 독특한 화폐적 요인 | 이제까지는 확대재생산을 매개하는 화폐의 운동을 접어두었으나, 확대재생산에서는 화폐의 운동에 대해서 단순재생산에서는 볼 수 없었던 독특한 사태가 첨가된다. 더구나 화폐에 관련되는 이 독특한 사태가 바로 자본주의적 생산하에서의 사회적 재생산과정을 특징짓게 하며, 더욱이 사회적 재생산과정의 현실의 진행에 아주 커다란 영향을 미치는 요인이다.

축적펀드의 적립과 투하 | 사회적 총자본의 경우 매년 잉여가치가 추가적인 생산자본으로 전환되어 생산이 확대되고 있을 때에도, 개개 자본의 경우에는 어느 자본도 새로 취득한 잉여가치를 곧 추가적인 생산자본으로 전환하는 것은 아니다. 왜냐하면 생산을 확대하기 위해서는 많건 적건 일정한 생산설비(공장건물, 기계류 등)의 설치가 필요하며, 이를 위해서는 일정한 축적펀드(축적기금)가 필요하기 때문이다. 개개 자본은 매년 취득하는 잉여가치의 일부를 축적펀드로 적립하여 그것이 어떤 일정한 크기에 달했을 때 비로소 그것을 추가적인 생산자본으로 전환하여 현실적으로 생산규모를 확대할 수 있다. 그러므로 매년 취득하는 잉여가치 가운데서 현실적으로 생산자본으로 전환되는 것은, 적립액이 투하 가능한 크기에 달하고 있는 부분뿐이고 그 이외의 축적펀드는 화폐로 전환된 뒤에 유통과정에서 분리되어 이 형태 그대로 자본가의 손에서 유휴하게 된다. 이처럼 사회적 총자본의 축적과정은 화폐에 대해 반드시, 한편에서는 화폐형태로 축적펀드의 적립을 위해 유통에서 화폐를 끌어내는 것과, 다른 한편에서는 적립을 마친

축적펀드를 생산과정에 투하하기 위해 유통에 화폐를 투입하는 것이라는 두 가지 대립적인 움직임을 동반하고 있다.

두 부문에서 축적펀드의 적립과 투하 │ 제I부문에서 축적펀드의 적립과 투하가 각각 어떻게 행해지는가, 또한 그것들이 뒤얽힌다면 왜 그렇게 되는가, 제II부문에서 그것들이 뒤얽힌다면 왜 그렇게 되는가 하는 약간의 경우에 대해 그림으로 나타내보자. 축적펀드를 적립하는 자본가나 투하하는 자본가도 모두 복수의 자본가라고 생각해야 할 것이다(그림 195).

사회적 재생산에서 축적펀드의 적립과 투하의 뒤얽힘 │ 그림 195에서 알 수 있는 바와 같이, 고정자본의 화폐형태에서의 적립과 갱신의 경우와 꼭 마찬가지로, 한쪽 자본가들은 이제까지 유휴화폐자본으로(화폐형태로서는 퇴장화폐로) 보유해온 화폐를 유통에 투하하고(즉 퇴장화폐를 유통수단으로 전환하고), 다른 한쪽 자본가들은 유통에서 화폐를 끌어내어 화폐를 유휴화폐자본으로(화폐형태로서는 퇴장화폐로) 보유한다(즉 유통수단을 퇴장화폐로 전환한다)는 것이다.

축적펀드의 적립·투하에 관한 사회적 재생산의 조건 │ 따라서 사회적 재생산이 정상적으로 진행하기 위해서는 다른 모든 조건이 충족되는 경우 축적펀드의 갱신과 적립의 각각의 총액이 일치해야 한다. 즉 퇴장화폐가 유통수단으로 전환되는 총액과 유통수단이 축적화폐로 전환되는 총액, 바꿔 말하면 일방적인 판매의 총액과 일방적인 구매의 총액이 일치해야 한다. 이것이 축적펀드의 적립·투하에 관련해서 사회적 재생산의 정상적 진행을 위한 조건이다.

확대재생산 때의 화폐의 운동에 관한 두 가지 중요한 문제점 │ 여

그림 195 축적펀드의 적립과 투하

(1) 제 I 부문에서 축적기금의 적립과 투하

ⓐ 축적펀드 적립(IKt_1 의 화폐적립: 일방적인 판매)

	전환 전	화폐유통에 매개된 전환	전환 후
IKt_1	sa	C ─ M	M 축적기금
IKt_2	M ─ M	C	c

ⓑ 축적펀드 투하(IKt_1 의 현실적 축적: 일방적인 구매)

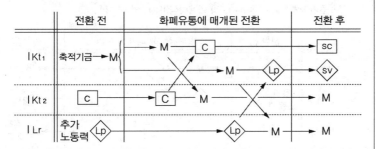

	전환 전	화폐유통에 매개된 전환	전환 후
IKt_1	축적기금 → M	M ─ C / M ─ Lp	sc / sv
IKt_2	c	C ─ M	M
I Lr	추가노동력 Lp	Lp ─ M	M

ⓒ 추가불변자본 축적(IKt_1)과 화폐 축적(IKt_2)의 뒤얽힘

	전환 전	화폐유통에 매개된 전환	전환 후
IKt_1	축적기금 → M	M ─ C	sc
IKt_2	sa	C ─ M	M 축적기금

ⓓ 추가가변자본 축적(IKt_1)과 화폐 축적(IKt_2)의 뒤얽힘

	전환 전	화폐유통에 매개된 전환	전환 후
IKt_1	축적기금 → M	M ─ Lp	sv
I Lr	추가노동력 Lp	Lp ─ M·M ─ C	Rp
IKt_2	sa	C ─ M	M 축적기금
II Kt	c	C ─ M·M ─ C	c

(2) 제 II 부문에서 축적펀드 적립과 투하

ⓐ 추가불변자본 축적(II Kt₁)과 화폐축적(II Kt₂)의 뒤얽힘

	전환 전	화폐유통에 매개된 전환	전환 후
I Kt	S	C — M·M — C	S
II Kt₁	축적기금 → M	M — C	sc
II Kt₂	sa	C — M	M 축적기금

ⓑ 추가가변자본 축적(II Kt₁)과 화폐축적(II Kt₂)의 뒤얽힘

	전환 전	화폐유통에 매개된 전환	전환 후
II Kt₁	축적기금 → M	M — Lp	sv
II Lr	추가 노동력 Lp	Lp — M·M — C	Rp
II Kt₂	sa	C — M	M 축적기금

기서는 자세히 설명하지는 않겠으나, 실은 축적펀드의 화폐형태에서의 적립과 투하에 대해서는 사회적 재생산의 진행에 커다란 영향을 미치는 독특하고 중요한 문제점이 두 가지 있다. 하나는, 앞 그림에서 보는 바와 같이 축적펀드는 추가가변자본의 투하를 포함하고 있으나, 가변자본의 투하란 노동력의 대가로서 노동자에게 임금을 지불하는 것이며, 이는 일반적으로 노동이 끝난 뒤에 후불로 이루어진다. 이 때문에 축적 때의 화폐투하에는 독특하며 복잡한 문제가 첨가된다. 또 하나는, 확대재생산이 고정자본의 상각펀드의 적립·갱신을 포함해서 일정한 비율로 진행할 때에는, 매년 화폐형태로 적립되는 축적펀드의 총량이, 적립을 완료해서 화폐형태에서 실물형태로 전환되는 축적펀드의 총량을 초과한다는 문제가 생기는 것이다.

§4. 단순재생산에서 확대재생산으로의 이행

단순재생산에서 확대재생산으로의 이행과정은 독특한 요인을 포함한다
│ 앞에서 확대재생산의 조건을 보았는데, 그것은 이미 확대재생산이 진행
되고 있을 때 그것이 진행하기 위한 조건이었다. 요컨대 확대재생산이 진행
되어가기 위한 조건이었다. 그러면 아직 확대재생산과정이 시작되지 않고
따라서 단순재생산이 행해지고 있으며 여기서부터 확대재생산으로 이행해
가는 경우에는, 이 이행과정은 어떻게 행해질 것일까? 이 과정은 앞에서
살펴본 확대재생산의 조건들과는 다른 독특한 요인을 포함하고 있다.

단순재생산을 가정한다 │ 우선 요인들의 가치액이 다음과 같은 크기로
단순재생산이 진행되고 있다고 생각하자(그림 196).

그림 196 이제까지 단순재생산이 진행되어왔다

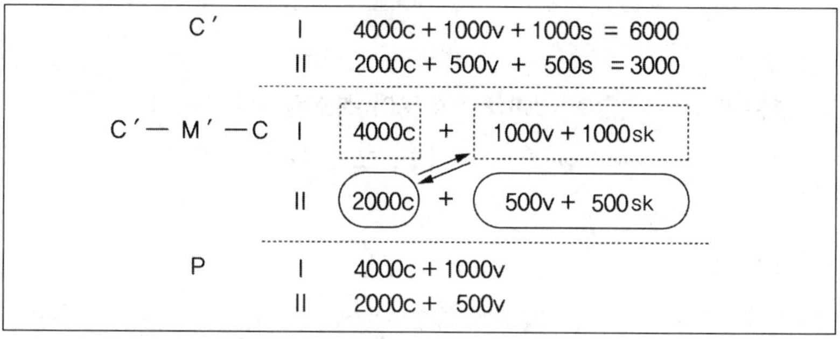

$$
\begin{array}{llll}
C' & \text{I} & 4000c + 1000v + 1000s = 6000 \\
& \text{II} & 2000c + 500v + 500s = 3000 \\
\\
C' - M' - C & \text{I} & \boxed{4000c} + \quad \boxed{1000v + 1000sk} \\
& \text{II} & (2000c) + \quad (500v + 500sk) \\
\\
P & \text{I} & 4000c + 1000v \\
& \text{II} & 2000c + 500v
\end{array}
$$

우선 제 I 부문이 선행적으로 확대해야 한다 │ 지금 위의 단순재생산에서
확대재생산으로 이행하는 과정을 생각해보자. 제 I 부문이 생산을 축소하지
않는 한 제 I 부문이 제 II 부문에 인도할 수 있는 생산수단은 최대한 2000이므
로, 제 II 부문에서 잉여가치의 일부를 추가불변자본으로 전환해서 축적을
행하려고 해도 제 I 부문에서 추가의 생산수단을 입수할 수 없다. 즉 제 II 부

문이 축적할 수 있기 위해서는 이것에 앞서서 제 I 부문이 제 II 부문에 추가의 생산수단을 인도할 수 있도록 먼저 확대되어 있지 않으면 안 된다. 그러므로 단순재생산에서 확대재생산으로 이행하기 위해서는, 우선 무엇보다 제 I 부문에서 축적이 행해지지 않으면 안 된다.

제 I 부문에서 축적을 위해 요소들의 배치가 바뀐다 ｜ 그래서 제1부문이 50%의 축적률로, 즉 잉여가치 1000의 50%인 500을 축적한다고 하자. 이 500sa는 본래 자본의 유기적 구성과 마찬가지로 4 : 1의 비율로 불변자본과 가변자본으로 분할된다(그림 197).

그림 197 제I부문에서 축적을 위한 배치 전환

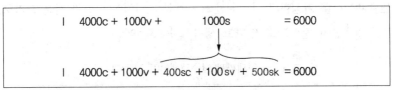

제 I 부문의 배치 전환의 결과 제II부문이 축소된다 ｜ 이처럼 제I부문의 자본이 축적을 위해 배치를 전환하면, 그 결과

$$I\ (1000v + 100sv + 500sk) < II\ 2000c$$

로 되며, 재생산의 조건이 충족되지 않는다.

즉 제 I 부문의 생산물 가운데 제II부문에 인도할 수 있는 생산수단은 1600밖에 없고, 제II부문의 자본은 그 상품자본 중에서 2000c를 전부 생산수단으로 전환할 수 없는 것이다.

그래서 전환이 가치대로 행해지는 한, 제II부문의 자본은, 전년도는 2000c에서 출발한 생산을 1600c로 축소할 수밖에 없다(그림 198).

확대재생산의 개시 ｜ 이리하여 두 부문에서는 전년도와는 다른 다음과

그림 198 제II부문의 축소

```
Ⅱ     2000c + 500v
         ↓        ↓      (400c + 100v의 축소)
Ⅱ    1600c + 400v
```

그림 199 제II부분 축소 뒤의 재생산요소의 보전

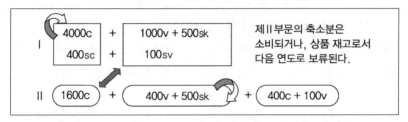

같은 전환이 행해진다. 이 전환은 벌써 확대재생산의 조건을 충족시키고 있으며, 이리하여 본년도부터 확대재생산과정이 개시된다(그림 199).

이 전환 뒤에도 제II부분에는 전환할 수 없었던 500의 소비수단이 남아 있다. 이 과잉으로 된 소비수단은 금년도 중에 이 부문의 자본가에 의해 추가적으로 소비되지 않는 한, 폐기되거나 상품재고로서 다음 연도 이후로 넘어가게 된다.

금년도 생산자본의 요소의 크기와, 그것들에 의해 생산과정에서 생산된 상품자본은 다음과 같으며, 제I부문에서는 확대재생산에 들어가 있고, 내년 도부터는 제I부문뿐 아니라 제II부문에서도 확대재생산이 가능하게 된다 (그림 200).

그림 200 제2연도부터 두 부문에서 확대재생산이 가능하게 된다

확대재생산 제1 연도 P	Ⅰ	4400c + 1100v
	Ⅱ	1600c + 400v
확대재생산 제2 연도 C′	Ⅰ	4400c + 1100v + 1100s = 6600
	Ⅱ	1600c + 400v + 400s = 2400

단순재생산에서 확대재생산으로의 이행의 고찰이 밝히는 것 | 단순재생산에서 확대재생산으로의 이행에 관한 지금까지의 고찰에서 다음이 명백해진다.

(1) 제II부문이 확대되기 위해서는, 그것을 위한 물질적 기초인 제II부문용 추가적 생산수단이 미리 생산되어 있어야 하는데, 그러기 위해서는 제I부문이 선행적으로 확대되어 있어야 한다. 제II부문이 제I부문의 생산에서 독립하여 먼저 자본축적을 진행할 수는 없다.

(2) 단순재생산에서 확대재생산으로 이행할 때에는, 제II부문에서 재생산 규모의 축소가 생기는데, 이것은 다소 재생산과정의 교란을 가져오지 않을 수 없다.

이상 두 가지 점이 나타내는 것은, 일반적으로 사회적 생산의 확대속도가 상승하기 —즉 축적률이 상승하기— 위해서는 항상 무엇보다 제I부문이 선행적으로 확대해야 하는데, 그렇지 않으면 다소 재생산과정에 교란이 생기게 된다는 점이다.

축적률이 독립변수, 부문 간 비율이 종속변수이다 | 자본주의적 생산에서는 잉여가치의 증대를 지향하는 자본들의 경쟁에 의해, 한편에서는 노동생산력이 상승하여 상대적 잉여가치가 증가하며, 다른 한편에서는 자본의 축적이 진행하여 자본이 증대해간다. 이 과정은 사회적으로는 전혀 무계획적·무정부적으로 진행될 수밖에 없다. 그러므로 한편에서는 사회 각 생산부문에서 노동생산력 발전은 불균등하며 각 부문의 자본의 유기적 구성도 완전히 불균등하게 상승하며 잉여가치율도 불균등하게 변화한다. 다른 한편에서는 각 생산부문의 자본축적의 양과 비율도 불균등하며 각 부문에 투하되는 총자본이나, 이에 의해 생산되는 총상품자본도 완전히 불균등하게 증대한다.

이것은 사회적 총생산을 제I부문과 제II부문의 2대 부문으로 총괄하여 파악한 경우에도 마찬가지여서, 각 부문의 자본구성, 잉여가치율, 투하 총자본 및 총상품자본의 어느 것도 다른 부문과는 독립적으로 끊임없이 변화하지 않을 수 없다. 이리하여 두 부문의 투하자본량 사이의 비율이나 상품자본량 사이의 비율도 끊임없이 변화하지 않을 수 없다. 바꿔 말하면 자본축적과 그것에 따르는 생산력 발전이 독립변수이며, 부문 간 비율은 그 종속변수이다. 그러므로 현실의 사회적 재생산에서는 I(c+v+s) 및 II(c+v+s)에 포함되는 여섯 개의 요소가 두 부문 사이에서 전혀 과부족이 없이 상호 보전이 행해질 수 있는 가치액으로 되는 일은 거의 있을 수 없을 것이다.

  그러면 앞에서 본 확대재생산의 조건=법칙은 의미를 가지지 않는 것일까? 그렇지는 않다. 예컨대 I(v+sv+sk) < II(c+sc)일 때에는 제I부문에 대한 수요가 제II부문에 대한 수요보다 크게 되어, 제I부문의 상품의 가격이 상대적으로 상승하고 제II부문의 상품의 가격이 상대적으로 하락하지 않을 수 없다. 그리하여 이번에는 이것이 두 부문의 자본축적이나 생산력 발전에 영향을 미치고, 두 부문의 투하자본량과 그에 따른 부문 간 비율을 변화시키게 된다. 더욱이 또한 그것은 자본과 잉여가치의—훨씬 뒤에 비로소 논할 수 있는 것이므로, 이 장에서는 아직 전혀 언급할 수 없었다—갖가지 운동을 야기하게 되는 것이다. 예컨대 부문 간 자본이동이나 은행제도나 외국 무역 등이 그것이다. 두 부문에서의 자본운동의 이러한 갖가지 움직임이나 그 방향, 크기 등을 이해하기 위해서야말로 이미 본 확대재생산의 조건=법칙의 파악이 필수적이다.[1]

---

1) 일부 연구자들 사이에는 요소들 간의 과부족 없는 상호 보전이 행해질 수 있는 확대재생산의 표식을 상정하여 그 아래에서 가능한 축적의 크기로부터 '균형축적률'을 도출하고, 더 나아가서 그러한 축적률 아래서 과부족 없이 확대하는 재생산의 진행과정을 그려서 그것을 '균형축적궤도' 등이라고 부르면서, 이러한 개념들에 무슨 이론적인 의미가 있는 것같이 주장하는 논의가 있다. 그러나 이러한 논의는, 자본축적과 그에 동반되는 생산력 발전이 독립변수이며 부문 간 비율이

제4절 재생산의 법칙들과 공황의 발전된 가능성

재생산의 조건들은 각각 독립적인 절대조건은 아니다 | 이상의 연구에서 밝혀진 것은, 사회적 재생산의 여러 조건은 각각이 충족되지 않으면 사회적 생산이 중지된다는 절대적인 제한은 아니라는 점이다. 자본주의적 생산하에서는 사회적 재생산과정은 증식욕에 의거하여 무정부적으로 생산·축적하는 개별적 자본의 행동의 종합적 결과로 나타날 수밖에 없다. 재생산의 조건들은 서로 복잡하게 뒤얽히고 일부는 서로 증폭하며 일부는 서로 부정하는 방식으로 작용하는 것이며, 하나하나의 조건이 독립적으로 과정을 제약하는 것이 아니다. 자본주의적 생산은 끊임없는 불균형 중에서 결과로서 균형이 관철되는 방식으로 진행된다.

그러나 재생산의 여러 조건은 모두 그대로 공황의 조건이기도 하다 | 그러나 이미 본 바와 같이 자본주의적 생산은 상품생산이며 화폐유통에 의해 매개되는 유통과정에서 여러 전환을 거쳐야 하기 때문에, 그 사회적 생산은 아주 많은 재생산의 조건을 포함하고 있으며 이러한 조건은 그 하나하나가 사회적 생산을 교란하는 계기가 될 수 있는 것이다. 그러므로 재생산 조건들의 총체는 모두 그대로 공황의 조건들이기도 하다.

유통수단 및 지불수단으로서의 화폐가 포함된 공황의 추상적 가능성 | 화폐가 유통수단의 기능을 하며 상품유통의 뒤얽힘이 광범히 존재하는 곳에서, 어디선가 판매와 구매의 분리가 생기면——즉 상품을 판매한 뒤에 그 대금인 화폐가 구매로 지출되지 않으면——그것이 상품유통의 교란을 낳을

그의 종속변수라는 현실 관계가 확대재생산조건의 이해에서 갖고 있는 규정적 의미를 놓치고 있다고 할 수 있다.

가능성이 있다. 또한 화폐가 지불수단의 기능을 하며, 이미 광범히 성립된 상품매매 속에서 상쇄되지 않는 매매를 결제하기 위해 지불수단으로서의 화폐가 유통하고 있을 때, 어딘가에서 지불이 정체하면, 그것이 지불의 연쇄를 중단시켜 연속적인 지불불능을 낳을 가능성이 있다. 이러한 여러 가능성을 **공황의 추상적 가능성**이라 부른다.

사회적 총자본의 재생산과정이 포함하는 공황의 발전된 가능성 │ 공황의 조건으로서의 재생산의 여러 조건은, 이러한 추상적·형태적인 가능성이 사회적 총자본의 재생산의 계기들에 의해 더욱더 구체적인 내용을 얻게 된 것이며, 그런 의미에서 **공황의 발전된 가능성**인 것이다.

축적률 변화에 의한 교란은 공황의 발전된 가능성의 일부이다 │ 또한 바로 앞에서 본 단순재생산에서 확대재생산으로의 이행이란 축적률이 제로인 재생산에서 축적률이 플러스인 재생산으로 이행하는 것과 같은 변화이므로, 이것은 축적률이 상승하는 재생산상의 변화의 하나의 특수한 경우에 불과하다. 즉 이미 확대재생산이 진행되고 있을 때에도 제I부문의 축적률이 상승할 때에는 단순재생산에서 확대재생산으로의 이행의 경우에 생긴 것과 마찬가지 사태가 생기며, 또한 두 부문의 축적률이 함께 상승할 때에는, 더욱 큰 교란이 생길 가능성이 있다. 그러므로 단순재생산에서 확대재생산으로의 이행의 분석을 통해서, 동시에 일반적으로 축적률이 상승할 때 생기는 교란의 성질이 명백히 된 것이다. 자본의 축적률은 자본들의 경쟁 속에서 자본들이 자립적으로 결정하는 것이며, 사회적 재생산에서 두 부문의 축적률과 사회적 총자본의 축적률도 그것들의 종합적인 결과에 불과하다. 자본의 축적률은 재생산과정의 가장 자립적인 독립변수이다. 사회적 재생산과정에서는 축적률은 끊임없이 변동하고 있으며, 축적률이 급격히 저하하는 경우를 포함하여 이러한 변동은 항상 사회적 재생산에 교란을 가져올 수 있다. 그러므로 축적률의 변동이 가져오는 교란의 가능성은 공황의 발전된 가능성의 중요한 일부를 이룬다.

제5절 사회적 재생산에서 생산·유통·소비의 내적 관련

사회의 표면 속에 숨어 있는 생산·유통·소비의 관련 | 제3절 § 1~§ 2에서 본 사회적 총자본의 확대재생산에서 재생산요소들의 전환=보전의 관련은, 사실 확대재생산과정에서 자본과 수입의 뒤얽힘, 거기서의 생산·유통·소비의 상호 관련을 밝히는 것이었다. 여기에서 두 부문에서 확대재생산이 진행되는 아래서 자본과 수입이 어떻게 뒤얽혀 자본가에 의한 생산·유통과정과 자본가 및 노동자의 소비가 어떻게 관련되고 있는가 하는 것을 하나의 그림에 의해 보기로 하자. 이 그림을 제1편 제1장 그림 41(경제의 '순환적 흐름'에 대한 상식적 이미지)과 대비함으로써 사회의 표면에서 보이는 경제의 모습과는 다른 그 속에 숨어 있는 생산·유통·소비의 내적 관련을 알 수 있을 것이다(그림 201).

사회적 재생산의 내적 관련을 조건들의 총체로 파악하는 것의 의미 | 이 그림 201에 표시되어 있는 것은, 사회적 총자본의 재생산과 유통의 조건 중 2대 생산부문에서 자본과 수입의 재생산에서 가장 기본적인 보전 관계뿐이다. 그러나 이 장에서는 이 밖에도 재생산의 여러 조건을 보았다. 각각을 분석할 때에는 항상 '다른 모든 조건이 충족되고 있다'고 가정했다. 그러나 현실의 재생산과정에서는 조건들이 교란을 서로 강화시키거나, 서로 억제하곤 한다. 그러므로 그 결과로 생기는 자본운동의 구체적인 양상은 지극히 복잡한 것이 된다. 사회 표면에서는 이러한 조건 하나하나가 독립된 것으로 나타나는 일은 없다. 이 장의 연구는 심층에 숨어 있는 내적 관련의 계기들을

그림 201 사회적 재생산과정에서 생산·유통·소비의 관련

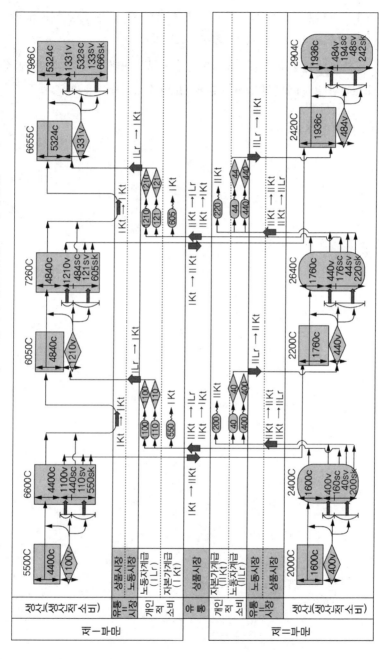

제3장 | 사회적 총자본의 재생산과 유통 411

하나하나 밝힘으로써 복잡하고 얼핏 이해할 수 없는 현상들을 해명하기 위한 필수적인 단서를 주는 것이 된다.

또한 재생산의 조건들은 모두 자본의 구체적 형태들, 특히 제3편 제5장에서 보는 신용 시스템의 발전과 은행제도의 형성의 동인을 이룬다.

제3편 총과정의 여러 형태

이 편의 과제와 연구의 진행방식

이제까지의 연구: 자본주의적 생산의 내적 관련의 해명 | 제1편 「자본의 생산과정」에서는, 제2장 「자본과 잉여가치」 이하의 장들에서, 유통과정은 정상적으로 진행되는 것으로 가정하여 자본의 생산과정을 연구하고 자본주의적 생산의 가장 본질적이고 기본적인 구조를 알았다.

이어서 제2편 「자본의 유통과정」에서는, 이미 얻어진 자본의 생산과정에 대한 지식을 전제하여 자본의 유통과정을 연구했다. 우선 제1장 「자본의 순환」 및 제2장 「자본의 회전」에서는 유통과정에서 자본이 취하는 독특한 형태들을 아는 것과 더불어, 그것들이 생산과정에서 자본의 가치증식에 미치는 영향을 보았다. 또한 제3장 「사회적 총자본의 재생산과 유통」에서는 생산과정과 유통과정을 거치면서 진행하는 자본의 재생산을 사회적인 과정으로서 연구하여, 유통과정에서의 자본운동의 뒤얽힘을 이해했다.

이상의 연구에 의해 고전파 경제학이 총체적으로 파악할 수 없었던 자본의 총과정의 내적 관련에 대한 해명을 끝마쳤다.

이 편의 과제: 자본과 잉여가치의 구체적 형태의 전개 | 이번에는 자본의 총과정(개별적 자본들과 그들의 전체로 이루어지는 사회적 총자본이 거쳐가는 생산과정과 유통과정의 전체)에서 자본과 잉여가치가 취하는 구체적인 형태들을 이제까지의 본질의 파악에 의거하여 전개해간다. 이 영역은 고전파 경제학자에 의해 갖가지 방식으로 전개되고 있으며, 그 구체적 형태의 거의 모든 것이 이미 개념화되고 있다. 그러나 그들은 현상들에서 그 본질을 분리하여 파악하고, 더욱이 그 현상들을 그러한 본질의 현상형태로서 전개할 수 없었다. 여기서는 이미 살펴본 본질에 대한 지식을 출발점으로 하여, 그 현상형태로서 구체적 형태들을 논의하려고 한다.

이윤과 이윤율 | 우선 제1장에서는, 잉여가치가 투하 총자본의 증가분으로서 파악될 때 취하는 형태인 이윤과, 잉여가치가 이윤으로 보일 때의 개개 상품의 가치구성분의 독특한 형태를 연구한다.

평균이윤율과 생산가격 | 다음 제2장에서는, 자본이 더 높은 이윤율을 요구하여 운동한 결과 이윤율 균등화의 경향이 생기며, 또한 이에 따라 개개 상품의 판매가격 변동의 중심이 자본에게 평균이윤을 주는 가격, 즉 생산가격으로 된다는 것을 알아본다.

이윤율의 경향적 저하 | 제3장에서는, 자본주의적 생산의 발전 속에 생기는 자본구성의 고도화가, 개별자본이나 총자본에게 결정적으로 중요한 이윤율을 끊임없이 인하하는 방향으로 작용하지 않을 수 없는데, 이것이 이윤율의 경향적 저하라는 현상이 되어 나타나는 것을 밝힌다.

상업자본과 상업이윤 | 제4장에서는, 자본의 순환(제2편 제1장)의 장소에서 본 '유통시간 없는 유통'이라는 자본의 경향에 의해 산업자본에서 분리하여 자립하는 자본, 다시 말해 오로지 자본의 유통에 종사함으로써 이윤을 취득하는 상업자본을 연구한다.

이자 낳는 자본과 이자, 은행제도 | 제5장에서는, 단기간이나 장기간에 생산과정과 유통과정의 외부에 있는 화폐가, 타인의 손에 의해 이러한 과정들에서 자본으로서 운동하는 것을 매개하는 독특한 자본의 형태, 즉 이자 낳는 자본과 그것이 취득하는 이자에 대해 논의한다. 이 자본은 발전한 형태에서는 은행제도에서 운동하는 독특한 '화폐자본'으로서 나타나는 것이므로, 이 은행제도를 개관하고자 한다.

토지소유와 지대 ｜ 제6장에서는, 자본주의적 생산이 토지라는 독특한 생산조건의 소유를 근대적 토지소유라는 형태로 자기에 종속시키면서, 거기에다 잉여가치의 일부를 지대라는 형태로 토지소유자에 인도해야 한다는 것으로부터 생기는 문제들을 다룬다.

수입의 여러 형태와 계급들 ｜ 제6장까지, 잉여가치가 취하는 구체적 형태인 기업이득(산업이윤과 상업이윤), 이자, 지대를 논의했으므로, 제7장에서는 노동자의 살아 있는 노동이 낳는 가치가 임금 및 그러한 형태들로 사회성원의 수입이 되는 방식을 연구한다. 여기서 한편에서는 우리의 연구의 출발점에서 상식적 이미지로서 나타나고 있던 자본주의적 생산이, 이제는 '심층의 구조와 법칙에 의해 설명된 상(像)'으로 전환되고 있는 것을 확인함과 더불어, 다른 한편에서는 이 생산하에서 사회의 구성원이 필연적으로 대립하는 사회적 집단, 즉 계급을 형성하는 것을 보게 될 것이다.

제1장
자본과 이윤

제1절 자본과 이윤 및 이윤율

자본은 이윤의 획득을 목적으로 운동하고 있다 | 이제까지 우리들이 알고 있는 자본은 산업자본뿐이다. 상업자본과 이자 낳는 자본, 그리고 토지소유는 이 편의 제4장 이후에서 순차적으로 다룬다. 그때까지는 자본이라고 하면 산업자본을 말한다.

자본은 무엇을 목적으로 운동하는가? 누구라도 알고 있는 것은 그것이 증식을 목적으로 운동한다는 것, 더 구체적으로 말하면 증식분(增殖分)인 이윤의 획득을 목적으로 운동하고 있다는 것이다.

이윤은 '판매가격−비용가격'으로 나타나고 있다 | 그렇다면 자본은 어떻게 이윤을 획득하는가? 누구나 알고 있는 것은, 그것은 생산한 상품을 판매함으로써 이윤을 손에 넣고 있으며, 더욱 구체적으로 말하면 그 상품의 판매가격이 그 상품의 비용보다 크므로 그 차액이 이윤이 된다는 것이다. 상품의 판매가격 중에서 상품에 든 비용을 보전하는 가격부문은 상품의 비용가격이라 부른다. 그러므로 개개 상품에서 얻어진 이윤은 판매가격−비용가격이다. 자본가의 실천에 따라 더 구체적으로 보면, 이윤은 자본의

'매상 총액'에서 감가상각비·원재료비·노무비 등의 '경비'를 뺀 차액, 다시 말해 '영업이익'이다.

투하 총자본의 증식률로서의 이윤율 | 이윤은 개개 상품을 기준으로 보면 판매가격이 비용가격을 넘은 초과분이다. 이윤의 투하 총자본(고정자본+유동자본)에 대한 비율이 자본증식 정도를 나타내는 것인데, 이것이 **이윤율**이다. 이윤을 p, 투하 총자본을 K라 하면, 이윤율 P'는 다음과 같다.

$$p' = \frac{p}{K}$$

제2절 비용가격과 이윤

자본의 이윤에 대한 표상을 이미 얻어진 지식으로서 정리한다 | 이처럼 사람들의 일상적인 의식에 떠오르는 자본의 이윤과 이윤율에 대한 사실을, 우리가 이제까지 자본의 생산과정 및 유통과정을 연구하여 이미 얻은 지식에 따라 정리해보자.

제1편 제1장에서 본 바와 같이, 상품의 생산에 필요한 비용은 ① 그 생산 중에 소비된 생산수단의 가치(이 상품의 생산 이전에 대상화된 과거의 노동)와, ② 이 생산수단을 변형·가공하여 생산물로 만들 때 지출되는 살아 있는 노동이다. 전자는 상품 속에 이전된 구가치이며, 후자는 상품 속에 대상화되어 신가치가 된다. 상품의 가치는 이 구가치와 신가치의 합계이다. 결국 상품의 생산비용을 나타내는 것은 상품의 가치이다(☞ 그림 58).

자본주의적 생산에서는, 제I편 제2장에서 본 바와 같이, 상품에 이전하는 구가치는 불변자본(c)이라는 형태를 취하며, 새로 대상화하는 살아 있는 노동은 가변자본+잉여가치(v+s)라는 형태를 취한다. 그러므로 자본주의적 생산하에서 상품 그 자체의 생산비용은 (c+v+s)이다(☞그림 128).

그러나 제2편 제2장에서 본 바와 같이, 불변자본 가운데 유동불변자본 cz는 상품가격의 실현에 의해 항상 환류해오는데, 고정자본 cf는 생산과정에 고정되어 있고 생산물에 이전되는 가치는 마손분의 가치 cw뿐이며 잔존하는 가치부분은 생산물 속에 이전되지 않는다. 그러므로 개개의 상품의 가치는 생산수단에서 이전되는 구가치 cw+cz와 새로 대상화한 노동인 신가치 v+s로부터 이루어지며, cw+cz+v+s로 나타낼 수 있다(☞그림 175). 이것이 상품의 현실의 비용이며, 그 크기는 상품에 포함되어 있는 대상화된 노동의 양에 의해 측량된다.

그러나 상품의 가치 cw+cz+v+s 가운데 s는 노동자에게 잉여노동을 지출하도록 만들지만 그것은 불불노동이며, 이 노동에 자본가는 단 한 푼도 쓰지 않는다. 상품의 가치 중 상품이 자본가에게 비용이 들게 하는 것은 그가 자본으로 투하하지 않으면 안 되는 cw+cz+v뿐이다. 이것이 자본가에게 상품의 비용이며, 그 크기는 상품의 생산에 투하된 자본의 양에 의해 측정된다.

<비용가격+이윤>으로 나타나는 것은 <자본+잉여가치>이다 │ 이리하여 앞에서 본 상품의 비용가격이란, 판매가격 중 자본가적 비용을 보전하는 가격부분이라는 것을 알았다. 상품의 가치를 C, 상품의 자본가적 비용 cw+cz+v를 보전하는 그 비용가격을 Cp로 하면, 이윤 p는 C−Cp이다. 그러므로 비용가격과 이를 초과하는 이윤이라는 형태로 나타나는 것은 자본과 그것이 취득하는 잉여가치인 것이다.

비용가격과 이윤이라는 형태에서는 잉여가치의 본질은 은폐된다 │ 그런데 비용가격과 그 증가분인 이윤이라는 이 현상형태에는, 자본과 그것이 취득하는 잉여가치라는 본질은 전혀 나타나지 않고 있다. 오히려 이 형태는 생산과정에서 노동력이 가치 창조자로서 노동력의 가치를 넘어 잉여가치를 낳는다는 본질적인 관계를 완전히 은폐한다.

첫째로, 비용가격을 보고 알 수 있는 것은 그것이 판매가격 중 자본가가 들인 비용인 지출된 자본을 보전하기 위해 필요한 부분이라는 것뿐이며, 그 성분인 cw와 cz와 v는 각각 이윤으로 나타나는 가치와 어떠한 관계에 있는가는 전혀 볼 수 없다. 결국 가치증식과정은 완전히 사라지고 있다.

둘째로, 제1편 제6장의 '임금'에서 본 바와 같이, 자본가가 지불하는 임금은 노동력의 가격인데도 노동임금으로서 즉 노동의 가격으로서 나타나며, 이 때문에 투하자본 중 가변자본(v) 부분도 생산에 지출되는 잉여노동을 포함한 모든 노동에 대해 지불된 자본가치로 나타난다(☞그림 140·141). 그래서 투하자본가치와 그것이 생산한 상품의 가치는 각각 다음과 같이 나타나게 된다.

> 투하자본 = 생산수단에 지출된 자본가치 + 노동에 지출된 자본가치
>
> 상품가치 = 비용가격(생산수단과 노동의 가격) + 이윤(잉여가치)

이 표현에서는 불변자본(c)과 가변자본(v)이 각각 '생산수단에 지출된 자본가치'와 '노동에 지출된 자본가치'로 나타나고, 따라서 그것들에 의해 사들인 생산요소가 소재적으로 다르다는 것을 가리킬 뿐 양자가 가치증식과정에서 수행하는 결정적으로 다른 역할은 완전히 사라지고 있다. 다시 말해 여기서 이윤이라는 모습을 취하는 잉여가치(s)가 어떻게 추가되었는가는 전혀 보이지 않게 된다. 따라서 상품가치에 포함되는 비용가격은 자본가치, 즉 생산에 이용된 생산수단과 노동에 지출된 가치가 전부 돌아온 것일 뿐이고 자본이 지출한 비용을 회수하는 것, 지출된 자본을 보전하는 것에 지나지 않는다. 그러면서 상품은 이 비용가격을 넘는——어떻게 생기는가는 전혀 모르는——이윤(잉여가치)이라는 가치액을 포함하는 것이다.

셋째로, 비용가격 그 자체의 산정에서 투하자본의 가치성분의 구별로 의식되는 것은 고정자본과 유동자본의 구별뿐이다. 즉 고정자본으로서 생산과정에 고정되는 가치 중 노동수단의 마손분의 가치 cw만이 생산물 가치 속에 들어가며 고정자본 중 이 부분만이 비용가격의 일부로서 회수되어야 하는 데 대해, 노동대상에 투하되는 불변자본가치는 노동력에 투하되는 가변자본가치와 함께 비용가격에 의해 모두 회수되며 이 양자는 함께 유동자본으로 동일시된다. 불변자본과 가변자본이 가치 증식과정에서 수행하는 각각 다른 기능은 완전히 사라진다.

넷째로, 더구나 생산과정에 있는 노동수단의 전체가 생산물이 생산될 때 기능하므로, 생산과정에 고정되어 있는 자본가치 전체가 증가분인 가치의 발생에 관계하는 것처럼 보인다.

다섯째로, 이러한 사실에 따른 결과로서 증가분인 이윤은 생산수단과 노동으로 이루어지는 자본의 갖가지 가치요소에서 한결같이 생기는 것처럼 보인다. 자본의 모든 요소가 하나가 되어 증가분을 낳는 것처럼 보이는 것이다.

투하 총자본이 낳은 것으로서 생각된 잉여가치가 이윤이다 | 이리하여 증가분인 잉여가치는 노동력에 의해 산출된 것이며 가변자본의 증가분이라는 것은 전혀 보이지 않게 되고, "투하되는 총자본(고정자본＋유동자본)의 전체가 낳는 것"으로 관념된다. 이윤이란 일반적으로 자본이 낳는 증가분으로 생각되는데, 이것을 경제학적으로 정확하게 말하면 '투하 총자본에 의해 산출된 것'이라 생각된 잉여가치이며, 신비화된 형태를 걸치고 있는 잉여가치이다. 그러나 이 형태는 노동력의 가격이 취하는 임금이라는 형태와 완전히 마찬가지로 자본주의적 생산양식에서 필연적으로 생기는 형태이며, 잉여가치는 이러한 형태를 취하지 않을 수 없다(그림 202). 허위의 외관을 가리키는 이 그림을, 앞에서 본 현실 과정에 대한 그림 175와 대비해보기 바란다.

그림 202 비용가격과 이윤이라는 형태가 낳는 관념들

◆ 고정자본의 마손분(cw)+유동불변자본(cz)+가변자본(v)⇒비용가격(Cp)
◆ 잉여가치(s) ⇒ 이윤(p)
◆ 이윤이라는 잉여가치의 형태에서 발생하는 허위의 관념
　①'투하 총자본의 전체가 생산물의 형성에 참가하기 때문에 그 가운데 포함되는 증가분인
　　이윤은 투하 총자본에서 발생한다.'
　②'투하 총자본의 증가분인 이윤은 비용가격의 증가분으로서 회수된다.'
　③'이윤은 자본의 산물이며 과실이다.'

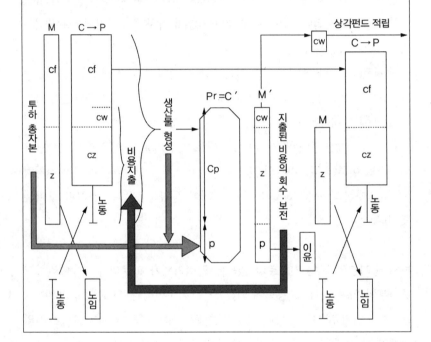

제3절 이윤의 형태에서 자본과 잉여가치의 신비화

이윤율은 잉여가치율을 은폐한다 ｜ 앞에서 본 바와 같이, 이윤(p)은 '투하 총자본에 의해 산출되는 것'으로 생각되는 잉여가치이다. 그러나 투하 총자

본(K)은 불변자본(c)과 가변자본(v)으로 이루어져 있으므로, 이윤율($p' = \frac{s}{K}$)은 본질적으로는

$$p' = \frac{s}{c+v}$$

에 지나지 않는다. 그리고 잉여가치는 오로지 가변자본의 가치변화에서 생기므로 이 이윤율(p')은

$$p' = \frac{v}{c+v} \cdot \frac{s}{v} = \frac{v}{c+v} \cdot s' \ (s' = \text{잉여가치율})$$

로 파악해야 한다. 결국 이윤율은 가변자본이 투하자본 중에 차지하는 비율($\frac{v}{c+v}$)(자본의 유기적 구성 $\frac{c}{v}$의 역수와 비슷하다)과 잉여가치율(s')의 곱이다. 따라서 이윤율의 최대한은 c가 제로인 경우이며(실제로 c는 제로가 될 수 없다), 그때에는,

$$p' = \frac{v}{v} \cdot s' = s'$$

즉 이윤율＝잉여가치율이다. 그러므로 이윤율은 잉여가치율의 높이에 의해 결정적으로 제약되고 있다. 다만 투하 총자본 중 c가 차지하는 비율이 커짐에 따라, 이윤율을 잉여가치율에서 그만큼 크게 괴리시키는 것이다.

그런데 이윤율 p'에서는 한편에서의 투하 총자본과 다른 한편에서의 이윤밖에 나타나지 않으므로, 외관상은 이윤율 p'에서는 잉여가치율 s'를 찾아낼 수 없다. 다시 말해 이윤율에 의해 잉여가치율은 결정적으로 은폐되어버린다.

이윤은 상품을 가치보다 더 높은 가격으로 파는 데서 생긴다는 관념 │ 그런데 이제까지는 자본이 생산한 상품의 가치에는 지출된 자본가치를 보전하는 비용가격을 넘어서 또한 이윤(잉여가치)이 포함되어 있으며, 이 상품이 그 가치대로 판매됨으로써 이 이윤이 화폐형태로 실현되는 것으로 생각했다.

그런데 이윤은 상품의 비용가격과 판매가격의 차액으로 나타나는데, 자본가가 상품의 생산을 위해 지불해야 하는 것으로 명확히 확정된 것은 비용가격뿐이다. 비용가격이 회수되는 한에서는 자본이 보전되지만, 판매가격이 비용가격을 하회하면 자본 그 자체가 보전되지 못하기 때문이다. 이에 반해, 상품의 판매가격은 시장의 상황에 좌우되며 또한 판매 수완에도 달려 있다. 그래서 이러한 사실에서, 자본가는 "본래 상품의 가치에는 이윤이 포함되어 있지 않고 비용가격이 바로 상품의 내재적인 가치이며, 이윤은 상품을 이 내재적 가치보다 높게 파는 데서 생기는 것"이라고 생각한다. 이미 이윤(잉여가치)이 생기는 과정은 완전히 은폐되어버렸고, 이윤이 어떻게 생기는지는 전혀 볼 수 없게 되었으므로, 이윤은 상품이 그 내재적 가치인 비용가격보다 높은 가격으로 팔림으로써 생기는 것, 결국 순수하게 유통과정에서 생기는 것으로 생각하게 되는 것이다(그림 203).

이 생각에 의하면, 판매자는 상품을 그 내재적 가치보다 높게 팔고 구매자는 상품을 그 내재적 가치보다 높게 구매하기 때문에 판매자의 이윤이란

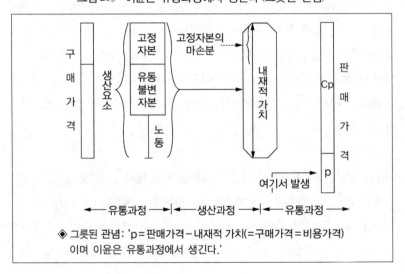

그림 203 '이윤은 유통과정에서 생긴다'(그릇된 관념)

◈ 그릇된 관념: 'p=판매가격−내재적 가치(=구매가격=비용가격)이며 이윤은 유통과정에서 생긴다.'

항상 구매자의 손실이 된다. 그렇다면 모든 매매를 동시에 하면 이윤과 손실은 상쇄되어 한 푼의 이윤도 존재하지 않게 된다. 그러나 자본가의 전도된 관념은 그러한 것에는 아랑곳하지 않는다.

이윤율은 어버이인 자본과 자녀인 이윤 사이의 양적 관계이다 │ 어떻든, 자본은 이제야 생산과정 및 유통과정을 통해 운동하는 속에서 이윤을 낳는 주체로 나타난다. 이윤에 대한 자본의 관계는, 자기가 낳은 자녀에 대한 어버이의 관계이다. 이윤을 낳음으로써 자본은 이 이윤의 크기만큼 증가한다. 이 증가한 자본도 그 전체가 자본이므로, 증가분인 이윤도 자본의 일부이다. 그러므로 자본과 이윤의 관계는, 주체인 자본의 자본 자신에 대한 관계이다. 이윤율이란 바로 어버이인 자본의 자녀인 이윤에 대한 양적 관계일 뿐이다. 이리하여 잉여가치가 이윤의 형태를 취하면, 이 자본의 증가분은 노동자의 잉여노동이 낳은 것이라는 그 진실의 근원이 완전히 보이지 않게 된다. 그것이 어떻게 해서 생겼는지는 전혀 알 수 없고, 자본 그 자체가 갖는 보이지 않는 신비한 성질에서 나오는 것처럼 보이는 것이다.

주체로서의 자본과 그 인격화로서의 자본가 │ 이미 제1편 제5장 '자본 아래로의 노동의 포섭'에서, 자본의 생산과정에서는 노동의 생산력, 즉 노동자라는 인격에 속하는 주체적인 생산력이 자본의 생산력, 즉 자본이라는 물상에 속하는 생산력으로 나타나는 것, 그리고 자본이라는 물상이 자본가라는 형태로 인격화되는 것을 보았다. 이러한 전도된 관계로부터는 "자본이 바로 주체이며 노동자는 이 주체로부터 '일자리'를 받는 단순한 판매자에 지나지 않는다"는 전도된 관념이 생기는데, 이 의식은 이제야 "이윤을 낳는 주체로서의 자본"이라는 관념으로까지 발전했다. 그리고 이 주체로서의 자본의 인격화가 **자본가**이다.

제4절 개별자본의 행동기준인 이윤율

연간 이윤율 | 개별자본이 실천적으로 산정하는 이윤율은 일정기간에 대한, 구체적으로는 1년에 대한 이윤율이다. 1년간에 얻어지는 이윤량의 투하 총자본에 대한 비율이 **연간 이윤율**이다. 연간 이윤율은 이윤율에 제2편 제2장에서 본 자본의 연간 회전수를 곱한 것이다. 자본의 연간 회전수를 n이라 하면, 연간 이윤율 P'는 다음과 같이 된다(s'n은 연간 잉여가치율. 연간 잉여가치율에 대해서는 그림 178 참조).

$$P' = \frac{v}{c+v} \cdot s'n = \frac{1}{\frac{c}{v}+1} \cdot s'n$$

$\frac{c}{v}$는 자본의 유기적 구성을 나타낸다. 다시 말해 연간 이윤율은 잉여가치율(s')과 연간 회전수(n)에 비례하여 상승하며, 자본의 유기적 구성($\frac{c}{v}$)이 높아질수록 저하한다.

잉여가치 생산이라는 규정적 목적은 이윤추구로 나타난다 | 제1편에서 반복해서 본 바와 같이, 잉여가치의 생산이 바로 자본주의적 생산의 규정적 인 성격이며 그것이 바로 자본의 인격화인 자본가에게 생산의 규정적 목적이다. 그런데 이제 자본가의 생산의 목적은 이윤이라는 형태로, 다시 말해 자본가의 행동을 근본적으로 결정하는 것은 이윤 추구라는 형태로 나타난다.

자본가는 이윤율을 최대로 하려고 행동한다 | 자본가에게 이윤의 크기는, 한편에서는 이윤의 절대량으로, 다른 한편에서는 투하 총자본에 대한 상대적 비율인 이윤율로 파악된다. 그런데 p=Kp'이므로, 이윤의 절대량(p)은 투하 총자본의 절대량(K)과 이윤율(p')에 의해 규정된다. 그래서 자본가에게는 한편으로 투하 총자본을 증대시키는 것(자본을 축적하는 것)이 중요함과 동시에, 다른 한편으로는 이윤율을 될수록 상승시키는 것이 필요하다. 이

중 투하자본의 크기는 개개 자본의 축적 정도와 축적 가능성에 의해 규정되는데, 이윤율은 개개 자본을 둘러싼 갖가지 사회적인 요인에 의해, 요컨대 자본의 경쟁과 경기상황에 의해 제약된다. 그래서 자본은 이러한 경쟁과 경기상황에 의해 제약되는 사회 전체의 이윤율과 특정부문의 이윤율을 보면서 자신의 이윤율을 최대로 하려고 행동하는 것이다. 자본을 어느 정도 축적하는가(투자활동)도 이러한 판단에 달려 있다. 그러므로 이윤율(구체적으로는 이른바 '기대이윤율')이 바로 자본의 행동을 결정하는 최대 요인이다.

자본에게는 이윤율만 높으면 생산부문은 어디라도 좋다 | 자본에게는 이윤 획득이 목적이며, 어떤 특정한 생산물의 생산은 그것을 위한 수단에 지나지 않는다. 그러므로 생산부문에 따라 이윤율이 다르다면 자본은 더 높은 이윤율을 가져오는 생산부문에 투하되어야만 한다. 이것은 다음 장에서 보는, 이윤율의 평균이윤율로의 균등화와 생산가격의 형성에서 중요한 의미를 가지게 된다.

제2장
평균이윤율과 생산가격

제1절 생산부문 안의 경쟁에 의한 시장가치의 성립

이 장에서는 자본의 경쟁이 다루어진다 ｜ 제1편 제4장 제1절에서, 상대적 잉여가치의 생산이 어떻게 이루어지는가를 이해하기 위해 먼저 특별잉여가치를 둘러싼 자본들의 경쟁에 대해 논의했다. 그러나 그것을 제외하면 이제까지는 갖가지 개별적 자본이 전개하는 경쟁에 대해 깊이 언급하지는 않았다. 이 장에서는 그 자본들의 경쟁을 본격적으로 다룬다.

시장의 개관 ｜ 여러 자본이 경쟁을 전개하는 직접적인 장소는 **시장**(市場)이다. 그러므로 먼저 시장을 개관하기로 한다.

　매매 장소의 공간적 확대라는 관점에서, 세계시장, 외국시장, 국내시장, 원격지시장, 국지적 시장, 유럽시장, 아시아시장 등이 구별된다.

　거래가 행해지는 시기와 장소가 특정되어 있는 경우에는, 그 시기와 장소에 따라 특별한 명칭이 붙는다. 예컨대 대목장, 큰 시장, 오일장, 크리스마스시장, 어시장, 아침장 등.

　그러나 시장 구별의 가장 중요한 관점은 매매되는 상품의 종류이다. 왜냐하면 거래되는 상품의 차이에 의해 시장의 존재방식에도 큰 차이가 생기기 때문이다. 가장 큰 구별은 상품시장(생산물시장), 화폐시장(자본시장 포함), 노동시장, 토지시장이다.

상품시장(생산물시장)은 화폐(와 자본)와 노동과 토지 등의 특수한 상품을 제외한 일반 상품의 시장이며, 생산물시장과 원료시장이 주를 이룬다. 이것은 생산수단이 되는 상품이 취급되는 생산재시장과 소비수단이 되는 상품이 취급되는 소비재시장으로 나눌 수도 있다. 거기에 각각의 상품마다 야채시장, 말시장, 곡물시장, 어시장 등이 성립한다.

노동시장은 제1편에서 이미 본 바와 같이 노동력을 매매하는 시장인데, '노동을 판매한다'는 관념에서 노동시장이라고 부르고 있다.

광의의 화폐시장(money market)은 자본(어떠한 증가분——이자, 이윤, 배당 등——을 가져오는 것)이라는 사용가치를 갖는 상품으로 생각되는 화폐가 거래되는 시장이다. 협의의 화폐시장(은행 간 단기 대차를 행하는 시장), 자본시장, 증권시장, 주식시장, 엔(円)시장, 달러시장, 유로시장 등이 이에 속한다. 화폐시장에 대해서는 나중에 제5장에서 언급한다.

토지의 매매에 대해서는 제6장에서 보기로 한다.

이처럼 시장에는 극히 많은 아종(亞種)·변종이 있으며 각 시장은 고유의 특색이 있는데, 이러한 시장의 전체에 대해 말할 수 있는 것은, 시장이란 상품을 판매하는 사람과 구매하는 사람이 만나 상품의 매매를 행하는 장소라는 것이다. 시장이라고 부르는 것은 통상 특정한 판매자와 특정한 구매자가 행하는 개별거래(상대거래)의 장소가 아니라, 많은 판매자와 많은 구매자가 만나서 매매를 행하는 장소인 것이다.

그래서 지금 여기서 문제가 되는 것은 이 중 상품시장(생산물시장)뿐이다. 노동시장에 대해서는 이제까지 몇 번 언급한 기회가 있었다. 화폐시장이나 토지시장은 여기서는 아직 문제로 하지 않는다.

시장거래와 상대거래의 결정적인 차이 | 특정한 판매자와 특정한 구매자

가 행하는 개별 거래(상대거래)와 시장에서의 거래(시장거래)의 결정적인 차이는, 전자에서는 판매자와 구매자의 우연적인 개별적 사정이 상품가격에 극히 커다란 영향을 미치는 데 반해, 후자에서는 개개의 판매자와 구매자의 우연적인 개별적 사정은 상품가격의 변동에 아무런 영향을 미치지 않는다는 것이다. 후자의 경우 가격을 변동시키는 것은 거래되는 상품의 공급과 수요의 상대적인 양적 관계뿐이다.

공급과 수요 │ 어떤 시장에 나타나고 있는 동일 상품의 전체는, 상품소지자의 인원수와 그들의 개별적인 조건에 관계없이 시장에 공급되는 하나의 상품대량(商品大量)으로서의 의미밖에 없다. 시장에 있는 상품을 이 관점에서 볼 때 그것을 **공급**이라 한다. 이에 반해 가격 여하에 따라 이 상품을 사려고 시장에 나타나는 구매자의 욕구 전체를 **수요**라 한다. 수요는 이 상품을 위해 지출할 것을 예정하는 화폐의 총액으로 표현할 수도 있으나, 그것을 규정하는 가장 기본적인 요인은 사려는 상품량이다. 그러나 수요는, 상품량이든 화폐액이든 가격이 변화하면 증감할 수 있는 상대적인 크기이다. 수요의 경우에도, 그것은 구매자의 인원수와 그들의 개별적인 조건에 관계없이 시장에 사러 나와 있는 하나의 화폐대량(貨幣大量)으로서의 의미밖에 없다. 이처럼 공급과 수요의 양적인 관계(이하 '수급관계'라 부른다)에 따라 가격은 변동한다. 즉 수요에 대해 공급이 너무 크거나 공급에 대해 수요가 너무 적을 때는 가격이 하락하며, 역으로 수요에 대해 공급이 너무 적거나 공급에 대해 수요가 너무 클 때는 가격이 상승한다.

수급관계에 의한 가격변동은 집단적인 값결정 교섭의 결과 │ 이러한 수급관계에 의한 가격의 결정은, 판매자와 구매자 사이의 교섭에 의한 가격결정의 이른바 집단판(集團版)이다.

1 대 1의 판매자와 구매자 사이에서는, 매매마다 판매자의 '부르는 값'에

대해 구매자가 '매기는 값'을 내어, 교섭이 행해져 이 두 가지 '값'이 일치했을 때 그것이 '결정된 값'='파는 값'이 된다.

　이에 반해 많은 판매자가 불특정 다수의 구매자에게 동일상품을 대량으로 파는 대다수 시장에서는, 각각의 판매자가 부르는 값에 대한 수요의 반응(다시 말해 매기는 값의 동향)을 보면서 판매자가 부르는 값을 올렸다 내렸다 하는 방식으로 가격이 결정된다. 판매자 수가 많으면 판매자들 사이에서 부르는 값을 인하해서라도 자기 상품을 사도록 하려는 경쟁이, 구매자가 많으면 구매자들 사이에서 사려는 상품에 대해 매기는 값을 인상해서라도 더 높게 되기 전에 사려는 경쟁이 생긴다. 이러한 방식으로 판매자와 구매자 사이에서 가격에 대해, 말하자면 집단적인 교섭이 행해지는 것이다.

'일물일가의 법칙' ｜ 동일시장 안에서 이러한 경쟁이 자유로이 행해지면, 마찬가지 상품이라면 어느 상품에 대해서도 거의 같은 수준의 가격이 성립한다. 누구의 눈에도 명백한 이 사실을 사람들은 옛날부터 '일물일가(一物一價)의 법칙'이라고 불러왔다.

시장가격 ｜ 이처럼 각 상품마다 시장에서 성립하는 가격이 **시장가격**이다. 시장가격은 현실에서 결정된 상품값이며, 현실에서 파는 값이다. 상품판매자가 상품을 팔아서 손에 넣는 것은 이 시장가격이다. 상품의 시장가격은 그 수급관계가 변하면 위아래로 변동한다.

사회적 가치와 개별적 가치 ｜ 각 상품이 시장가격을 갖는다는 것은, 같은 상품이라면 어느 단위상품을 잡아도 어느 것이나 그 상품의 대표 견본으로서 같은 가치를 가진다는 것을, 가격으로 즉 화폐에 의한 가치표현으로 말한 것일 뿐이다. 상품의 가치가 사회적 필요노동시간에 의해 결정되는 것, 구체적으로 말하면 가치는 개개 자본가가 상품의 생산에 실제로 필요로 한 개별적 노동시간의 대상화인 **개별적 가치**와는 다른, 사회적 필요노동시간에 의해 결정되는 **사회적 가치**인 것은 제1편 제4장 제1절에서 본 바와 같다. 개개 자본가에게는 자기 상품의 개별적 가치와 이 사회적 가치의 괴리는 중대한 문제이다. 이미 본 바와 같이 이것이 플러스(+)이면(즉, 개별적 가치<사회적 가치이면) 자본가는 **특별잉여가치**를 취득할 수 있으나, 이것이 마이너스(-)이면 잉여가치를 일부 상실할 수밖에 없기 때문이다(☞그림 134). 그러면 개개 자본가가 각각 실제로 필요로 하는 개별적 노동시간, 각 자본가의 상품이 갖는 개별적 가치는, 그에게 특별잉여가치 또는 결손가치를 결정하는 의미밖에 가지고 있지 않는 것일까? 그렇지 않다. 실은 시장에 나오는 어떤 상품의 사회적 가치는 모든 상품의 개별적 가치의 사회적 총평균이므로, 어느 상품의 개별적 가치도 이 사회적 평균에 영향을 미치는 일부를 이루고 있다.

총량의 구성단위로서의 상품의 가치＝평균가치 ｜ 시장에 등장하는 어떤 상품의 전량이 그 상품의 공급으로서 그 상품의 수요에 상대한다. 이 상품종류의 공급을 위해 사회는 그것이 지출할 수 있는 노동시간 전체 중 어떤 양의 노동시간을 할당했으며, 따라서 이 상품 전량이 그러한 노동시간의 크기를 가리키고 있다. 이 총노동시간에는 물론 사회적 평균적인 생산조건하에서 지출된 노동시간뿐 아니라 그것보다 우수한 생산조건하에서 지출된 노동시간이나, 그보다 열등한 생산조건하에서 지출된 노동시간도 포함된다. 그리고 어떤 생산조건하에서 생산된 것이라도 이 상품 종류의 각 상품은 이 상품 전량을 균등하게 나눈 구성단위이며, 개개 상품이 시장에서 대표하는 노동시간은 전체 상품을 생산하는 데 지출된 총노동시간을 상품량으로 나누어 얻어지는 노동시간이다. 실은 시장에 등장하는 상품의 사회적 필요노동시간이란 이 노동시간이며, 시장에 등장하는 개개 상품이 갖는 사회적 가치는 이 노동시간에 의해 결정되는 것이다. 그러므로 이 사회적 가치란,

양적으로 보면 시장에 나타나는 개개 상품의 개별적 가치의 총평균이다. 지금 생산조건에 중위적인 생산조건, 그보다 우수한 생산조건, 그보다 열등한 생산조건이라는 세 가지가 있다면, 사회적 가치는 각 생산조건하에서 생산되는 상품의 개별적 가치의 가중평균(加重平均)이 된다. 이처럼 개별적 가치의 총평균 또는 다른 생산조건하에서 생산된 상품의 개별적 가치의 가중평균에 의해 결정되는 가치의 크기를 **평균가치**라 부르며, 시장에 등장하는 개개 상품의 사회적 가치는 양적으로는 바로 이 평균가치일 뿐이다.

시장가치＝시장에 등장하는 상품의 사회적 가치 │ 상품이 현실적으로 시장에 나아갈 때의 가치는, 바꿔 말하면 상품의 사회적 가치가 시장에서 취하는 현실의 모습은 동일한 상품종류의 총량의 구성단위로서의 상품의 가치이며, 양적으로는 평균가치이다. 이러한 모습을 취하는 사회적 가치를 **시장가치**라 한다.[1] **시장가격**이란 바로 이 시장가치의 화폐표현이다.

---

1) 제1편 제1장에서 상품의 가치를 보았을 때에는, 가치는 사회적인 것이므로 상품 생산에 사회적으로 필요한 노동시간에 의해 결정된다고 했으며, 그 사회적 필요노동시간이란 정상적인 생산조건하에서 노동의 숙련과 강도의 평균수준을 가지고 상품을 생산하는 데 필요한 노동시간이라고 설명했다. 그때는 아직 동일한 상품종류의 전체가 시장에서 공급을 형성한다는 것은 전혀 고려하지 않았다. 그것에 반해, 여기에서는 개개 상품은 시장에서 공급을 형성하는 같은 종류의 상품 전량의 구성단위(나눌 수 있는 부분)로서 문제 삼게 되어, 그 상품 전량의 생산에 필요한 총노동시간이 그 가치를 결정하는 요인으로 들어온 것이다. 같은 종류의 상품대량의 나눌 수 있는 부분으로서의 상품의 가치가 평균가치이며, 바꿔 말하면 그 상품 전량의 생산에 필요한 총노동시간을 상품의 총량으로 나눈 것이다.

그러나 평균가치인 시장가치가 시장에서 시장가격에 영향을 미치는 것은, 실제로는 동종 상품을 대량 공급하는, 따라서 그 상품의 개별적 가치가 시장가치에 가까운 자본이 가격결정의 이니셔티브를 잡는 방식으로 행해진다. 그러므로 시장가치의 수준을 어떤 상품의 개별적 가치를 들어서 대표 값으로 삼으려 할 때 상품

초과이윤을 지향하는 부문 안 경쟁이 시장가치를 성립시킨다 │ 사회적 가치에 대해 시장가치라는 모습을 부여하는 것은 동일한 생산부문에 속하는 자본들의 경쟁이다. 갖가지 생산조건을 갖는 자본이 특별잉여가치를 지향하여 경쟁하는 것은 이미 제1편 제4장 제1절에서 본 바와 같다. 앞서 전 장에서 본 바와 같이, 자본이 생산과정에서 취득하는 잉여가치는 그것이 '총자본의 소산'으로 생각될 때 이윤이라는 형태를 취하므로, 그러한 관념에서 특별잉여가치를 볼 때에는 이 잉여가치도 이윤이라는 형태를 취해야 한다. 그래서 특별잉여가치는 부문 안의 평균적인 이윤을 초과하여 얻는 이윤이라는 모양을 취하며, 이를 **초과이윤**이라고 한다. 동일 생산부문에 속하는 자본들은 초과이윤을 지향하여 경쟁한다. 이 경쟁에 의해 앞의 세 가지 생산조건, 즉 중위적 생산조건, 그보다 우월한 생산조건, 그보다 열악한 생산조건이라는 세 가지 생산조건 그 자체가 끊임없이 더 높은 것으로 변혁되어, 상품을 생산하는 노동생산력이 높아지는 것이다. 노동생산력이 높아지면 각 상품의 생산에 필요한 노동시간이 감소하므로, 평균가치인 시장가치도 저하한다. 이처럼 초과이윤을 지향한 생산부문 내부의 자본들의 경쟁이 갖가지 생산조건하에서 생산된 상품들의 갖가지 개별적 가치로부터 하나의 동일한 시장가치를 성립시키는 것이다.

이상에서 동일 생산부문 안의 경쟁이 동일한 상품에 대해서는 하나의 동일한 시장가치를 성립시키며, 시장가격은 이 시장가치를 둘러싸고 변동

전량 중 어느 상품을 평균견본으로 삼으면 좋은가 하는 관점에서 시장가치를 보면, 그것은 갖가지 다른 생산조건을 갖는 자본들 중에 시장에 대량 공급하는 자본의 상품의 개별적 가치와 일치한다고 말할 수 있다. 수학적으로 말하면, 앞의 평균가치가 가중평균치인 데 대해 이쪽은 모드(mode)이다. 양적으로는 양자는 반드시 동일하지는 않으나, 시장가치를 구체적으로 상품전량 중에서 시장가격에 영향을 미치는 대표적 상품의 가치로 파악해야 할 때에는, 이 후자의 규정(이른바 '대량규정')에 의거하지 않으면 안 된다.

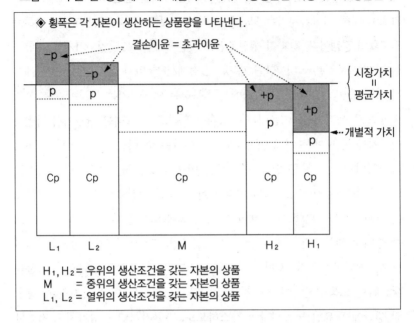

그림 204 부문 안 경쟁에 의해 개별적 가치의 가중평균인 시장가치가 성립한다

◆ 횡폭은 각 자본이 생산하는 상품량을 나타낸다.

결손이윤 = 초과이윤

시장가치
=
평균가치

개별적 가치

H₁, H₂ = 우위의 생산조건을 갖는 자본의 상품
M   = 중위의 생산조건을 갖는 자본의 상품
L₁, L₂ = 열위의 생산조건을 갖는 자본의 상품

하는 것을 알았다. 그래서 앞으로는 각각의 상품의 '가치'라 할 때는 개별적 가치의 평균인 이 시장가치를 가리키는 것으로 하자(그림 204).

자본들의 경쟁은 자본의 내재적 법칙들의 집행자이다 | 시장에는 갖가지 당사자가 등장한다. 그저 판매자와 구매자라 말할 뿐 아니라, 자본가나 노동자라든가, 생산자나 상인, 화폐자본가나 토지소유자라고도 한다. 그리고 이러한 당사자들이 가지고 오는 상품 또는 화폐는 한 덩어리가 되어 공급과 수요를 형성하며, 이 양자의 관계가 매매되는 상품의 가격을 변동시킨다. 그리고 이 가격의 변동이 또한 시장에 당사자들이 가져오는 상품 또는 화폐의 크기를 변화시키는 것이다. 이러한 끊임없는 운동 중에 당사자들은 같은 입장에 있는 사람끼리 또는 상대하는 사람에게 끊임없이 서로 압력을 가하고 있다. 그러므로 당사자들은 이러한 압력의 권외에서 초연하게 있을 수 없으

며, 이러한 외부 압력 때문에 끊임없이 일정한 방향으로 휘몰리게 된다.

당사자들이 이처럼 서로 압력을 가하는 것이 **경쟁**이다. 실은 당사자들이 경쟁에 의해 강제되어 일정한 방향으로 돌진함으로써 비로소 자본의 법칙이 실현되어가는 것이다. 그러므로 개개 자본에 외적인 강제로 작용하는 경쟁은 **자본의 내재적인 법칙의 집행자**이다. 그러나 집행자인 경쟁은 법칙 그 자체를 만들어낼 수는 없다. 그러므로 자본주의적 생산을 분석할 때에는 무엇보다 우선 내재된 법칙들을 파악하고, 이에 더해 그들이 경쟁에 의해 어떻게 집행되어가는가를 연구하는 순서로 나아가야 한다. 이 장에서 경쟁에 대해 언급할 수 있는 것은, 이를 위해 필요한 자본의 내재적인 법칙들이 이미 이해되고 있기 때문이다. 이 장에서도 자본들의 경쟁은 어디까지나 법칙의 집행자로 파악되어야 한다.

제2절 평균이윤율과 생산가격

§ 1. 모든 상품이 가치대로 판매되면 이윤율은 부문마다 다르다

자본의 구성은 생산부문에 따라 다르다 | 생산부문에 따라 자본의 유기적 구성은 달라진다(그림 205)(같은 상품을 생산하는 동일부문의 자본들 사이에도 생산조건의 차이에 따라 자본구성에 차이가 있지만, 여기서는 각 생산부문의 평균적인 자본구성을 갖는 자본을 고찰한다).

자본구성의 차이에 따라 이윤의 양은 다르며 이윤율도 다르다 | 잉여가치율이 같다면, 잉여가치＝이윤의 양은 가변자본의 양에 비례한다(그림 206)(잉여가치율은 언제든지 어디서라도 100％라고 가정한다).

그러므로 자본의 유기적 구성이 다르면 이윤율도 다르다(그림 207).

그림 205 자본의 유기적 구성은 생산부문에 따라 다르다

```
  1   95c + 5v      자본구성이 가장 높은 생산부문(예컨대 제철업)
  2   85c+15v
  3   80c+20v       자본구성이 중위적인 생산부문(예컨대 직물업)
  4   75c+25v
  5   65c+35v       자본구성이 가장 낮은 생산부문(예컨대 논 농업)
```

그림 206 자본구성의 차이에 따라 잉여가치＝이윤의 양은 다르다

```
  1   95c + 5v  ⇒   5s    가치 = 105
  2   85c+15v   ⇒  15s    가치 = 115
  3   80c+20v   ⇒  20s    가치 = 120
  4   75c+25v   ⇒  25s    가치 = 125
  5   65c+35v   ⇒  35s    가치 = 135
```

그림 207 자본구성의 차이에 따라 이윤율도 다르다

```
  1   95c + 5v  ⇒   5s    100c ⇒  5p    p′ =  5%
  2   85c+15v   ⇒  15s    100c ⇒ 15p    p′ = 15%
  3   80c+20v   ⇒  20s    100c ⇒ 20p    p′ = 20%
  4   75c+25v   ⇒  25s    100c ⇒ 25p    p′ = 25%
  5   65c+35v   ⇒  35s    100c ⇒ 35p    p′ = 35%
```

그러므로 만일 모든 상품이 그 가치대로 판매되면, 각 부문의 이윤율 (특수한 이윤율)은 서로 달라질 수밖에 없다.

자본의 회전기간의 차이도 이윤율의 차이를 가져오지만, 이하에서는 간단화를 위해 이 요인은 접어두고 자본의 회전기간은 모든 생산부문에서 같다고 가정한다.

§ 2. 생산부문 간 자본들의 경쟁은 부문 간 자본의 이동을 야기한다

자본에게는 높은 이윤율을 실현하는 것이 바로 문제이다 ｜ 그러나 자본 주의적 생산은 잉여가치의 생산이며 이윤 획득을 목적으로 한 생산이다. 자본에게는 이윤율만이 긴요하며, 자본에게 문제가 되는 것은 어떠한 상품을 생산하는가, 어느 생산부문에서 운동하는가가 아니라 더 높은 이윤율을 실현하는 것이다.

부문 간에 이윤율의 차이가 있으면 자본의 이동이 생기지 않을 수 없다 ｜ 어느 개별자본도 더 높은 이윤율을 지향하여 운동한다. 자본들은 동일 생산부문의 내부에서 더 많은 초과이윤을 획득하기 위해 다른 자본들보다 높은 생산력을 갖는 신기술을 채용하여 생산조건을 높이려고 경쟁하지만, 자본들은 다른 생산부문 사이에서도 더 높은 이윤율을 실현하려고 경쟁한다. 이러한 **경쟁의 압력**에 의해, 생산부문 사이에 이윤율의 차이가 있으면 더 높은 이윤율을 지향하는 **부문 간 자본이동**이 생긴다. 앞에서 본 바와 같이, 갖가지 생산부문에서 생산되는 모든 상품이 가치대로의 가격으로 판매되면 이윤율은 생산부문마다 달라지게 된다. 그 경우 이윤율이 더 낮은 부문에서 더 높은 부문으로 자본이 이동하지 않을 수 없다. 또한 새로 투하되는 자본도 이윤율이 더 높은 생산부문에 투하될 것이다.

§ 3. 상품의 시장가격은 생산가격을 중심으로 변동한다

자본이동에 의한 수급관계의 변화는 상품의 가격을 변동시킨다 ｜ 자본 이동의 결과 이윤율이 더 높은 부문의 자본이 증대하여 이 부문의 상품공급이 증대하며, 이윤율이 더 낮은 부문의 자본이 감소해서 이 부문의 상품공급이 감소한다. 이처럼 상품공급의 크기가 변동함으로써 수급관계가 변화하며, 각 상품의 시장가격은 가치와 괴리된다.

이윤율의 차이가 있는 한 자본이동과 가격변동은 없어지지 않는다 | 상품의 가격이 내리면 수요는 증대하며, 상품의 가격이 오르면 수요는 감퇴하므로 이 운동에는 반작용이 생기며, 이윤율의 새로운 수준에 의거하여 새로운 자본이동 운동이 시작된다. 이 운동은 이윤율에 차이가 있는 한 결코 없어지지 않는다.

이윤율의 균등화에 의해 평균이윤율이 성립한다 | 그 결과 자본의 이동이 자유로이 행해지면, 어느 상품의 시장가격도 모든 생산부문에서 이윤율이 동일하게 되는 가격을 중심으로 하여 변동하게 된다. 이러한 상태를 낳는 과정을 **이윤율의 균등화**(평균화)라고 부르며, 그러한 이윤율을 **평균이윤율**, 이 평균이윤율에 의해 얻어지는 이윤을 **평균이윤**이라고 부른다. 평균이윤율을 ap′, 평균이윤을 ap라 하자. 그러면 각 자본의 평균이윤은 그 투하 총자본에 평균이윤율을 곱한 것이다.

$$ap = K \cdot ap'$$

자본에 평균이윤을 가져오는 상품의 가격＝상품의 생산가격 | 어느 생산부문에서 생산되는 상품에 대해서도, 투하자본에 평균이윤을 가져다주는 가격이 있을 것이다. 이러한 가격은, 자본가 자신에 의해서도 실천 속에서 자신의 상품의 가격이 얼마면 사회적 평균적인 이윤을 얻을 수 있는가 하는 형태로 항상 감지되고 있으며, 고전파 경제학자들에 의해 이미 명확히 의식되고 있었다. 그러한 가격을 중농학파는 '필요가격', 애덤 스미스는 '자연가격', 리카도는 '생산가격' 또는 '비용가격'이라고 불렀다. 마르크스는 리카도에 따라서 '생산가격'이라고 불렀다. 여기서도 자본에 평균이윤을 가져다주는 가격을 **생산가격**이라고 부르자.

상품의 생산가격＝비용가격＋상품 1단위당 평균이윤 | 그러면 생산가격, 즉 모든 생산부문에서 이윤율이 동일하게 되는 상품의 가격이라는 것은 어떤 것일까? 그것은 각각의 상품의 비용가격(Cp)에 그 비용가격당 평균이윤을, 다시 말해 비용가격(Cp)×평균이윤율(ap)을 더한 것일 뿐이다. 생산가격을 Pp라고 하면

$$Pp = Cp + Cp \cdot ap' = Cp(1 + ap')$$

이다. 투하 총자본이 생산하는 상품의 전부가 이 생산가격으로 팔리면 이 자본은 평균이윤을 취득할 수 있게 되는 것이다.

개개 상품의 생산가격은 그것의 가치와 직접적으로는 관계가 없다 | 모든 상품이 가치대로의 가격으로 팔리게 된다면 각 부문마다 이윤율이 다를 것이므로, 상품의 생산가격은 우연히 사회적으로 평균적인 자본구성을 갖는 부문의 상품을 제외하면 그 상품의 가치와는 일치하지 않는다. 생산가격을 규정하는 것은 비용가격과 상품 1단위당 평균이윤인데, 각 상품 그 자체로서 일의적으로 확정되는 것은 각 상품에 지출된 자본을 나타내는 비용가격뿐이다. 상품 1단위당 평균이윤은 투하 총자본에 대해 계산된 평균이윤(즉 투하 총자본에 평균이윤율을 곱한 것)을 투하 총자본이 생산하는 상품총량으로 나눈 것이며, 평균이윤율은 또한 사회적 총잉여가치를 사회적 총자본으로 나눈 것이 되므로, 이것들은 상품의 가치와는 직접으로는 아무런 관계도 없다.

제3절 자본들의 경쟁에 의한 이윤율 균등화 과정

이윤율 균등화 과정을 가상의 예를 통해 살펴보자 | 상품이 모두 가치대

로의 가격으로 판매되며 자본의 유기적 구성이 다른 생산부문 사이에 이윤율의 차이가 있을 때, 자본이 부문 간을 자유로이 이동할 수 있으면 개개 자본은 가장 높은 이윤율을 찾아 부문 간을 이동하므로, 그 결과 어느 부문의 상품의 시장가격도 이윤율이 평균이윤율로 되는 가격인 생산가격을 중심으로 변동하게 된다. 이 과정이 어떠한 것인지 마음에 그려볼 수 있도록 가상적인 예를 만들어보자.

부문마다 고정자본과 유동자본의 비율이 다르며, 각 상품에 들어가는 불변자본(고정자본 마손분＋유동불변자본)의 크기는 여러 가지이며, 이러한 고정자본의 차이는 자본의 회전기간에 영향을 미치는 것을 통해 이윤율에 영향을 미치지만, 여기서는 상황을 간단하게 하기 위해 고정자본은 전혀 존재하지 않는 것으로 가정하자.

출발점에서는 상품은 가치대로의 가격으로 판매된다 ┃ 우선 자본구성이 다른 다음과 같은 다섯 생산부문에서 각각 100의 자본이 사용되며, 모든 생산물이 가치대로의 가격으로 판매된다고 가정하자(표 3).

높은 이윤율을 구하여 자본이동이 생긴다 ┃ 이 상태에서는 생산부문에 따라 자본구성이 다르므로, 부문 간 이윤율에 높낮이가 있다. 그래서 지금 이윤율이 낮은 부문 I 및 II에서 자본이 각각 20과 10만큼 유출되어, 이윤율이 높은 부문 IV 및 V에 각각 10과 20만큼 유입했다고 가정하자. 사회의 총수요가 생산되는 총가치량과 마찬가지이고, 총수요의 각 부문으로의 배분비율은 원래대로이며, 이에 따라 상품가격이 결정된다고 가정하면, 상품가격은 부문 I 및 II에서는 상승하며 부문 IV 및 V에서는 저하하여 표 4와 같이 된다.

자본이동의 결과 수급관계에 변화가 생겨 가격도 변동한다 ┃ 사회적 총자본량이 불변인데도 사회적 총가치량＝사회적 총수요량이 600에서 607로

표3 자본구성의 차이에 따라 생산부문마다 이윤율이 다르다

부문	I	II	III	IV	V
1. 총자본(K=c+v)	100	100	100	100	100
2. 사회적 총자본량(Σ1)	500				
3. 자본구성(c : v)	95c+5v	85c+15v	80c+20v	75c+25v	65c+35v
4. 불변자본(c)	95	85	80	75	65
5. 가변자본(v)	5	15	20	25	35
6. 잉여가치율(s/v)	100%				
7. 잉여가치(5×6)	5	15	20	25	35
8. 사회적 총잉여가치(Σ7)	100				
9. 특수한 이윤율(7/1)	5%	15%	20%	25%	35%
10. 상품의 총가치(4+5+7)	105	115	120	125	135
11. 사회적 총가치(Σ10)	600				
12. 상품의 총비용가격(=1)	100	100	100	100	100
13. 상품의 총가격(=10)	105	115	120	125	135
14. 사회적 총가격(Σ13)	600				
15. 실현이윤(p)(=13−12)	5	15	20	25	35
16. 사회적 총이윤(Σ15)	100				
17. 실현이윤율(p')(15/1)	5%	15%	20%	25%	35%

증대한 것은, 자본구성이 낮은 부문에 투하되는 자본량이 증대함으로써 이전보다 사회적 총잉여가치량이 증대했기 때문이다. 보는 바와 같이 부문 I 및 II에서는 '공급<수요'가 되고 IV 및 V에서는 '공급>수요'가 되었다. 이렇게 되면 부문 I 및 II에서는 가격이 상승하며, IV 및 V에서는 가격이 하락하지 않을 수 없다.

그래서 총수요량(=총가치량)은 불변인 채 I 및 II의 상품에 대한 수요가 각각 9.11 및 7.08만큼 감퇴하고, IV 및 V의 상품에 대한 수요가 각각 7.08 및 9.11만큼 증대했다고 하자. 그 결과 전자에서는 가격이 하락하고 후자에서는 가격이 상승한다. 여기서는 편의상 이 가격변동의 크기를 수요의 변동폭과 같다고 하면, 그 결과는 표5와 같이 된다.

표 4 자본이동의 결과, 각 부문의 공급량이 변화하며 가격이 변동한다

부 문	I	II	III	IV	V
1. 총자본(K=c+v)	80	90	100	110	120
2. 사회적 총자본량(Σ1)			500		
3. 자본구성(c : v)	95c+5v	85c+15v	80c+20v	75c+25v	65c+35v
4. 불변자본(c)	76	76.5	80	82.5	78
5. 가변자본(v)	4	13.5	20	27.5	42
6. 잉여가치율(s/v)			100%		
7. 잉여가치(5×6)	4	13.5	20	27.5	42
8. 사회적 총잉여가치(Σ7)			107		
9. 특수한 이윤율(7/1)	5%	15%	20%	25%	35%
10. 상품의 총가치(4+5+7)	84	103.5	120	137.5	162
11. 사회적 총가치(=Σ10)			607		
12. 사회적 수요 총액(Σ11)			607		
13. 각 부문으로의 수요 [12×(표 3.10/표 3.11)]	106.23	116.34	121.4	126.46	136.57
14. 상품의 총가격(=13)	106.23	116.34	121.4	126.46	136.57
15. 사회적 총가격(=Σ14)			607		
16. 상품의 총비용가격(=1)	80	90	100	110	120
17. 실현이윤(14−16)	26.23	26.34	21.4	16.46	16.57
18. 실현이윤율(17/1)	32.78%	29.27%	21.4%	14.96	13.80%
19. 가격의 변동총액(14−10)	+22.23	+12.84	+1.4	−11.04	−25.43
20. 가격의 변동률(19/10)	+26.46%	+12.4%	+1.17%	−8.03%	−15.7%

표 5 가격변동에 의해 수요변화가 생겨서 전체 부문 이윤율이 균등하게 되었다

부 문	I	II	III	IV	V
21. 수요변동	−9.11	−7.08	0	+7.08	+9.11
22. 수요=총가격(13+21)	97.12	109.26	121.4	133.54	145.68
23. 사회적 총가격(Σ22)			607		
24. 상품의 총비용가격(=1)	80	90	100	110	120
25. 실현이윤(22−24)	17.12	19.26	21.4	23.54	25.68
26. 사회적 총실현이윤(Σ22)			107		
27. 실현이윤율(25/1)	21.4%	21.4%	21.4%	21.4%	21.4%

표6 균형상태에서는 어느 생산부문의 상품도 생산가격으로 판매된다

부 문	I	II	III	IV	V
1. 총자본(K＝c＋v)	80	90	100	110	120
2. 사회적 총자본량(Σ1)	500				
3. 잉여가치(s)	4	13.5	20	27.5	42
4. 사회적 총잉여가치(Σs)	107				
5. 평균이윤율(4/2)	21.4%				
6. 상품의 총가치(1＋3)	84	103.5	120	137.5	162
7. 사회적 총가치(Σ6)	607				
8. 평균이윤(1×5)	17.12	19.26	21.4	23.54	25.68
9. 사회적 총평균이윤(Σ8)	107				
10. 상품의 총비용가격(＝1)	80	90	100	110	120
11. 상품의 총생산가격(10＋8)	97.12	109.26	121.4	133.54	145.68
12. 사회적 총생산가격(Σ11)	607				
13. 총생산가격－총가치(11－6)	+13.12	+5.76	+1.4	−3.96	−16.32
14. 13의 차액 총계(Σ13)	0				

어디서도 시장가격이 생산가격과 일치하도록 수급관계가 성립 │ 보는 바와 같이, 모든 부문에서 이윤율은 동등하게 되었다. 이것은 총자본에 대한 총잉여가치(＝총이윤)의 비율인 평균이윤율과 같다. 만일 이러한 상태가 생겨서 그것이 변화하지 않는 한, 어느 부문의 자본에게도 이윤율에서 보는 한 타 부문에 이동할 이유가 없고, 따라서 이제는 자본 이동이 생기지 않는 것으로 된다. 이러한 상태에서의 상품의 가격이 생산가격이다. 결과를 정리하면 표6과 같다.

현실적으로 존재하는 것은 끊임없는 불균형의 끊임없는 균형화이다 │ 그러나 자본주의적 생산하에서 이러한 이상적인 균형적 가격관계가 성립하여, 그 시점에서 자본의 이동이 완전히 정지한다는 것은 절대로 있을 수 없다. 그것은 지극히 많은 개별적 자본이 지극히 많은 종류의 상품을 생산하

고 있기 때문만은 아니다. 자본의 가치증식의 내적 충동은 초과이윤을 지향하는 각 생산부문 내부에서의 경쟁이라는 외적 법칙으로서 관철되며, 개개의 자본에 대해 끊임없는 노동생산력 발전을 강제한다. 그것은 완전히 불균등하게 각 생산부문의 자본구성을 고도화시켜, 각 생산물의 시장가치를 저하시킴으로써 시장가격을 저하시킨다. 또한 이윤량의 증대를 지향하는 개개의 자본의 자본축적은, 완전히 불균등하게, 각 상품의 생산량=공급량을 증가시킨다. 그러므로 현실의 자본주의적 생산하에서는 애당초 완전한 균형관계가 성립하는 것 자체가 결코 있을 수 없는 일이다. 현실적으로 볼 수 있는 것은 수급의 이러한 균형상태를 향해 나아가다가 끊임없이 지나쳐서는 다시 되돌아오며, 새로운 시장가치의 변동과 수요공급의 변화에 의해 끊임없이 불균형이 생기는 동요일 따름이다. 현실의 시장가격은 이러한 균형가격=중심가격인 생산가격을 둘러싸고 끊임없이 변동하며, 그 변동이 또한 자본이동의 크기와 방향에 변화를 야기하여, 균형가격인 생산가격 그 자체를 변화시킨다.

결국 현실로 존재하는 것은 본질적으로 '끊임없는 불균형의 끊임없는 균형화'밖에 없다. 이에 더해 현실의 자본 이동에는 갖가지 제한과 장애가 있으며, 타 부문의 이윤율이 높은 것을 알고 있다고 해도 자본들이 부문 간을 완전히 자유로이 이동할 수는 없다. 이러한 측면에서도, 현실적으로 이윤율의 완전한 균등화가 달성되는 것은 있을 수 없다.

법칙의 파악과 생산가격의 개념 없이는 현실은 이해할 수 없다 | 그러나 이 '끊임없는 불균형의 끊임없는 균형화'의 운동이 존재하는 것은 부정할 수 없는 사실이다. 그것이 왜 어떻게 어느 방향으로 얼마만한 크기로 생기는가 하는 것, 또한 자본이동의 제한이 가격의 변동에 어떠한 영향을 미치고 있으며, 부문들 간의 이윤율에 얼마만한 격차를 남기고 있는가 하는 것은, 경쟁에 의한 이윤율 균등화의 법칙 파악과, 이 균등화 운동에 의해 성립하는

생산가격 및 평균이윤율의 개념이 없으면 전혀 이해할 수 없다. 말하자면 그것들이 없으면 현실의 구체적 과정을 분석할 수 없다.

제4절 가치법칙 및 잉여가치법칙의 관철

가치는 가격을 규제하는 것으로서의 의미를 잃어버리는가? │ 앞에서 본 바와 같이, 생산가격은, 사회적 총자본의 평균적인 유기적 구성과 우연히 거의 같은 유기적 구성을 가진 특정의 생산부문을 제외하면, 어떤 생산부문에서도 가치와 일치하지 않는다. 그러므로 일단 생산가격이 성립하여 시장가격의 변동의 중심이 생산가격이 되면 개개 상품에 대해서 보는 한, 가치는 시장가격의 변동의 중심이 되지 않는다. 또한 각각의 상품의 생산가격 그 자체도, 그것의 가치와는 직접으로는 아무 관계도 없다. 그러면 생산가격이 성립된 뒤에는, 상품의 가치는 가격을 규제하는 것으로는 아무런 의미도 가지지 못하는 것일까?

생산가격은 상품의 가치 및 잉여가치에 의해 규정되고 있다 │ 앞의 표 6을 검토해보자. 각 부문의 '11. 상품의 총생산가격'은 직접적으로는 '1. 총자본'에 '5. 평균이윤율'을 곱하여 얻어지는 '8. 평균이윤'을 더한 것이며, '1. 총자본'에 '3. 잉여가치'를 더한 '6. 상품의 총가치'와는 직접적으로는 관계가 없다. 그러나 '5. 평균이윤율'의 높이는 '4. 사회적 총잉여가치'를 '2. 사회적 총자본량'으로 나눈 것이다. 이 '4. 사회적 총잉여가치'는 다섯 생산부문의 각각에서 생산된 상품의 '6. 상품의 총가치'에 포함되어 있는 '3. 잉여가치'의 합계이다. 규정 관계를 표시하면 '개개 상품의 가치 및 잉여가치 → 사회적 총잉여가치 → 평균이윤율 → 평균이윤 → 각 생산부문의 총생산가격 → 각 상품의 생산가격'이 된다. 결국 개개 상품의 가치 및 잉여가치가 개개 상품의 생산가격의 절대량을 규정하며, 전자의 변동은 아무리 근소한 것이라도 후자에 영향을 미치지 않을 수 없다. 요컨대 생산가격과 평균이윤의 크기는 상품의 가치와 이에 의해 규정되는 각 생산부문의 특수한 이윤율(각 부문의 총잉여가치를 그 부문의 총자본량으로 나눈 것)을 전제하고 있으며, 이에 의해 규정되고 있는 것이다.

이윤율의 균등화는 총잉여가치를 비례배분하는 구조이다 │ 이것을 좀 더 일반적으로 표현해보자. 상품이 생산가격으로 판매되면, 어느 생산부문의 자본도 그 자본량에 비례하여 평균이윤을 취득할 수 있다. 이 평균이윤은 사회의 총잉여가치를 사회의 총자본의 사이에서 자본량에 따라 비례배분한 것일 뿐이다. 즉 상품이 생산가격으로 판매되면, 생산가격이 가치보다 낮은 생산부문[자본의 가치구성이 평균보다 낮은 부분]에서 생산된 잉여가치가, 생산가격이 가치보다 높은 생산부문[자본의 가치구성이 평균보다 높은 부문]에 흘러가는 것이며, 평균이윤율의 수준과 평균이윤의 총액을 규정하는 것은 상품의 총가치와 이것에 포함되어 있는 총잉여가치 이외에 아무것도 아니다.

　마르크스는, 자본가들 전체가 취득하는 총잉여가치를 각각의 자본량에 따라 전체에게 나누어주는 이 결과를 '자본가적 공산주의!'라고 비꼬아 말하고 있다(「엥겔스에게 보낸 마르크스의 편지」, 1868. 4. 30; K. 마르크스·F. 엥겔스 저, 김홍균 역, 『자본론에 관한 서한집』, 중원문화, 177쪽)(그림 208).

생산가격의 성립은 가치법칙과 잉여가치법칙이 관철된 결과이다 │ 평균이윤율과 생산가격이 성립하는 것은, 가치와 괴리되는 가격이 이 괴리에 의해 상품의 수급을 변화시키는 것을 통해, 가격이 가치를 중심으로 변동하는 법칙 즉 '가치법칙'의 기초 위에서, 개개 자본에 최대한의 가치증식을 지향하도록 강제하는 내재적인 법칙 즉 '잉여가치법칙'이 관철되기 때문이다. 그러므로 평균이윤율 및 상품의 생산가격은 노동자의 잉여노동이 낳는

그림 208 평균이윤은 총잉여가치를 자본량에 따라 분배한 것이다

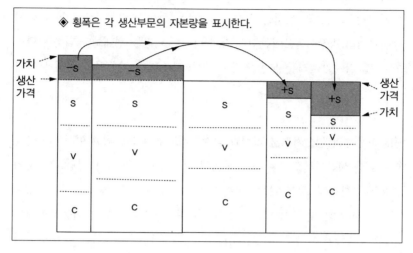

잉여가치 및 상품의 가치와 관계없는 것이 아니라, 그 반대로 자본주의적 생산하에서 가치법칙 및 잉여가치법칙이 관철되는 것의 필연적 결과로 생기는 것이다.

자본들의 경쟁은 가치에 의한 총생산의 규제를 실현한다 ｜ 자본주의적 생산하에서는 생산가격을 둘러싼 시장가격의 변동에 따른 수급의 조정이라는 형태로 '가치에 의한 총생산의 규제'가 관철된다. 생산가격은 자본주의적 생산하에서 가치규정의 관철형태이다. 가치법칙은 이 형태 아래에서 비로소 사회 전체적으로 관철된다.

평균이윤율 및 생산가격은 가치 및 잉여가치를 은폐한다 ｜ 상품의 생산가격 및 평균이윤은 모두 가치법칙 및 잉여가치법칙의 관철형태이지만, 가치 및 잉여가치라는 본질의 전환형태로서 그것들과는 전혀 다른 독특한 자태를 취하고 있다. 그리고 각 상품과 개개의 자본에 대해서는 가치 및

잉여가치에서 양적으로도 괴리해 있으므로, 이러한 형태에서 가치 및 잉여 가치라는 그것들의 본질을 직접 보는 것은 전혀 불가능해진다. 이리하여 생산가격과 평균이윤율이란 비용가격 및 이윤이라는 형태보다 더욱 단단히 가치 및 잉여가치라는 본질을 은폐하며, 자본의 가치증식을 전혀 보이지 않는 것으로 만들어버린다.

평균이윤율과 생산가격을 가치와 잉여가치로부터 설명해야 한다 | 평균 이윤율과 생산가격도 모두 자본주의적 생산에서 사실이며, 사람들의 눈에 보이는 형태이다. 자본가들은 이러한 것을 개념적으로 파악할 수는 없으나, 사실상 이러한 것을 의식하면서 경쟁하며, 따라서 자본을 이동시키기도 한다. 경제학이 해야 하는 것은 평균이윤율과 생산가격이라는 사실을 확인 하는 것이 아니다. 경제학이 해야 하는 것은 사람들에게 다소 알려져 있는 이러한 사실을, 그러나 그것들의 본질을 완전히 은폐하고 사람들에게 보이 지 않게 하는 이러한 형태들을, 그 안에 잠재하는 가치법칙 및 잉여가치법칙 으로부터 전개하는 것, 상품의 가치 및 잉여가치에 의거하여 완전히 설명하 는 것이다. 이것은 결국 평균이윤율과 생산가격이라는 사람들에게 보이는 현상의 세계를, 그 안에 숨어 있는, 노동하는 개인들이 형성하고 있는 노동의 세계로부터 설명해야 한다는 것이다.

제3장
이윤율의 경향적 저하 법칙

제1절 이윤율 저하와 고전파 경제학

자본주의적 생산의 발전에 따른 이윤율 저하가 인정되었다 | 18~19세기에 자본주의적 생산의 발전에 따라 자본에 결정적인 의미를 갖는 이윤율이 점점 저하되는 사실이 인정되었다. 또한 일반적으로 자본주의적 생산이 발전하는 나라일수록 이윤율이 낮고 또한 이자율이 낮았다. 고전파 경제학자들은 이 현상을 설명하려고 했으며 또한 그 설명을 각각의 정책적 목표에 이용하려고 했다.

스미스는 경쟁의 증대가 원인이라고 했다 | 애덤 스미스는, 자본축적이 진전되면 자본 상호 간의 경쟁이 증대하여 임금이 상승함과 더불어 상품가격이 하락하며 이로부터 이윤율 저하가 생기는 것이라고 설명하여, 이 설명을 높은 이윤을 중시하는 중상주의에 대한 비판의 무기로 삼았다. 그러나 경쟁은 이미 본 바와 같이 이윤율을 균등화시킬 수 있을 뿐이며, 그 수준 그 자체를 저하시키는 것은 아니다.

리카도는 토지수확체감의 법칙이 원인이라 했다 | 리카도는 토지수확체

감의 법칙의 작용에 의해 곡물가격이 상승하며, 그 결과 임금이 등귀하는 것이 이윤율 저하의 원인이라고 해서, 이 설명에 의해 지주계급이 요구하는 곡물의 고가격 유지정책을 비판했다. 그러나 토지수확체감의 법칙 그 자체가 근거가 없는 것이라는 점에 덧붙여 임금의 등귀는 잉여가치율을 인하시킬 뿐이므로, 이러한 논의에는 이윤율과 잉여가치율의 혼동이 놓여 있었다.

제2절 이윤율의 경향적 저하 법칙

§ 1. 마르크스의 설명 : 자본구성의 고도화에 의한 이윤율 저하

자본구성 고도화가 원인이라는 것을 마르크스는 밝혀냈다 │ 경제학의 역사에서 마르크스가 처음으로, 자본의 축적에 따라 자본의 유기적 구성이 고도화하는 것이 이윤율을 저하시키는 기본적인 요인이며, 따라서 이윤율 저하는 자본주의적 생산하에서 생산력 발전의 표현이라는 것을 밝혔다.

자본의 유기적 구성을 $\frac{c}{v}$로 표시하기로 하여 이것을 k'라 하면, 이윤율 p'와 자본의 유기적 구성 k'의 양적 관계는 다음과 같이 나타낼 수 있다.

$$p' = \frac{s}{(c+v)} = \frac{1}{(\frac{c}{v}+1)} \cdot \frac{s}{v} = \frac{s'}{k'+1}$$

다시 말해 이윤율 p'(평균이윤율)는 잉여가치율 s'의 증대에 비례하여 증대하고, 자본의 유기적 구성(사회적 평균구성) k'($=\frac{c}{v}$)가 증대함에 따라 감소하는 것이다. 잉여가치율이 일정하면, 이윤율은 자본의 유기적 구성의 고도화에 따라 저하해간다. 자본축적의 진행과 함께 생산력은 발전하며 자본의 유기적 구성이 고도화되므로 자본주의적 생산의 발전에 따라 이윤율은 저하되어갈 수밖에 없다.

마르크스는 이처럼, 자본주의적 생산에서 생산력 발전에 따르는 자본의

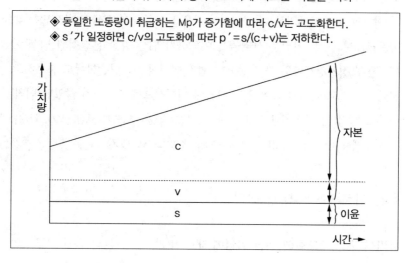

그림 209 자본의 유기적 구성의 고도화에 따르는 이윤율 저하

◈ 동일한 노동량이 취급하는 Mp가 증가함에 따라 c/v는 고도화한다.
◈ s′가 일정하면 c/v의 고도화에 따라 p′=s/(c+v)는 저하한다.

유기적 구성의 고도화가 바로 이윤율 저하의 근본원인이라는 것을 밝혔다 (그림 209).

자본은 이윤율 저하를 이윤량 증대로써 메우려 한다 ┃ 마르크스는 자본의 유기적 구성의 고도화에 따르는 이윤율 저하의 필연성을 밝힌 것뿐만이 아니었다. 그는 이윤율의 저하율보다 큰 비율로 투하자본량이 증대하는 경우에는 이윤율이 저하하더라도 이윤의 총량이 증대한다는 것, 그리고 개별자본은 이 방법에 의해 이윤량의 증대를 지향하지 않을 수 없다는 것을 밝혔다. 결국 이윤율 저하는, 이윤율 저하를 자본량의 증대에 의해 벌충하여 이윤량을 증대하려는 자본의 필연적 경향을 낳는다. 그러므로 이윤율 저하는 자본축적을 촉진하지 않으면 안 되며, 실제 자본주의적 생산하에서 이윤의 총량은 일시적인 감소 시기를 거치면서도 경향적으로 증대해가지 않을 수 없다. 이리하여 똑같은 법칙들이, 사회적 총자본에 대해 보면, 증대하는 이윤총량과 저하하는 이윤율을 낳는 것이다.

이윤율의 저하 법칙=근대의 경제학의 가장 중요한 법칙 | 이처럼 비율의 저하와 양의 증대라는 이 양면적인 작용을 포함한 '이윤율의 저하 법칙'을, 마르크스는 '가장 어려운 사태들을 이해하기 위한 가장 본질적인 법칙'이며, '근대 정치경제학의 가장 중요한 법칙'이면서, '그 단순함에도 불구하고 지금까지 결코 이해된 적이 없고 하물며 의식적으로 표명되지 않았던 법칙'이라고 했다(『경제학 비판 요강』, 『자본론 초고집 ②』, 오쓰키 서점, 1993, 557쪽; 『정치경제학 비판 요강』 III, 김호균 옮김, 백의, 2000, 15쪽).

§ 2. 마르크스에 대한 비판

유기적 구성 고도화에 의한 설명에 대한 비판 | 자본의 유기적 구성의 고도화에 의해 이윤율 저하를 설명하는 마르크스의 견해에 대해 다음과 같은 비판이 행해져 왔다.

(1) 자본의 유기적 구성이 고도화한다 해도 생산력 발전에 따르는 잉여가치율의 상승에는 이론적으로는 한계가 없기 때문에, 반드시 이윤율이 저하한다고 말할 수 없다.

(2) 거기에다 생산력이 발전함에 따라 불변자본의 요소들이 저렴해지므로, 자본의 유기적 구성은 반드시 고도화한다고 말할 수 없다.

(3) 본래 개별자본은 자기의 이윤율을 저하시키는 신기술을 채용하지 않으므로, 사회적 자본에 대해서도 신기술 채용이 이윤율을 저하시키는 일은 있을 수 없다.

이러한 비판이 타당하지 않다는 것은 이하에서 명백하다.

§ 3. 생산력 발전에 의해 이윤율의 상한이 저하한다

제1의 비판 | 우선 자본의 유기적 구성이 고도화하더라도 생산력 발전에

따르는 잉여가치율의 상승에는 이론적으로 한계가 없으므로 반드시 이윤율이 저하한다고 말할 수 없다는 비판에 대해 생각해보자.

이전되는 과거노동에 대한 살아 있는 노동의 비율을 취한다 ｜ 마르크스는, 잉여가치율이 아무리 상승하더라도 생산과정에서 신가치를 낳는 살아 있는 노동의 총량이 바로 이윤량 증대의 한계이며, 이는 또한 이윤율의 한계를 짓게 한다는 것을 시사하고 있다.

그러면 불변자본에 대한 가변자본(노동력의 가치)의 비율인 자본의 유기적 구성 대신에, 생산과정에서 생산물 속에 이전되는 생산수단의 가치, 즉 과거에 대상화된 노동의 양과, 생산과정에서 사용되어 여기서 대상화되어 신가치가 되는 살아 있는 노동의 양의 비율을 따서 보자. 이 두 노동량은 자본의 생산물인 상품자본의 가치를 기준으로 보면, 각각 그 안에 이전된 과거에 대상화된 노동인 구가치 c(즉 불변자본가치)와, 생산과정에서 새로 대상화된 노동인 신가치 v+s(즉 가변자본가치+잉여가치)일 뿐이다.

자본의 신구 가치구성과 신가치율 ｜ 그래서 이전되는 과거노동에 대한 살아 있는 노동의 비율을 나타내는, 상품자본의 이 두 가지 가치성분의 비율을 자본의 신구 가치구성이라고 부르자. 신가치 v+s를 N으로 하고, 자본의 신구 가치구성을 표시하는 비율로서 구가치 c에 대한 신가치 N의 비율인 $\frac{N}{c}$을 신가치율이라고 부르며 n'로 하자. 그러면 **자본의 신구 가치구성의 고도화**는 이 신가치율 n'의 감소에 의해 표현된다.

자본의 신구 가치구성은 잉여가치율의 변화에 영향을 받지 않는다 ｜ 마르크스는 생산과정에 이용되는 생산수단과 노동의 구성(자본의 기술적 구성)의 변화를 반영하는 한에서의 자본의 가치구성(Mp 가치와 Lp 가치의 구성)을 '자본의 유기적 구성'이라 불렀는데, 자본의 가치구성[$\frac{c}{v}$]은, 자본의 기술

구성이 변하지 않아도 잉여가치율이 변화하면 변화한다. 이에 대해 자본의 신구 가치구성을 표시하는 $\frac{N}{c} = \frac{v+s}{c}$는 v에 대한 s의 비율, 즉 잉여가치율의 변화에 의해서는 전혀 영향을 받지 않는다. 따라서 이것은 자본의 가치구성보다 자본의 기술적 구성의 변화를 정확히 반영한다. 즉 자본의 기술적 구성이 고도화할 때에는 잉여가치율의 여하에 관계없이 $n' = \frac{N}{c}$는 반드시 저하한다. 결국 자본의 신구 가치구성은 반드시 고도화하는 것이다.

신가치율은 이윤율의 극대치이다 | 이 신가치율 n'와 이윤율 p'의 양적 관계는 다음과 같다[c, v, s는 항상 정(正)의 값이다].

$$p' = \frac{s}{c+v} < \frac{v+s}{c} = \frac{N}{c} = n'$$

이 식에서 명백한 바와 같이, 가변자본 v(노동력의 가치)가 제로이며 잉여가치 s가 살아 있는 노동이 만들어내는 신가치를 전부 삼킬 때, 이윤율 $p' = \frac{s}{c+v}$는 신가치율 $n' = \frac{v+s}{c}$와 같아지며, 이윤율은 이 이상이 될 수 없다. 잉여가치율 s'가 무한대로 상승하여 v가 한없이 제로에 접근했다 하더라도, 이윤율 p'는 신가치율 n'를 넘을 수는 없다. 결국 신가치율이 이윤율의 극대치인 것이다.

생산력 발전에 따라 이윤율 상한 그 자체가 저하해간다 | 자본의 기술적 구성이 고도화함에 따라서 자본의 신구 가치구성이 고도화하며 신가치율이 저하해가므로, 동시에 이윤율 상한 그 자체가 저하해간다. 자본의 축적에 따라서 생산력 발전에 따른 자본의 기술적 구성의 고도화에 의해 자본의 신구 가치구성이 고도화하며, 그에 따라 이윤율의 최고한계가 끊임없이 저하되어가므로, 잉여가치율이 아무리 상승해도 이윤율은 장기적·궁극적으로는 저하할 수밖에 없다. 그림 210에 의해 이것을 직감적으로 이해할 수 있을 것이다.

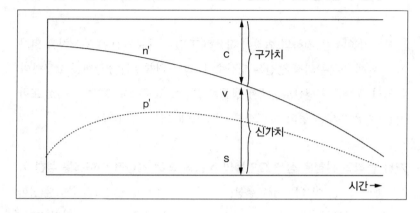

그림 210 잉여가치율 상승은 신가치율(p'의 상한) 저하를 상쇄할 수 없다

§ 4. 이윤율 저하는 상쇄 요인의 작용에 의해 경향적 형태를 취한다

언뜻 법칙에 반해 보이는 현상도 법칙에 의거하지 않으면 설명할 수 없다
| 이윤율의 경향적 저하 법칙 그 자체를 이해하는 데 긴요한 것은 다음
세 가지 점이다.

(1) 자본주의적 생산하에서 생산력 발전은 항상 자본의 유기적 구성을
고도화하는 방향으로 작용하고 있다는 것.

(2) 자본의 유기적 구성의 고도화는, 다른 조건이 동일하다면, 이윤율을
저하시킨다는 것.

(3) 이윤율 저하라는 주어진 사실이, 이상의 두 가지 점에 의해 완전히
해명되었다는 것.

가령 장기간에 걸쳐 이윤율이 저하하지 않았다는 현상이 인정되었다고
해도 해명되어야 하는 것은, 이 법칙이 작용하고 있는데도 이윤율이 저하하
지 않았다는 것은 어떤 요인에 의한 것인가 하는 점이다. 두 말할 필요도
없이 이러한 해명은 법칙의 작용을 전제하지 않으면 불가능하다. 이 현상에
의거해 법칙 그 자체가 존재하지 않는다고 결론 내리는 것은 마치 인공위성

이 지구에서 날아서 떠난다는 사실을 가지고 지구의 인력을 부정하는 것과 같다.

오히려 이윤율 저하의 법칙이 작용하고 있기 때문에 이윤율 저하를 완화하기 위해 자본주의적 생산은 생산수단, 특히 원재료의 저렴화를 요구하며, 따라서 그것들의 생산부문에서 생산력 발전을 요구한다. 그 결과 이것 또한 자본의 유기적 구성의 고도화를 가져오게 되는 것이다.

저하 법칙의 관철은 상쇄 요인들의 작용에 의해 경향적인 형태를 취한다

| 마르크스는 이윤율 저하 현상을 자본의 유기적 구성의 고도화로 설명한 뒤에, 이 현상이 왜 점차적인 것으로 나타나는가를 문제로 삼았다. 그는 이윤율 저하에 반대로 작용하는 요인으로 불변자본의 요소들을 저렴화하는 원인들과 잉여가치율을 상승시키는 요인들을 지적하고, 그것들이 이윤율 저하 법칙의 작용을 경향적인 것으로 하는 것, 즉 장기간에 걸쳐 비로소 확인할 수 있는 방식으로 관철된다는 것을 밝혔다(그림 211).

제2의 비판 | 그러면 앞에서 제시한 생산력 발전에 따른 불변자본의 요소들이 저렴해지므로 자본의 유기적 구성은 반드시 고도화한다고는 말할 수 없다는 비판에 대해 생각해보자.

분명히 어떤 생산수단 생산에서 생산력이 상승해서 이 생산수단의 가치가 저하하면, 이 생산수단을 이용하는 자본에서는 불변자본 c가 그만큼 감소하므로, v+s이 불변하면 자본의 가치구성이 그만큼 저하하고 이윤율은 상승한다. 그래서 생산력 발전은 끊임없이 생산수단의 가치를 인하하므로, 사회적으로 보면 불변자본 요소들의 이러한 저렴화는 자본의 유기적 구성의 고도화를 저지하며, 이윤율을 높이게 되지 않을까?

불변자본 요소들의 저렴화는 구성고도화를 방해할 수는 없다 | 그러나

그림 211 이윤율의 저하를 가져오는 요인들과 상쇄하는 요인들

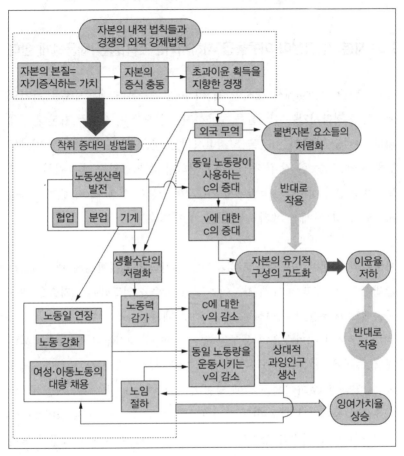

생산력 발전에 따른 자본의 기술적 구성의 고도화는, 전 항에서 본 자본의 신구 가치구성의 고도화로서 끊임없이 진행한다. 이에 대해 불변자본 요소들의 저렴화는, 그 각각을 생산하는 부문에서 생산물 가치를 저하시키는 신기술이 일반화되었을 때 비로소 생기는 것인데, 그때까지의 기간에도 자본구성의 고도화는 진행되고 있다. 그러므로 불변자본 요소들의 저렴화는 자본구성의 고도화의 진행을 직접 방해하는 것은 아니며, 진행하는 자본구성의 고도

화에 반대로 작용하여 이 고도화의 속도를 완화하는 것일 뿐이다.

§5. 자본 간 경쟁이 이윤율을 저하시키는 신기술을 채용하게 한다

제3의 비판 | 앞에서 제시한 제3의 비판, 즉 본래 개별자본은 자기의 이윤율을 저하시키는 신기술을 채용하지는 않으므로, 사회적 자본에 대해서도 신기술 채택이 이윤율을 저하시키는 일은 있을 수 없다는 비판도 언뜻 보면 그럴듯한 것 같지만 전혀 타당하지 않다. 만일 이것이 진실이라면, 도대체 고전파 경제학의 눈앞에서 진행되며 그들이 설명하고자 했던 이윤율 저하현상 그 자체가 생기지 않았을 것이다.

자본들의 경쟁이 이윤율을 저하시키는 신기술을 자본들에게 채용하도록 강제한다 | 그러면 개개 자본이 이윤율 상승을 의도하여 신기술을 채용하는데도 이윤율이 저하하는 것은 무엇 때문일까?

개별자본이 신기술을 채용하는 것은, 동일한 생산부문 안에서 자본의 경쟁 속에서 자기가 생산하는 상품의 개별적 가치를 시장가치보다 낮게 할 수 있다면, 초과이윤을 손에 넣을 수 있으며 그러한 한 이 개별자본의 이윤율이 높아지기 때문이다. 그러나 신기술이 생산부문에서 일반화하여 시장가치가 그 개별적 가치로까지 내려가면, 초과이윤이나 특별히 높은 이윤율도 소멸된다. 결과는 신기술이 부문 전체의 자본구성을 높였기 때문에 부문의 평균적인 이윤율이 저하되는 것이다.

초과이윤을 둘러싼 개별적 자본들 간의 경쟁이 바로, 결과적으로 자본구성을 고도화함으로써 이윤율을 저하하게 하는 신기술을 개별자본들에게 채용하게 하는 것이다. 이것은 바로 자본의 내재적인 법칙이 자본들의 경쟁이라는 외적인 강제법칙으로서 관철되는 것일 뿐이다.

제3절 이윤율의 경향적 저하 법칙과 자본의 운동

이윤율 저하와 축적 촉진의 모순은 능동적인 요인들의 충돌로 나타난다

│ 자본은 이윤율이 저하해도 이윤량은 증대시키려고 축적을 추진하지 않으면 안 되는데, 생산력 상승이 이윤율 저하를 야기하므로 이윤율 저하와 가속적 축적이라는 모순에 찬 자본의 운동은 양립할 수 없는 능동적인 요인들의 충돌로 나타난다.

자본의 과잉 │ 대자본이 중소자본을 타도하고 합병하는 자본의 집중이 진행되며, 이윤율 저하를 이윤량 증대로 메울 수 없는 자본은 자본으로서 기능할 수 없으므로, 사회적으로 보면 **자본의 과잉**이 생기게 된다. 그 결과 파산하지 않으려고 치열한 경쟁전이 전개되어, 임금은 일시적으로 상승하며 그로 인해 이윤율은 일시적으로 더욱 저하한다. 과잉자본의 정리는 불가피하다. 이리하여 명백히 되는 것은 이윤(즉 자본)에 의한 생산의 제한이 나타나는 것이다.

상품의 과잉 │ 다른 한편 생산력 상승과 자본의 가속적 축적은 생산량을 증대시키는데, 상품판매는 자본주의적 생산 특유의 분배·소비 관계들에 의해 제한되고 있다. 노동자는 자본에게 상품을 구매하는 사람으로 중요하지만, 자본은 노동력의 판매자인 그들에 대한 지불을 최소한으로 누르고 있으며, 또한 자본가의 소비도 그들의 축적욕구에 의해 제한되고 있다. 그 결과 자본주의적 분배·소비관계에 의한 제한이 **상품의 과잉생산**으로 나타나게 된다.

인구의 과잉 │ 이처럼 자본의 과잉생산은 상품의 과잉생산을 포함할 수밖에 없지만, 이것이 생산 그 자체의 절대적 과잉은 아니며 생산의 자본주의적 형태에서 생기는 것이라는 점은, 이러한 과잉이 동시에 **인구의 과잉**을 수반하는 것으로부터도 명백하다. 한편에는 일자리나 생활수단도 가지지 못하는 방대한 상대적 과잉인구가 있으며, 다른 한편에는 방대한 생산수단이 유휴하고 있다. 동일한 자본축적과 생산력 발전이 이윤율 저하와 상대적 과잉인구의 생산을 가져오는 것이다.

모순의 폭발로서의 공황 │ 자본이 생산력을 발전시켜 축적을 추진하는 중에 모순들의 누적이 한도에 달하면, 그것들이 폭발하여 관계들을 회복시키게 된다. 이것이 19세기에는 거의 10년 주기로 생긴 **공황**이다. 이윤율의 저하 법칙이 관철될 때에 표면화되는 자본축적의 계기들은, 동시에 앞에서 서술했던 공황의 가능성을 현실성으로 전환하는 계기들이다.

제4장
상업자본과 상업이윤

제1절 상업자본의 자립화

§ 1. 산업자본으로부터의 상업자본의 자립화

상업자본과 상업이윤 │ 상업자본은 유통영역 안에서 산 뒤에 파는 운동, 즉 M−C−M라는 운동을 행함으로써 증식하는 자본이다. 그 증식분은 산업자본의 그것과 마찬가지로 이윤인데, 산업자본의 이윤이 **산업이윤**이라고 부르는 데 반해 **상업이윤**이라고 부른다.

산업자본에서 상업자본의 자립화 │ 상업자본은 산업자본을 위해 상품의 판매를 인수함으로써 산업자본의 유통시간을 단축시키며 유통비용을 감소시키는 자본이고, **산업자본가**(생산자)와는 다른 인격인 **상업자본가**(상인)에 속하는 자본으로서, 산업자본으로부터 자립화한 자본이다.

산업이윤의 일부가 상업이윤이 된다 │ 상업자본의 기능에 의해 유통시간이 단축되고 유통비용이 감소하는데, 산업자본은 ① 유통시간을 생산시간으로 전환함으로써 잉여가치를 증대시킬 수 있으며, ② 잉여가치로부터 유통비용을 공제하는 것을 면할 수 있다. 산업자본은 이리하여 증대한 잉여가치의 일부분을 상업자본의 기능에 대해 지불한다. 이것이 상업이윤이며, 사회적 분업의 한 줄기인 상업자본의 자립화를 가능하게 하는 것이다.

상업자본의 기능 | 생산자가 상품을 상인에 팔면 생산자에게는 그 상품자본이 실현되는데, 상품 그 자체는 아직 최종적으로는 팔리지 않고 있다. 이것을 최종의 구매자(생산적 소비자 또는 개인적 소비자)에게 최종적으로 파는 것이 상업자본의 기능이다.

　이처럼 상품자본의 기능이 유통과정에 있는 특수한 자본의 기능으로서 독립하여 분업에 의해 하나의 특별한 종류의 자본가에 할당된 기능으로서 고정되었을 때 상업자본이 성립한다.

§ 2. 상업자본의 운동형태

상업자본의 운동형태는 M−C−M'이다 | 상업자본은 상품의 구매에 투하되어, 그 상품을 판매함으로써 환류한다. 그것은 항상 유통과정 안에 있으며, M−C−M' 결국 '사서 판다'는 운동을 반복한다(그림 212).

　상업자본이 성립해서, 산업자본을 위해 상품의 판매를 인수하게 되었다 하더라도, 산업자본은 상품을 상업자본에 팔지 않으면 안 되므로 판매시간과 그를 위한 비용이 제로가 되는 것은 아니다. 또한 상업자본도 순수한 판매기능과 함께 물류 기능까지도 하게 되며, 이러한 한 부분적으로는 연장된 생산과정을 수행한다.[1] 그러나 사물의 형편을 순수하게 파악하기 위해 지금

---

1) 상업자본의 기본적 기능은 순수한 매매활동이며 그 중심은 상품의 구매자를 찾아서 파는 것인데, 이와 함께 많든 적든 상품의 물류에 관한 활동에 종사한다. 상품 수송을 전문적으로 하는 수송업자와 상품 보관을 전문적으로 하는 창고업자

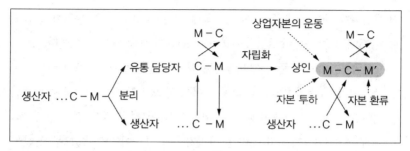

그림 212 상업자본의 자립화와 그 운동

부터는 이 두 가지 사실을 사상하여, 상업자본은 산업자본이 생산한 상품의 유통에 관계하는 모든 시간과 비용을 부담하며, 생산과정의 연장으로 간주할 수 있는 생산적 기능은 전혀 하지 않는 것으로 가정한다.

§3. 자본주의적 생산에서 상업자본 자립화의 의의

상업자본 자립화의 의의 │ 산업자본으로부터 상업자본의 자립화는 산업자본, 즉 자본주의적 생산에서 다음과 같은 적극적 의의를 갖고 있다.

(1) 산업자본에 대해 판매시간의 단축은 개별적으로도 사회적으로도 자본의 회전을 촉진하므로 연간 이윤율을 상승시킨다.

(2) 산업자본가가 상품자본의 실현 기능을 상업자본에게 맡김으로써, 산

───────────

의 자본은 상업자본이 아니라 광의의 산업자본에 속하며, 상인은 상품의 수송과 보관을 이러한 수송업자와 보관업자에게 맡기지만, 상인도 상품을 사들여서 판매할 때까지는 상품을 포장한다든가, 보내는 장소별로 분류한다든가 하는 작업을 행하며, 또한 특히 최종소비자에게 상품을 파는 소매의 영역에서는 상품을 개봉하여 세분하는 등의 작업을 한다. 이러한 작업은 생산물을 소비할 수 있는 것으로 마무리하는 광의의 생산과정에 속하며 생산과정의 연장으로 볼 수 있다. 이러한 작업을 할 때 상인도 산업자본가에 속하는 기능을 겸하는 것이다. 그리고 이러한 작업에 지출되는 '상업노동자'의 노동도 상품에 대상화되어 상품에 가치를 추가한다.

업자본가가 화폐형태로 유통과정에 투하해야 할 자본액과, 재생산과정의 정체·중단에 대비하여 준비해야 할 화폐자본이 감소하므로, 동일한 생산규모 아래에서 투하해야 할 자본액이 감소하여 이윤율이 상승한다.

(3) 상업자본가가 상품의 매매를 전문적으로 행함으로써 상품자본의 변태가 촉진되며, 유통과정에 투하되어 있어야 할 화폐자본은 산업자본가 자신이 행하는 경우의 크기에 비해 훨씬 소액으로 충분하게 된다. 결국 상품거래를 위해 투하되는 자본의 총량은 산업자본가 자신이 그것을 모두 행하는 경우보다 축소되는 것이다. 이리하여 사회적으로 보면, 총자본 중 유통과정에 있는 화폐자본의 비율이 감소한다. 따라서 생산과정에 투하되는 자본의 비율이 증대되며 사회적 이윤율, 결국 총자본에 대한 총잉여가치의 비율이 상승한다.

(4) 상업자본에 의한 상품매매의 전문화에 의해 유통비용(물적 수단의 가치 및 노동)이 상대적으로 감소하므로, 총산업자본이 취득하는 총잉여가치 중에 공제되는 가치액이 감소하여 사회적 이윤율이 상승한다.

(5) 상업자본의 발전은 시장의 확장을 도우며 대규모 생산을 조장함으로써 산업자본의 축적과 생산력 발전을 촉진한다.

제2절 상업이윤

§1. 상업이윤의 원천으로서 상업자본에 의한 매매의 가격차

상업자본은 매매의 가격차에 의해 이윤을 취득한다 | 상업자본가가 그의 이윤을 상품의 가격 차이로부터 끌어낼 수밖에 없다는 것, 결국 구매가격(사들이는 가격)을 넘는 판매가격의 초과분이 그 이윤의 원천이라는 것은 명백하다. 또한 상업자본가가 상품을 사들이는 것 외에 영업경비(물적 수단의

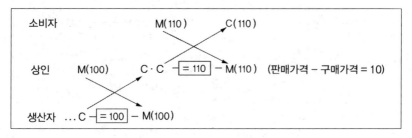

그림 213 상업이윤의 원천인 매매가격차(판매가격 − 구매가격 > 0)

가치 및 임금)를 지출하는 경우에는, 그것을 회수하는 것도 이 차액 이외에는 불가능하다는 것도 명백하다. 그러므로 상업자본가에게는 항상 '구매가격 < 판매가격'이어야 한다. 실제 상업자본가가 존재하는 곳에서는 동일한 상품에 대해 이러한 이중 가격이 사회적·일반적으로 성립하고 있다(그림 213).

그러면 어떻게 어느 상품에 대해서도 일반적으로 이러한 이중가격이 성립할 수 있는가, 도대체 상업자본가에게 구매가격과 판매가격의 크기는 각각 무엇에 의해 결정되는가가 문제가 된다.

§ 2. 기본적인 관계 : 가치보다 싸게 사서 가치대로 판다

산업자본으로부터 상품을 가치보다 싸게 사서 가치대로 판다 │ 이미 본 바와 같이, 상업자본은 산업자본을 위해 매매 기능을 수행함으로써 산업자본이 취득한 잉여가치의 일부분을 받게 되는데, 이 분배몫이 상업이윤이다. 그러므로 위의 문제는 상업자본가는 어떻게 산업자본가로부터 잉여가치의 일부분을 수취하는가 하는 문제에 귀착한다.

우선 상업자본이 없는 경우에는 상품이 가치로서(생산가격이 아니라) 판매된다고 전제하자.

이 경우 산업자본가는 자기의 상품을 상업자본가에게 그 상품의 가치 이하의 가격으로 판매한다. 이 가격은 산업자본가에게는 판매가격이며 상

그림 214 상업자본가는 상품을 그 가치보다 싸게 사서 그 가치대로 판다

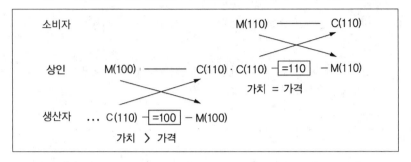

업자본가에게는 구매가격(사들이는 가격)이다. 상업자본가는 이 상품을 가치대로의 가격으로 소비자에게 판매한다. 그리하여 상업자본가는 산업자본가로부터 구매가격과 가치와의 차액을 수취하게 된다. 그러므로 이 경우 상업자본가는 상품을 가치보다 싸게 사서 가치대로 파는 것이다(그림 214).

이윤율의 균등화를 전제하면 생산가격대로 파는 것으로 된다 │ 그러나 이미 본 바와 같이, 산업자본의 생산부문 간 이동에 의해 이윤율이 균등화되어 생산가격이 성립한 뒤에는, 각 상품의 시장가격은 생산가격을 중심으로 변동한다. 그러므로 상업자본가의 판매가격도 가치가 아니라 생산가격에 의해 규정될 것이다. 결국 상업자본가는 상품을 상업자본이 없었을 경우의 산업자본의 생산가격보다 싸게 사서 생산가격대로 팔 것이다.

§3. 산업자본이나 상업자본도 생산가격대로 판다

상업자본도 이윤율 균등화에 참가한다 │ 그러면 상업자본의 구매가격 (=산업자본의 판매가격)은 산업자본의 생산가격에서 얼마만큼 낮아지는 것일까? 이 수준 여하에 따라 '산업자본의 이윤율＞상업자본의 이윤율'이 되거나 그 역이 될 것이다.

자본의 이동이 자유로운 한, 만일 상업자본의 이윤율이 산업자본의 이윤율보다 높다면 산업자본이 상업자본으로 전환하는 운동이, 역으로 산업자본의 이윤율이 상업자본의 이윤율보다 높으면 상업자본이 산업자본으로 전환하는 운동이 생기지 않으면 안 될 것이다. 그리고 상업의 영역은 가장 유출입이 쉬운 영역이다. 그 결과 상업자본도 이윤율 균등화에 참가하며, 평균이윤율은 산업자본과 상업자본의 전체에 대해 성립하게 된다. 상업자본의 이윤율도 평균이윤율을 중심으로 변동하게 된다.

공통의 평균이윤율을 가져오는 생산가격이 성립한다 ｜ 그래서 상업자본의 판매가격에 대해서도 생산가격이 성립하여, 상업자본의 구매가격(=산업자본의 판매가격)과 판매가격은 모두 산업자본과 상업자본에게 동일한 평균이윤율을 가져오는 가격, 즉 생산가격을 중심으로 변동하게 된다.

산업자본도 상업자본도 자기의 생산가격으로 판매한다 ｜ 여기에서의 평균이윤율은 총산업자본에 대한 총잉여가치의 비율이 아니라, 총산업자본에 총상업자본을 더한 총자본에 대한 총잉여가치의 비율이다. 상업자본을 m이라 하면 총자본은 c+v+m이며, 평균이윤율은 $ap' = \frac{s}{c+v+m}$ 이다.

　요컨대 산업자본은 상품을 자기의 생산가격대로 판매하며, 상업자본은 상품을 이 가격으로, 다시 말해 자기의 생산가격보다 싼 가격으로 사서, 자기의 생산가격대로 파는 것이다(그림 215).

산업자본이 취득한 잉여가치가 산업자본과 상업자본에 분배된다 ｜ 이리하여 산업자본이 취득한 총잉여가치가 산업자본과 상업자본의 전체에 대해 자본의 크기에 따라 분배되는 것이다.

상품가격에 포함되는 평균이윤량은 산업자본과 상업자본에서는 다르다

그림 215 상업자본의 구매가격과 판매가격

상업자본의 구매가격 $\xleftarrow{\text{규정}}$ 산업자본의 생산가격

=비용가격+산업자본의 평균이윤

상업자본의 판매가격 $\xleftarrow{\text{규정}}$ 상업자본의 생산가격

=구매가격+평균이윤

=비용가격+산업자본의 평균이윤+상업자본의 평균이윤

| 다만 위의 두 식에 대해 주의가 필요한 것은, 산업자본과 상업자본은 자본의 회전속도가 전혀 달라서 동일한 단위 상품의 가격에 포함되는 평균 이윤의 크기는 산업자본의 경우와 상업자본의 경우는 전혀 다르다는 점이 다. 회전속도가 빠른 상업자본의 경우 단위 상품에 포함되는 평균이윤량은 산업자본의 단위 상품에 포함되는 평균이윤량보다 훨씬 적다.

§ 4. 상업비용도 상업자본의 일부를 형성하며 이윤을 요구한다

상업비용 지출도 상업자본에게는 자본의 투하이다 | 상업자본은 영업을 위해 물적 수단과 노동을 이용한다. 이 노동을 얻기 위해 노동력을 구입한다. 이러한 비용, 즉 **상업비용**은 순수한 유통비이다. 이 '공비(空費)'는 본래 총자 본이 부담해야 하는 것이므로, 총자본의 총잉여가치에서 공제되어야 한다 (☞제2편 제1장 제2절 § 2(3)).

그런데 상업비용은 직접적으로는 상업자본이 그 모든 것을 지출하므로, 상업자본에게는 자본의 투하로 나타난다. 결국 상업자본은 '사들인 가격+ 상업비용'으로 구성되며, 상업자본은 이 전체에 대해 평균이윤율을 요구한 다. 그래서 상업비용을 자본의 일부에 더하면 상업자본의 구매가격과 판매 가격은 다음과 같이 된다(그림 216).

그림 216 상업자본의 판매가격에는 상업비용이 들어간다

구매가격 = 산업자본의 생산가격

　　　　= 비용가격＋산업자본의 평균이윤

판매가격 = 상업자본의 생산가격

　　　　= 구매가격＋단위상품당 상업비용＋상업자본의 평균이윤

산업자본과 상업자본의 이윤과 생산가격 ｜ 이제 총산업자본의 불변자본을 c, 가변자본을 v, 생산된 잉여가치를 s로 하며, 총상업자본이 상품을 구매하는 데 투하한 화폐자본을 m, 상업비용 중의 물건비를 a, 인건비를 b로 하면, 평균이윤율, 총산업이윤, 총상업이윤, 산업자본의 총생산가격, 상업자본의 총생산가격은 각각 다음과 같이 된다.

평균이윤율 : $\quad ap' = \dfrac{s-(a+b)}{(c+v+m+a+b)}$

총산업이윤 : $\quad P = (c+v)ap'$

총상업이윤 : $\quad h = (m+a+b)ap'$

산업자본의 총생산가격 : $Pi = (c+v)(1+ap')$

상업자본의 총생산가격 : $Pc = (m+a+b)(1+ap')$

또한 총산업자본과 총상업자본을 고찰하면, 총상업자본은 총산업자본에게서 총상품을 '총가치－(상업이윤＋상업비용)'으로 사서, 최종소비자에게 총가치대로 팔게 되는 것이다. 그것은 다음 식에 의해 확인할 수 있다.

Pc (총생산가격) $= (m+a+b)(1+ap') = c+v+s = Vt$ (총가치)

제3절 상업자본의 회전

상업자본에서는 회전이 빨라질수록 한 상품이 포함하는 이윤이 감소한다
｜ 상품자본은 일정기간에 대해 평균이윤을 얻을 수 있는 가격으로 상품을 판매하는데, 동일한 상업부문의 상업자본 전체를 보면 회전이 빨라질수록 1회전에서 얻어지는 평균이윤, 따라서 하나의 상품에 포함되는 평균이윤은 감소한다(그림 217).

그림 217 산업자본의 회전과 상업자본의 회전의 차이

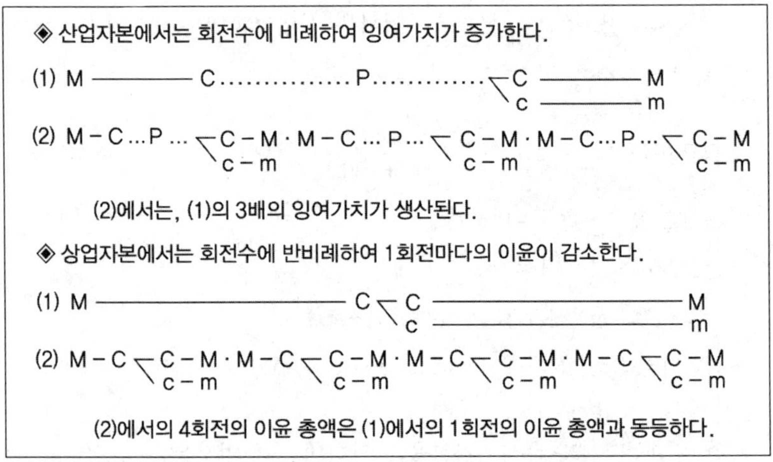

◈ 산업자본에서는 회전수에 비례하여 잉여가치가 증가한다.

(1) M ——————— C ·············· P ············· $\subset^{C}_{c}$ ——— $^{M}_{m}$

(2) M–C...P... $\subset^{C-M \cdot M-C}_{c-m}$ ...P... $\subset^{C-M \cdot M-C-P}_{c-m}$ ... $\subset^{C-M}_{c-m}$

  (2)에서는, (1)의 3배의 잉여가치가 생산된다.

◈ 상업자본에서는 회전수에 반비례하여 1회전마다의 이윤이 감소한다.

(1) M ——————————— C $\subset^{C}_{c}$ —————— $^{M}_{m}$

(2) M–C $\subset^{C-M \cdot M-C}_{c-m}$ $\subset^{C-M \cdot M-C}_{c-m}$ $\subset^{C-M \cdot M-C}_{c-m}$ $\subset^{C-M}_{c-m}$

  (2)에서의 4회전의 이윤 총액은 (1)에서의 1회전의 이윤 총액과 동등하다.

'박리다매'에 의해 이윤량을 증대시킬 수 있다 ｜ 그러나 개개 상업자본은, 회전을 빠르게 함으로써 평균적인 회전의 자본보다 싸게 판매할 수 있다. 이에 의해 판매상품량을 증대시키고 시장에서의 몫을 크게 함과 동시에, 총이윤을 증대시켜서 평균이윤을 넘는 초과이윤을 획득할 수 있다('박리다매' 효과).

제4절 상업자본의 외적 자립성과 재생산과정의 내적 관련의 관철

상업자본의 자립화에 의한 산업자본의 생산량 증대 | 산업자본으로부터 상업자본이 자립함에 따라, 산업자본이 생산하는 상품의 판매가 상업자본에 맡겨지게 되고, 상업자본이 판매의 기능을 전문적으로 인수하면서, 상품의 판매는 도매업에서 소매업에 이르기까지 광범하게 펴놓은 유통망에 의해 비약적으로 확장된다. 상품의 판매는 일국의 내부에서뿐만 아니라 세계시장으로까지 확대되어간다. 이에 따라 산업자본의 생산량도 증대하게 된다.

생산능력과 재고 수용력에 의한 재생산과정의 탄력성 | 상업자본은 항상 어느 정도 상품재고를 가지고 있어야 한다. 이 재고로 되는 상품은, 산업자본에게는 이미 팔린 상품이기는 하지만 아직 최종적으로는 팔리지 않은 상품이다. 그러나 상업자본은 산업자본＝생산과정으로부터 외적으로 독립하여 운동하므로, 산업자본에게서 상품을 대량으로 사들여 상품재고를 부풀게 할 수 있다. 이리하여 산업자본＝생산과정의 거대한 생산능력과 상업자본의 재고 수용력에 의해 재생산과정은 거대한 탄력성을 가지게 된다. 사회적인 재생산과정 중 생산영역과 소비영역의 관련은 상업자본의 매개적 활동에 의해 현저하게 간접적인 것이 되며, 상대적으로 자립적인 운동을 하게 된다(그림 218).

공황에 의한 재생산과정의 내적 관련의 최종적 관철 | 산업순환의 어떤 시기에는 상업자본이 산업자본에 대해 최종수요로부터 독립된 가공의 수요 (가수요)를 만들어낸다. 이 과정이 진행되면 상업자본하에서 최종수요를 크게 넘는 대량의 상품재고가 체류하게 된다. 그것이 과잉재고임이 최종적으로 알려지면 도매업 영역에서 공황현상이 생긴다. 판매 불능, 그에 따르는

그림 218 재생산과정의 내적 관련과 상업자본 운동의 외적인 자립성

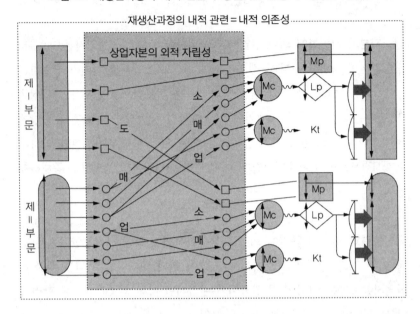

지불 불능, 투매(投賣), 파산이 발생한다. 이리하여 가공의 수요에 의해 지탱되던 **외관상 번영**은 끝나고, 그 그늘에 숨어 있던 **과잉생산**이 드러난다. 이리하여 상업자본의 외적인 자립성에 의해 은폐되어 있던 재생산과정의 내적 관련은 최종적으로는 자기를 관철하는 것이다.

제5절 화폐거래자본

§1. 화폐거래자본

화폐거래업무에 의해 수수료를 이윤으로 취득하는 자본 | 화폐거래자본이란 화폐거래업무를 전문적으로 하며, 그것에 대한 수수료 수입에 의해

이윤을 얻는 자본이다. 화폐거래자본은 오직 유통과정에서 기능하는 자본이며, 광의의 상업자본에 속한다.

광의의 상업자본 { 상품거래자본(협의의 상업자본)
화폐거래자본

§ 2. 화폐거래자본의 자립화

화폐거래업무와 그 비용 | 화폐거래업무란 화폐에 관한 기술적 조작, 즉 화폐의 수납·보관·지불·부기·차액결제·당좌계정 처리 등을 행하는 업무이다. 이러한 것은 모두 유통과정에서의 조작으로서 잉여가치를 낳는 것은 아니라, 오히려 이것에 필요한 비용은 잉여가치에서 공제되는 유통비이다.

산업자본 및 상품거래자본으로부터 화폐거래자본의 자립화 | 그러나 산업자본이나 상품거래자본도 이러한 기술적인 조작을 필요로 한다. 화폐거래자본은 이 업무를 전문적으로 수행함으로써, 산업자본과 상품거래자본이 이러한 조작을 모두 스스로 행하는 경우보다 작은 비용으로 이러한 조작을 처리한다.

그래서 산업자본과 상품거래자본은 자기의 이윤(본래는 모두 산업자본이 취득한 잉여가치)의 일부를 화폐거래자본에 양도함으로써 그것들의 조작에 필요한 유통비를 상대적으로 감소시킬 수 있다.

화폐거래자본은 산업자본 및 상품거래자본의 유통과정에서의 화폐거래의 조작이 독특한 자본의 기능으로서 자립한 것이며, 총자본에서 독특한 자본으로 분리·독립한 부분이다. 상품거래자본이 산업자본으로부터 파생된 자본인 것과 마찬가지로, 화폐거래자본도 산업자본 및 상품거래자본으로부터 파생된 자본이다.

그러나 화폐거래자본이 성립하여 그것이 산업자본 및 상품거래자본을 위해 화폐거래의 업무를 수행하게 되어도, 산업자본 및 상품거래자본은 화폐거래업무를 완전히 없앨 수는 없다.

§3. 화폐거래자본의 운동형태

화폐거래자본의 운동형태는 M–M'이다 | 화폐거래업자는 화폐거래의 조작을 위해 일정한 물적 비용과 노동을 투하한다. 이 노동도 일반적으로는 임금을 지불하여 노동자로부터 노동력을 구입함으로써 입수된다. 화폐거래 자본이 투하하는 자본이라는 것은 이러한 물건비 및 인건비에 불과하다. 그리고 그것들은 산업자본 및 상품거래자본에서 수취하는 수수료로부터 이윤과 함께 보전되어야 한다.

그러므로 화폐거래자본의 운동형태는 M–M', 결국 '자본——자본+이윤'이다.

§4. 화폐거래자본의 이윤

화폐거래자본도 이윤율 균등화에 참가한다 | 화폐거래자본도 상품거래 자본과 마찬가지로 평균이윤율 형성을 가져오는 경쟁에 참가한다. 따라서 총자본 중에서 화폐거래자본이 차지하는 비율이 커질수록 평균이윤율은 내려간다. 그러나 화폐거래자본이 존재함으로써 산업자본 및 상품거래자본의 유통비는 감소하며, 그에 따라 평균이윤율은 상승한다. 자본주의적 생산에서 화폐거래자본의 의의는, 상품거래자본의 그것과 기본적으로 마찬가지이다.

화폐거래자본도 평균이윤을 요구하므로, 화폐거래업무에 대한 수수료는 화폐거래자본에게 일정기간에 걸쳐 '자본(=물건비+인건비)+평균이윤(=자본×평균이윤율)'을 가져다주는 수준을 중심으로 변동하게 된다.

§5. 화폐거래자본의 성립과 발전

화폐거래자본은 환전업 및 지금거래업에서 생겼다 │ 화폐거래자본은 역사적으로는 우선 국제적 교역에서 발전해온다. 각 나라의 내국주화를 세계화폐로 바꾸고 세계화폐를 내국주화로 바꾸는 **환전업** 및 세계화폐로서의 금은(金銀)을 다루는 **지금**(地金)거래업이 화폐거래자본의 자연발생적인 기초이자 화폐거래업의 가장 시초적인 형태이다. 이 기초에서 **대체은행**(對替銀行)이 생기며, 금 세공인(Goldsmith)이 활약했다.

화폐거래자본 아래에 자본가계급 전체의 화폐준비가 집중된다 │ 환전, 지금거래, 대체 등의 기능을 하는 화폐거래업 아래로, 점점 구매수단·지불수단의 준비금과 유휴화폐자본이 집중된다. 이리하여 화폐거래자본은 대량의 화폐자본을 취급하게 되는데, 이것은 산업자본가와 상품거래업자의 화폐자본이다. 이 집중에 의해 자본가계급 전체가 필요로 하는 구매수단·지불수단의 준비금은 개개 자본가의 수중에 있는 경우보다 적어지는 것이다.

화폐거래업자는 은행업자가 되며 화폐거래업무는 은행업무가 된다 │ 따라서 화폐거래업무는 그 수중에서 이용 가능한 화폐를 이자 낳는 자본으로서 운용하게 된다. 이리하여 상술한 화폐거래업무에 이자 낳는 자본의 관리와 신용거래가 결합된다. 이에 따라 화폐거래업은 완전히 발전하게 되는데, 여기서 볼 수 있는 것은 이미 근대적인 은행제도이며 여기에서의 자본은 단순한 화폐거래자본이 아니라 은행자본이 된다. 이 점에 대해서는 다음 장 제2절에서 상술한다.

제5장
이자 낳는 자본과 이자

제1절 이자 낳는 자본

이 장의 연구 순서 │ 이자 낳는 자본이란 문자 그대로 그 증식분이 이자의 형태를 취하는 자본이다. 이자 낳는 자본은 이른바 금융분야에서 운동하는 자본의 가장 기본적인 형태이다.

이 제1절에서 이자 낳는 자본 및 이자의 본질과 자본의 기본적인 운동형태를 밝히고, 다음 제2절에서 이자 낳는 자본의 운동의 가장 중심적인 무대인 은행제도의 구조를 본 뒤, 은행제도하에서 이자 낳는 자본의 형태들의 가공성(架空性)을 밝혀 최후에 은행제도 성립의 필연성과 그것이 자본주의적 생산에서 수행하는 역할을 개관하고자 한다.

§1. 이자 낳는 자본과 이자

화폐자본과 화폐시장 │ '화폐자본(monied capital)'에 대한 수요와 공급이 만나 양자의 양적관계에 의해 이자율이 변동하는 장소를 **화폐시장**(money market)이라 부른다. 결국 사람들은 여기서 '화폐'라는 '상품'이 매매되는 것이라 생각하고 있는 것이다. '상품'에 대해서는 대가가 지불되어야 한다.

'화폐'라는 '상품'에 대한 대가로 생각되는 것은 동일한 화폐의 형태로 지불되는 이자이다.

'자본으로서의 화폐'가 상품으로 매매된다 ｜ 그러나 화폐라는 것은 모든 상품과 곧 교환할 수 있는 힘을 갖는 특정한 상품(일반적 등가물의 기능을 사회적으로 독점하는 상품)이며, 가격이라는 것은 상품의 가치를 이 화폐로 표현한 것일 뿐이다. 도대체 '**화폐가 상품으로 되는**' 것은 어떠한 것일까? 그리고 '화폐'라는 '상품'에 대해 동일한 화폐가 지불되는 것은 어떠한 것일까?

어떤 물건이 상품이 되는 것은, 그것이 구매자에게 어떤 사용가치를 갖고 있기 때문이다. 그러면 화폐시장에서 매매되는 '화폐'의 사용가치라는 것은 무엇일까? 시장의 관계자들에 따르면 그것이 '자본'으로 유용하다는 성질이다. 그러므로 그들은 종종 이 상품의 대가인 이자를 '자본의 가격'이라고 부르는 것이다.

이제부터 사람들이 여기서 '상품'으로 간주하는 것은, '일반적 등가물의 기능을 하는 성질을 갖는 것으로서의 화폐'가 아니라 '자본의 기능을 하는 성질을 갖는 것으로서의 화폐'라는 것을 알 수 있다. 요컨대 여기서는 화폐가 자본으로 기능하는 독특한 '사용가치'를 갖는 상품으로 되어 있는 것이다. 간략하게 말하자면 '자본으로서의 화폐가 상품으로 되고 있다', 또는 '화폐가 자본으로서 상품으로 되고 있다'는 것이다.

'자본으로서의 화폐'의 매매는 대부와 상환이라는 형태를 취한다 ｜ 그러나 '화폐'라는 상품은 보통의 상품과 같이 대가와 교환으로 그것을 상대에게 양도함으로써 끝나는 방식으로 팔리지는 않는다. '화폐'를 구매하는 사람이, 그 화폐가 자본으로 기능하는 능력, 즉 그 '사용가치'를 소비하는 것은 그것을 자본으로 기능하게 하는 것, 그것을 자본으로서 투하한 뒤 이윤과 함께 회수하는 것이다. 그러므로 자본이라는 '사용가치'는 이윤을 입수할 수 있는 '사용가치'인 것이다. 화폐를 자본으로 기능하게 하여 이윤을 취득하기에는 일정한 기간이 필요하다. 그러므로 '화폐'라는 '상품'은 판매자가 이 화폐를 일정기간 구매자의 손에 위탁해두고, 기간이 지나면 구매자가 그것을 판매자에게 돌려주는 방식으로 팔 수밖에 없다. 이것은 또한 이미 제1편 제2장 제1절에서 노동력의 매매에 관해 살펴본 시간당 상품의 매매에 지나지 않는다.

A가 B에게 화폐를 자본으로 판다는 판매는, A가 이 화폐를 B에게 일정기간만 자유로이 사용하게 하는 독특한 형태로 행해진다. 이러한 자본으로서의 화폐라는 상품의 시간당 매매의 경우에는, 일정기간 뒤에 반환하겠다는 약속을 받고 화폐를 내놓는 것을 **대부**라 하며, 그 반환을 **상환**이라 한다. 결국 여기서는 '판매자'는 대주(貸主)이며 '구매자'는 차주(借主)이다. 대부·상환이라는 이 운동에 의해 자본으로서 화폐의 '사용가치'가 판매자=대주로부터 구매자=차주에게 양도되는 것이다.

양도된 이 '상품'의 대가가 일정기간의 대부에 대해 지불되는 이자이다. 이자는 자본으로서의 화폐라는 독특한 상품의 대가이며, 그것의 '가격' 따라서 또 '자본의 가격'으로 간주된다.

이자 낳는 자본 │ 대주의 화폐는 이 경우 M—M'라는 변태를 한다. 일정기간의 단순한 내놓음 및 반환에 의해 가치가 양적으로 증대된다. 이처럼 증식하는 가치는 자본이다. M—M'라는 이 형태에서는 자본의 자기증식이 증식의 과정 없이 아주 순수한 모습으로 나타나고 있다. 이러한 자본, 내놓음·환류라는 운동에 의해서만 증식하는 자본이 **이자 낳는 자본**이다. 또는 대부·상환이라는 형태로 운동하는 점에 주목해서 **대부자본**이라고도 부른다. 화폐시장에서 사람들이 '**화폐자본**(monied capital)'이라 부르는 것은, 이 이자 낳는 자본의 구체적 형태인 것이다.[1]

'사용가치'로서의 자본의 기능이란 무엇인가? | 그런데 사람들이 '화폐'라는 '상품'의 사용가치라고 생각하는 '자본'의 기능은 정말 무엇일까? 이제까지의 우리들의 연구에 의하면, 이 물음에 대해 쉽고 완전하게 답할 수 있다.

이미 본 바와 같이, 자본주의적 생산에서 화폐가 생산과정 및 유통과정에 자본으로 투하되면 이윤(산업이윤 및 상업이윤)을, 또한 이윤율 균등화가 행해지는 경우라면 평균이윤을 동반하여 환류한다. 요컨대 화폐는 산업자본 내지 상업자본으로 운동함으로써 평균이윤을 낳을 수 있다. 그러므로 여기서 화폐는 일반적 등가물로 기능한다는 속성에 덧붙여, 또한 자본으로서 기능하며 평균이윤을 낳을 수 있다는 속성을 가진 것이다.

그러므로 '화폐'라는 상품이 갖는 '자본'이라는 사용가치는, 이 상품을 일정기간 자본으로 기능하게 하면 기능하게 한 사람의 손에 평균이윤을

---

1) 이 장에서는 이 뒤에도 '화폐자본(monied capital)'이라는 말이 몇 번 나오지만, 이 '화폐자본'은 제2편 제1장 제1절 §2에서 본 화폐자본과는 명확히 구별되어야 한다. 후자는 산업자본이 행하는 M—C...P...C—M'이라는 순환에서 M 및 M', 즉 자본의 순환형태로서의 화폐자본이다. 또한 이 편 제4장에서 본 상업자본의 M—C—M'이라는 순환의 M 및 M'도 마찬가지로 자본의 순환형태로서의 화폐자본이다. 이 화폐자본은 생산자본과 상품자본에 대립되며, 영어로는 money capital 또는 money-capital이다. 이에 반해 이 장에 나오는 '화폐자본(monied capital)'이란 화폐시장의 당사자들이 여기서 운동하고 있는 이자 낳는 자본을 부를 때의 명칭이며, 여기의 monied(또는 moneyed)는 본래는 landed(토지로부터 되는)에 대해 '화폐로부터 되는'이라는 어감을 갖고 있는 말이며, 그 뒤 industrial(산업적)과 commercial(상업적)에 대해서 '금융적'이라고도 해야 할 어감을 가지게 되었다. 화폐시장에서 거래되는 상품을 사람들이 '자본'이라고 생각할 때, 이 '자본'을 '실물자본(real capital)'(산업자본과 상업자본)으로부터 구별하는 데 이 말이 사용된다. '화폐자본'과는 다른 좋은 번역어가 없으므로 이 책에서는 원어를 붙여서 '화폐자본(monied capital)'으로 한다.

가져올 수 있다는, 화폐가 갖는 가능성 또는 능력인 것이다.

이자의 실체와 이자 낳는 자본 성립의 전제 | '화폐'는 탄생했을 때부터 곧 이러한 가능성 또는 능력을 가지고 있었던 것은 아니다. 그러면 도대체 언제부터 이러한 사용가치를 가지게 된 것일까?

그것은 생산이 자본주의적으로 행해지게 된 뒤다. 자본주의적 생산양식 하에서 비로소 화폐는 그러한 사용가치를 가지게 된다.

차주(借主)는 빌린 화폐를 자본으로 기능하게 하여 평균이윤을 입수하며, 이 평균이윤 중 일부를 이자로 대주에게 지불한다. 차주는 이에 의해 평균이윤 마이너스 이자의 가치액을 입수한다. 화폐를 자본으로 기능하게 하는 것은 **기능자본가**(산업자본가 및 상업자본가)인데, 그들에게 화폐를 대부함으로써 그것을 증식시키도록 하는 것은 그들과는 다른 종류의 자본가, 즉 **화폐자본가**(monied capitalist)이다. 그러므로 **이자**는 자본주의 사회에서 기능자본가가 화폐자본가로부터 빌린 화폐를 자본으로 기능하게 하여 평균이윤을 취득할 때, 기능자본가가 그중 화폐자본가에게 인도하는 부분이며, 따라서 그 실체는 다름 아닌 잉여가치이다.

화폐가, 또한 그것에 의해 사들인 생산수단이 자본으로 기능하여 잉여가치를 낳을 수 있는 것은, 생산수단에서 분리된 노동이 임노동으로서 그들에 대립하고 있는 상태, 요컨대 자본주의적 생산관계가 존속하고 있기 때문이며, 자본의 소유란 이 분리를 표현하는 것이다. 이 사실이 화폐에게 타인의 노동에 대한 지휘권을 주고 잉여노동을 취득할 수 있도록 하며, 이리하여 화폐를 자본으로서의 속성에서 상품으로 만든다. 이것이 이자 낳는 자본이라는 독특한 자본형태를 낳는 것이다.

상품, 화폐, 자본 등의 개념을 둘러싼 혼란 | 화폐시장의 당사자들도 이 시장에서는 자본으로서의 화폐가 상품이 되고 있다는 사실을 볼 수

있다. 그런데 그들에게 보이는 것은, 화폐는 '대부-상환'이라는 운동을 하기만 하면 소유자에게 이자를 가져온다는 표면적인 현상뿐이다. 그들에게는 이자는 '자본'이라는 '상품'의 '가격'이라는 것밖에 보이지 않으며, 그 실체가 잉여가치라는 것은 전혀 인식되지 않는다. 게다가 그들은 상품, 화폐, 자본 등의 본질을 모르고 또한 가격을 가치로부터 이해할 수 없으므로, '자본으로서의 화폐'라는 '상품'의 본성도 명확히 파악할 수 없으며, 이러한 개념을 사용해서 무엇인가를 말할 때마다 도처에서 혼란에 빠지게 된다.

§2. 이윤의 분할과 이자율

이자율 변동의 한계와 이자율을 규정하는 것 | 이자는 기능자본가가 화폐자본가에게 지불하는 평균이윤의 일부이므로, 이자의 최고한계는 평균이윤 그 자체인 것이다. 이자의 최저한계는 제로이다. 이자의 수준, 즉 **이자율**은 이 최고한계와 최저한계의 사이에서 이자 낳는 자본의 수요공급의 변동에 의해, 결국 대주와 차주의 경쟁에 의해 변동한다. 이 이외에 이자율의 수준을 규정하는 것은 존재하지 않는다.

대부 가능한 화폐자본의 수요와 공급 | 은행제도가 발전하면, 화폐시장의 이자 낳는 자본은 은행에 집적된 **대부 가능한 화폐자본**(loanable monied capital)이라는 형태를 취하는데, 이자율은 이 대부 가능한 화폐자본의 공급과 수요의 힘 관계에 의해 변동한다. 이 수요·공급에는, 화폐자본은 대량으로 한 덩어리로 된 일반적·사회적인 것으로 나타나며, 따라서 이자율은 각각의 순간에는 언제든지 사회적으로 확정된 하나의 크기로 나타난다.

이자율의 장기적 및 중기적인 변동경향 | 자본주의적 생산의 발전에 따라 평균이윤율은 경향적으로 저하한다. 이와 함께 이자율의 최고한계도

저하하며 이자율은 경향적으로 저하한다. 또한 고요한 상태, 활기 증대, 번영, 과잉생산과 공황, 정체, 고요한 상태라는 산업순환 국면들의 전환은 이자 낳는 자본의 수요·공급에 일정한 법칙적인 변화를 가져오는데, 이러한 국면과 이자율 사이에는 대체로 대응관계가 있다. 활기가 증대하고 번영이 계속되는 시기에는, 이자율이 약간 상승했다 해도 상승률은 낮으나, 번영의 정점에서 번영에 은폐되어 있던 과잉생산이 드러나기 시작하면 이자율은 부쩍부쩍 상승하며, 패닉(panic)이 일어나서 누구든지 과거 거래의 결제를 위한 화폐를 요구할 때 이자율은 최고에 달한다. 정체기에는 이자율은 다시 최저 수준에서 움직인다.

§ 3. 이자와 기업이득

이자와 기업이득으로의 이윤의 분할 | 차입자본을 기능하게 하는 기능자본가가 취득한 이윤은 거기서 차입자본에 대한 이자가 지불되므로, 이자와 이자를 공제한 나머지 부분이라는 두 가지 부분으로 나누어진다. 후자의 부분은 기업이득[2]이라 부른다. 이자율이 변동하면 이 분할의 비율도 변화한다. 이자율은 대부 가능한 화폐자본의 양(공급)과 기능자본 중 자본을 차입하려고 하는 부분의 크기(수요)의 관계에 의해 결정되므로, 이 분할은 이윤의 완전히 양적인 분할에 지나지 않는다.

이자＝소유의 과실, 기업이득＝기능의 과실이라는 관념이 확립된다 |

---

2) 마르크스는『자본론』초고에서 '기업이득(Unternehmungsgewinn)'이라는 말을 썼는데, 엥겔스가『자본론』제3권을 편집·간행할 때 이 말을 모두 '기업가이득 (Unternehmergewinn)'이라는 말로 치환했다. 그 때문에 '기업이득'은 일반적으로 '기업가이득'이라고 불리고 있다.

그런데 이렇게 하여 일단 '이자'라는 범주가 성립하면 "이자는 자본의 '소유'가 가져오는 과실이다"라는 관념이 생기며, 다른 한편 "기업이득은 자본을 기능하게 하는 데 대한 보수이다, 자본의 '기능'의 과실이다"라는 관념이 생긴다. 그 결과 자기자본만으로 되는 기능자본의 크기는 이자율에 아무런 영향도 미치지 않는데도, 자기자본만을 사용하는 기능자본가도 자기가 취득하는 이윤을 "자기의 자본'소유'에 대한 이자와 자기의 자본'기능'에 대한 기업이득의 두 가지 부분으로 되어 있다"고 관념하게 된다.

이리하여 "이자='소유의 과실'", "기업이득='기능의 과실'"이라는 제거할 수 없는 허위 관념이 확립된다. 두 종류의 자본가 사이에서 이자와 기업이득으로의 이윤의 순수한 양적인 분할이 전혀 다른 원천에서 생기는 두 가지 다른 범주로의 분할, 결국 질적인 분할로 전환되어버린다. 기능자본이 생산과정에서 취득한 잉여가치의 일부인 이자는 '자본소유의 과실'이라는 관념 속에서는 생산과정, 따라서 노동자계급의 잉여노동의 착취와는 전혀 관계없는 것으로 나타나며, 다른 한편 마찬가지로 잉여가치의 일부인 기업이득은 자본과는 관계없는 것으로서, 생산과정 그 자체에서 그리고 일체의 사회적 형태와는 관계없는 노동과정 일반에서 생기는 것으로 나타난다.

더욱이 '자본을 기능하게 하는 것은 노동자'라는 관념이 확립된다 | 그래서 자본가는 화폐자본가로서 생산과정의 외부에 있으며, '생산과정에서 역할을 하는 기능자본가는 단순한 노동자이다'라는 관념이 생기게 된다.

이에 더하여 생산과정에서 기능자본가의 기능들이 특수한 노동자 종류인 감독노동자에게 맡겨지고 그들에게 감독임금이 지불되면, 그들의 노동에는 결합된 사회적 노동의 지휘자로서의 노동과 노동자로부터 잉여가치를 착취하는 감독자로서의 노동이 하나로 섞이게 되므로, 후자의 노동이 착취되는 노동자의 노동과 전혀 구별할 수 없게 된다.

그래서 자본이 기능하는 장면에서 자본가가 사라지고, 거기서는 '보통의 노동자와 그들을 지휘·감독하는 고급노동자가 함께 노동하고 함께 임금을 받고 있'는 것이 된다. 그리하여 자본과 노동의 대립이 완전히 사라지고, '자본과 노동이라는 전혀 별개인 두 가지 소득원천이 각각 이자와 임금을 가져온다'는 관념이 확립된다.

주식회사에서는 자본가가 남아도는 인격이라는 것이 드러난다 ｜ 그러나 주식회사에서는 기능자본가에 속하는 일체의 실질적 기능을 자본을 점유하지 않는 관리자(manager, 즉 '고용된 중역')가 수행하며, 생산과정에는 이미 단순한 기능자밖에 없고 자본가는 생산과정에서 완전히 사라져버린다. 그래서 주식회사의 발전은 자본가가 생산과정에는 필요없는 여분의 인격이라는 것을 밝히고 있으며, 자본의 이윤이란 타인의 불불노동의 덩어리 외에 아무것도 아니라는 것을 사람들의 눈에 드러나게 만든다.

§ 4. 이자 낳는 자본에서 자본의 물신성이 완성

이자 낳는 자본에서 자본의 물신성이 완성 ｜ 이자 낳는 자본의 운동 M-M'에서는, 일정액의 화폐는 일정기간에 일정액의 과실을 가져오는 것이라는 자본의 증식이 아무런 내용도 없이 나타나고 있다. '대부되는 자본이건 자기 자본이건, 자본인 한 스스로 아이를 낳으며 증식한다'는 관념이 완성되고 있다. 이것이 바로 **자본관계의 물상화, 자본의 물신성의 완성**이다. 자본주의적 생산의 본질적인 내면적 관계는 죄다 은폐되고, 오직 전도된 모양으로 나타난다.

생산관계의 발전과 물신성의 발전 ｜ 노동이 사적으로 이루어지며 사회적 분업이 자연발생적으로 이루어지는 사회에서, 노동생산물이 필연적으로 취하는 상품이라는 형태는 사람들의 사회적 관계를 물상적으로 은폐하는 것이었다. 즉 상품=가치를 가지지 못하면 사회에서 재화를 수취할 수 없다는 사실(상품=물건에 의한 인간지배)에서 "상품=물건이 바로 인간에게 가장 소중한 것이다"라는 관념(물신숭배)이 생겨났다.

더욱이 상품형태의 발전은 어떤 특정한 상품(금)을 화폐로 한다. 화폐는 사적 노동과 사회적 분업의 사회에서만 그 상품에 주어지는 형태이며, 그 힘(일반적 등가물로서의 힘)은 완전히 사회적인 것이다. 그런데 화폐(가치의 덩어리) 없이는 사회로부터 무엇 하나 수취할 수 없으며, 역으로 화폐만 있으면 무엇이든 입수할 수 있다는 사실(화폐에 의한 인간지배)로부터, "일반적으로 인간사회에서는 화폐가 바로 가장 긴요한 것이다"라는 관념(화폐물신숭배, 황금숭배, 배금사상)이 생겨났다(☞그림 76).

노동하는 개인들이 생산수단에서 분리되어, 자신의 노동력을 팔지 않으면 살아갈 수 없는 사회적 관계 아래에서 화폐와 생산수단은 자본으로 전환된다. 그리고 이 자본주의적 생산의 발전 속에서 자본가가 기능자본가와 화폐자본가로 분리되면 이윤은 이자와 기업이득으로 분열한다. 그러므로 이자는 이러한 사회적인 관계=생산관계의 산물에 불과하다. 그런데 이러한 형태가 확립되면 "물건으로서의 화폐는 자동적으로 증식하며 자기의 아이를 낳는다"는 관념이 확립되며, 마침내 " '세상'에서 긴요한 것은 가장 유리한 '금융상품'에 화폐자본을 투하해서 이자로 증식하는 것이다"라는 관념(완성된 자본물신숭배)이 이룩된다. "이자 낳는 자본 일반이 언제나 모든 불합리한 형태의 모체이고 그리하여 '예컨대 은행업자의 머릿속에는 채무(예: 예금)가 상품으로 나타날 수'(*MEW*, Bd. 25, S. 483; 『자본론』 III(하), 제1개역판, 김수행 역, 비봉출판사, 576쪽) 있는 것이다"(그림 219).

경제적인 범주·관념들은 모두 특정한 역사적인 생산관계 아래에서 물건에 주어진 형태일 뿐인데, 상품의 물신성, 화폐의 물신성, 그리고 자본의 물신성은 이것을 은폐한다.

그림 219 생산관계의 발전과 물신성의 발전

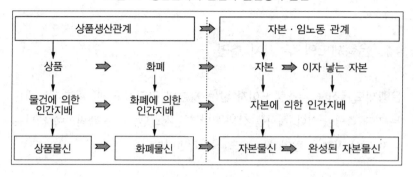

자본의 여러 형태의 발전은 자본의 자기모순을 드러낸다 | 이처럼 이자 낳는 자본 형태에서 자본물신은 완성되지만, 자본은 그 발전 속에서 동시에 소유와 노동의 분리를 추진하며, 주식회사 형태에서 자본에 의한 잉여가치 취득을 정당화할 수 있는 근거를 가지고 있지 못하다는 점을 드러내게 된다. 이처럼 자본주의적 생산의 발전은, 한편에서는 생산관계의 물상화를 추진시켜 자본물신을 완성시키면서 동시에, 다른 한편에서는 자기 자신의 정당성을 부정하는 여러 형태를 낳을 수밖에 없다. 이 사실은, 자본의 발전이란 자본 그 자체의 모순의 발전에 불과하다는 것을 뚜렷이 가리키고 있다.

제2절 은행자본과 은행제도

은행제도 | 발전한 자본주의적 생산하에서 이자 낳는 자본이 운동하는 주요한 무대는 은행제도이다. 은행제도하에서는 화폐와 화폐자본이 은행에 집중되어 독특한 의미에서의 '화폐자본(monied capital)'이라는 모양을 취하며 은행에서 이자 낳는 자본으로서 대출된다.

　은행제도는 자본주의적 생산 속에서 인위적으로 창출된 화폐자본의 집중과 배분을 위한 사회적 기구이다.

§ 1. 은행제도의 두 가지 측면

은행제도＝신용 시스템＋이자 낳는 자본의 관리기구 ｜ 은행제도에는
두 가지 측면이 있다. 하나는 신용을 다루는 시스템이라는 측면이며, 하나는
이자 낳는 자본을 관리하는 제도라는 측면이다.

(1) 신용 시스템으로서의 은행제도

신용 시스템 ｜ 은행제도는 무엇보다 먼저 신용을 다루는 시스템이다.
신용 시스템이라는 것은 현실의 가치인 화폐를 대신하여 신용이 유통하는
시스템이라는 의미이다.
　우선 신용 시스템 그 자체의 가장 기초적인 의미를 파악해두자.

신용 시스템의 생성 ｜ 이미 본 바와 같이 신용이라는 것은 본래 상품의
외상판매하에서의 채권·채무 그 자체이며, 상품유통의 발전 속에서 자연발
생적으로 성립한 것이다(☞ 제1편 제1장 제5절 § 1(4)). 오직 금속화폐만 유통하
던 때에도 이 **신용매매**를 기초로 해서 신용이 광범위하게 화폐를 대위(代位)
하는 구조, 즉 신용 시스템이 벌써 생기고 있었다.

상품신용 ｜ 단순한 상품유통하에서도 갖가지 사정으로 상품생산자들 사
이에서 현금매매를 대신한 외상매매가 자연발생적으로 생겨났다.
　외상매매는, 첫째 시점에서 판매자가 상품을 양도하고, 둘째 시점에서
구매자가 화폐를 지불하는 매매이다. 첫째 시점에서는 구매자가 판매자에
게 화폐를 지불한다는 약속을 하는 것으로서, 판매자는 상품을 양도하며

상품의 소유권은 판매자에게서 구매자의 손으로 넘어간다. 판매자가 갖는 상품의 가격은 구매자에 의한 화폐지불약속으로 전환된다. 이에 따라 상품의 매매는 끝나며, 판매자는 채권자, 구매자는 채무자가 된다. 이처럼 판매자가 화폐 그 자체를 대신하는 화폐지불약속과 교환으로 상품을 양도하는 것을 구매자에게 '신용을 준다'(구매자는 '신용을 받는다')고 한다. 결국 '신용'이라는 것은 화폐지불 약속이며, 여기서 발생하는 채권자·채무자의 관계는 '신용관계'이다. 외상매매란 바로 신용매매인 것이다(☞그림 95~97).

이 신용은, 상품판매자가 구매자에게 상품의 형태로 주는 것이므로 **상품신용**이라고 부른다. 이 상품신용이 바로 신용 시스템 전체의 기초를 이루며, 발전된 형태에서의 일체의 신용은 이 신용의 토대 위에서 생겨난다.

상업신용 | 그런데 자본주의적 생산하에서는, 사회적 재생산의 전체가 상품유통에 의해 매개되므로, 유통영역에서 운동하는 상업자본도 발전해 간다. 상품신용은 그 당사자가 기능자본가(산업자본가 및 상업자본가)가 됨에 따라 확대되어 일반화된다. 그들 사이에서 상품은 보통 화폐와 교환함으로써가 아니라 일정기일의 지불약속과 교환으로 팔린다. 이러한 서면상 지불약속을 일괄하여 **상업어음**이라고 부른다. 그리고 이 어음은 배서양도에 의해 그 만기일까지 기능자본가들 사이에서 반복하여 유통된다. 그것은 이미 하나의 거래에서의 화폐 지불약속(신용)을 나타내는 것이 아니라 몇 개의 거래에서 화폐를 대신하여 유통되는 것이다. 그래서 이러한 상업어음은 **상업화폐**라고 부른다. 만일 상업화폐가 유통함으로써 생기는 채무채권이 '상쇄'에 의해 결제되어버리면, 화폐는 결국 어디에도 나타날 필요가 없어지게 된다. 이 경우 상업화폐가, 결국 신용이 절대적으로 화폐로 기능했다는 것이다(☞그림 98~100).

'자본주의적 생산하에서 기능자본가들이 상품 형태로 수수하는 신용'이라는 발전된 단계의 상품신용은 **상업신용** 또는 **기업 간 신용**이라고 부른다.

은행제도의 한 측면으로의 신용의 취급 │ 은행제도는 상업신용을 기초로 해서 비로소 성립할 수 있었다. 은행제도가 확립하면, 모든 유통의 영역에서 은행이 받는 신용이 광범위하게 화폐를 대위한다. 구체적으로 은행은 상업어음을 할인한다. 즉 유통하는 상업어음(채권자가 발행하는 환어음과 채무자가 발행하는 약속어음)을 은행권 또는 예금으로 치환한다. **은행권**은 상품유통에서의 어음유통의 토대 위에서 창조된, 은행이 지불을 약속하고 있는 약속어음이고, 은행이 받는 신용을 나타내는 것이며, 상업유통을 나와서 일반유통으로 들어가 널리 화폐를 대신하여 유통하게 되므로 **본래의 신용화폐**라 부른다. 은행제도하에서는 은행권(은행의 약속어음)과, 예금자가 **수표**(은행 앞으로의 환어음)에 의해 유통시키는 **당좌성 예금**이 은행이 받는 신용의 기본적 형태이다. 나중에 보는 바와 같이 은행은 고객에게 화폐형태로 신용을 주는데(여신업무를 행함), 그때의 화폐란 사실 은행권과 예금, 즉 은행이 받는 신용이다.

은행제도는 신용 시스템의 상층 구성부분이다 │ 은행제도의 첫째 측면은 이처럼 갖가지 유통하는 신용을 다루는 것, 즉 신용 시스템의 일부라는 것이다. 은행제도는 상업신용이라는 기초 위에 성립하면서 그 자체가 신용의 취급이라는 측면을 갖고 있으며, 신용 시스템의 일부를 이루고 있다.

　이렇게 상업신용이 신용 시스템의 기초적 구성부분을 이루는 데 반해 은행제도는 신용 시스템의 상층적 구성부분을 이루며, 이 양자가 전체로서 자본주의적 생산하에서의 신용 시스템을 형성하고 있다(☞그림 224).

(2) 이자 낳는 자본의 관리기구로서의 은행제도

　은행제도의 또 하나의 측면은 **이자 낳는 자본의 관리**라는 측면이다. 이 측면은 화폐거래자본이라는 토대 위에 그 발전의 결과로 성립된 것이다.

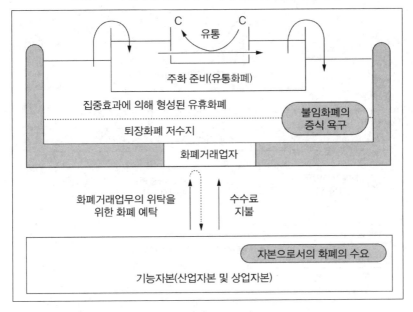

그림 220 화폐거래자본하에서 화폐 집중과 유휴화폐 형성

화폐거래자본하에서 화폐 집중과 유휴화폐 형성 | 이미 본 바와 같이 기능자본(산업자본 및 상업자본)이 필요로 하는 화폐거래의 기술적 조작이 화폐거래자본 밑으로 집중됨에 따라, 기능자본의 구매·지불준비금이나 재생산과정 안에서 필연적으로 형성되는 유휴화폐자본도 모두 화폐거래자본 밑에 집중된다. 화폐거래자본하에서 기능자본 전체의 구매·지불준비금은 최소한으로 축소되므로, 화폐거래자본하에 놓인 준비금의 일부는 구매·지불준비금으로서는 불필요하게 되며, 화폐거래자본하에서는 다만 유휴하는 화폐가 된다. 그래서 화폐거래자본하에서는 기능자본의 구매·지불준비금의 일부로 형성되는 유휴화폐와 기능자본이 가지지 않을 수 없는 대량의 유휴화폐자본이 누적된다(그림 220).

불임화폐의 증식욕구와 투하화폐자본 입수의 요구 | 이처럼 화폐거래업

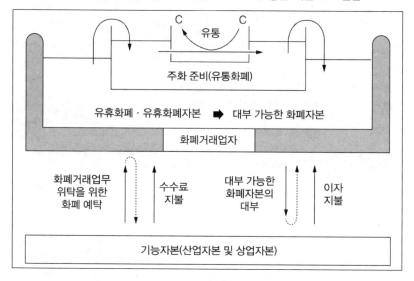

그림 221 화폐거래자본하의 유휴화폐가 이자 낳는 자본으로 전환

자 아래서 유휴하고 있는 화폐 및 화폐자본은, 불임의 상태에서 깨어나 자본으로서 증식하기를 욕구한다. 다른 한편, 기능자본 측에서는 언제든지 많건 적건 더 많은 잉여가치를 추구하여, 투하화폐자본 즉 자본으로 투하하기 위한 화폐를 증대하려는 요구가 있다.

화폐거래자본 아래서의 유휴화폐가 이자 낳는 자본으로 전환 | 그래서 화폐거래업자가 자기 아래서 유휴하고 있는 화폐 및 화폐자본을 기능자본가에 대부하여, 이자를 수취하는 것이 행해지게 된다. 화폐거래업자는 이에 의해 자신의 자본을 이자 낳는 자본으로서 증식시킬 수 있으며, 기능자본가는 투하화폐자본을 입수할 수 있다(그림 221).

화폐거래업자가 은행업자로 전환 | 화폐거래업자가 자신 밑에 유휴하는 화폐를 이자 낳는 자본으로 대출하는 것이 항상화하면, 그는 이자 낳는

그림 222 은행자본(화폐거래업무 및 이자 낳는 자본의 관리업무를 하는 자본)

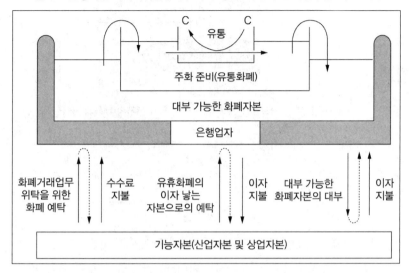

자본으로서 대출하는 화폐를 증가시키는 화폐거래업무를 위해 기능자본가
로부터 예탁된 화폐에 이자를 지불함으로써, 사회 여기저기에서 일시적
또는 장기적으로 쉬고 있는 화폐 및 화폐자본을 자기 밑으로 받아들이려
하게 된다. 그래서 화폐거래업자가 화폐거래업무 외에 화폐의 대차까지도
자기의 고유의 업무로 하게 되면 그는 **은행업자**로 전환된다.

　기능자본가는 이 은행업자에게 화폐거래업무를 위탁하기 위해 자기의
화폐를 예탁할 뿐 아니라 더욱이 자기 밑에서 유휴하는 일체의 화폐자본을
이자 낳는 자본으로 예탁하며, 이것에 대해 은행업자로부터 이자를 받아들
인다(그림 222).

이자 낳는 자본의 집중자·매개자·관리자로서의 은행 ｜ 사회적으로 볼
때 은행업자는 한편으로는 차입자의 대표자로서 기능자본하에서 유휴하는
화폐 및 화폐자본뿐 아니라 본래의 화폐자본가가 소유하는 화폐, 그리고

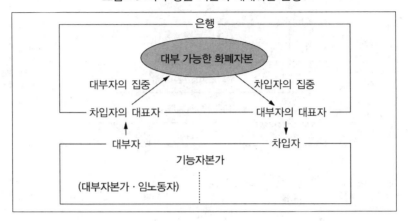

그림 223 이자 낳는 자본의 매개자인 은행

노동자나 기타 계층의 구매·지불준비금까지도 이자를 지불하여 빌림으로
써 사회 전체의 유휴하고 있는 화폐와 화폐자본을 집중하며, 다른 한편에서
는 대부자의 대표자로서, 이렇게 형성된 대량의 대부 가능한 화폐자본을
기능자본 중 추가적인 화폐자본을 구하는 차입자에게 빌려준다. 은행은
한마디로 화폐자본(monied capital)의 대부자와 차입자 사이의 매개자 역할을
수행하는 것이다(그림 223).

은행제도의 한 측면으로서 이자 낳는 자본의 관리 | 이처럼 자기의 고유
한 업무로서 화폐의 대차를 행하며, 그에 의해 이자 낳는 자본으로서의
화폐자본(monied capital)을 매개하며 관리한다는 이 측면이 바로 은행업자를
단순한 화폐거래업자와 구별하는 은행제도의 가장 본질적인 측면이다.

은행제도의 두 측면과 신용 시스템의 두 가지 구성부분 | 이상에서 본
바와 같이 은행제도는 한편으로 신용의 취급이라는 측면에서는 신용 시스템
의 구성부분을 이루며, 다른 한편으로 화폐거래업자와 결합되어 이자 낳는
자본을 매개하며 관리한다는 측면을 가지고 있다. 그리하여 은행제도가

그림 224 은행제도의 두 가지 측면과 신용 시스템의 두 가지 구성부분

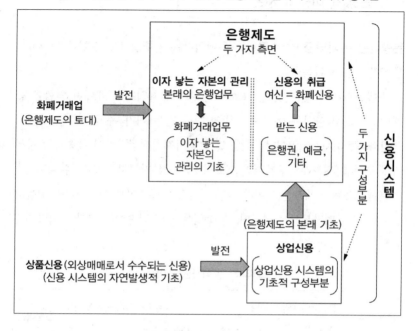

성립하면, 신용 시스템은 그 기초적인 구성부분인 상업신용과 그 위에 쌓아 올린 상부적 구성부분으로서의 은행제도의 두 가지 부분으로 구성된다. 이것을 나타내면 그림 224와 같을 것이다.

자본주의적 생산의 발전과 더불어, 은행 이외의 신용에 관한 갖가지 '금융 기관'이 생겨서, 이것들도 신용 시스템의 구성부분을 이루게 된다. 오늘날 사용되는 '금융시스템'이라는 말은 사실상 이러한 기관들을 포괄하는 '신용 시스템' 전체를 의미하는 것으로 볼 수 있는데, 그래도 아직 이 시스템의 기초적 구성부분이 기능자본(산업자본 및 상업자본) 사이의 상업신용이라는 것, 그리고 시스템의 요점을 이루는 것이 이 기초 위에 쌓아 올린 은행제도라 는 점에는 변함이 없다.

§2. 은행의 이윤과 자본

은행이윤 = 차익금＋수수료 ┃ 은행업자는 은행업무를 수행함으로써 이윤(은행이윤)을 획득한다.

은행업자의 이윤은 첫째, 그들이 대부자와 차입자의 매매자 역할을 할 때, 빌릴 때 지불하는 이자보다 빌려줄 때 받는 이자 쪽이 높다는 것에서 생긴다. 즉 **이자차익금**이다. 둘째, 그들이 화폐거래업자로서 계속 기능자본가를 위해 화폐거래업무를 행함으로써 기능자본가로부터 받는 **수수료**이다.

은행업자는 화폐자본을 이자 낳는 자본으로 대출함으로써 이자를 취득하는 단순한 화폐자본가는 아니며, 그 수입은 결코 단순한 이자가 아니다(그림 225).

그림 225 은행자본의 이윤

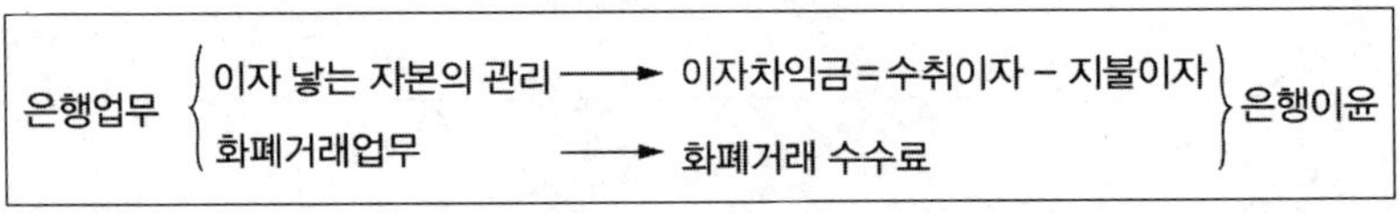

```
          ┌ 이자 낳는 자본의 관리 ──→ 이자차익금＝수취이자 － 지불이자 ┐
은행업무 ┤                                                              ├ 은행이윤
          └ 화폐거래업무        ──→ 화폐거래 수수료                      ┘
```

은행의 자기자본＝본래의 은행자본 ┃ 은행의 자본은 두 가지 부분으로 이루어진다. 첫째는 **자기자본**이다. 이것은 은행업자가 스스로 소유하는 자본(주식은행이면 주주가 불입한 자본)이며, 본래의 **은행자본**(bank capital)이다. 이에 대한 은행이윤의 비율이 은행의 **이윤율**이다. 자기자본은 은행업자가 운용하는 총자본 중 극히 적은 부분에 지나지 않는다(그림 227 대차대조표의 '자기자본'). 자기자본은 무엇보다 먼저 은행업무를 수행하는 데 필요한 고정자본(토지, 건물, 내구적 집기 등)에 투하되어야 하는데, 이 부분은 그 자체로서는 결코 이자를 낳지 않는다.

은행의 타인자본＝은행업자본 ┃ 은행업자 자본의 둘째 부분은 타인자본이다. 이것은 은행업자가 그 고객으로부터 받은 신용을 나타내는 부분, 즉 **신용자본**이며, 은행이 대부함으로써 이자를 벌어들인 자본, 다시 말해 본래의 은행업을 하는 자본의 중심은 이 자본 부분이다(그림 227 대차대조표의 '타인자본'). 거기서 이 부분은 **은행업자본**(banking capital)이라고도 부른다.

그러므로 '은행의 자본'이라 할 때 그것이 본래의 '은행자본'(자기자본)을 가리키는지, '은행업자본'(타인자본)을 가리키는지, 아니면 그 전체를 가리키는지 명확히 구별해야 한다.

은행자본은 화폐거래자본임과 동시에 이자 낳는 자본으로서 증식한다
│ 은행은 자기자본과 타인자본을 일체로 하며 화폐거래업무 및 이자 낳는 자본 관리의 업무에 투하하여, 이자차익금 및 화폐거래업의 수수료부터 이루어지는 이윤을 취득한다. 결국 은행 아래서 운동하는 자본은 자본의 기본형태에서 보면 화폐거래자본 및 이자 낳는 자본이라는 형태에서 운동하는 것이며, 은행자본은 이 양쪽 자본의 성격을 합쳐서 가지고 있는 것이다.

더구나 은행업자 자본의 경우에는, 자본으로서 이윤을 올리기 위해 운동시키는 자본의 압도적인 부분이 항상 타인자본이라는 점이 통상의 기능자본과는 특징적으로 다르다.

은행의 대차대조표와 손익계산서 │ 은행자본의 운동과 은행의 활동은, 그 대차대조표(balance sheet, B/S) 및 손익계산서(profit and loss statement, P/L)를 통해서 더 잘 이해된다. 우선 일정한 시점에서의 자본의 상태를 가리키는 **대차대조표**와, 일정한 기간에 대한 이익 또는 손실을 가리키는 **손익계산서**가 서로 어떻게 관련되어 있는지를 살펴보자(그림 226).

은행의 대차대조표와 손익계산서의 뼈대는 다음과 같다(그림 227).

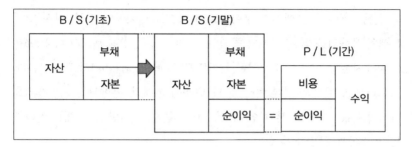

그림 226 대차대조표와 손익계산서

그림 227 은행의 대차대조표와 손익계산서

은행의 B/S		은행의 P/L	
자산	자본·부채	비용	수익
현금·준비금	타인자본	지불이자	수취이자
대출	⎰ 발행은행권	여러 비용	수취수수료
⎰ 할인수표	⎱ 예금	당기이익	
⎱ 대부	자기자본		
유가증권투자	⎰ 기초자본		
고정자산	⎱ 당기이익		

§3. 은행의 대부 가능한 화폐자본의 여러 원천(예금의 원천)

(1) 기능자본가의 화폐와 유휴화폐자본이 은행으로 집중

구매·지불준비금 → 당좌성 예금 | 첫째로 상업세계의 구매·지불준비금
이 당좌성 예금으로 은행에 예탁된다.

그것은 은행하에서 공동의 준비금이 됨으로써 필요한 최소한도로 축소된
다. 끊임없이 출입하는 이 부분에 대해 은행업자는 항상 지불준비를 해놓아
야 하는데, 이것을 넘은 화폐액은 대부 가능한 화폐자본으로 전환되어,
은행은 이것을 이자 낳는 자본으로 기능하게 할 수 있다.

유휴화폐자본 → 정기성 예금 ｜ 둘째로 기능자본가의 유휴화폐자본이 정기성 예금으로서 은행에 예탁된다.

비교적 장기간에 걸쳐 은행의 손 아래 머무르므로, 그 사이 은행은 이것을 이자 낳는 자본으로 운용할 수 있다. 기능자본가는 은행에 유휴화폐자본의 관리를 위탁하는데, 은행은 이것을 비교적 장기로 운용함으로써 이자를 취득할 수 있으므로, 그중에서 이자를 지불하게 된다. 이와 같은 이자지불 때문에 기능자본가는 유휴화폐자본을 이자 취득 목적으로 은행에 예금하게 된다.

(2) 본래의 화폐자본가의 유휴화폐자본 집중

금리생활자들의 화폐자본을 집중 ｜ 기능자본가와는 구별되는 본래의 화폐자본가, 다시 말해 자기의 화폐를 오직 이자 낳는 자본으로 대출하여 그에 의한 이자수입으로서 생활하는 자본가(금리생활자)들이, 이자 취득을 목적으로 은행에 예금한다. 이러한 자본가는 은행에 이자 낳는 자본으로 자기 자본을 운용하기를 위탁하는 것이며, 은행은 이 자본을 운용하여 취득한 이자의 일부를 화폐자본가에게 지불한다. 은행은 여기서 이러한 화폐자본가와 기능자본가 사이에서 매개자 역할을 한다.

(3) 모든 계급에 속하는 소비자들의 소비에 충당되는 화폐의 예금

모든 소비자의 소비펀드로서의 화폐를 집중 ｜ 은행제도가 발전함에 따라, 또한 특히 갖가지 예금에 이자가 지불됨에 따라 사회의 모든 소비자가 소비를 위한 펀드를 은행에 예금하게 된다. 첫째, 소비자들은 장래의 소비에 충당할 예정인 화폐저축을 장단기의 여러 기간에 걸쳐 은행에 예금한다. 둘째, 그들은 일상적인 소비 그 자체에 의해 필요하게 되는 구매·지불준비금까지도 은행에 예금하게 된다.

소액화폐의 집적은 은행제도의 독특한 작용이다 | 대부 가능한 화폐자본의 셋째 원천은 화폐자본으로 작용할 수 없었던 소액화폐가 큰 화폐자본으로 합치게 되는 것인데, 이 집적은 은행제도가 수행하는 하나의 독특한 작용이다.

§ 4. 은행에 의한 화폐자본 운용의 형태

은행은 대부 가능한 화폐자본을 이자 낳는 자본으로서 운용하여 이자를 취득한다. 이 운용의 기본형태는 대출과 유가증권 투자이다.

(1) 대출(광의의 대부)

대출 | 은행의 대부는 넓은 의미로는 다음의 어음할인과 대부를 포함하지만, 일본에서는 이 넓은 의미의 대부를 특히 **대출**이라 부른다.

어음할인 | 대출의 첫 번째는 **어음할인**이다. 은행은 기능자본가 간의 상업신용을 나타내는 상업어음을 할인한다. 어음의 할인이란 지불기일까지의 이자를 할인료로 징수하여 어음을 사들이는 것이다. 대금은 은행권이나 예금통화의 형태로 지불된다.

대부: 증서대부, 어음대부, 당좌대월 | 대출의 두 번째는 대부이다. 대부에는 단순한 차용증서에 의한 **증서대부**, 은행 앞으로의 어음을 발행시켜 그것을 할인하는 형태를 취하는 **어음대부**, 미리 승인된 당좌예금의 과불(過拂)에 의해 발생하는 **당좌대월**(overdraft)이라는 세 가지 형태가 있다.

담보부 대부와 무담보 대부 │ 또한 대부는 담보의 유무에 의해 담보부 대부와 무담보 대부로 나누어진다.

(2) 유가증권 투자(투자)

채권과 주식에 대한 투자로 이자·배당의 취득과 매매 차액의 취득 │ 은행은 화폐자본을 갖가지 유가증권에 투하하여(이것을 특히 '**투자**'라 한다) 그것이 가져오는 이자와 배당을 취득한다(이자 낳는 자본으로서 투하). 또한 그것들의 가격변동을 이용하여 매매차익을 취득한다. 유가증권투자의 대상이 되는 증권은 **채권**과 **주식**이다. 채권에는 **국채**와 **지방채** 같은 공채(公債)와 **사채**(社債)가 있다. 또한 어음도 유가증권의 일종이기는 하지만 여기서 말하는 유가증권에는 포함되지 않는다.

§ 5. 은행신용과 은행이 받는 신용의 여러 형태

은행신용 또는 화폐신용 │ 은행은 대부 가능한 화폐자본을 대출함으로써 채무자로 된 고객에 대한 채권을 가지게 된다. 즉 고객에게 신용을 주는 것이다. 은행이 고객에게 주는 신용은 통속적으로 은행신용이라 한다. 또는 상품의 형태에서 신용을 주는 상품신용 내지 상업신용과 다르고 어떠한 화폐의 형태로 신용을 주므로 **화폐신용**이라고도 한다.

은행은 자기가 받은 신용의 형태로 신용을 준다 │ 신용을 은행이 줄 때, 즉 대부 가능한 화폐자본을 대출할 때 은행이 고객에 실제로 주는 것은 현실의 가치인 화폐가 아니라 유통 가능한 갖가지 형태의 신용이다. 그 주요한 형태는 은행권, 은행권 이외의 은행어음[은행의 자기앞수표], 예금이다. 이러한 것은 모두 은행 자신이 받고 있는 신용을 나타낸다. 다시 말해 은행은 자기가 받고 있는 신용의 형태로 자기의 신용을 주는 것이다.

(1) 은행이 받는 신용의 기본형태

은행권 ｜ 영국과 일본에서는, 어느 은행이든 자기의 은행권을 발행했던 때가 있었다. 은행권의 발행이 중앙은행에 집중된 것은 나중 일이다.

은행권은 은행이 발행한 일람불[요구불] 약속어음일 뿐이다. 그것은 지참인에 대한 은행의 채무이며, 은행이 받고 있는 신용을 나타낸다.

은행권은 전형적으로는 은행이 기능자본가에게 은행신용을 줄 때 기능자본가의 손에 넘어가 기능자본가로부터 노동자에 임금으로 지불됨으로써 기능자본가들 사이의 유통, 결국 상업유통에서 나와 일반유통으로 들어가며 여기서도 화폐로 기능한다.

더욱이 발권을 독점하는 **중앙은행**이 생기면, 중앙은행권은 은행권이면서 동시에 강제통용력이 주어진 법화(法貨)가 되며, 일국의 유통의 구석구석에까지 이르게 된다. 그런데도 태환(兌換)이 이루어지는 한 그것이 은행이 받는 신용을 나타내고 있다는 점은 명백하다[왜냐하면 중앙은행권 소지자가 요구하면 중앙은행은 중앙은행권 대신으로 금을 주어야 하기 때문이다].

은행이 받고 있는 신용 중에서 은행권이 가장 두드러진 것이다.

은행권 이외의 은행어음 ｜ 은행은 은행권 이외의 어음(은행어음)으로도 신용을 줄 수 있다.

예금 ｜ 은행이 받는 신용으로 은행권과 나란히 중요성을 갖는 것은 **예금**이다. 예금은 모두 예금자에 대한 은행업자의 채무인데, 예금자나 은행에도 당좌성 예금과 정기성 예금은 각각 의미가 다르다.

당좌성 예금의 이자 또는 수수료 | 당좌성 예금은 예금자가 자기의 화폐거래업무를 은행에 위탁하기 위해 예탁한 것이고, 은행은 화폐거래업무를 위한 비용을 메우기 위해 받아들이는 것이므로, 당좌성 예금의 예금자는 은행에 그 위탁 수수료를 지불해야 한다. 그러나 예금액 가운데 예금자에 의해 환불이 청구되는 금액은 상대적으로 지극히 적으며, 은행은 경험적으로 파악한 약간의 비율의 지불준비금을 제외한 대부분을 이자 낳는 자본으로서 운용하여 이자를 취득할 수 있다. 이렇게 취득하는 이자액과 은행이 화폐거래업무를 위해 지출하지 않으면 안 되는 비용금액을 비교할 때, 전자가 많으면 은행은 예금자에게 이자를 지불해서 예금액을 증대시킬 것이며, 후자가 많으면 은행은 예금자로부터 화폐거래의 수수료를 요구할 것이다. 일본에서는 여태껏 압도적으로 당좌예금의 금리나 수수료가 제로인데, 이것은 양자를 상쇄해도 은행에 얼마간의 차익이 남는 것으로 간주되기 때문이다.

신용창조 = 예금설정에 의한 대출 | 거기다가 당좌성 예금의 경우 은행은 고객의 예금구좌에 일정한 금액을 써 넣음으로써 그 고객에게 그 금액의 신용을 줄(대출을 행할) 수 있다. 이것을 **예금설정에 의한 대출**이라 한다. 고객은 설정된 이 예금에 대한 지시증서인 수표를 발행함으로써 제3자에게 지불할 수 있다. 은행권과 마찬가지로 수표도 일람불 출금이며, 지참인에 대한 은행의 채무, 즉 은행이 받고 있는 신용을 나타낸다. 이처럼 은행이 예금설정으로 대출을 행하면 은행이 받는 신용이 그만큼 새로 창조되므로 이것을 **신용창조**라 부른다.

예금통화 | 이렇게 예금이라는 은행이 받는 신용도 화폐로 바꾸어서 유통되는 것처럼 보이기 때문에 당좌성 예금은 **예금통화**라고 부른다. 또한 예금설정에 의한 대출의 경우에도 예금의 인출에 대한 준비는 필요하므로, 예금설정에 의한 대출의 규모도 확보되는 준비금의 크기에 의해 제약된다.

정기성 예금 | 이에 대해 정기성 예금은, 예금자가 자기의 유휴화폐를 이자 취득을 목적으로 이자 낳는 자본으로 은행에 예탁한 것이며, 은행은 이 화폐를 이자 낳는 자본으로서 운용함으로써 이에 대한 지불이자보다 많은 이자를 취득하여 차익금을 벌기 위해 이 예금을 받아들이는 것이다.

더욱이 중앙은행이 은행권 발행을 독점하게 되면 **시중은행**(중앙은행 이외의 은행)이 받는 신용의 주요한 형태는 이 예금뿐이다[장기 대부를 주된 업무로 하는 장기신용은행의 경우에는 채권(금융채)이 받는 신용의 중심이다].

(2) 현금대출 때의 무준비 신용의 창조

현금으로 신용을 주는 경우까지도 무준비의 신용을 창조한다 | 또한 은행이 예금으로 받아들인 현금 중 일부를 지불준비로서 수중에 남기고 다른 부분을 현금으로 대부할 때(다시 말해 신용을 줄 때), 이 대출에 의해 자기의 예금채무 중 그만큼의 금액이 무준비로 되므로, 이 경우에도 은행은 그만큼의 금액의 무준비의 신용(받는 신용)을 창조하는 것이며, 그 결과 이 새로 창조된 무준비의 받는 신용에 의해 자신의 신용을 주는 것이다.

§ 6. 은행의 지불준비와 은행경영

태환과 예금 환불을 위한 지불준비 | 앞에서 본 바와 같이, 한편에서는 은행의 대부 가능한 화폐자본은 갖가지 원천의 예금에 의해 형성되며, 그 일부에는 기능자본가의 당좌성 예금과 갖가지 소비자의 당좌성 예금이 포함되어 있다. 다른 한편에서는 은행이 신용을 줄 때 쓰는, 은행이 받고 있는 신용의 주요한 형태는 은행권(태환은행권)과 당좌성 예금이다. 은행권과 당좌성 예금(및 자기 앞으로 발행한 수표)은 그 어느 것도 일람불(一覽拂)이므로, 이것에 대해서는 항상 **지불준비**를 가지고 있어야 한다. 중앙은행에 발권

이 집중되는 경우, 중앙은행은 발행은행권에 대한 태환준비와 예금(대체로는 시중은행이 중앙은행에 예입한 예금)에 대한 지불준비를 가져야 하며, 시중은행은 예금에 대한 지불준비를 가지고 있지 않으면 안 된다.

안전성과 수익성 │ 은행권의 태환청구나 예금의 환불 청구도, 그 전액이 한꺼번에 청구되는 일은 있을 수 없다. 흔히 은행권 발행고와 예금액 중 상대적으로 적은 금액을 준비해놓으면 족하다. 은행권 발행고와 예금액 중 지불준비를 넘는 액수는 은행의 무준비 채무이다. 따라서 지불준비가 크면 클수록 그만큼 **안전성**이 높아진다. 다른 한편 지불준비로서 은행의 금고에 잠자고 있는 화폐는 이자 낳는 자본으로 운용되지 않는 유휴화폐이며 이자를 낳지 않기 때문에, 이 유휴화폐가 적으면 적을수록 그만큼 은행의 이윤은 커지고 **수익성**이 높아진다.

그래서 안전성을 손상시키지 않고 지불준비를 어디까지 축소할 수 있는가를 판단하는 것이 은행 경영상 중요한 사항이 된다.

§7. 가공자본과 그 형태들

(1) 가공자본

자본환원에 의한 가공자본의 형성 │ 화폐가 이자 낳는 자본으로서 대출되면, 시장에서 확정되는 일정한 이자율로 이자를 가져오기 때문에, 규칙적으로 얻어지는 화폐수입이 어떠한 '자본'의 '이자'라고 생각되어, 다음에 이 '이자'를 가져오는 수입원천이 '자본'이라는 관념이 생긴다. 예컨대 이자율이 연 5% 때에 500만 엔의 화폐가 이자 낳는 자본으로서 대출되면 이 자본은 매년 25만 엔의 이자를 가져온다. 여기서 25만 엔의 연간 수입은 500만 엔의 자본의 '이자'로 간주되며, 그리고 이 수입을 가져오는 것이,

이자를 가져오는 500만 엔이라는 크기의 '자본'이라고 간주되는 것이다. 이처럼 수입액이 확정되어 있을 때, 이 사실로부터 이자율을 개재시켜 계산되는 어떤 크기의 자본이 있다고 생각하거나 계산하는 것을 **자본환원** 또는 **자본화**라고 부른다. 자본환원에 의해 '자본'이라고 불리는 것은 실제로 기능하는 재생산적 자본이나 이자 낳는 자본도 아니며, 그저 상상되었을 뿐인 순수하게 환상적인 존재일 뿐이다. 이러한 자본을 **가공자본**(fictitious capital)이라 부른다.

가공자본의 상품화 | 이 사고방식의 전도된 모습은, 노임을 자본환원해서 노동력을 자본이라고 간주하는 관념에서 그 정점에 달한다. 이 관념이 어리석은 것은 노동자가 이 '이자'를 입수하기 위해 노동하지 않으면 안 되며, 노동자는 이 '자본'의 가치를 결코 환금할 수 없다는 것을 생각하면 곧 알 수 있다. 그런데 자본주의적 생산하에서는 이와 비슷한 자본환원에 의해 형성되는 갖가지 가공자본이 상품으로서 매매된다. 다음 장 제5절에서 보는 토지가격도 지대를 자본환원한 것이며, 매매되는 토지는 가공자본의 일종이다.

금융시장 | 이른바 '금융시장'은 그러한 갖가지 가공자본이 상품으로 매매되는 시장의 총칭이다.

(2) 가공자본의 여러 형태와 그 축적

국채 | 국채(國債)는 국가에 대한 채권(債權)을 나타내는 채권(債券)이다. 국채의 소유자에게는 국가로부터 매년 확정된 이자가 지불된다. 그래서 국채는 이 이자를 낳는 '자본'으로 간주되며, 이 '자본'으로서의 국채가 채권시장에서 매매된다. 이 '자본'의 '가치'는 확정이자를 그때그때의 이자

율로서 자본환원한 것인데, 이자율이 올라가면 하락하고 이자율이 내려가면 상승한다. 실제의 매매가격은 이 '가치'를 중심으로 수요공급에 의해 변동하는 것이다. 채권시장에서 국채를 구매하는 사람이 지불한 화폐는, 그에게는 '확정이자를 가져오는 자본'이라고 생각된다 하더라도, 이 화폐는 그저 판매자의 수중으로 들어갈 뿐 결코 현실의 자본으로 기능하는 것은 아니다.

최초에 국가로부터 국채를 산 사람이 지불한 화폐는 국가에 의해 지출되어 사라지고 만다. 그것은 결코 증식하는 자본이 되지는 않는다. 남은 것은 국가의 채무뿐이며 국채 그 자체는 장래의 세금에 대한 지시증서일 뿐이다. 그런데도 이 국채라는 가공자본이 은행의 유가증권투자의 대상으로 되며 은행자본의 하나의 구성부분으로 된다. 금융시장에서 매매되는 국채 이외의 공채와 사채(회사채)도 기본적으로는 마찬가지 성질을 갖는다.

주식 | 이미 본 바와 같이, 은행제도는 주식자본이라는 결합자본을 낳는다. 이 자본에 대한 소유권을 나타내는 증권인 **주식**은 그 자체로서는 기업에 투하되고 있는 자본의 일부를 나타낸다. 그러나 주식은 사실 이 자본이 가져오는 잉여가치의 일부에 대한 권리명의(權利名義)일 뿐이다. 주식도 전형적인 가공자본이다[주식의 경우 가공자본이 아니라 '**의제자본(擬制資本)**'이라고 번역하는 경우가 많다]. 주식의 소유자에게는 주식회사로부터 매년 업적에 따른 배당이 지불된다. 주식의 '가치'('이론가격')는 이 배당을 그때그때의 이자율로 자본환원한 것이며, 이자율에 반비례해서 등락한다. 시장에서의 실제 가격은 이러한 '가치'를 갖는 각 주식의 수요와 공급에 의해 변동한다. 주식시장에서 주식의 구매대금은 판매자의 손으로 넘어갈 뿐 결코 실제 자본으로 되는 일은 없다. 그런데 이러한 주식도 은행의 유가증권투자의 중요한 대상이 되며, 따라서 은행자본의 한 구성부분을 이룬다.

투기행동에 의해 형성되는 가격 ｜ 이처럼 수입의 원천이 되는 소유권의 원인이 자본으로서 상품이 되지만, 이 상품은 생산적으로도 개인적으로도 소비할 수 없으므로, 그것을 구매하는 사람은 은행을 포함해서 그 상품이 수입 증대를 가져올 것을 기대하거나, 시장에서 장차 판매되어 매매차익이 생길 것을 기대하여 그것을 사는 것이다. 이러한 상품의 가격은 본질적으로 투기적이며, 투기적인 동기에 의거한 수요공급에 의해 끊임없이 변동한다. 은행자본의 일부는 이러한 투기적인 가공자본 형태를 취하고 있다.

(3) 가공자본으로서의 은행의 화폐자본

보유 유가증권의 가공성 ｜ 이처럼 은행의 대부 가능한 화폐자본의 일부는 가공자본인 갖가지 유가증권의 형태를 취하는데, 그뿐 아니라 대체로 은행이 보유하는 유가증권은 어음이나 타행 은행권을 포함하여 모두 화폐에 대한 단순한 지불지시증서이다. 그 자체로 가치를 갖는 화폐가 아니라는 의미에서는 이러한 것도 가공적인 것이다.

예금의 가공성 ｜ 그런데 이러한 은행의 자본은 그 대부분이 은행이 받은 신용, 즉 은행에 예탁된 대중의 자본이다. 대출을 위해 설정된 예금은 처음부터, 그리고 고객으로부터 받아들인 예금까지도 그 대부분이 무준비의 채무이며 장부상에만 있는 가공적인 것이다. 이런 의미에서는 대부 가능한 화폐자본이 은행으로 집적한다는 것은 본래 가공자본의 집적일 수밖에 없다.

지불준비의 가공성 ｜ 더욱이 그러한 예금에 대한 은행의 지불준비까지도, 시중은행의 지불준비는 그 대부분이 중앙은행에 대한 예금 형태(중앙은행이 갚아야 하는 무준비의 채무이다)를 취하고 있기 때문에, 이것도 또한 가공적인 것이다.

은행자본의 가공성이 드러나 은행제도가 동요 | 그러므로 은행자본은 그 전체가 본질적으로 가공적인 것이다. 일단 어떠한 원인에서 가공자본의 일부가 현실가치로 전환될 것을 요구받으면, 이 방대한 자본 전체의 가공성이 한꺼번에 밝혀지게 되어 은행제도 자체가 크게 동요하게 된다. 이것을 똑똑히 사람들의 눈에 보여준 것은, 방대한 불량 채권이 드러남으로써 많은 대은행이 파탄에 직면한 1990년대 일본의 은행제도이다.

(4) 가공자본의 축적으로서의 '머니'(화폐재산)의 축적

'머니의 축적'이란 가공자본의 축적, 청구권의 축적일 뿐이다 | 발전된 자본주의적 생산의 나라들에서는 방대한 양의 화폐자본(monied capital)이 자본환원에 의해 성립한 가공자본의 형태로 존재한다. 현재 '세계를 뛰어다니는 머니'라고 말할 때의 '머니'는 바로 이러한 화폐자본이다. 그러므로 '머니의 축적'으로 생각되는 것은 대체로 생산이 낳는 잉여가치의 일부에 대한 청구권의 축적, 또는 그러한 청구권시장에서의 가격(환상적인 자본가치)의 축적일 뿐이다. 이제 세계를 이리저리 뛰어다니는 '머니'는 세계 무역액의 50~100배라고도 하는데, 이 경우 '머니'란 바로 이러한 것이다.

가공자본의 이상한 팽창은 카지노 자본주의를 낳을 수밖에 없다 | 축적된 이러한 '머니' 또는 화폐재산의 크기에 눈이 쏠리게 되면, 한 나라의 부(富)도 어떤 시기[예컨대 버블(거품경제)의 시기]에는 급속히 증대하는 것같이 보이는 것은 피할 수 없다. 그러나 이러한 가공자본의 증대는 청구권의 증대일 뿐이며, 이러한 '머니'의 팽창과 수축은 결코 일국의 부 또는 일국의 생산과 유통의 팽창과 수축을 나타내는 것은 아니다. 오히려 일정한 크기의 잉여가치에 대한 청구권의 팽창은 가공자본의 평균적인 증식률을 인하하며, '머니'의 세계에서의 경쟁, 즉 약탈물의 쟁탈을 격화시킨다. 여기에서 개개

의 자본에게 이득이 되는 것은, 잉여가치라는 공동의 약탈물이라기보다는 오히려 타도한 다른 자본의 사체(死體) 그 자체이다. '갬블 자본주의'나 '카지노 자본주의'라는 말은 비정상적으로 증식한 가공자본이라는 하이에나 떼가 한정된 잉여가치를 앞에 두고 격렬히 다투며 서로 잡아먹는 상태를 말하는 것이다.

§8. 자본주의적 생산에서 은행제도 형성의 필연성

은행제도는 자본이 창출한 더없이 조직적이고 인위적인 기구이다.

근대적인 은행의 생성사 │ 역사적으로는 발흥한 산업자본과 상업자본이 눈앞에 본 것은, 낡은 고리대자본이 귀금속을 독점하고 고리를 탐내는 상태였다. 새로운 자본이 자본축적을 추진하여 자본주의적 생산을 확대해가기 위해서는, 이자를 취득하는 자본을 자기에 종속시켜 이자율을 산업이윤이나 상업이윤 중에서 지불할 수 있는 수준까지 인하해야 했다. 이 목적을 달성하기 위해 창조된 것이 은행제도였다. 은행제도는 한편에서는 사장되고 있는 모든 화폐를 모아서 그것을 화폐시장에 투입함으로써, 다른 한편에서는 신용화폐(태환은행권)의 창조에 의해서 고리대자본에 의한 화폐 독점을 타파했다. 17세기 초두에 암스테르담은행과 함부르크은행 등의 **대체은행**(對替銀行)이 생기고 있었으나, 은행제도 형성에서 가장 획기적인 것은 1694년의 잉글랜드은행 설립이었다. 여기에서부터 근대적인 은행의 역사가 시작되었다.

자본 그 자체의 내적 본성으로부터 은행제도를 파악한다 │ 여기에서는 이제까지 살펴본 자본 그 자체의 내적 본성에서, 자본이 은행제도를 창조할 수밖에 없는 필연성─계기와 직접적 동인─을 파악한 위에, 다음 §9에서 은행제도가 자본주의적 생산에서 수행하는 역할을 요약하고자 한다.

'유통시간 없는 유통'을 지향한 자본의 필연적 경향 ┃ 유통시간은 가치도 잉여가치도 낳지 않는 시간이므로, 산업자본은 유통시간을 최소한으로 단축하려는 지향을 가지지 않을 수 없다.

또한 산업자본이 유통과정에서 지출해야 하는 유통비는 잉여가치로부터 공제하는 것이므로, 산업자본은 유통비, 즉 화폐 그 자체나 상품의 매매비용, 화폐거래의 비용 등을 최소한으로 압축하려는 지향을 가지지 않을 수 없다. 더구나 유통비로서의 화폐 그 자체란 첫째로 재생산의 요소들을 상호 보전하는 유통을 위해 자본가들이 선대해야 하는 유통수단이고 그들의 구매·지불준비금으로서 존재하며, 둘째로 고정자본 갱신과 자본축적을 위해 그들이 적립해야 하는 고정자본의 상각펀드와 축적펀드이며, 그들 중 누군가의 수중에서 유휴화폐자본으로 존재하는 것이다.

상품거래자본의 자립화 ┃ 산업자본 안에서 이 자본의 C−M의 조작을 전문적으로 인수하는 상품거래자본이 독립하여, 산업자본의 유통시간을 단축하고 유통비를 축소한다.

그런데도 재생산적 기능자본(산업자본 및 상품거래자본)은 여전히 유통시간과 유통비를 필요로 하는 것이며, 그것을 축소하려는 지향을 가지지 않을 수 없다.

상업신용의 확대와 그 한계 돌파의 요구 ┃ 자본주의적 상품신용, 즉 상업신용의 발전은 재생산적 자본의 변태를 촉진함으로써 유통시간을 단축하며, 또한 채권채무의 상쇄에 의해 화폐가 등장하지 않는 거래를 증가시킴과 더불어 상업화폐인 어음(유통하는 신용)으로 화폐를 대위함으로써, 유통비로서의 화폐를 크게 절약시킨다. 그런데도 상쇄되지 않는 채무는 화폐에 의해 결제되어야 하므로 개별자본들은 그를 위한 지불준비금과 비상시의 지불에 대비하는 준비금을 가져야 한다. 재생산적 자본은 한편에서 이러한 준비금을 축소하려는 지향을 가지며, 다른 한편에서 수중의 어음(유통하는 신용)을 되도록 빨리 현금으로 전환하려는 욕구를 가지지 않을 수 없다.

화폐거래자본의 자립화와 그 수중에서 유휴화폐·화폐자본의 형성 | 상 품거래자본에 이어 재생산적 자본 중에서 이 자본의 화폐거래 비용을 축소 하는 것으로, 화폐거래자본이 독립한다.

재생산적 자본의 구매·지불준비금이 화폐거래자본하에 집중하여 공동 준비금이 됨으로써 이 준비금의 크기는 축소되는데, 그런데도 여전히 준비 금의 필요 그 자체는 없어질 수 없으며, 또한 이 축소에 의해 화폐거래자본하 에서 형성되는 유휴화폐는, 거기에 집중되는 유휴화폐자본과 더불어, 거기 서 또한 불임의 상태에 있다.

화폐거래자본은 유휴하는 화폐 및 화폐자본을 유휴상태에서 눈뜨게 하고 능동적으로 자기증식시키려 하는 강한 지향을 가지지 않을 수 없다.

자본들의 경쟁에 의해 주어진 개별자본의 양적 제한 돌파의 요구 | 개별 적 자본은 경쟁, 즉 자본이 서로 가하는 외적 강제에 의해 이윤율이 높은 부문으로 이동하려는 것이므로, 자본이 자유로이 이동할 수 있다면 부문들 의 이윤율은 균등화하며 평균이윤율과 생산가격이 성립한다.

그런데 자본의 이동에는 갖가지 장애가 있다. 그래서 부문 간 이윤율의 차이는 우선 이윤율이 낮은 부문에서는 생산의 축소와 자본의 유휴를 가져 오며, 이윤율이 높은 부문에서는 자본의 증대와 그에 따른 생산의 확대를 가져온다. 그러나 후자의 부문에서 자본의 증대는, 이 부문 내부에서의 잉여가치만으로는 한계가 있다. 그래서 이러한 부문의 자본은 자기의 양적 제한을 돌파해서 생산과 유통을 확대하기 위해, 전자의 부문에서 유휴하는 잠재적인 자본을 이용하려는 요구를 갖는다.

또한 유기적 구성의 고도화에 의한 이윤율 저하는, 경쟁을 통해서 개별자본에게 투하자본량의 증대에 의한 이윤량의 절대적 증가로서 이것에 대응하려는 충동을 주는데, 이것도 개별자본이 자기의 양적 제한을 돌파하지 않고서는 실현할 수 없다.

이처럼 자기의 양적 제한을 돌파하려는 개별자본의 충동은 유휴하는 화폐·화폐자본을 재생산자본으로 이용하려는 강한 요구를 낳을 수밖에 없다.

유휴화폐의 기능자본화의 매개형태로서 이자 낳는 자본의 성립 | 자본주의적 생산양식에서는 화폐가 자본으로 기능하면 평균이윤을 낳을 수 있다. 그래서 자본으로서의 화폐가 상품이 되고, 그 대가로 이자가 지불된다. 이리하여 이자 낳는 자본이 성립하면, 한편에서 유휴하고 있는 화폐 및 화폐자본의 소유자는 그러한 것을 이자 낳는 자본으로서 타인의 손에 위임함으로써 증식시킬 가능성을 얻으며, 다른 한편에서 재생산적 자본가는 이윤의 일부를 이자로 지불함으로써 타인이 소유하는 화폐를 기능자본으로 재생산과정에 투하할 가능성을 얻는다. 이리하여 이자 낳는 자본이라는 자본형태에 의해, 한편에서 유휴화폐·화폐자본을 유휴상태에서 눈뜨게 하고 능동적으로 자기증식시키려는 요구와, 다른 한편에서 타인의 유휴하고 있는 화폐 및 화폐자본을 기능자본으로 이용함으로써 자기의 양적 제한을 돌파하려는 개별자본의 충동이 함께 실현될 가능성이 생긴다.

그러나 이 가능성이 사회적으로 현실화하기 위해서는, 한편에서 사회 여기저기에서 유휴하는 화폐·화폐자본이 한 덩어리로 대량의 이자 낳는 자본으로 공급됨과 더불어, 다른 한편에서 이자 낳는 자본에 대한 개별자본들의 요구가 마찬가지로 한 덩어리로 대량 수요로 나타나야 하며, 이 양자가 매개되는 구조가 필요하다. 그것이 **은행제도**와 그 아래서의 **화폐시장**이었다.

은행제도 및 화폐시장의 성립 | 이자를 받아 증식하려는 유휴화폐·화폐자본을 자기 수중에 집중하고 있는 화폐거래업자가, 재생산적 자본가 사이에서 유통하는 신용(어음)을 자기가 받는 신용(은행권 및 당좌성 예금)으로 치환하는 것(어음할인)에 의해, 즉 고객으로부터 받는 신용으로 고객에게 신용을 줌으로써 은행업자로 전환했을 때 은행제도는 성립한다.

은행제도가 성립하면 매개자로서의 은행을 중심으로 하는 화폐시장이 생긴다. 은행은 재생산적 자본의 유휴화폐·화폐자본뿐 아니라 사회 일체의 유휴화폐·화폐자본을 자기 밑에 집중시킨다. 대부자들에 의한 화폐자본의 공급과 차입자들에 의한 화폐자본의 수요가 은행을 매개로 하여 상대하게 된다.

이리하여 사회의 처분 가능한 모든 자본이 여러 부문에서 그 생산상 요구에 따라 배분되게 되며, 부문 간 자본이동이 매개되어 이윤율의 균등화가 실현된다. 더욱이 은행제도는 상업신용과 함께 전체로서 신용 시스템을 형성하며 유통시간과 유통비를 크게 축소하는 것이다.

§9. 자본주의적 생산에서 은행제도의 역할

자본주의적 생산에서 은행제도의 역할 | 이상에서 본 바와 같이 자본주의적 생산에서 은행제도가 아주 중요한 역할을 수행하는 것은 명백하다. 그것을 간단히 요약하면 다음과 같이 된다.[3]

---

3) 앞의 §8에서 언급한 '은행제도 형성의 필연성'과 이 §9에서 말한 '은행제도의 역할' 사이의 관련과 구별에 대해 간단히 지적해놓자.

'은행제도란 무엇인가'라는 물음에 대한 답은, 자본주의적 생산은 왜 은행제도를 창조하지 않고서는 안 되는가 하는 것, 달리 말해서 '은행제도 형성의 필연성'을 밝히는 것을 포함하고 있다. 예컨대 '날붙이란 무엇인가'라는 물음에 대해 '날이 붙어 있어 물건을 자르고 깎고 하는 도구'라고 답할 때, 이 답 속에는 사람이

사회적 총자본 배분의 매개 | 은행제도는 사회의 일체의 잠재적인 자본을 집중하여, 자본가계급의 공동적인 자본으로서 이 대량으로 된 대부 가능한 화폐자본을 생산상 요구에 따라 갖가지 부분에 배분함으로써 이윤율의 균등화를 매개한다. 이처럼 은행자본은 하나의 특수한 자본이면서 동시에

'물건을 자르고 깎고' 하는 필요에서 이러한 물건을 만들어냈다는 것, 또한 날붙이가 그러한 기능을 수행한다는 것이 포함되어 있다. 그러나 날붙이는 '물건을 자르고 깎고' 하는 것에만 사용되는 것은 아니다. 예컨대 날붙이(칼과 나이프)가 수행하는 장신구로서의 역할은, 일단 생긴 날붙이가 사회 속에서 사회에 의해 새로 주어진 역할이다. 이미 본 바와 같이 화폐란 무엇인가 하는 물음에 대해서는 '일반적 등가물로서의 역할을 사회적으로 독점하는 상품'이라고 답할 수 있으나, 이 답 속에는 '일반적 등가물로서의 역할', 즉 모든 상품에 대한 가치경(價値鏡)인 동시에 가치체(價値體)로 유용하다는 점이 포함되어 있다. 따라서 화폐의 첫째 기능인 가치척도 기능과 둘째 기능인 유통수단 기능은 어느 쪽도 금을 화폐로 하는 본질적인 기능이다. 그런데 가치척도 및 유통수단의 기능을 하는 화폐로서의 금은, 상품생산의 발전 속에서 퇴장화폐의 형태를 취하며, 지불수단으로서 또 세계화폐로서 기능을 하게 되는 것이다. 그러나 퇴장화폐의 형태나 지불수단 및 세계화폐로서의 기능이 금을 비로소 화폐로 만드는 것이 아니라 일단 화폐로 된 금이 상품생산 속에서 수행하는 독특한 형태이자 기능이다. 그렇다고 해서 이러한 형태나 기능이 부차적이며 아무래도 좋다는 것은 아니고, 반대로 상품생산의 발전에서 결정적인 역할을 수행한다.

은행제도에 대해서도 마찬가지 사실을 말할 수 있다. 이제부터 지적하는 "사회적 총자본의 배분의 매개", "유통시간·유통비의 축소", "주식회사 형성의 매개와 촉진"이라는 은행제도의 세 가지 역할 중 두 가지는 '은행제도 형성의 필연성'을 은행제도가 수행하는 역할이라는 견지에서 본 것이며, 따라서 그것은 '은행제도란 무엇인가'라는 물음에 대한 답 속에 포함되어야 할 것이다. 그에 반해 최후의 '주식회사 형성의 매개와 촉진'이라는 역할은, 그렇게 해서 생긴 은행제도가 자본주의적 생산 속에서 수행하는 새로운 기능이다.

언뜻 보아 일부는 단순한 반복처럼 보이는 앞의 §8과 이 §9 사이에는 이러한 구별과 관련이 있다.

모든 재생산적 자본에 대해 일반적인 형태에 있는 자본이고 자본가계급 전체의 자본이며, 그런 의미에서 '사회적'인 성격을 갖고 있다. 이윤율 균등화의 운동은 자본주의적인 생산의 기초이며, 이것에 의해 자본주의적 생산은 하나의 사회적 생산으로서 성립하므로, 이 운동을 매개하는 은행제도는 그 자신 자본주의적 생산양식의 내재적 형태이다.

유통시간·유통비의 축소 | 은행제도는 그 토대를 이루는 상업신용과 더불어 신용 시스템을 구성하여, 갖가지 방식으로 유통시간 단축과 유통비의 축소를 실현한다.

은행제도는, 우선 어음할인에 의해 상업신용을 촉진하며 상품변태를 가속함으로써 유통시간 그 자체를 단축한다. 또한 그것에 의해 통화(유통수단)의 유통속도를 가속하며 유통에 필요한 화폐량을 감소시킨다. 다른 한편 상업신용의 촉진은 화폐가 사용되지 않는 거래를 확대하며 화폐를 절약한다. 은행제도하에서는 은행권과 수표가 화폐를 대위하므로, 이것에 의해서도 화폐가 절약된다. 거기에다 당좌성 예금의 취급과 결부된 결제제도의 발전 등 화폐거래의 기술 발전은 유통하는 은행권까지도 감소시킨다. 최후로 은행제도에 의해 개별자본이나 자본주의적 생산 전체에서도 구매·지불 준비금이나 유휴하고 있는 화폐자본도 축소된다.

주식회사 형성의 매개와 촉진 | 은행제도는, 사회적 총자본을 여러 부문으로 배분하는 역할을 수행함으로써, 자본주의적 생산 그 자체를 가능한 한 최고의 형태로까지 발전시키는 수단이 된다. 이 최고의 형태란 **주식제도**에 의거한 **주식회사**이며, 거기서 운동하는 **주식자본**이다.

자본의 축적과정에서 자본의 집중이 진행하여, 커다란 개별자본도 나타난다. 그러나 자본주의적 생산양식하에서 진실로 거대한 자본이 출현하는 것은 주식회사의 형태에서이다. 주식회사에서는 같은 금액 단위인 주식을 구입한다는 형태로서 자본이 투하되어 각 주식에 주어지는 배당의 형태로 이윤이 분배되므로 크기가 다른 다수의 자본이 그 크기에 따라 평등하게 이윤의 분배에 관여하게 되는 것이다. 말하자면 '자본가적 공산주의'라고도 말해야 할 이 구조에 의해 극히 다수의 개별자본이 결부되어 하나의 **결합자본, 어소시에이트한 자본**이 생긴다.

　주식회사의 형성에 의해 첫째로 생산규모의 굉장한 확대가 생기며, 사적 자본으로는 불가능한 대규모기업이 생긴다. 그 이전에는 국가가 할 수밖에 없었던 규모의 기업이 회사기업으로 된다.

　둘째로 자본이 사적 자본에 대립하는 사회자본(직접적으로 어소시에이트한 개인들의 자본)의 형태를 가지며, 자본의 기업들이 사기업에 대립하는 사회기업으로 나타난다. 그것은 자본주의적 생산양식 그 자체 내부에서 사적 소유로서의 자본의 지양이다.

　셋째로 주식자본하에서 기능자본가는 단순한 매니저로 전환되며 자본소유자는 단순한 화폐자본가로 전환된다. 그 결과 한편에서는 매니저가 수취하는 것은 일종의 숙련노동의 '임금'에 불과한 것이 된다. 다른 한편에서는 주식회사에서 자본소유자는 매니저급에서 최하급 노동자에 이르기까지 모두를 포함한 '생산자'에 대립하여, 외부로부터 단순히 타인의 잉여노동을 취득할 뿐인 불필요한 여분의 존재임이 드러나게 된다.

　이러한 의미에서 주식회사는 자본주의적 생산양식 내부에서의 자본주의적 생산양식의 지양이고, 자기 자신을 지양해야 하는 모순을 포함한 존재이며, 자본이 어소시에이트한 생산자(개인)의 소유로 전환하기 위한 필연적인 통과점이다.

　은행제도는 자본주의적 생산을 이러한 지점에까지 추진하는 역할을 수행하는 것이다.

제6장
토지소유와 지대

제1절 자본주의적 생산과 토지소유

§1. 근대적 토지소유와 자본주의적 농업경영

자본주의적 생산은 낡은 토지소유를 근대적 토지소유로 변형한다 │ 자본주의적 생산은 우선 공업의 영역에서 지배적인 생산양식이 되었는데, 농업 영역에서는 전근대적인 토지소유형태, 구체적으로는 봉건적 토지소유와 소농민적 토지소유에 직면했다. 자본은 토지소유 그 자체를 폐기할 수는 없으며, 낡은 토지소유를 자본주의적 생산에 적합한 형태로 변형시킴으로써 비로소 농업을 자기 밑에 종속시킬 수 있었다. 새로 만들어낸 토지소유는 상품생산의 소유법칙에 합치하는 토지소유이며, **근대적 토지소유**라 부른다. 여기에는 토지의 사적 소유자인 토지소유자가 농업자본가인 차지농업자와 토지의 임대계약을 맺고, 일정기간의 토지 이용에 대해 차지농업자로부터 그 대가로서 지대를 수취한다. 차지농업자는 농업노동자를 고용하여 이 토지 위에서 자본주의적 농업경영을 행하는 것이다.

§2. 자본주의적 지대

토지를 이용하게 할 때, 그 대가로서 지대를 요구한다 | 상품생산사회에
서는 토지소유자가 토지에 대한 사적 소유권을 가지고 있으며 자기 토지를
완전히 배타적으로 점유·이용·처분하는 권리를 사회적으로 승인받고 있다.
그는 자기 사유물인 토지를 시간당으로 타인에 점유·이용시킬 때에는 그
경제적 이용에 대해 대가를 요구한다. 이것이 지대이다.

차지농업자는 자본주의적 지대를 지불해야 한다 | 농업 영역에서 자본
주의적 생산을 행하는 자본가=차지농업자는 농업생산에서 필수적 생산수
단인 토지를 가지고 있지 않으므로, 이것을 토지소유자에게서 시간당으로
빌리지 않으면 안 된다. 그 대가로 화폐형태로서 지불하는 것이 농업에서의
자본주의적 지대이다.

자본주의적 지대의 두 가지 기본형태: 차액지대와 절대지대 | 차지농업
자가 지주에 지불하는 지대를 보면, 거기에 두 가지 기본형태가 있음을
알 수 있다. 우선 비옥도와 지리적 위치 등의 조건이 유리한 토지에 지불되는
지대가, 그러한 조건이 불리한 토지에 지불되는 지대보다 고액이라는 사실
로 말미암아, 토지조건의 차이에 따라 크기가 다른 지대가 있는 것을 알
수 있다. 경제학자는 이러한 형태의 지대를 **차액지대**라 부른다. 그러나 아무
리 조건이 나쁜 토지라도 토지소유자가 무료로 토지를 빌려줄 수는 없다.
가장 조건이 나쁜 토지인 **최열등지**에까지도 지불되는 지대를 경제학자는
절대지대라 부른다. 물론 어느 쪽의 지대도 화폐형태로 지불되며, 차주(借主)
는 대주(貸主)에게 화폐의 형태인 가치액을 넘겨준다.

지대의 기본형태를 가치법칙과 잉여가치법칙에 의거하여 설명한다 | 경

제학에서 문제가 되는 것은, 토지의 차주가 토지의 대주에 차액지대 및 절대지대로 지불하는 이 가치액이 도대체 어디서 어떻게 생기는 것인가 하는 것이다.

본론 앞쪽에서 말한 "경제의 '순환적 흐름'에 대한 상식적 이미지"(☞그림 41)에서, 토지는 자본 및 노동과 더불어 생산에서 부가가치를 낳는 생산요소이며, 토지가 가져오는 부가가치는 토지 서비스라는 상품의 대가로서 기업이 지주에 지불하는 것으로 생각되고 있다. 다시 말해 토지는 그 자체로서 가치를 낳는 것이며, 그것이 지대가 된다는 것이다.

그러나 우리가 여태까지 연구한 바에 따르면 가치는 추상적 노동의 물질화이며, 토지 그 자체가 가치를 낳는다는 것은 있을 수 없음은 명백하다. 그러면 도대체 지대가 되는 가치액은 어디서 어떻게 하여 생기는 것일까? 어디서 물질화된 노동인 것일까?

이를 밝히기 위해서는, 이 두 가지 종류의 지대를 지금까지 전개해온 가치법칙 및 잉여가치법칙에 의거하여, 이러한 법칙이 관철되는 형태로 설명해야 한다.

이론적으로 조리 있게 지대를 논하려고 할 때에는 우선 차액지대를 밝히고 그 뒤에 절대지대를 논하는 것이 보통 순서인데, 여기서는 이해를 돕기 위해 그 역의 순서로 살펴보고자 한다.

제2절 절대지대

차지농업자는 최열등지에서도 절대적 지대를 지불해야 한다 | 최열등의 토지[1]에도 토지소유자가 있는 한, 자본가인 차지농업자가 이 토지를 자본주

---

1) 지구의 표면인 대지(大地)는 사회형태 여하에 관계없이 인간에게 생활과 생산의

의적 농업에 이용하기 위해서는 토지소유자에 지대를 지불하지 않으면 안 된다. 이 지대가 절대지대이다.

그래도 차지농업자는 평균이윤을 확보해야 한다 │ 차지농업자는 자본가이기 때문에, 농업부문보다 높은 이윤율의 생산부문이 있으면 그 부문으로 자본을 이동시킬 것이다. 그러므로 차지농업자가 최열등지를 빌려서 농업경영을 하는 것은, 그가 절대지대를 지불한 뒤에도 평균이윤을 확보할 수 있기 때문이다.

농산물가격은 평균이윤을 가져오는 수준이 아니면 안 된다 │ 차지농업자가 절대지대를 지불해도 거의 평균이윤을 취득한다면, 그것은 그가 생산해서 판매하는 농산물의 시장가격이 '비용가격＋평균이윤＋절대지대'의 수준을 중심으로 변동하고 있기 때문이다. '비용가격＋평균이윤'이라는 것은 생산가격이므로, 여기서는 시장가격은 생산가격보다 절대지대의 액수만큼 높은 수준에 있다는 것이다. 그리고 농산물가격이 대개 이러한 수준에 있는 것은, 이 농산물의 공급과 수요가 이러한 가격을 가져오는 비율을 중심으로 움직이고 있다는 것을 의미한다.

장소를 제공하며 생활수단과 생산수단을 공급하는 천연의 생활의 장, 작업장, 무기고이다. 이 대지를 우리는 '토지'라 부르고 있다. 그러나 다른 한편에서 '나의 토지', '지주의 토지', '국가의 토지(국유지)' 등이라고 할 때, 우리는 마찬가지로 '토지'라는 말에서 어떤 사회형태하의 특정한 개인·인간집단·사회조직에 의해 점거·소유·점유되고 있는, 지상에서 구획 지은 어떤 지면, 대지의 어떤 면적을 갖는 특정한 부분을 생각하고 있다. 이 책에서도 '토지'라는 동일한 말을 쓰고 있는데, 그것들이 어느 쪽 의미로 쓰이고 있는지는 문맥에 의해 쉽게 판단할 수 있을 것이다.

자본이 자유로이 유입하지 못하므로 시장가격은 생산가격보다 높아진다
│ 그러나 이미 본 바와 같이, 이윤율이 다른 생산부문들이 있고 그것들
사이에서 자본이동에 제한이 없으면, 자유로운 자본이동의 결과 어느 부문
에서도 시장가격이 '비용가격＋평균이윤', 즉 생산가격을 중심으로 변동하
는 수급관계가 성립하여 이윤율 균등화가 이루어지게 된다. 그러므로 농산
물의 가격이 최열등지에서도 절대지대를 지불할 수 있는 수준에 있다는
것은, 이 생산부문인 농업부문에는 자본이 자유로이 이동할 수 없다는 것을
나타낸다. 바꾸어 말하면 농업부문에서는 가격이 생산가격보다 절대지대만
큼 높으므로 차지농업자에 평균이윤율보다 그만큼 높은 이윤율을 가져오고
있는데도, 평균이윤율보다 높은 이 이윤율을 지향하여 농업부문에 자본이
유입하지 못하는 것이다.

토지소유의 제한이 장벽으로 되어서 자본의 유입을 방해한다 │ 자본이
유입하지 못하는 원인은 다음 사실에 있다. 즉 이 부문의 자본가＝차지농업
자는 이윤율과 평균이윤율의 차액을 절대지대로 토지소유자에게 지불하지
않는 한 토지를 이용할 수 없으므로, 이 부문의 이윤율이 평균이윤율보다
높아도 절대지대를 지불하는 자본가는 평균이윤율 이상의 이윤을 입수할
수 없기 때문이다. 다시 말해 토지소유와 그 인격화인 토지소유자의 존재가
토지의 자유로운 이용을 제한하며, 따라서 자본의 유입을 제한하는 것이다.
　이러한 **토지소유에 의한** 제한이 공업부문들에서 농업부문으로 자본이
유입되는 것을 방해하는 **장벽**이 되어, 시장가격의 수준을 생산가격에까지
인하되도록 공급의 증가를 가져오는 자본의 증가를 저지하게 된다.
　이것은 토지소유의 제한이 농산물가격을 <생산가격＋절대지대>의 수
준의 높이에 멈추게 하는 것이라고 표현할 수도 있다.

절대지대로 되는 가치는 어디서 오는가? │ 그렇다면 이러한 농산물가

격의 수준과 생산가격의 차액, 다시 말해 절대지대가 되는 가치는 도대체 어디서 오는 것일까? 이 가치는 어디서 생산된 것일까?

농산물이 가치대로 팔리면 초과이윤이 생긴다 │ 사실 농업부문은 생산부문들 중에서도 자본의 유기적 구성이 낮은 부문이다. 이른바 '노동집약적' 산업이다. 왜냐하면 농업에서는 자연조건에 의한 커다란 제약이 있을 뿐 아니라 자본의 자유로운 유입이 곤란하며 급속한 자본축적과 그에 따르는 노동생산력의 급속한 상승이 생기기 어려우므로, 일반적으로 노동생산력이 공업부문보다 낮고 그에 따라 자본의 유기적 구성도 공업부문보다 낮기 때문이다.

이미 제3편 제2장 제2절에서 본 바와 같이, 이러한 생산부문에서는 자본구성이 높은 타 부문과 잉여가치율이 동일하다면 이윤율은 그러한 타 부문보다 높으므로 여기서 생산물이 가치대로 팔리면 평균이윤보다 많은 이윤을 얻게 된다. 다시 말해 이러한 부문의 생산물이 가치대로 팔리면 이 부문의 자본은 가치와 생산가격과의 차액을 초과이윤(이것은 부문 안 자본들의 생산력 격차에서 생기는 초과이윤과 구별하여 초과이윤의 제2형태라 부를 수 있다)으로 취득할 수 있는 것이다. 농업부문은 바로 이러한 부문이다.

토지소유의 제한에 의한 초과이윤이 절대지대로 전환한다 │ 절대지대가 되는 것은 농산물의 가치와 생산가격의 차액인 이러한 초과이윤이며, 따라서 이 가치부분은 농업부문에서 생산된 잉여가치에 불과하다. 농업부문의 노동자의 잉여노동이 절대지대의 실체인 것이다.

절대지대를 이해하는 요점은 여기에 있다. 요컨대 절대지대는 토지소유에 의한 진입장벽이 농업부문으로 자본이 자유롭게 유입되는 것을 저지함으로써 이 부문에서 취득된 잉여가치의 일부가 초과이윤이 되며, 그것이 토지소유에 의해 지대로 전환된 것이다. 다음 그림 228에서 왼쪽 공업부문 부분

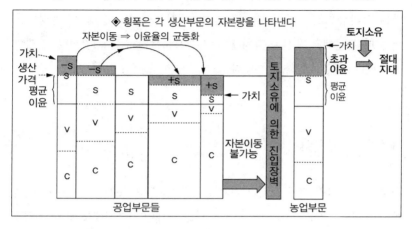

그림 228 토지소유의 제한에 의해 생기는 초과이윤이 절대지대로 전환

은 제2장에서 본 그림 208과 마찬가지이다. 토지소유의 장벽이 이윤율의 이러한 균등화를 방해하므로 농업부문에서는 초과이윤이 발생하며 그것이 절대지대로 전환하는 것이다.

다만 절대지대가 이 초과이윤의 전부를 삼킨다는 것은 아니다. 그것이 어느 정도의 크기가 되는가는, 토지소유자들과 농업부문에 진입하려는 용의가 있는 차지농업자들의 힘 관계와, 이것에 의해 변동되는 농산물의 수급 관계에 의해 결정된다.

이상한 수요에 의한 독점상태에서 지대가 생길 수 있다 | 역시 어떤 우연적·외적인 원인에서, '구매자의 욕망과 지불능력에 의해 결정되는' 수요가 농산물의 시장가격을 그 가치보다 높은 데까지 인상할 수 있다(MEW, Bd. 25, S. 772, 783; 『자본론』 III(하), 제1개역판, 김수행 역, 비봉출판사, 929쪽, 942쪽). 이 경우 차지농업자는 토지소유자에게 가치와 생산가격의 차액을 모두 절대지대로 지불해도 여전히 그것을 넘는 초과이윤을 취득할 수 있다[시장가격>가치>생산가격]. 만약 토지소유자가 차지농업자에게 이 초과이윤의 전

부 또는 일부를 지대로 지불하게 할 때에는, 이 지대가 되는 가치는 절대지대와는 달리 농업부문에서 생산된 잉여가치가 아니라, 일종의 독점상태에 의해 타 부문에서 생산된 가치를 타 부문으로부터 취득한 것이다. 그래서 이 지대는 **독점지대**라고 부른다.

제3절 차액지대

최열등지 이외의 모든 토지가 가져오는 차액지대를 보자 ｜ 그런데 이번에는 토지조건의 우열에 의해 크기가 다른 지대인 차액지대를 보자. **차액지대는 최열등지 이외의 모든 토지를 이용하는 차지농업자가 토지소유자에게 지불하는 지대이다.**

이전 절에서 이미 농업부문에서는 토지소유의 제한에 의해 생산물 시장가격의 변동의 중심이 생산가격이 아니라 가치로까지 밀어 올리는 것을 보았는데, 여기서는 농산물의 시장가격이 기본적으로 그 가치에 의해 규정되는 것으로 생각할 수 있다. 그리고 토지의 우열에 관계없이 모든 차지농업자가 가치와 생산가격의 차액인 초과이윤을 토지소유자에게 절대지대로 지불하는 것으로 상정하자.

경쟁은 개별적 가치에서 시장가치를 성립시킨다 ｜ 차액지대는 토지조건의 차이에 따라 크기가 다른 지대인데, 농업부문에서도 이러한 토지조건의 차이에 관계없이 자본이 새로 만들어내거나 채용할 수 있는 생산조건의 우열에 의해 항상 여러 가지 개별적 가치가 존재한다.

토지조건이 완전히 동일하다 하더라도, 농업기술의 응용의 차이, 기계화와 분업 등의 노동자의 조직화의 정도, 그리고 경영규모의 대소 등에 의해 동일한 자본투하가 가져오는 수확량에 차이가 생기지 않을 수 없으므로 단위생산물의 개별적 가치는 우등한 생산조건을 갖는 자본에서는 낮고, 열등한 생산조건을 갖는 자본에서는 높다. 이러한 생산조건의 상이함은 개개 자본 그 자체에 속하는 것으로, 우등한 조건은 어느 자본에게도 채용 가능하며 오히려 경쟁은 어느 자본에게도 더 나은 조건을 채용하도록 강제한다. 이러한 조건을 **자본조건**이라 부르자.

자본조건을 둘러싼 부문 안에서의 자본의 경쟁은, 갖가지 개별적 가치에서 그것들의 가중평균인 하나의 시장가치를 성립시킨다. 그 결과 시장가치와는 다른 개별적 가치를 갖는 상품을 생산하는 자본가 아래서는 초과이윤과 결손가치가 발생하지만, 이 초과이윤은 각각의 자본에 귀속하며 결손가치도 각각의 자본이 부담해야 한다. 그림 229에서 왼쪽에 볼 수 있는 공업부문에서는 자본조건을 달리하는 각 부문 내부의 자본들의 상품이 가치로 판매됨으로써 한편에서는 초과이윤, 다른 한편에서 결손가치가 발생하는 것이 표시되고 있다.[2]

---

2) 그림 229 중 공업부문의 '개별적 가치', '시장가치', '잉여가치'는 정확하게는 각각 '개별적 생산가격', '시장생산가격', '평균이윤'이라고 해야 할 것이다. 그러나 이 책에서는 '개별적 생산가격' 및 '시장생산가격'이라는 새로운 개념을 첨가하는 것을 피했다.

제2장에서 이미 본 바와 같이, 부문 간의 자본이동을 제외하면 부문 안의 경쟁은 자본들이 생산하는 상품의 갖가지 개별적 가치에서 그것들의 가중평균인 하나의 평균가치＝시장가치를 성립시킨다. 시장가격은 이 시장가치를 중심으로 변동하는 것이 된다(☞제2장의 그림 204).

부문 간 자본의 이동이 행해지고 이윤율 균등화가 행해지면, 어느 부문에서도 생산가격이 성립한다. 상품이 생산가격으로 팔리게 될 때에는 개별적 생산가격(개별적 비용가격＋평균이윤)이 생산가격보다 낮은 상품을 생산하는 자본은 초과이윤을 획득하며 높은 상품을 생산하는 자본에게는 결손가치가 발생한다. 다시 말해 생산가격이 성립한 뒤에도 부문 안의 자본의 경쟁이 작용하며, 이 경쟁은 상품의 갖가지 개별적 생산가격에서 하나의 평균적인 생산가격을 성립시키고

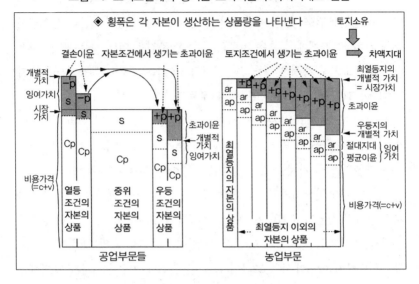

그림 229 토지조건에서 생기는 초과이윤이 차액지대로 전환

◈ 횡폭은 각 자본이 생산하는 상품량을 나타낸다

농업부문에서도, 개별적 자본들은 항상 갖가지 자본조건을 가지고 있고 농산물의 시장가격은 갖가지 개별적 가치의 평균으로 성립하고 있으며 이러한 사정은 공업부문의 경우와 완전히 동일하므로, 자본조건의 차이에서 생기는 개별적 가치의 차이는 접어두고 그러한 차이는 존재하지 않는 것으로 가정하자.

농업경영은 불가피하게 자본조건과는 다른 토지조건을 동반한다 | 그러나 농업부문에서는 자본조건을 접어두고도, 또 하나 생산조건에서 아주 중요한 차이가 존재한다.

있다. 부문 안의 갖가지 개별적 생산가격의 평균으로 성립하는 이 생산가격을 개별적 생산가격과 구별할 필요가 있을 때 이를 '시장 생산가격'이라 부른다.

개별적 생산가격과 시장 생산가격의 관계는, 개별적 가치와 시장가치의 관계와 기본적으로 마찬가지이다.

농업경영을 행하는 자본에서 토지는 필수적인 생산수단인데도, 어느 토지나 각각 다른 고유하고 자연적인 동시에 지리적인 사정을 가지며, 또한 이를 만들어낼 수도 없고 이동시킬 수도 없다. 이러한 토지의 고유한 사정에 의거한 생산조건, 특히 그 비옥도와 지리적 위치는 한편으로는 개개 자본이 새로 만들어낼 수 없는 것이며, 동시에 다른 한편으로는 그렇기 때문에 개개 자본이 그 사용을 독점할 수 있다. 이러한 생산조건을 앞에서 본 자본이 새로 채용해서 이용할 수 있으며 그에 따라 그 사용을 독점하는 것이 불가능한 자본조건에 비교해서 토지조건이라고 부른다.

독점 가능한 토지조건이란 최열등지를 넘은 토지가 갖는 조건이다 ┃ 단지 자연적·지리적 사정이 이미 사용되고 있는 토지 중 최열등의 토지와 동등한 토지거나 또는 그보다 열약하고 자본에 의해 아직 사용되지 않는 토지라면, 이러한 토지의 이용은 절대지대를 지불만 하면 이 부문으로 새로 진입하는 어느 자본에 대해서도 항상 가능하며 열려 있다. 그러므로 새로 만들어낼 수 없는 독점 가능한 토지 조건이라는 것은, 엄밀히 말하면 최열등지를 넘는 모든 토지가 갖는 조건이다.

예외적인 생산조건은 시장가치의 결정에 관여하지 않는다 ┃ 최열등지 이외의 모든 토지가 갖는 토지조건은 자본에게는 외적으로 주어진 생산조건이며, 그러한 토지를 갖는 토지소유자로부터 빌릴 수 없는 한 생산에 이용할 수 없는 조건이다. 자본가인 차지농업자에게는 이러한 토지조건은 상호 간 경쟁의 조건에는 속하지 않는 예외적 생산조건이다.

이러한 예외적인 생산조건하에서 생산되는 상품의 예외적으로 낮은 개별적 가치는 이 영역에서의 시장가치의 성립에는 관여하지 않고, 개별적 가치의 수준이나 상품량도 시장가치에는 전혀 영향을 미치지 않는다.

시장가치는 최열등지의 상품의 개별적 가치에 의해 결정된다 | 그렇다면 시장가치의 성립에 관여하며 그 수준을 결정하는 것은 어떠한 상품의 개별적 가치일까? 그것은 독점 불가능한, 예외적이지 않은 생산조건 밑에서 생산된 상품의 개별적 가치이다. 지금 자본조건의 차이는 없는 것으로 상정되고 있으므로, 그것은 이용되고 있는 토지 중 최열등의 토지에서 생산된 상품뿐이다. 다시 말해 여기서 시장가치는 최열등지의 상품의 개별적 가치에 의해 일의적으로 결정되는 것이다. 바꿔 말하자면 농산물의 시장가격의 변동의 중심이 되는 그 시장가치는 최열등지의 상품의 개별적 가치와 마찬가지이다. 그러므로 가령 최열등지의 생산물량이 이 부문 전체 총생산물양의 생산물의 1%밖에 안 된다 하더라도 최열등지에서 생산된 상품의 개별적 가치가 시장가치를 결정하며, 그 밖의 생산물 99%의 개별적 가치가 이 시장가치보다 낮은 일이 생길 수 있다. 앞의 그림 229에서 오른쪽에 있는 농업부문에서는 자본조건의 차이에서 생기는 개별적 가치는 무시하고 있으며, 최열등지 이외의 토지조건이 다른 토지를 이용하는 자본이 생산하는 농산물의 갖가지 개별적 가치와 그것들과는 완전히 독립적으로 최열등지 생산물의 개별적 가치에 의해 규정되는 시장가치를 나타내고 있다. 그리고 이미 제2장에서 본 바와 같이 개별적 가치가 시장가치를 하회할 때에는 거기서 초과이윤이 발생한다. 이제의 예에서는, 이 부문 모든 상품이 시장가치로 판매되면 99%의 상품이 자본에 초과이윤을 가져온다.

토지조건의 차이에 의거한 초과이윤은 차액지대로 전환된다 | 그러나 자본주의 사회에서는, 토지를 사적으로 소유하는 것이 사회적으로 승인되고 있으며, 각 토지에 토지소유의 인격화로서 토지소유자가 존재한다. 그리고 이 토지소유 내지 토지소유자는, 소유대상인 토지에 고착되어 있는 토지조건에 의거하여 생긴 그러한 초과이윤을 자기에 인도하지 않은 한 자본에게 그 토지의 사용을 허락하지 않는다. 토지소유자는 이 초과이윤이 각각의

토지가 낳은 과실이라 주장하면서 자본에 대해 그 인도를 요구하는 것이다. 다른 한편, 자본 측에서는 이 초과이윤을 전부 인도해도 아직 평균이윤을 취득할 수 있으므로, 초과이윤을 인도하고 그 토지를 이용하려는 자본은 항상 존재한다. 이래서 이 초과이윤은 토지소유에 귀속하는 지대, 정확하게 **차액지대**로 전환되는 것이다(이상 그림 229에서 오른쪽의 농업부문을 보라).

시장가치법칙 관철의 결과로 초과이윤이 발생한다 | 이 초과이윤은 자본조건의 차이에 의거하는 것이 아니라 토지조건의 차이에 의해 생긴 것이며, 언뜻 보면 이것을 낳는 것은 우등한 토지라는 자연 그 자체인 것같이 보일지도 모른다. 그러나 이 초과이윤은 어느 상품에 대해서도 부문 안 경쟁에 의해 하나의 동일한 시장가치가, 따라서 시장가격이 성립해야 한다는 **시장가치의 법칙의 관철** 결과로 이 생산부문에서 생긴 것이다. 따라서 이 초과이윤은 완전히 사회적인 것이며, 토지 그 자체의 속성이 낳은 것이 아니라는 것은 명백하다.

시장가치가 평균가치라면 초과이윤은 부문 안의 잉여가치이다 | 제2장에서 이미 본 바와 같이 자본조건만으로 경쟁을 행하고 있는 공업부문에서는, 부문 안의 유리한 생산조건을 갖는 자본이 취득하는 초과이윤은 불리한 생산조건을 갖는 자본 밑에서 생산된 잉여가치가 이전한 것이며, 초과이윤으로 되는 가치의 실체는 부문 내부에서 생산된 잉여가치이다. 다시 말해 그림 229에서 왼쪽의 공업부문의 장소에서 가리킨 바와 같이, 초과이윤의 플러스와 결손가치의 마이너스는 부문 내부에서 상쇄된다.

가령 농업부문에서도 시장가치가, 이러한 자본조건의 경우와 마찬가지로, 토지조건의 우열에 의한 갖가지 개별적 가치를 가중평균해서 얻어지는 평균가치에 의해 규정되는 것이라고 하면, 이 경우 우수한 토지조건에서 생산하는 자본이 취득하는 초과이윤은 열등한 토지조건에서 생산하는 자본 밑에서 생산된 잉여가치가 이전한 것이고, 후자가 결손가치를 내는 데 대응하는 것이며, 초과이윤으로 되는 가치의 실체는 농업부문 내부에서 생산된 잉여가치인 것으로 된다.

차액지대로 되는 가치는 타 부분에서의 노동이 생산한 것이다 │ 그런데 농업부문에서 토지조건의 차이에 의거한 초과이윤은 최열등지에서 생산하는 자본 이외의 모든 자본이 취득하는 것이므로, 농업부문 내부에서 상쇄되는 것은 아니다. 다시 말해 이 초과이윤의 플러스에 대응되는 마이너스(결손가치)는 이 부문의 내부에는 없다. 그러므로 농업생산물이 그 시장가치로서 다른 생산부문에 판매되면, 농업부문은 우월한 토지조건에서 생산하는 자본의 초과이윤만큼의 가치액을 다른 생산부문에서 수취하는 것이 된다. 다시 말해 차액지대로 전환하는 초과이윤은 농산물이 시장가치대로 판매됨으로써 다른 생산부문에서 이전한 가치이다. 그림 229의 농업부문에서는 토지조건에서 생기는 초과이윤의 플러스에 대응하는 마이너스가 이 부문의 내부에는 존재하지 않는 것이 표시되고 있다.[3]

이러한 농업부문이 다른 생산부문에 농산물을 판매함으로써 구매자인 타 부문에서 이 초과이윤만큼 많은 가치액을 수취하는 것이며, 타 부문에서 수취하는 이 가치액은 '소비자로 간주된 사회가 토지생산물에 대해 과다하게 지불하는 것'이며, 그것이 '토지소유자에게 이익'이 되고 있다. 다시 말해 토지의 사적 소유라는, 자본운동에 대해서는 외적인 힘이 사회로부터

---

[3] 그러므로 농산물이 시장가치대로 판매될 때, 이 시장가치는 구매자(다른 생산부문)에 대해서는 틀림없는 '사회적 가치'로서 통용되는데도, 그 안의 최열등지 이외의 토지의 자본이 취득하여 차액지대로 전환되는 초과이윤 부분은 농업부문에서 생산된 가치(농업노동자의 추상적 노동이 대상화된 것)가 아니며, 따라서 가치실체가 없는 '가치', "허위의 사회적 가치(false social value)"(*MEW*, Bd. 25, S. 673; 『자본론』 III(하), 제1개역판, 김수행 역, 비봉출판사, 811쪽)이다.

이만큼의 가치액을 빼앗아서 토지소유의 인격화인 토지소유자의 수입으로 삼고 있는 것이다.

차액지대의 제1형태와 제2형태 | 토지의 비옥도와 지리적 위치에 의거하여 생기는 이상의 차액지대는 **차액지대의 제1형태**라고 부른다. 동일한 토지에 계기적으로 추가의 자본투하가 행해질 때 생산성이 뒤떨어지는 추가투자에 의해 시장가치가 상승함으로써 초과이윤이 생기게 되면, 토지소유는 이것도 지대로서 인도할 것을 요구하며, 이것도 차액지대가 된다. 이 차액지대는 **차액지대의 제2형태**라고 부른다. 이 경우에도 초과이윤은 토지조건의 차이에 의거한 것이며, 제1형태의 변형일 뿐이다.

제4절 자본과 토지소유

근대적 토지소유까지도 자본에게는 외적인 존재이다 | 이미 지적한 바와 같이 토지소유는 자본에 대해서는 외적인 힘이며, 자본의 운동 그 자체에서는 전혀 필요 없는 것이다. 그런데도 자본주의적 생산이 생겼을 때 자본은 눈앞에 발견한 토지소유 그 자체를 폐기할 수가 없어, 다만 그것의 전(前)자본주의적인 형태들을 '근대적'인 형태로 변형하여 자기에 종속시킬 수 있었을 뿐이다.

상품생산인 자본주의적 생산은 사적 토지소유를 폐기할 수 없다 | 그러면 왜 자본은 토지소유 그 자체를 폐기할 수 없었던가? 그것은 자본주의적 생산이, 발전한 상품생산이기 때문이다. 상품생산하에서는 상품교환의 영역에서 상품생산의 소유법칙이 관철하여, 상품소지자 및 화폐소지자의 사적 소유가 사회적으로 승인되어 법적인 권리로 확립되고 있다. 법적으로

표현하면, 이 사회는 사적 소유와 사적 소유권을 승인하는 것 위에 성립되어 있는 사회인 것이다. 이러한 사회가 토지에 대해서만 사적 소유를 폐지할 수는 없다. 할 수 있는 것은 토지에 대해서도 상품생산의 소유법칙에 합치하는 소유와 소유권을 확립하는 것뿐이다. 이렇게 성립한 토지소유야말로 **근대적 토지소유**이다.

그러한 이상, 자본주의적 생산의 발전 중에, 자본이 자기에 기생하고 있을 뿐인 토지소유를 귀찮은 것, 되도록 뿌리치고 싶은 것으로 느끼면서도 폐기할 수가 없었던 것은 당연한 일이다.

토지국유도 토지의 사적 소유의 한 형태이다 | 그러나 자본주의적 생산 하에서도 사적인 토지소유의 형태는 갖가지가 있을 수 있다. 일반적으로 '토지소유'라는 말로 직접적으로 생각되는 것은 살아 있는 인격인 개인들이 토지소유자로 되는 형태인데, 현대사회에서는 살아 있는 개인이 아닌 주식회사 등 법인이 토지소유자로 되고 있다.

이러한 법인소유도 사적 소유의 한 형태인 것은 누구도 인정할 것이다. 더욱더 지방자치체에 의한 소유도 있다. 그리고 그 앞에 있는 것이 국가에 의한 소유, 즉 **국유**이다. 누구라도 알고 있는 바와 같이, 선진 자본주의 나라들의 어디에서도 광대한 토지가 국유지로 되어 있다. 이 국가에 의한 소유는, 다른 국가에 대해서 사적 소유일 뿐 아니라 국유로 되어 있는 토지에서 분리되어 있는 개인들에 대해서도 사적 소유이다. 이 개인들에는 노동하는 개인뿐 아니라 자본의 인격화인 자본가도 포함된다. 자본가가 토지를 국가에서 빌려서 경영을 행하며 대가로서 지대를 지불할 때, 국가와 자본가의 관계는 사적 소유자와 사적 소유자 사이의 관계인 것이다.

토지의 국유는 자본에게 최선의 토지소유 형태이다 | 그러므로 자본주의 사회의 내부에서도, 토지소유가 자본에게 지우는 부담을 경감하기 위한

정책으로서 '토지의 전면적인 국유화'가 제기되는 것은 결코 기이한 일은 아니다. 오히려 자본주의 사회 내부에서 사적 토지소유의 궁극적인 형태는 토지의 국유이다. 자본가계급에게 토지의 국유는 허용할 수 있는 최선의 토지소유형태인 것이다. 토지가 국유화되면 차액지대를 토지소유자계급의 손에서 빼앗아 자본의 국가의 것으로 할 수 있으며, 거기에다 절대지대를 폐지해서 농업에서 자본·임노동 관계를 전면적으로 발전시킬 수 있기 때문이다.

그러나 자본가계급 자신은 토지의 전면적 국유화를 실행할 수 없다 │ 그러나 살아 있는 개인과 법인에 의한 토지소유가 지배하고 있을 때, 이것을 전면적으로 국유화는 것은 자본가계급의 이익을 대표하는 정권에서는 전혀 불가능하다. 그러한 시도는 자본주의적 생산에 적합한 사적 소유의 법적 구조의 근간에 저촉되는 것이며, 자본소유 그 자체의 정당성을 문제 삼는 데까지 나아가야 하기 때문이다.

국가자본주의국의 토지국유도 사적 토지소유의 한 형태이다 │ 그러나 갖가지 역사적인 과정에서, 자본주의하에서도 토지의 일반적인 국유가 존재했으며 현재에도 존재하는 나라들이 있다. 이른바 '현존 사회주의'의 나라들에서는, 토지는 많은 경우 기본적으로 국유(명칭은 '인민소유' 등 갖가지)였으며 현재도 그러하다. 이러한 나라들은 '사회주의'를 자칭하고 있으나 경제구조는 본질적으로 **국가자본주의**라 부를 수 있는 자본주의 시스템이며 거기서의 토지국유는 노동하는 개인들에 대해서나 거기서 운동하고 있는 갖가지 형태의 자본에 대해서도 사적 소유 이외에 아무것도 아니다. 또한 많은 발전도상국에서도 농지개혁에 따라 국유화가 선언되었지만, 그것들의 토지국유가 사적 소유에 대립하는 사회적 소유가 아니었다는 것은 이제는 완전히 명확하다.

전면적인 토지국유화의 요구는 사적 소유의 정당성을 묻게 된다 | 이와 같이 토지의 국유화는 자본주의적 생산의 테두리 안에서의 개혁이지만, 노동자계급이 자본주의적 생산을 극복하여 전진하려 할 때 이 요구를 내걸고 투쟁하는 것에는 큰 의의가 있다. 이 투쟁은, 상품생산의 소유법칙의 관철과 그 결과로서의 자본주의적 취득법칙의 관철을 명백히 함으로써 사적 소유 그 자체의 정당성을 묻게 되는 것이며, 더욱이 토지의 국유화까지도 거기서 머무르는 한 아직 사적 소유의 테두리를 극복하는 것이 아님을 명백히 하는 것이다.

제5절 토지가격

노동생산물이 아닌 토지도 매매되고 있다 | 토지는 노동생산물이 아니므로, 그 자체는 가치를 가지지 않는다. 그런데도 인간의 손이 전혀 가해지지 않은 토지 그 자체가 높은 가격으로 매매되는 것이 사실이다. 이 가격은 무엇에 의해 규정되는 것일까?

토지가격은 수요·공급에 의해서만 규정되고 있는가? | 말할 필요도 없이 발전된 자본주의 사회에서는 모든 것이 상품으로 되며, 그 가격이 대체로 경제적인 법칙과는 전혀 관계없는 우연적 사정 이외에 아무 근거도 가지지 않는, '구매자의 구매욕과 지불능력에 의해서만 규정되는 가격'을 가진 상품이 얼마든지 있다. 마릴린 먼로가 입던 드레스의 '가격'도 그러하며, 선거의 한 표의 '가격'도 그러하다. 그러면 토지의 가격도 이처럼 오직 그 공급과 수요에 의해서만 규정되는 것일까?

토지가격은 지대를 이자율로 자본환원한 의제가격이다 | 그렇지는 않

다. 유통시장에서 주식의 가격에 대해서는, 실제 시장가격이 아무리 거기에서 괴리되고 있다 하더라도 일반적으로 주식이 가져오는 배당——이것의 크기는 주식회사의 이윤의 크기를 반영할 것이다——을 그때그때의 이자율로 자본환원한 것이 주식의 '적정가격'이라고 인정되고 있다. 토지에 대해서도, 토지를 시간당으로 임대하는 것이 토지소유자에게 일정한 지대를 가져온다는 것이 자본주의적 생산하에서 하나의 경제법칙인 이상 토지 그 자체가 매매될 때에는 이 지대의 크기가 토지의 가격을 규정하지 않을 수 없다. 일정한 정기적인 수입을 가져오는 원천은, 이자를 낳는 이자 낳는 자본으로 간주되어, 그 수입을 자본화함으로써 의제자본이 성립하는 것은 이미 앞 장에서 보았다. **지대도 토지소유자의 수입이므로 그것이 그때그때의 이자율로 자본환원되어 토지의 가격으로 생각되는 것이며, 토지가격은 이러한 의제가격(擬制価格)의 하나이다.** 토지의 매매는 실제의 가격이 이 '자본화된 지대'와 얼마나 차이가 있는가를 감안하여 행해지게 된다. 수요가 공급보다 현저하게 많아서 시장가격이 이 '이론가격'에서 현저하게 괴리되는 경우, 이 괴리를 가져오는 사정 내지 원인이 해명되어야 할지언정, 이 사실로부터 '이론가격' 그 자체의 존재를 부정하는 것은 결코 있을 수 없다.

자본주의적 생산의 발전과 더불어 상승하는 경향이 있다 | 제3편 제3장에서 본 바와 같이, 자본주의적 생산의 발전은 이윤율 저하의 경향을 포함하고 있다. 그리고 제5장에서 본 바와 같이 이자율의 상한은 이윤율에 의해 제한되므로, 이윤율 저하와 더불어 이자율의 상한의 저하가, 따라서 이자율의 평균적인 수준의 저하가 생기지 않을 수 없다. 이자율이 저하하면 이자율에 의해 자본환원됨으로써 성립하는 여러 가지 수입원천의 의제가격도 상승하게 된다. 이자율에 의해 자본환원된 의제가격인 토지가격도 꼭 마찬가지이다. 그러므로 자본주의적 생산의 발전이 가져오는 이자율 수준의 저하와 더불어 토지가격은 상승하는 경향을 가진다. 더구나 토지의 차주

가 토지소유자에게 지불하는 실제의 차지료에는, 자본주의적 생산의 발전과 더불어 앞에서 본 본래의 지대 외에 갖가지 요소——여기서는 논의할수 없다——가 포함되며, 토지가격은 이러한 차지료 전액을 자본환원한 의제 가격이므로 더 한층 상승하는 경향이 있다. 이리하여 지구 표면의 일부를 자기의 것으로 하는 것을 사회적으로 승인받고 있는, 생산에는 전혀 관계하지 않는 개인들 즉 토지소유자가 사회의 부에서 빼앗아가는 부분이 자본주의적 생산의 발전과 함께 증대하며, 이것과 더불어 또한 이 개인들이 '소유'하는 구획 지어진 지구표면의 '가치'가 상승해가는 것이다.

제6절 토지물신

상품생산사회에서는 자기 노동에 의한 토지 취득의 관념이 확립된다 │
토지의 사적 소유란 사회적인 승인하에서 지구 표면에 인위적으로 구획된 일부를 배타적으로 사용·처분할 수 있는 상태에 있는 것이며, 이 **사적 토지소유의 인격화가 토지소유자**이다. 발전된 상품생산사회인 자본주의 사회에서는 시장에서 상품생산의 소유법칙이 관철되고 있다. 즉 상품소지자와 화폐소지자가 시장에 가지고 오는 상품 및 화폐는 각각 자기 노동에 의해 취득한 것으로 상호 승인함으로써 매매가 성립되고 있으므로, 이 사회에서는 토지에 대해서조차도 "어떠한 방식으로 자기 노동에 의해 취득된 것이다"라는 관념——예컨대 "자기 노동에 의해 취득한 화폐에 의해 산 것이다"라는 관념——이 확립되어야 한다. 그리고 앞 절에서 본 바와 같이 토지가 가격을 갖고 매매되는 것이 이 관념을 최종적으로 완성시키게 된다. 왜냐하면 토지시장에서 토지를 산 토지소유자는, 안심하고 그 토지를 "자기가 가진 화폐에 의해, 결국 '자기 노동에 의해' 취득한 것이다"라고 생각할 수 있기 때문이다.

토지는 소유자에게 과일을 가져다주는 나무라는 관념이 확립된다 │ 토지소유자가 자기에 속하는 것이라는 토지를 시간당으로 자본가의 손에 맡겨두면, 그저 그것만으로 그는 지대를 취득할 수 있다. 토지는 그에게 지대라는 과일을 낳아주는 나무이다. 그래서 "자기 노동에 의해 정당하게 취득한 토지가 과일을 가져오는 것은 당연하며, 그러므로 실제로 과일을 가져와야 한다"는 관념이 확립된다.

지대는 생산비용이며 비용가격에 들어간다는 관념이 확립된다 │ 시간당으로 토지를 빌리는 자본가에게 그 토지는 하나의 생산조건을 이루는데, 그것에 대해 지불하는 지대는 이제까지 본 바와 같이 노동자가 생산하는 잉여가치의 일부이다. 그런데 자본가는 일정기간 토지를 사용하기 위해 지대를 지불한다는 표면적인 사실로부터 "지대는 일정기간의 토지의 사용 그 자체가 갖는 가격에 대한 지불이며, 생산비용의 일부, 구체적으로는 비용가격의 일부이다"라고 생각하지 않을 수 없다. 그리고 이 일정기간의 토지의 사용이 생산조건으로서 생산물에 관계하므로, "생산물의 판매가격에 의해 회수되는 비용가격에는 지대 상당분의 가격도 들어 있다"고 생각하게 된다.

'토지─지대'에 의한 삼위일체적 공식의 완성 │ 경제학자들은 "생산요소로서의 토지가 수입의 원천이 되며, 지대라는 과일을 가져온다"는 당사자의 이러한 관념을 그대로 자기 이론 속에 받아들여, 이미 본 '노동─임금' 및 '자본─이자'라는 두 가지 항(項)과 병행하여, 이 '토지─지대'라는 제3의 항에 의해 삼위일체적 공식을 완성시킨다.

토지물신이 생산 당사자를 끌고 다니다 │ 이러한 전도된 관념의 세계 속에서 지구표면의 구획된 일부에 지나지 않는 토지가 상품물신·화폐물신·

자본물신과 병행하는 **토지물신**으로서 생산 당사자들을 끌고 다니게 된다. 1980년대 말까지 일본에서 '토지신화'가 널리 믿어지고 이 망상 위에 거대은 행에서 샐러리맨까지 미친 듯이 춤추었던 것은 그 하나의 구체적인 표현일 것이다.

제7장
수입의 형태와 계급

제1절 수입과 그 원천

수입 | 수입(Revenue[독], revenue[영], revenu[불])이란 일정한 원천에서 반복적으로 취득되며 그 원천을 손상함이 없이 자유로 소비할 수 있는 가치 또는 그것에 의해 도량되는 생산물을 의미한다. 그 어원은 '다시 오다'라는 의미의 불어 revenir이다.

자본주의 사회에서 수입의 원천은 노동자의 살아 있는 노동이다 | 이제까지의 연구에서 자본주의적 생산양식하에서 수입의 기본형태가 모두 밝혀졌다. 즉 임노동자의 **임금**, 기능자본가(산업자본가 및 상업자본가)의 **기업이득**, 화폐자본가의 **이자**, 토지소유자의 **지대**이다.

이러한 수입의 참된 원천이 무엇인지도 우리는 벌써 완전히 알고 있다.

가장 중요한 것은, 그러한 모두가 노동자의 새로운 살아 있는 노동이 창조하는 신가치의 일부에 지나지 않는다는 것이다. 그 이외의 곳에서는 어떤 수입도 생길 수 없다.

임금 → 임노동자 | 모든 수입의 원천인 신가치를 생산하는 임노동자는,

그중 필수노동의 대상화인 노동력 가치의 등가를, 즉 자본가에 의해 투하되는 가변자본 가치의 등가의 부분을 상품인 노동력의 대가로 수취한다. 이것은 어떤 사회에서도 노동하는 개인들이 소비하지 않으면 안 되는 노동펀드의 자본주의적 형태이다. 임노동자는 자기의 필수노동의 대상화를 자본가로부터 수취하며, 이것이 임노동자의 수입이 된다.

기업이득 → 기능자본가 | 기능자본가(산업자본가 및 상업자본가)는 그가 소지하는 화폐를 자본으로서 생산과정 또는 유통과정에 투하하며, 평균이윤을 취득한다. 평균이윤은 산업자본가의 총이윤이 자본량에 따라 각 기능자본가에게 분배된 것이다. 산업자본가의 이윤이란 본래 잉여가치, 즉 산업자본가가 생산과정에서 취득한 노동자의 잉여노동의 대상화에 지나지 않는다. 그러나 기능자본가는 취득한 평균이윤을 모두 수입으로 소비하지는 않는다. 첫째, 그 일부를 자본축적을 위해 축적펀드로 전환한다(축적펀드의 일부는 노동펀드로 전환한다). 둘째, 그가 자본의 전부 내지 일부를 화폐자본가로부터 차입하고 있을 경우에는 화폐자본가에게 이자를 지불해야 한다. 셋째, 그가 생산조건의 일부를 이루는 토지를 토지소유자에게서 차입하고 있는 경우에는 토지소유자에게 지대를 지불해야 한다. 이 세 항목을 제외한 나머지 부분이 기능자본가의 기업이득이며, 그의 소비펀드 즉 그가 소비할 수 있는 수입이 되는 것이다.

이자 → 화폐자본가 | 증식 가능한 화폐를 소유하고 있는 화폐자본가는 기능자본가에게 그 화폐를 자본으로 대부함으로써 기능자본가로부터 기능자본가의 평균이윤의 일부를 이자라는 형태로 취득한다. 이것이 화폐자본가의 수입이 된다.

지대 → 토지소유자 | 대지의 일부를 자기의 것이라고 주장하는 것이 사

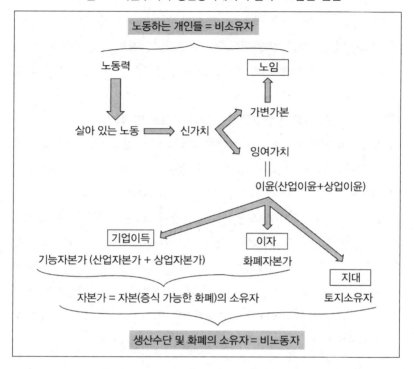

그림 230 자본주의적 생산양식에서 수입과 그 참된 원천

회적으로 승인되고 있는 토지소유자는, 그 토지를 기능자본가에게 빌려줌
으로써 기능자본가로부터 잉여가치의 일부를 지대라는 형태로 취득한다.
이것이 토지소유자의 수입이 된다(그림 230).

총수입은 임금과 순수입으로 나누어진다 | 자본의 생산물이 가진 총가치
(생산물 가치) 중 임노동자의 새로운 살아 있는 노동의 대상화, 즉 신가치는
이상의 모든 수입의 원천이다. 임금, 기업이득, 이자, 지대로 되는 가치(내지
그 가치를 포함한 생산물) 부분은 '**총수입**'이라 부른다. 그러나 이 총수입 중
임노동자의 임금과 그 이외의 수입 사이에는 본질적인 구별이 있다. 임금
이외의 수입은 신가치 중 잉여가치를 원천으로 하는 데 반해, 임금은 신가치

중 가변자본의 보전에 필요한 가치부분을 원천으로 하며, 그것은 임노동자에게는 수입이지만 자본가에게는 자본이다. 자본가에게 자본인 임금부분을 제외하고, 잉여가치를 원천으로 하여 자본가(기능자본가 및 화폐자본가) 및 토지소유자의 수입으로 되는 부분을, 총수입에 대한 '순수입'이라 부른다.

사회적 재생산에서도 총수입과 순수입의 구별은 명백하다 | 개별자본가의 입장에서 보는 한, 총수입과 순수입의 구별은 항상 명백하다. 그러나 사회 전체의 입장에서 볼 때, 앞에서 본 애덤 스미스의 v+s 도그마와 같이 외견에 현혹되는 관념이 생긴다(☞ 제2편 제3장 제2절 § 3). 그러나 신가치는 사회형태 여하와 무관하게 노동하는 개인들의 새로운 노동이 낳는 새로운 생산물이 취하는 자본주의적 형태이며, 잉여가치는 새로운 생산물 중 노동펀드인 필수생산물(=필수생활수단)을 넘는 잉여생산물이 취하는 자본주의적 형태인 것을 잘 알고 있는 우리에게는, 사회 전체의 입장에서 보아도 총생산물의 총가치 중에서 총불변자본가치를 제외한 신가치가 총수입이 되고 잉여가치가 순수입이 되는 것은 벌써 명백하다.

제2절 국민소득

사회적 총생산물의 가치구성 = c+v+s | 사회적 총생산물의 가치는 이미 제2편 제3장에서 상세히 본 바와 같이 자본주의적 생산양식에서는 사회적 총자본의 생산물의 가치이며, 그것의 생산에 투하된 불변자본 및 가변자본과 그것들의 증식분인 잉여가치로 나눌 수 있으나, 그중 불변자본가치는 생산수단에 포함되어 있던 과거노동의 대상화인 구가치가 생산물에 이전한 부문인 데 대해, 가변자본가치 및 잉여가치는 노동자의 새로운 노동이 대상화되어 형성한 신가치이다. 이 신가치 부분이 새로 생산을 확대하기 위한,

그림 231 사회적 총생산물의 두 가지 가치구성 부분과 신가치의 분해

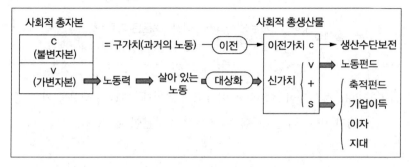

즉 자본을 축적하기 위한 축적펀드(그중 일부는 더욱이 추가노동자의 노동펀드로 전환된다)과 각종 수입으로 나누어진다.

가변자본가치는, 한편으로 자본가가 이미 투하한 가변자본을 보전함과 동시에 다른 한편으로는 임노동자의 노동펀드인 임금이 되며, 잉여가치는 자본가 및 토지소유자의 수입이 된다(그림 231).

국민총생산 ┃ 하나의 사회 또는 나라에서 1년간 생산된 사회적 총생산물은 '국민총생산물' 또는 '국민총생산(GNP)'이라 부른다. 그것은 물질적 관점, 즉 사용가치의 관점에서 보면 무수히 다른 생산수단과 무수히 다른 소비수단으로 이루어져 있으며, 가치의 관점에서 보면 불변자본의 이전가치 및 신가치로 이루어져 있다. 그리고 신가치는 가변자본가치와 그것을 넘는 잉여가치로 나눌 수 있다.

국민소득 ┃ 그중 그 연도에 소비된 생산수단을 보전하는 데에 충당되어야 할 불변자본의 이전가치는, 단순재생산의 경우에서조차도 수입이 될 수는 없다. 이에 반해 신가치 부분은 수입으로 전환할 수 있으며, 단순재생산의 경우에는 실제 그 모두가 수입으로 전환한다. 국민총생산물 중에서 한 국민이 수입으로 처분하는 것이 가능한 부분은 '국민소득'(이 경우에는 수입을

그림 232 국민총생산과 국민소득

| 국민총생산 | 이전가치＝전년도에서 이전·보존된 가치＝c |
| | 국민소득＝금년도에 새로 생산된 가치 ＝v+s |

소득으로 표현하는 것이 보통이다)[1]이라고 부르는데, 연간 총생산물 가치 중이 신가치가 바로 국민소득을 이루는 가치부분이 된다(그림 232).

국민소득의 제1차 분배 | 신가치는 물적 생산물의 생산과정 및 그 연장인 물류과정에서의 새로운 노동이다. 그 생산을 담당하는 자본은 산업자본이다. 그러므로 국민소득은 제조·가공·건설업, 농림수산업, 광업, 전기·가스·수도업, 운수·보관·통신업 등의 생산부문의 자본들에 의해 창출된 것이다.

오직 유통과정에 종사하는 자본, 즉 상업자본하의 노동은 신가치를 형성하지 않고, 따라서 국민소득을 낳지 않는다. 도매·광고업 등이 그에 해당한다.

화폐거래자본 내지 이자 낳는 자본으로서 운동하는 자본이 구입하는 노동력의 노동도 신가치를 형성하지 않으므로 국민소득을 낳지 않는다. 은행·보험·신탁·증권업 부문 등의 갖가지 금융기관의 자본이 이에 해당한다.

생산부문 이외의 부문들에서도, 연간 총생산물의 일부인 갖가지 물적 수단과 거기서의 노동을 행하는 임노동자에 대한 임금이 자본으로서 투하되어, 뒤에 그 부문의 자본가의 이윤을 동반하여 환류한다. 이러한 자본 및 이윤은 모두 생산부문에서 생산된 가치가 갖가지 방식으로 그러한 부분으로

---

1) 이 절 처음에서 언급한 바와 같이, 일어의 '수입'에 해당하는 영어는 revenue, 불어는 revenu, 독어는 Revenue이며, 어느 것이든 '다시 오다'라는 의미이다. 이에 대해 일어의 '소득'에 해당하는 영어는 income, 독어는 Einkommen이며, 어느 것이든 '들어오는 것'이라는 의미이다. 그러나 불어에서는 후자에 해당하는 말은 없고 '국민소득'은 revenu national[국민수입]이라고 하는 것처럼, 영어에서도 독어에서도 전자와 후자 사이에 특별한 의미 차이가 있는 것은 아니다.

유입하는 것이며, 그것은 모두 생산부문에서 생산된 국민소득의 재분배인 것이다.

본원적 소득 ｜ 생산부문에서 낳는 국민소득이 상업자본이나 금융기관의 자본에 분배 내지 재분배되어, 이들 부문에서 최종적으로 임노동자·기능자본가·화폐자본가·토지소유자의 수입(소득)이 되는 과정을 '**국민소득의 제1차 분배**'라고 부르며, 이 과정에서 형성되는 갖가지 수입을 '**본원적 소득(수입)**'이라 부른다.

국민소득의 제2차 분배 ｜ 임노동자·기능자본가·화폐자본가·토지소유자가 각각 취득한 본원적 소득은, 다시금 갖가지 형태로 그들의 손에서 유출해간다. 그리고 그것들이 갖가지 파생적 수입을 형성하게 된다. 이 과정을 '**국민소득의 제2차 분배**'라 부른다.

본원적 소득의 일부는 의료·교육·예능·오락·여행·음식·이용업 등과 같이 본래의 상품과 마찬가지로 가격을 붙여서 팔 수 있는 **서비스**에 대한 대가로 지불된다. 현대에서는 이들 부문의 서비스 판매자의 많은 부분이, 임노동자의 노동력을 사서 자본주의적으로 경영하는 **서비스 자본**이다.

서비스업의 노동은 대상화되어 가치로 될 수 없기 때문에, 이들 부문의 자본도 국민소득을 낳지 않는다. 거기서의 자본도, 따라서 임금도, 또한 이윤도 모두 본원적 소득의 제2차 분배에 지나지 않는다.

파생적 소득 ｜ 어떤 종류의 경제학에서는 서비스 자본과 마찬가지로 '공적 서비스를 파는 것'으로 생각하고 있는 국가기관들(정부·의회·재판소·군대·경찰·자치제 등)에서의 노동도——판매되는 상품의 생산·물류과정을 담당하는 노동은 따로 하여——대상화되어 가치로 되지 않고 국민소득을 형성하지 않는다. 이 부문에서는 기본적으로 국민의 수입에서 징수되는 **조세**를 재원으로 하여, 이것을 **재정지출**함으로써 국민소득의 재분배를 행한다. 공무원의 수입은 이러한 파생적 소득(수입)의 하나이며, 사회보장관계의 세출도 갖가지 파생적 소득을 형성하는 것이 된다.

서비스 부문으로의 재분배까지도 포함한 국민소득의 분배에 대해서는 그림 233을 보기 바란다. 이 그림에서는 공공부문에서의 재분배는 생략되어 있다.

현행 국민소득 통계의 국민소득 개념 | 일국의 경제활동 전체를 볼 때 국민소득을 질적·양적으로 정확히 파악하는 것이 아주 중요하다. 자본주의 나라의 정부는 국민소득을 갖가지 관점에서 파악하는 통계인 **국민소득통계**를 작성하고 있다. 국제적으로 비교 가능한 통계의 작성방법도 정비되어 있다.

그러나 이러한 통계를 작성하기 위한 전제가 되는 국민소득의 개념이 갖가지 비과학적인 관념에 의해 왜곡되어 있으므로, 연간에 생산부문에서 대상화되는 가치가 분배 및 재분배되어가는 과정을 바르게 파악하기 곤란하게 되어 있는 점에 유의해야 한다.

제3절 경제적 삼위일체의 관념

삼위일체적 공식 | 우리는 제1편 제6장에서, 노동력의 가치가 당사자들의 눈에 노동의 가치 및 가격으로서, 따라서 노임(노동임금)으로서 나타날 수밖에 없다는 것을 보았다.

제3편 제5장에서는, 기능자본가의 잉여가치 중에서 화폐자본가에게 지불되는 이자가 자본이라는 상품의 가치로서 나타난다는 것, 그것은 '자본 소유의 과실'이라고 생각되고, 이것에 대응하여 기업이득은 '자본의 기능에

그림 233 국민소득과 자본주의 사회의 계급들로의 재분배

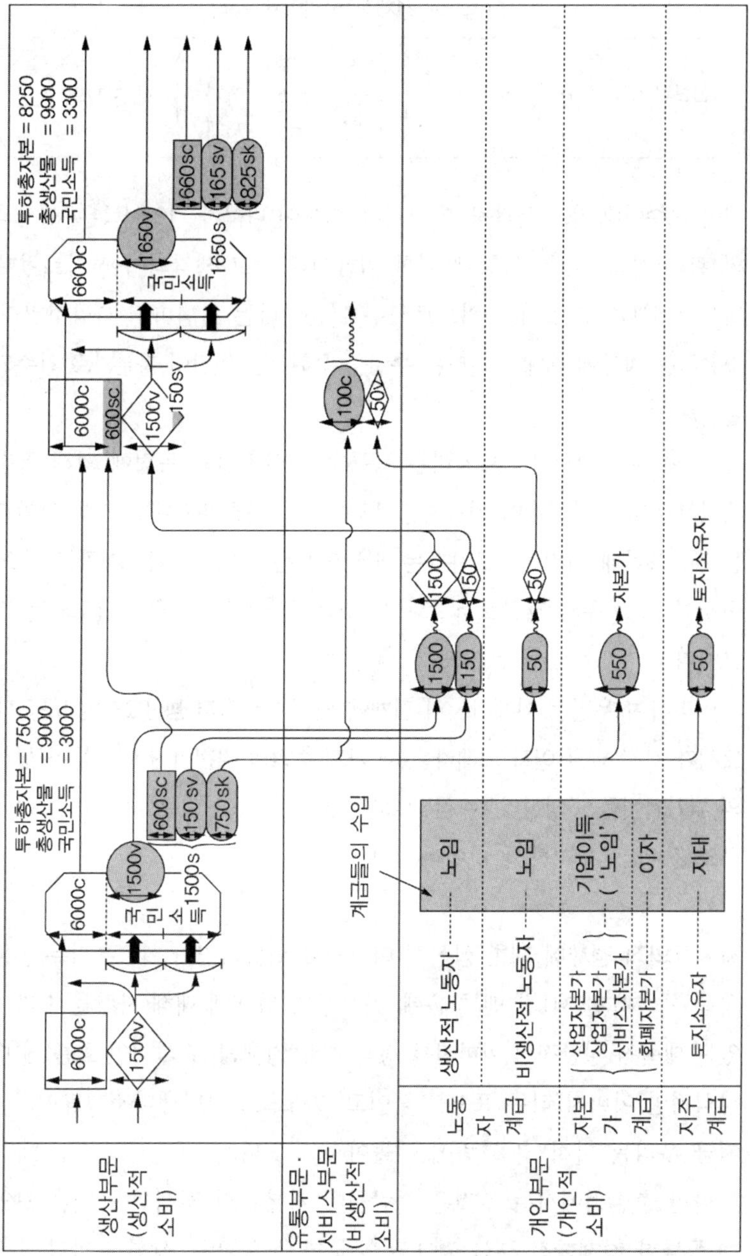

투하총자본 = 8250
총생산물 = 9900
국민소득 = 3300

660sc 165sv 825sk

1650v 6600c 국민소득 1650s

6000c 600sc 1500v 150sv

100c 50

투하총자본 = 7500
총생산물 = 9000
국민소득 = 3000

600sc 150sv 750sk

1500v 6000c 국민소득 1500s

6000c 1500v

계급들의 수입

1500 150 50 550 50

자본가
토지소유자

생산부문 (생산적 소비)			
유통부문·서비스부문 (비생산적 소비)			
개인부문 (개인적 소비)	계급들의 수입		
노동자계급	노임	생산적 노동자	
	노임	비생산적 노동자	
자본가계급	기업이득 (노임')	산업자본가 상업자본가 서비스자본가	
	이자	화폐자본가	
지주계급	지대	토지소유자	

그림 234 경제적 삼위일체 공식

생산의 세 요소 = 수입의 세 원천 $\begin{Bmatrix} 노동 & \Rightarrow & 노임 \\ 자본 & \Rightarrow & 이자 \\ 토지 & \Rightarrow & 지대 \end{Bmatrix}$ 세 가지의 수입

대한 보수이다'라고 생각될 뿐 아니라, 더욱이 나아가 기업이득은 '생산과정의 관리·감독이라는 노동에 대한 임금이다'라고 생각되기에 이르렀다는 것을 보았다. 그 결과 수입으로서는 이윤이라는 관념마저 사라져버리고, 소유하는 자본에 대해 이자라는 수입을 수취하는 것만이 자본가로 간주되게 된다.

이 편 제6장에서는, 토지라는 독특한 생산조건의 독점에 의해 특정한 생산부문의 초과이윤이 기능자본가로부터 토지소유자에게 지대로 인도되는 것, 그런데 이것이 "토지라는 생산요소는 지대로 되는 가치를 낳으며, 이것이 그 소유의 과실로서 토지소유자의 것으로 된다"고 전도되는 것을 보았다.

이리하여 우리는 이제까지의 전개에 의해 "세 가지 생산요소인 노동·자본·토지가 각각 임금·이자·지대라는 세 가지 수입의 원천이며 이것들이 생산물의 부가가치를 구성한다"는 삼위일체적 공식이 필연적으로 성립하는 근거와 구조를 완전히 이해한 것이다(그림 234).

자본주의적 경제에 대한 상식적 이미지로 되돌아간다 | 우리는 본론의 처음, 즉 제1편 제1장 맨 처음에, 자본주의 경제에 대해 사람들이 가지고 있는 대략적·일반적인 이미지를 정리해서 "경제의 '순환적인 흐름'에 대한 상식적인 이미지"라는 표제를 붙이고 그림으로 나타냈다(☞그림 41). 실은 지금 우리는 다시 그 그림에 되돌아오고 있다.

다만 출발점에서는 그것은 사람들이 자본주의 경제의 표면을 보았을 때 특별한 경제학적 분석 없이도 쉽게 가질 수 있는 상식적 관념·표상일

뿐이었는데, 지금 우리는 그러한 표면에 뒤덮여 가려져 있는, 그리고 표면에 보이는 것과는 전혀 다른 내부의 기본적인 구조를 잘 알고 있으며, 그뿐 아니라 그러한 내부의 구조가 어떻게 출발점에서 본 상식적 관념을 낳았는 가, 왜 그러한 방식으로 보는가 하는 것까지 알게 되었다. 그것은 마치 눈앞에 있는 보닛(bonnet)에 뒤덮인 자동차와 어떤 점에서는 꼭 마찬가지인 데, 처음은 가솔린이라는 액체를 소비하여 주행하는 이상한 물체로밖에 보이지 않았던 것이, 교습소에서 자동차의 구조를 배운 뒤에는 보닛에 감춰 진 엔진에서 차축에 이르는 자동차 내부의 구조를 두뇌 속에 재생산하여, 그러한 구조가 보닛의 형상까지 규정하는 것을 간파할 수 있게 되는 것과 같다.

제2편 제3장에서 가리킨 그림 201('사회적 재생산과정에서 생산·유통·소비의 관련'), 이 장의 그림 233('국민소득과 자본주의 사회의 계급들로의 재분배'), 그리 고 지금 본 그림 234('경제적 삼위일체 공식')를, 제1편 제1장 처음에 나오는 그림 41과 차분히 비교해보자. 그리고 이 그림 41이 바로 자본주의 경제에 대한 갖가지 전도된 관념의 종합이었다는 것을 끝까지 지켜보자.

이리하여 우리는 자본주의 경제에 대한 우리의 일상적인 상식적 이미지 에서 파악한 가장 간단하고 일반적인 사상(事象)의 분석에서 시작하여, 이 경제의 가장 본질적인 구조를 차례차례 전개해서, 지금 다시 출발점에서 취한 자본주의 경제의 표면에 되돌아왔다. 이리하여 우리는 서장 제4절 §2 '(4) 서술의 방식'에서 본 올라가는 길(☞그림 40)을 더듬어 끝마쳤다는 것이며, 더욱 구체적으로 말하면 제1편 제1장의 그림 42('서술의 출발점과 도달점')의 '도달점', 즉 '이 책 최종장'에 도달한 것이다.

제4절 자본주의 사회의 계급들

분배관계와 계급 │ 자본주의 사회의 성원을 이루는 개인들은 모두가 노동하는 개인으로서 자연과 사회에 관계하는 것은 아니다. 이 사회에서는 노동력 및 임노동을 인격적으로 대표하는 임노동자 외에, 자본을 인격적으로 대표하는 자본가, 즉 기능자본가(산업자본가 및 상업자본가) 및 화폐자본가와, 토지소유를 인격적으로 대표하는 토지소유자가 있다. 이러한 경제적 인격에 의해 대표되는 물상(物象)들은 자본주의적 생산양식하에서의 개인들의 사회적 관계에서 필연적으로 발생하는데, 이러한 경제적 인격은 직접적으로는 분배에서 각자의 위치, 어디서 어떻게 수입을 얻고 있는가 하는 것에 의해 구별된다. 즉 자본주의 사회의 분배관계와 개인들의 경제적 인격은 결부되어 있는 것이다.

동일한 경제적 인격을 갖는 개인들은 경제적으로 공통의 이해를 가지며, 다른 경제적 인격을 갖는 개인들과 공통된 대항적 이해관계를 가지므로, 동일한 경제적 인격을 갖는 개인들은 필연적으로 사회적 집단을 형성하지 않을 수 없다. 이것이 계급이다. 그러므로 계급은 우선 자본주의 사회의 분배관계에서 공통의 위치를 차지하는 개인들의 집단이라고 할 수 있을 것이다. 이 관점에서 볼 때 자본주의 사회의 기본적 계급은 **노동자계급, 자본가계급, 토지소유자계급**의 삼자이다(☞그림 233).

분배관계는 생산관계에 의해 규정되고 있다 │ 그러나 사실 그러한 분배관계를 결정하는 것은 사람들이 생산 속에서 맺는 사회적 관계, 즉 **생산관계**이다.

자본주의적 생산에서의 생산관계는, 이미 상세히 본 바와 같이, 상호 자립하여 사적으로 이루어지는 노동이 전체로서 사회적 분업을 형성하고 있다는 생산관계 즉 상품생산관계와, 그 위에 형성되는, 노동하는 개인이면서 노동의 조건들에서 분리되어 있기 때문에 자기의 노동력을 상품으로 팔 수밖에 없는 임노동자와 노동하지 않으며 그러한 노동조건들을 인격적으로 대표하는 자본가 사이의 관계 즉 자본·임노동 관계로 이루어져 있다. 토지라는 노동조건을 인격적으로 대표하는 토지소유자는 직접적으로 임노동자에 대립하는 것이 아니며, 노동조건들을 인격적으로 대표하는 자본가를 개재하여 임노동자와 관계를 가지는 것이다(☞그림 230).

이러한 생산관계가 자본주의 사회의 분배관계를 규정하는 것이다. 특정 형태의 분배관계는 역사적인 특정 생산관계의 표현에 지나지 않는다. 분배관계가 역사적이라는 것은 생산관계가 역사적이기 때문이다. 그러므로 자본주의적인 분배관계는 자본주의적 생산관계가 없어지면 그와 더불어 소멸한다.

자본주의적 생산관계 = 자본·임노동 관계 ⇒ 기본적 계급관계 | 그러므로 생산관계의 견지에서 보면 자본가계급과 토지소유자계급 사이의 대립은 생산관계에서 노동조건들을 대표하는 두 가지 종류의 경제적 인격 사이의 대립이며, 노동조건에서 분리된 노동하는 개인들과 노동조건들을 대표하는 인격과의 관계라는 기본적 대립에 대해서는 부차적인 대립에 지나지 않는다.

자본주의적 생산양식하에서는 생산수단을 소유하지 못한 노동하는 개인들의 계급 즉 **노동자계급**과, 생산수단 및 화폐의 소유자이며 비노동자인 개인들의 계급 즉 **자본가계급**과 **토지소유자계급** 사이의 관계가 가장 기본적인 계급관계이다(그림 235).

그림 235 자본주의 사회의 기본적 계급관계

```
┌─────────────────────────────────────────────────────────────────┐
│  노동하는 개인들 → 노동력 상품의 인격화 = 단순한 노동자(비소유자) = 임노동자계급  │
│  ⇓  분리·자립화                                                       │
│  노동조건들 → 노동조건의 인격화 = 소유자(비노동자) = 자본가계급 + 토지소유자계급    │
└─────────────────────────────────────────────────────────────────┘
```

계급들과 계급투쟁 | 말할 필요도 없이, 이 기본적 계급관계의 두 당사자의 **경제적 이해**는 모든 점에서 바로 정면에서 대립하고 있으므로, 자본주의적 생산관계가 존속하는 한 계급 간의 투쟁인 **계급투쟁**은 임노동자계급과 자본가계급·토지소유자계급 사이에서, 특히 임노동자계급과 자본가계급 사이에서 끊임없이 전개된다. 자본가계급과 토지소유자계급 사이에도 이해의 대립과 충돌은 생기지만, 그것은 이 사회 속에서 부차적인 대립·충돌에 지나지 않는다.

그리고 자본주의적 생산의 발전과 더불어 자본주의적 생산의 한계를 돌파하여 자본주의적 생산의 태내에서 육성되고 있는 새로운 사회의 탄생을 부추기는 주체적인 힘이, 바로 자본주의 사회에서 노동하는 개인들의 집단인 임노동자계급이다.

노동하는 개인들이야말로 주체이다 | 그런데 이 책에서는 서장(제2절 §3)에서 여기까지 자기의 노동에 의해 사회적 부를 생산하여 사회를 유지하는 사람들을 끈덕지게 '노동하는 개인' 또는 '노동하는 개인들'이라는 말로 불러왔다. 독자 중에는 그저 '인간'이라든가 '개인'이라고 하면 좋은데 왜 일부러 그러한 특이한 표현을 쓰는가, 특히 노동자계급을 형성하는 이 사람들을 왜 바로 '노동자'라고 부르지 않는가 하는 의문을 가진 사람이 있을지 모른다. 이미 많은 독자가 충분히 인지했으리라고 생각되지만 유의하기 위해 써둔다면 그 이유는 다음과 같은 것이다.

첫째, 지금 '노동자'라는 말에 대해 사람들이 생각하는 것은 압도적으로 '임노동자'이다. 그러나 '임노동자'는, 모든 시대에 자기의 노동에 의해 인간 사회를 유지해온 '노동하는 사람들'이 현대사회인 자본주의 사회에서 취하고 있는 소외된 모습이다. 현대 '임노동자'의 이 모습 속에서 '노동하는 사람들'을 항상 간파하는 것이 현대사회의 구조를 이해하기 위한 필수적인 열쇠이다.

둘째, 그 '노동하는 사람들'은 '임노동자'인 한 자기의 개성과 능력을 충분히 발전·발휘시킬 수 없는데도 불구하고 엄연히 그 한 사람 한 사람은 각각 독자적인 개성과 능력을 갖는 '개인'이다. '노동자계급'이라는 것은 동일한 이해를 가지는 이러한 갖가지 '개인'의 집단이다. 그들은 '사회'라는 살아 있는 하나의 전체의 단순한 구성기관(organ)이 아니라, 각자가 모두 그 나날의 행동에 의해 현실의 사회를——그리고 현재는 자본주의 사회를—— 재생산하며 유지·형성하는 하나의 살아 있는 주체, 즉 '개인'인 것이다.

그러므로 셋째, 현재의 사회를 변혁하는 노동자계급의 운동도 이러한 주체로서의 여러 종류의 '개인'이 의식적으로 연대해서 행하는 운동이기 때문에, 비로소 현실적인 힘을 발휘할 수 있을 것이다. 더구나 그것이 어소시에이트한 자유로운 개인들에 의해 의식적으로 형성되는 어소시에이션을 만들어내는 것을 목적으로 하는 운동이라면, 그것은 자각적으로 연대한 개인들에 의해 행해질 수밖에 없다.

나날이 사회를 재생산하며 형성해가고 있는 주체는 각각 독자의 개성을 가진 노동하는 개인들이며, 사회를 변혁하는 주체도 마찬가지로 노동하는 개인들이다.[2]

---

2) '노동하는 개인'이라는 말은 『자본론』에서는 한 문장(MEW, Bd, 23, S. 185;『자본론』 I (상), 제2개역판, 김수행 역, 비봉출판사, 224쪽)에서 사용되는 외에 '독립적 노동자'라는 말이 한 군데에서 보일 뿐이다(Ibid., S. 790; I(하): 1048쪽). 그러나 마르크스에게 사회의 인간이 무엇보다도 '노동하는 개인'이었다는 것은, 그의 저작의 많은 개소에서 명확히 간파할 수 있다. 다음 문장을 숙독 음미하기 바란다 (강조는 인용자).

① "우리가 출발점으로 삼는 여러 전제들은 결코 멋대로 정한 독단적인 것이 아니라, ……이들 전제는 현실에 실재하는 여러 개인, 그 개인들의 활동, 그리고 그들에게 이미 주어진 것이면서 동시에 그들 자신의 활동에 의해 생산되게 되는 그들 생활의 물질적 조건들이다. ……일정한 방식으로 생산활동을 하는 개인들은 일정한 사회·정치적 관계들을 형성한다. ……여기서 말하는 개인들이란 '현실에 있는

그대로의', 즉 활동하고 물질적으로 생산하는 개인들, 따라서 그들의 의지로부터 독립되어 있는 일정한 물질적인 한계·전제·조건 아래에서 노동하는 개인들이다"(*MEW*, Bd. 3, S. 20, 25; 칼 마르크스·프리드리히 엥겔스, 『독일 이데올로기 I』, 박재희 옮김, 청년사, 2002, 41쪽, 47~48쪽).

② "사회 속에서 생산하는 개인들, 따라서 사회적으로 규정된 개인들의 생산이 당연히 출발점이다"(*MEW*, Bd. 13, S. 615; 『정치경제학 비판 요강』 I, 김호균 옮김, 51쪽, 도서출판 백의, 2002).

③ "[자본의 정식에서는] 살아 있는 노동이, 노동하는 동안에 필요한 생활수단과 마찬가지로 원자재와 도구에 대해서도 부정적으로, 비소유로서 관계하는 자본의 공식에는 우선 **비토지소유**(Nicht-Grundeigentum)가 포함되어 있거나, 또는 노동하는 개인이 토지·대지에 대해 자기 자신의 것으로 관계하는, 즉 토지의 소유자로서 노동하고 생산하는 상태가 부정된다. 최상의 경우에 이 개인은 토지에 대해 노동자로서 관계할 뿐만 아니라 노동하는 주체로서의 자신에 대해 토지소유자로서 관계한다"(『資本論草稿集』②, 大月書店, pp. 153~154; 『정치경제학 비판 요강』 II, 칼 맑스 지음, 김호균 옮김, 도서출판 백의, 125~126쪽).

④ "**자본의 제약**은 이러한 모든 발전이 대립적으로 이루어지고 생산력, 일반적 부 등, 지식 등의 발전이 노동하는 개인 스스로가 **외화되는**(entäussert) 것, 자신으로부터 추출된 조건들에 대해 **자기 자신의** 부의 조건들이 아니라 **타인의 부**와 자기 자신의 빈곤의 조건들로 관계해야 하는 것으로 나타난다는 것이다"(*Ibid.*, p. 218; 같은 책, 178쪽).

끝으로
연구의 성과와 남은 문제

  제3편 제7장에서, 그때까지의 서술에 의해 밝혀진 자본주의적 생산하에서 사회를 구성하는 개인들의 노동의 성과가 분배되는 방식을, 최종적으로 국민소득과 그 원천으로 개괄했다. 그리고 이러한 분배의 진실한 내용이 필연적으로 '자본 - 이자', '토지 - 지대', '노동 - 임금'이라는 삼위일체적 공식에 의해 은폐되어 있으며, 잉여가치의 부분들이 서로 반드시 독립한 것으로 나타나게 되는 경위를 최종적으로 확인했다. 그리고 최후에, 자본주의적 생산의 기본적인 생산관계인 자본·임노동 관계는, 필연적으로 노동하는 개인들로 구성되는 임노동자계급과, 그들로부터 유리된 노동조건들을 인격적으로 대표하는 자본가·토지소유자 계급 사이의 계급관계로 나타나지 않을 수 없다는 것, 그들의 계급적 이해의 대립은 양쪽 계급 사이의 계급투쟁으로 전개되지 않을 수 없다는 것을 말했다.

  이 책이 이제까지 행해온 것은 **자본의 일반적 분석**, 다시 말해 **자본주의적 생산의 일반적 연구**이며, 그 최종적인 도달점이 위와 같은 것이었다는 것이다.

  그래서 우리는 제1편 제1장에서 자본주의 사회의 표면에 대한 우리의 표상을 단서로, 이 표층을 분석하여 그 배후에 숨어 있는 본질적인 법칙들을 파악하고, 이러한 법칙에 의거하여 표층에서의 전도된 외관의 필연성을 밝혔다.

우리는 이제 자본주의 사회의 외관적인 운동은 그 기초를 관통하는 운동 법칙 또는 가장 심층에 있는 내적인 관련에서 생기는 것이라는 것, 따라서 전자는 후자의 인식 없이는 이해할 수 없다는 것을 알고 있다.

그러나 이것을 알고 있는 것만으로는, 본질적으로 끊임없는 불균형화 속에서의 끊임없는 균형화로만 관철하는 자본주의적 생산의 **법칙들의 갖가지 구체적인 관철형태**는 아직 설명되지 않는 채이다. 그러한 것을 이해하기 위해서는, 자본의 일반적 분석에 의해 얻어진 내적 관련, 내적 법칙들에 대한 인식에 의거하여, 더 한층 **구체적인 문제들의 연구**로 나아가야 한다. 이러한 연구가 이 뒤에 남겨진 과제이다. 여기서는 그중에서 가장 중요한 과제를 네 가지만 올려놓기로 하자.

첫째, 자본의 일반적 분석에서는 자본주의적 생산양식의 내적 관련 및 그것들의 내적 편성과 그 일반적인 현상형태를 파악하는 것이 중심과제였으므로, 그 관련을 관철할 때의 구체적인 운동형태, 다시 말해 자본주의적 생산이 발전할 때의 동태적인 형태인 **산업순환**, 즉 중위의 활황에서 점차 호경기로 되어 번영 국면을 맞이하는데 번영은 언젠가는 과도의 긴장상태를 가져오며 은폐되어 있던 과잉생산이 폭로되면 공황이 생겨서 생산은 급격히 축소되어 모순이 일시적으로 해소되며, 다시 자본의 축적이 시작될 때까지는 불황의 시기가 계속된다는 순환적 운동형태는 극히 일반적으로 지적되고 있을 뿐이며, 이러한 형태 그 자체는 본격적으로 분석되지 않았다. 이 연구는 경제학의 분과로 말하면 산업순환론, 경기론(景氣論), 공황론 등에서 다루어진다.

둘째, 자본의 일반적 분석에서는, 자본주의 사회는 주로 하나의 사회로서만 취급되었다. 이것은 특정한 나라에서는 아니지만, 어떤 한 나라 내부에서의 자본주의적 생산의 분석이라고 생각할 수 있다. 그러나 자본주의는 현실에서 많은 나라의 자본주의적 생산과의 병존과 뒤얽힘으로 존재할 뿐 아니라, 자본주의적 생산 그 자체가 내재적으로 **세계시장**을 창출·확대하여 세계를 하나로 만들어가지 않으면 안 되는 내적 충동을 가지고 있다는 의미에서, 자본주의 국가의 형태로 총괄되는 자본주의적 생산이 국가를 넘어 국제적인 운동을 전개하는 경과를 밝혀나가야 한다. 이러한 과제는 경제학의 분과에서는 세계경제론 등에서 다루어져야 한다.

셋째, 경제학이 현대의 갖가지 구체적 문제의 해명과 해결에 이바지하기 위해서는 자본의 일반적 분석에 의해 얻어진 자본주의적 생산에 대한 체계적 인식, 즉 이론에 의거하여 각 나라의 자본주의적 생산의 각 시기의 특수한 형태와 구체적인 운동을 밝히며, 역사의 수레바퀴를 전진시키기 위해 각 나라의 노동하는 개인들에게 제기되고 있는 해결되어야 할 기본적 과제를 가르쳐주어야 한다. 이것이 현상의 이론적 분석이며 간결하게 말하면 **현상분석**이라고 부르는 것이다.

끝으로, 이상 세 가지 과제와 씨름하기 위해서는, 지금 이론적으로 밝혀야 할 긴요한 문제를 특히 하나만 올려놓자. 그것은 세계 속의 자본주의나라들에서 중앙은행이 발행하는 은행권이 불환권으로 되고 있는 **불환제**(不換制)가 일반화되고 있으며, 그리고 여러 나라의 불환제를 기초로 특정의 나라(현재는 미국)의 불환통화가 '국제통화'로서 통용되고 있다는, 세계자본주의의 현재의 상태를 어떻게 이해하는가 하는 문제이다. 바꿔 말해서 화폐인 금을 기초로 한 화폐시스템(monetary system)은 벌써 의미를 상실했는가, 그리고 엄밀하게 말하면 그러한 화폐시스템을 기초로 해서만 존립할 수 있는 신용시스템(credit system)은 더 이상 존재하지 않는 것인가 하는 문제이다. 이 문제는 이미 자본의 일반적 분석을 넘은 것이므로 이 책에서 지적하는 것은 삼갔으나, 현대경제를 분석할 때 가장 중요한 이론적 문제의 하나이다. 이에 답하려고 하면, 더 나아가서 금융론이나 국제금융론 등에서 신용·은행시스템을 이론적으로 연구하는 것이 필요할 것이다.

이상 여기서는 남은 과제로 네 가지만 제시했으나 경제학의 다양한 분과 중에는 자본주의 경제를 대상으로 하지 않는 것은 거의 없으므로, 독자들은 이제 자본의 이론으로 무장한 위에서 갖가지 특수한 연구분야에서 더욱 갖가지 방식으로 자본주의 경제의 한층 구체적인 자태 연구에 몰두하게 될 것이다.

　이러한 의미에서 독자들이 지금 다다른 곳은 아직 산줄기가 이어지는 봉우리들에서 다른 모든 봉우리를 저 멀리 내다보는 맨 처음 봉우리의 정상일 뿐이다. 언젠가 독자 형제자매들이 그 장대한 모든 봉우리를 제패하는 날이 오기를 기대한다.

찾아보기

1. 찾아보기 항목은 서문, 차례, 일러두기, 표를 제외한 본문 전체와 일부 그림에서 뽑았음.
2. 인명 항목은 찾아보기 맨 끝에 있으며, 인용한 문헌의 저·편·역자의 이름은 인명 항목에서 제외했음.
3. 중요개념은 대항목으로 하고 그 아래에 관련되는 소항목을 배치했음. 소항목에 나오는 대항목명은 '──'로 표시했음.
4. 항목은 가나다순이며, 각 대항목에 나오는 소항목의 순서도 가나다순으로 했음. 단, 대항목 '산업순환'의 소항목인 산업순환의 국면들만은 그 발생순서에 따라 순서를 두었음.
5. 소항목 중에서도 독자가 대항목으로 검색할 가능성이 있는 것은 대항목으로도 올렸음.
6. 본문에 여러 차례 나오는 중요개념(예컨대 '노동', '비용', '상품', '가치', '화폐', '가격', '자본' 등)을 대항목으로 할 때에는 그 소항목에만 해당 페이지를 기재했음.
7. 필요에 따라 '☞' 표시를 하여 동의어, 반의어, 관련어 등의 항목을 찾아볼 수 있게 했음. 이때 그 항목이 소항목인 경우에는, 해당 대항목명을 쓰고 '>' 기호 다음에 소항목을 넣었음.
   예: ──의 사회적 생산력 233, 261~262, 315 ☞ 노동(대항목) > 사회적 ──의 생산력(소항목)
8. 소항목 그 자체가 중요개념인 경우에는 이 소항목에 '→' 표시를 하여 대항목을 찾아볼 수 있게 했음.

606

지은이

오타니 데이노스케(大谷禎之介)

1934년   도쿄 출생
1953년   릿쿄 대학(立教大学) 경제학부 졸업, 동 대학원 경제학연구과 진학
1962년   도요 대학(東洋大学) 조수로 취임, 동 대학 강사, 조교수
1974년   호세이 대학(法政大学) 경제학부 교수 취임
1974~1985년 구루마 사메조(久留間鮫造) 편 『마르크스경제학 렉시콘』 전15권의 편
          집작업에 협력
1980~1982년 암스테르담의 사회사 국제연구소에서 『자본론』 초고 조사, 이후
          『자본론』 초고에 대해 30편 이상의 논고 발표
1994년   논문 「이자 낳는 자본과 신용제도: 『자본론』 제3부 초고의 고증적 연구」
          로 경제학 박사학위 취득
1992년~   국제마르크스·엥겔스재단(암스테르담) 편집위원
1998년~   동 재단 일본 MEGA 편집위원회 대표
2001~2007년 경제이론학회(Japan Society of Political Economy) 대표간사
2005년   호세이 대학 정년퇴직, 명예교수

저·편·역서
- マルクス, 『資本論草稿集』, 大月書店(日本語への共訳), 1978~1994
- マルクス, 『資本の流通過程』, 大月書店(日本語への共訳), 1982
- モスト 原著, マルクス改訂 『資本論入門』, 岩波書店(日本語への翻訳), 1986
- 『ソ連の「社会主義」とは何だったのか』, 大月書店(共編著), 1996
- チャトパディアイ, 『ソ連国家資本主義論』, 大月書店(日本語への共訳), 1999
- 『図解 社会経済学』, 桜井書店, 2001
- 『マルクスに拠ってマルクスを編む ― 久留間鮫造と「マルクス経済学レキシコン」』, 大
  月書店, 2003
- 『21世紀とマルクス ― 資本システム批判の方法と理論』, 桜井書店 編著, 2007
- MEGA(Marx-Engels-Gesamtausgabe). Abt. 2, Bd. 11: Manuskripte zum zweiten Buch des
  "Kapitals" 1868 bis 1881. Bearbeitet von Teinosuke Otani, Ljudmila Vasina und Carl-Erich
  Vollgraf. Akademie Verlag, Berlin, 2008

옮긴이
정연소(鄭淵沼)

1927년	경북 포항시 북구 기계 출생
1940년	경북 포항시 북구 기계소학교 졸업, 도일
1949년	구제(旧制) 제3고등학교 이과 1년 수료
1959년	도쿄 대학(東京大学) 경제학부 졸업, 대학원 경제연구과로 진학
1959~1961년	도쿄 대학 대학원 경제연구과 수사과정 수료
1961~1982년	조센 대학(朝鮮大学) 정치경제학부 전임강사, 조교수, 교수
1964~1985년	재일조선인과학자협회 중앙상임위원회 위원
1982~1991년	조센 대학 경영학부 초대 학부장, 교수
1985~1998년	재일조선사회과학자협회 부회장
1991~2001년	조센 대학 강사

저·편·역서

- 「『韓日経済協力』と日本独占資本主義の南朝鮮への再進出」,『売国的 「韓日条約」は 無効である』, 朝鮮にかんする研究資料 第13集, 朝鮮大学校, 1965
- 『朝鮮民主主義人民共和国の国家·社会体制』, 朝鮮民主主義人民共和国 経済法学研究所 編, 在日本朝鮮人科学者協会社会科学部門法制部会 訳, 日本評論社(日本語への共訳), 1966
- 「経済の軍事化が再生産におよぼす影響について」, 経済理論学会 編,『軍拡と軍縮の政治 経済学』, 青木書店, 1985
- 「환태평양 경제권에 대하여」,『사회과학론문집』, 재일조선사회과학자협회, 1992
- 「현대 자본주의의 변용과 전망」, 한국사회경제학회 편,『시장과 정치경제학』, 한국사회 경제학회, 2002
- 「현대사회가 내포하는 몇 가지 문제에 대하여」, 한국사회경제학회 편,『금융세계화와 한국적 기업지배구조』, 한국사회경제학회, 2003.
- 「'동아세아 공동체'의 몇 가지 문제에 대하여」,『1997년 이후 한국사회의 빈곤문제』. 한국사회경제학회, 2005
- 「『朴正熙体制』の経済的 成果に関する 韓国マルクス経済学界の論争」, ≪季刊経済理論≫, 第43巻 第1号, 桜井書店, 2006

한 울 아 카 데 미 1262

그림으로 설명하는
사 회 경 제 학
자본주의란 어떤 사회시스템인가

ⓒ 정연소, 2010

지 은 이 • 오타니 데이노스케
펴 낸 이 • 김종수
펴 낸 곳 • 도서출판 한울
편   집 • 김경아

초판 1쇄 인쇄 • 2010년 5월 10일
초판 1쇄 발행 • 2010년 5월 20일

주소(본사) • 413-832 파주시 교하읍 문발리 507-2
주소(서울사무소) • 121-801 서울시 마포구 공덕동 105-90 서울빌딩 3층
전   화 • 영업 02-326-0095, 편집 02-336-6183
팩   스 • 02-333-7543
홈페이지 • www.hanulbooks.co.kr
등   록 • 1980년 3월 13일, 제406-2003-051호

Printed in Korea.
ISBN 978-89-460-5262-8 93320(양장)
     978-89-460-4299-5 93320(학생판)

* 책값은 겉표지에 표시되어 있습니다.
* 이 도서는 강의를 위한 학생판 교재를 따로 준비했습니다.
  강의 교재로 사용하실 때에는 본사로 연락해주십시오.